Frank Sieren ist einer der führenden deutschen China-Experten. Der Journalist, Buchautor und Dokumentarfilmer lebt seit 1994 in Peking – länger als jeder andere westliche Wirtschaftsjournalist. Hautnah erlebt er den Aufstieg der neuen Weltmacht mit. Er hat im vergangenen Vierteljahrhundert als Korrespondent für die *Süddeutsche Zeitung*, die *Wirtschaftswoche*, die *Zeit*, das *Handelsblatt*, den *Tagesspiegel* und die *Deutsche Welle* gearbeitet. Nun auch für *China.Table.* Sieren hat bereits mehrere Bestseller veröffentlicht, zuletzt *Zukunft? China!* und *Shenzhen.*

Shenzhen – Zukunft Made in China in der Presse:
»Wer wissen will, wie Chinas Übermorgen (und vielleicht auch die Zukunft Europas) aussehen könnte, sollte dieses Buch unbedingt lesen.«
P.M.

»Sehr lesenswert.«
Deutschlandfunk Kultur Lesart

Außerdem von Frank Sieren lieferbar:
Zukunft China. Wie die neue Supermacht unser Leben, unsere Politik, unsere Wirtschaft verändert

www.penguin-verlag.de

FRANK SIEREN

SHENZHEN

ZUKUNFT MADE IN CHINA

Zwischen Kreativität und Kontrolle –
die junge Megacity, die unsere Welt verändert

PENGUIN VERLAG

Die Quellen zu diesem Buch sind auf die Website des Autors verlinkt:
www.sieren.net

MIX
Papier | Fördert
gute Waldnutzung
FSC® C014496
FSC
www.fsc.org

Klimaneutral*
Druckprodukt
ClimatePartner.com/14044-1912-1001

Penguin Random House Verlagsgruppe FSC® N001967

1. Auflage

Neumarkter Straße 28, 81673 München
Lektorat: Heike Gronemeier
Umschlaggestaltung: Büro Jorge Schmidt, München
Umschlagabbildung: © Nikada / Getty Images
Satz: Vornehm Mediengestaltung GmbH, München
Druck und Bindung: GGP Media GmbH, Pößneck
Printed in Germany
ISBN 978-3-328-10992-1
www.penguin-verlag.de

Für Leo und Tim, die mit ihren neun Jahren
noch lieber Minecraft spielen, als dieses Buch zu lesen.

(Macht nix. ☺ Tencent managt Server von Minecraft.
Und Tencent ist aus Shenzhen.)

INHALT

VORWORT

»Man darf nicht aufhören, sich die Welt vorzustellen, wie sie am vernünftigsten wäre.«

FRIEDRICH DÜRRENMATT

Zum ersten Mal in den 27 Jahren, die ich nun schon in China lebe, beschleicht mich das Gefühl, ich müsste dringend umziehen. Aus der altehrwürdigen, manchmal schon etwas behäbigen und zuweilen auch strengen Hauptstadt Peking in die Stadt der Zukunft. Nach Shenzhen.

Nach wo?

Shenzhen, das ist die Nachbarstadt von Hongkong. Im Grunde ist Hongkong inzwischen jedoch die Vorstadt von Shenzhen – auch wenn Hongkong noch viel bekannter ist.

In Shenzhen leben rund 20 Millionen Menschen, in Hongkong nur 8,5 Millionen. Die Stadt hat nach Shanghai und Peking die drittgrößte Wirtschaftskraft in China. Noch vor Hongkong. Die Shenzhener Börse ist bereits wertvoller als die Londoner. Der Hafen vier Mal so groß wie der von Hamburg.

Zwei der vier wertvollsten Firmen Chinas haben ihren Sitz in Shenzhen: Tencent, der Social Media- und Gaming-Spezialist (WeChat, Fortnite), sowie die Versicherung Ping An, weltweit die zweitgrößte, aber die am stärksten digitalisierte. Das international erfolgreichste, wahrscheinlich innovativste, aber zugleich auch umstrittenste Unternehmen Chinas sitzt ebenfalls in der Boomtown: Huawei. Noch nie in der langen

Geschichte Chinas war ein chinesisches Unternehmen weltweit erfolgreicher und einflussreicher – so einflussreich, dass es auf Platz 1 der Sanktionsliste Washingtons steht. Nirgends sonst wird der Machtkampf zwischen der aufsteigenden Weltmacht China und der absteigenden Weltmacht USA so plastisch wie im Fall von Huawei. Und keine andere Stadt symbolisiert das Ringen um die Spitze so sehr wie Shenzhen. Ein Machtkampf, der den Beginn des 21. Jahrhunderts durchaus prägt. Ausgetragen auch anhand einer Metropole, die zum Inbegriff der Zukunft werden könnte.

Shenzhen ist nicht nur ein wichtiger Innovations-Hub, sondern auch das Mekka der neuen Mobilität. Die alltagstaugliche und bezahlbare Kombination aus E-Mobilität, autonomem Fahren und 5G-Vernetzung ist hier einmalig. Überhaupt ist Shenzhen für eine Megacity sehr umweltfreundlich. Alle Taxis und Busse zum Beispiel fahren mit Strom. Weltrekord. »Die erste stillere Megacity«, schreibt die US-Nachrichtenagentur Bloomberg. Die Geburtsstadt der globalen Drohnenindustrie ist Shenzhen ebenso, aber auch ein Zentrum der Sprach- und Gesichtserkennung. Die Metropole ist bereits heute so eng mit dem Thema Künstliche Intelligenz im Alltag verwoben wie keine andere weltweit. Inzwischen setzt Shenzhen aber auch globale Maßstäbe in Sachen Design und Architektur. Und es ist die Metropole mit der unbändigsten Subkultur in China.

Die Coronapandemie, die Ende 2019 erst China und dann die ganze Welt erfasste, hat dem Aufstieg Shenzhens noch einen weiteren, überraschenden Schub gegeben. Im Westen nennt man die Viruskrise gern einen »Brandbeschleuniger«. Und meint damit: dass alles, was gewohnt und über viele Jahre bewährt, aber eigentlich schon länger nicht mehr zeitgemäß war, nun schneller im Niedergang begriffen ist, als es ohnehin irgendwann der Fall gewesen wäre. Alles, was im Argen liegt, fliegt auf. In Asien dagegen gilt Corona als Crashtest für die Wettbewerbsfähigkeit von Nationen in den neuen Zeiten.

China – und vor allem Shenzhen – hat diesen Crashtest mit fünf Sternen bestanden. Während im März 2021 in Europa und den USA noch kein Ende der Krise in Sicht ist, hat China das Virus längst besiegt. Während die USA das Jahr 2020 mit einem Wirtschaftseinbruch von 2,3 Prozent abschließen und die EU gar mit minus 6,4 Prozent, wächst die Wirtschaft Chinas um 2,3 Prozent. Und am besten unter den chinesischen Großstädten schneidet Shenzhen ab. Hier ist der Spuk schon Mitte März 2020 vorbei. Die Bilanz: 499 Fälle und drei Tote. Das Wirtschaftswachstum in der Stadt legt sogar um 3,2 Prozent zu. London, die größte und schillerndste Stadt Europas, verzeichnet hingegen ein Minus von 9,9 Prozent. Wenn man also zu Beginn des zweiten Coronajahres nach einem Zentrum der globalen Machtverschiebung sucht, dann ist man in Shenzhen gut aufgehoben.

Die Superlative gelten allerdings auch auf der anderen, der eher verstörenden Seite: Shenzhen ist die Stadt, die ihre Menschen am umfassendsten überwacht. Längst bewegt sich niemand mehr unbeobachtet, sobald er seine Wohnung verlässt. Beides, die unbändige Innovation und die rücksichtslose Überwachung, will die Partei, will Staats- und Parteichef Xi Jinping, obwohl es sich eigentlich widerspricht. Dass Shenzhen diese Gratwanderung nicht nur schafft, sondern in dieser Konstellation eine selbst für chinesische Verhältnisse nie da gewesene Dynamik entfaltet, macht sie zu einem Lehrbuchbeispiel für den Aufstieg Chinas, bei dem die Gleichzeitigkeit von Ultramodern und Totalitarismus gleichsam auf die Spitze getrieben wird. Die Frage ist, ob diese Gleichzeitigkeit von Dauer ist. Denn eines ist unbestritten: Innovation gedeiht am besten in Freiheit. Die Partei wird sich in diesem Dilemma positionieren müssen, sie wird entscheiden müssen, ob sich die Waagschale stärker in Richtung Kontrolle oder in Richtung Innovation neigt. Denn Shenzhens Wirtschaftskraft wächst und wächst, in den letzten vierzig Jahren durchschnittlich um unglaubliche

20 Prozent jährlich. Und es gibt noch immer viel Luft nach oben: Während die boomende Stadt 2020 ein Bruttoinlandsprodukt (BIP) von 429 Milliarden US-Dollar erwirtschaftet hat, war es in Nordrhein-Westfalen, das mit knapp 18 Millionen ähnlich viel Einwohner hat, fast doppelt so hoch.

Die Bezeichnung Megacity erscheint dennoch angemessen. Denn während in Shenzhen rund 8000 Menschen auf einem Quadratkilometer leben, sind es in Nordrhein-Westfalen nur 526. So dicht gedrängt lebt man sonst nur noch im indischen Mumbai. Die Immobilienpreise gehören zu den höchsten der Welt: 20 000 Euro pro Quadratmeter. Das zeugt von der Attraktivität der Stadt und ist gleichzeitig ein großes Problem.

Shenzhen steht nicht allein. Es ist das dynamischste Zentrum der Greater Bay Area, mit über 70 Millionen Menschen einer der größten Ballungsräume der Welt und mit großem Abstand derjenige, der am schnellsten wächst. Hier, auf weniger als einem Prozent der Fläche Chinas, werden schon heute 12 Prozent der Wirtschaftskraft des Landes erarbeitet und knapp 40 Prozent der Exporte abgewickelt. China wiederum gilt als das Zentrum der größten Freihandelszone der Welt. Die Regional Comprehensive Economic Partnership (RCEP), zu der sich die asiatischen Länder zusammengeschlossen haben, wurde erst 2020 auf Initiative Chinas gegründet – als Gegengewicht zu den USA und Europa. Keine andere Freihandelszone weltweit ist so vielfältig, was die verschiedenen Religionen, die Größe der Länder, ihre unterschiedlichen politischen Systeme und ihren wirtschaftlichen Entwicklungsstand angeht. Wie groß die gegenseitige Toleranz in dieser Vielfalt ist, wird sich nun zeigen müssen.

Shenzhen, die Greater Bay Area, China und die RCEP greifen ineinander und stehen dafür, dass sich der Schwerpunkt der Weltwirtschaft allmählich in Richtung Asien verschiebt, angeführt von China. 500 Jahre westlicher Vorherrschaft neigen sich dem Ende zu. Man kann zugespitzt sagen: Die Vorherrschaft der weißen, westlichen Minderheit über die Mehrheit der Welt schwindet. Wenn man es am Anteil des BIP an der Weltwirtschaft misst, dann hat der Westen nach einem steilen Aufstieg um 1950 den Gipfel erreicht. Danach setzte eine allmähliche Abwärtsbewegung ein, die seit dem Jahr 2000 deutlich an Gefälle zunahm. Es sollte uns also längst nicht mehr überraschen.

2000 Jahre globaler Wirtschaftsgeschichte

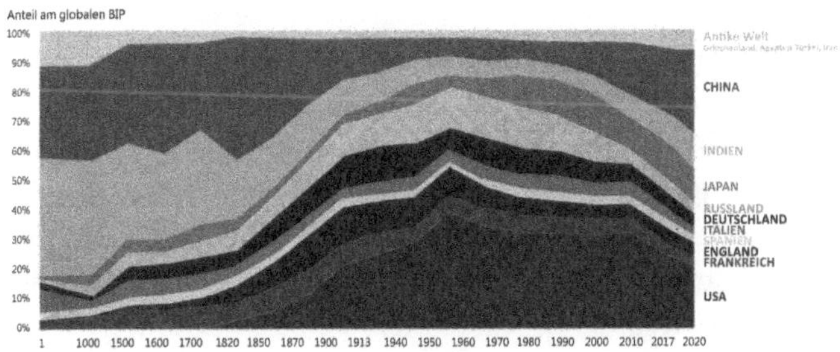

Quelle: Angus Madison, IWF

Dieser Abstieg verläuft komplementär zum Aufstieg Chinas. Inzwischen trägt China knapp 40 Prozent zum Wachstum der Weltwirtschaft bei – in normalen Jahren. 2020 waren es fast 100 Prozent. Und für diese Phase ab 2000 steht Shenzhen wie keine andere Stadt.

Ihre Stärken sind in ihrer Mischung weltweit einmalig und machen die Metropole zum Innovationslabor der Welt, zum neuen Silicon Valley. Hier schlagen die jungen Wilden weite Pässe in die noch undefinierten Räume der Zukunft.

Trotz mancher Schwächen und Übertreibungen, die diese Stadt im Überschwang auch hervorbringt, ist offensichtlich: Wer wissen möchte, wie die Zukunft Chinas aussieht, vielleicht sogar die der Welt, sollte einen Blick nach Shenzhen werfen – auch wenn es hier Entwicklungen gibt, die wir kritisch sehen mögen.

Shenzhen ist in vielerlei Hinsicht jung und dynamisch. Die Stadt selbst wurde erst vor rund vierzig Jahren als Sonderwirtschaftszone gegründet. Seitdem ist sie so schnell gewachsen wie keine andere in der Weltgeschichte, haben Forscher der Vereinten Nationen herausgefunden. In einem Jahr entstehen in Shenzhen so viele Hochhäuser wie in den USA in zehn Jahren. Chinas Bauarbeiter schaffen, wenn es sein muss, eineinhalb Stockwerke pro Tag. Ein unfassbares Tempo. Doch ist das ein Tempo, in dem überhaupt etwas Sinnvolles entstehen kann?

Tatsächlich gilt Shenzhen als eine der nachhaltigsten Megametropolen. Die UN haben der Stadt schon vor Jahren einen Preis verliehen für »die beeindruckende Kombination aus Nachhaltigkeit und Wachstum«. Sie ist die Welthauptstadt der E-Mobilität, eine der grünsten Städte Chinas und die mit den nachhaltigsten Hochhäusern. Selbst Radfahrer finden hier, was in vielen anderen Städten fehlt: eine 14 Kilometer lange Fahrrad-Autobahn, die an der Küste entlang und durch weitläufige Parks führt. Ein »grünes Wahrzeichen«, schreibt das US-Magazin *Forbes.* Und für die New Yorker Unternehmensberatung McKinsey & Company ist Shenzhen »die nachhaltigste Stadt der Welt«.

Shenzhen ist auch in anderer Hinsicht jung. Zusammen mit Mumbai in Indien ist es die Megacity mit dem niedrigsten Durchschnittsalter weltweit: 29 Jahre. In London sind es 35, in New York 36, in Berlin und Hongkong 43 Jahre. In Shanghai 46. Und in Tokio gar 48. Immer mehr junge Leute strömen aus China und aus aller Welt in die Stadt. Von der Überalterung, die vor allem in Japan und den Ländern Europas, aber auch im übrigen China wie ein Damoklesschwert über der Wirtschaft und den Sozialsystemen hängt, ist in Shenzhen wenig zu sehen. Doch ist zu jung nicht auch riskant? Die Vernunft wächst ja bekanntlich mit dem Alter. Die Weisheit erst recht.

Interessant ist, dass die Schattenseiten von Shenzhen den

Zuzug kaum bremsen. Hier wird die Überwachung auf fast unvorstellbare Weise perfektioniert. Shenzhen ist neben Chongqing im Westen Chinas die Stadt mit den meisten Kameras pro 100 000 Einwohnern weltweit. Nirgends ist die Gesichts- und die Stimmerkennung schon so weit in den Alltag integriert. Nirgends sind die Daten über 5G besser vernetzt. Big Brother an jeder Straßenecke. Mit dieser Überwachung kann man den Verkehr managen und Verbrechen verhindern, aber eben auch Minderheiten wie die Uiguren drangsalieren und politisch Andersdenkende verfolgen – so, wie es auch in Hongkong geschieht.

Die Innovationen im Bereich Überwachung und Sicherheit laufen in einem geplanten Social-Scoring-System zusammen, das Menschen automatisch nach den Maßgaben der Partei belohnen und bestrafen soll. Wie diese Datenkrake im zivilen und im polizeilich-militärischen Komplex funktioniert und was sie mit den Menschen macht, auch das lässt sich in Shenzhen erkennen.

Trotz der Überwachung ist Shenzhen eine Stadt, die offen für Neues ist. Mit der richtigen Geschäftsidee, dem richtigen Team steht dem Aufstieg kaum etwas im Weg. Den »American Dream« kann man schon seit ein paar Jahren auch hier leben, während er in seinem Ursprungsland und im Westen überhaupt immer schwerer umzusetzen ist, weil die Aufstiegskanäle in den USA eher enger werden und sich in manchen Bereichen und Regionen sogar komplett verschließen. Shenzhen lebt eben nicht von der Substanz, von der Erinnerung an glorreiche Zeiten, sondern von der Innovation, vom Blick in die Zukunft.

Über 260 000 Patente wurden 2019 in Shenzhen angemeldet. Ein Rekord in China. Und ein Wachstum von 14 Prozent im Vergleich zum Vorjahr. Das hippe Hoverboard wurde ebenso hier entwickelt wie die faltbaren Smartphone-Bildschirme, 5G oder die Drohnenindustrie. Gegen die jungen Techies aus

Shenzhen wirken die Gründer der Technologiemonopolisten aus dem Silicon Valley schon fast wie Stahlbarone – trotz Turnschuhen und T-Shirt. 47 sind sie im Schnitt, wenn sie den Exit für ihr Unternehmen finden, also an Investoren verkaufen oder an die Börse gehen. Da kann man in Shenzhen für die gleiche Phase leicht 15 Jahre abziehen. Diese Erkenntnis kommt langsam auch in Deutschland an: »Mehr Shenzhen auch in Schweinfurt wagen«, forderte 2020 selbst die *Mainpost*.

Nicht alle Innovationen mögen sinnvoll sein, nicht alle kommerziell überzeugend. Manche sogar abschreckend. In Shenzhen jedenfalls ist erst einmal keine Idee zu abseitig, kein Versuch zu waghalsig, kein Gedanke zu verwegen. Alles Open Source. Jeder darf überall mitmachen. Viele Entwickler haben den Patentwettbewerb sogar schon hinter sich gelassen. Lieber der Erste sein und sich auf gutes Marketing verlassen. Wenn die anderen einen kopieren, zeigt das nur, dass man richtigliegt. Und wenn sie einen überholen, dann war man selbst eben nicht gut genug. Scheitern ist also erlaubt, solange man herausfindet, woran es gelegen hat – und es dann noch einmal probiert.

Die Metropole ist nun ein Art Memphis/Tennessee der Techie-Szene. Sie ist für die globale Technologie, was der Rock 'n' Roll für die Musik in den Fünfzigern und Sechzigern gewesen ist. Sie hat sich befreit von den Zwängen des Silicon Valley und von denen der europäischen Traditionalisten sowieso. Shenzhen ist Tech 'n' Roll. Auch deshalb ist die Stadt zu einem Magnet geworden für eine Vielfalt unterschiedlicher Menschen vor allem aus China – im internationalen Vergleich ist es immer noch eine sehr chinesische Stadt –, aber zunehmend auch für den Rest der Welt. Eine Stadt, die inzwischen die nationale und die globale Elite anzieht. Sie ist ein Schmelztiegel innerchinesischer Migranten aus allen Teilen des Landes. Aus dem Norden Chinas dauert die Reise hierher fünf Flugstunden, das ist vergleichbar mit der Strecke London–Kairo. Bis 2010 gab es sogar noch einen Grenzzaun zwischen Shenzhen und dem Rest von China. So wie zwischen den USA und Mexiko.

Die Auslandschinesen erhöhen die Vielfalt noch: Diejenigen, die zurückkommen, heißen *Haigui*, weil sie wie die Meeresschildkröten zum »Eierlegen« an den Ort ihrer Geburt zurückkehren. Mit einem Unterschied: Die Menschen kommen freiwillig. Die Schildkröten zwingt der Instinkt. Immer mehr Teams brechen aus dem Silicon Valley nach Südchina auf. Und ziehen Ausländer nach. Allein 94 000 ausländische Unternehmen wurden bisher in Shenzhen gegründet. Die Gründerszene gilt als unbändig, schnell und wendig, ihr Motto lautet: »Eine Woche in Shenzhen ist wie ein Monat sonst irgendwo.« Geschlafen wird im nächsten Leben. Der Begriff »Shenzhen Speed« ist inzwischen eine Art Markenzeichen in China.

Im Westen reagiert man mit Neugier und Unbehagen auf die Entwicklung und kann sich nicht darauf einigen, wie man der Herausforderung begegnen soll. Die USA sind noch gespaltener als Europa beim Thema Shenzhen, vor allem beim Thema Huawei. Während die Wähler von Donald Trump (die mit seiner Abwahl ja nicht verschwunden sind) den neuen Wettbewerber um jeden Preis stigmatisieren, zu einem »Feind« machen wollen, den sie für den dräuenden Abstieg verantwortlich machen können, sind andere begeistert. Shenzhen sei eine »unglaublich pulsierende Stadt«, staunte Apple-CEO Tim Cook schon 2016, als das Unternehmen sein erstes Forschungslab hier eröffnete. Selbst Google, das in China de facto verboten ist, hat seit 2018 ein Forschungszentrum in der Megastadt. »Shenzhen weiß, wie Zukunft geht«, meint Bloomberg, die amerikanische Nachrichtenagentur. »Shenzhen ist Inkubator für innovatives Design, ein Tech Hub, das sich an keine Regeln hält, ein Labor des Urbanismus der nächsten Generation und eine führende Kulturhauptstadt«, erkennt das US-Reisemagazin *Travel + Leisure* neidlos an. Und für das Magazin *The New Yorker* ist Shenzhen »ein Symbol von wundervoller Transformation und Exzessen schwindelerregender Entwicklungen«.

Aber sind das auch die Transformationen, die zu uns passen? Zu unserer Gesellschaft, zu unseren Werten und unseren Vorstellungen, wie die Welt in Zukunft aussehen soll? Tempo und Innovation als Selbstzweck sind uns in Europa jedenfalls nicht genug. Verraten die jungen Wilden nicht ihre (und unsere) Freiheit, nur um innovativ zu sein? Was an diesen Entwicklungen kann uns als Vorbild dienen, und was wollen wir auf keinen Fall? Wohin neigt sich die Balance zwischen Individualismus und Gemeinschaft? Zwischen Freiheit und Kontrolle? Und was können wir tun, um den Anschluss an die neue Zeit nicht komplett zu verpassen? Das sind die Fragen, um die es in diesem Buch geht.

Im Kapitel *Wohnen* beschäftigen wir uns unter anderem mit dem deutschen Stararchitekten Ole Scheeren. Die Zentrale eines von ihm entworfenen Tech-Unternehmens hat Geschosse so groß wie zwei Fußballfelder. Und wir treffen Zhang Bo, der das schmalste Café Shenzhens designt hat. Es ist gerade einmal 2,80 Meter breit. Wir lernen Xi Zhongxun kennen, den Vater des Staatspräsidenten Xi Jinping, der Shenzhen quasi mit erfunden hat. Und Nut Brother, eine Art chinesischer Joseph Beuys, der die Zerstörung der Altstadt kritisiert.

Im Kapitel *Bewegen* lauschen wir unter anderen Professor X, dem Erfinder der preiswertesten und am weitesten entwickelten Technologie zum autonomen Fahren. Und wir sprechen mit dem Deutschen Wolfgang Egger, Chefdesigner von BYD, einem der größten E-Auto-Hersteller der Welt, bei dem das Auto von der Batterie, dem Design und dem Vernetzen her neu gedacht wird.

Im Kapitel *Überwachen* beschäftigen wir uns mit Liu Ruopeng, dessen Unternehmen Tarnkappenschiffe beschichtet und vernetzte Überwachungshelme für die Polizei entwickelt. Wir verfolgen das Schicksal einer Gruppe von Hongkonger

Aktivisten in einem Shenzhener Gefängnis und decken auf, was SenseNets-Gesichtserkennung mit den unterdrückten Uiguren macht und warum das Social-Scoring-System so tückisch werden kann.

Das Kapitel *Chillen* dreht sich um die holländische Modedesignerin Ursula Kay, ihren britischen Mann David, Musiker und DJ, der es in die Top 30 der britischen Charts geschafft hat, sowie deren Kinder. Die Familie, die aus Überzeugung in Shenzhen lebt, zeigt uns die überraschend vielfältige und durchaus auch kritische Subkultur Shenzhens.

Im Kapitel *Vernetzen* begegnen wir dem Gründer von Huawei, Ren Zhengfei, außerdem dem Vordenker der deutschen Industrie 4.0, Professor Detlef Zühlke. Und wir fragen uns, ob wir 5G wirklich brauchen und inwiefern es unsere Gesellschaft tatsächlich von innen aushöhlt.

Im Kapitel *Assistieren* beschäftigen wir uns mit Xiao Yi, einem Roboter mit weiblichen Formen, der die schwierige chinesische Ärzteprüfung bestanden hat. Aber auch mit Liu Qingfeng, dem Gründer des Spracherkennungs-Start-ups iFlytek. Er ist überzeugt, dass wir bald mit Maschinen so reden werden wie mit Menschen.

Im Kapitel *Heilen* lernen wir unter anderem Jasper Fuk-Woo Chan kennen. Der Forscher an einer Shenzhener Klinik hat mit seinem Team schon im Januar 2020 die Mensch-zu-Mensch-Übertragung des Coronavirus nachgewiesen und seine Ergebnisse international veröffentlicht. Und wir werden sehen, dass die Metropole auch deshalb so gut durch die Krise kam, weil sie sich von Peking nicht bremsen ließ.

Im Kapitel *Essen* schließlich geht es unter anderem um Zhou Qiyu von Whole Perfect Food, der aus alten buddhistischen Tofu-Rezepten fleischlose Hightech-Produkte für den globalen Massenmarkt macht und damit die Welt den Klimazielen ein Stück näher bringt. Und wir besuchen ein Restaurant, in dem Roboter nicht nur bedienen, sondern auch aufwendige traditionelle chinesische Gerichte kochen – erstmals ohne menschliches Zutun.

In allen Kapiteln werden wir sehen, dass Innovation keine Einbahnstraße mehr von Westen nach Osten ist, sondern dass wir von nun an mit immer dichterem Gegenverkehr rechnen müssen. Wir müssen anerkennen, dass die Unternehmen aus Shenzhen auch Wettbewerber sind, die wir nicht länger ignorieren können, die wir ernst nehmen und auf die wir reagieren müssen. Wir müssen akzeptieren, dass wir uns nicht mehr einfach entkoppeln können, sondern wirtschaftlich, technologisch und politisch immer enger miteinander verbunden sind. Heute, in Zeiten der Digitalisierung, mehr denn je. Man kann durchaus auch von Abhängigkeit sprechen, wenn man bedenkt, dass zum Beispiel Volkswagen 45 Prozent seiner Autos in China verkauft. Wir müssen also lernen, damit umzugehen, dass ein Land, mit dem wir wirtschaftlich verflochten sind, in einer Weise politisch handelt, die in vielen Bereichen unseren Vorstellungen nicht entspricht. Ein Land, das wir anders als früher nicht mehr zwingen können, so zu handeln, wie wir das wollen.

Antworten auf die Fragen, wie wir mit diesem Wettbewerber umgehen und uns neu aufstellen können, finden wir auch, wenn wir den Erfolgen Chinas mit Neugier und Offenheit begegnen. Wenn wir uns fragen, was wir von der Dynamik, die entstanden ist, lernen können und was davon geeignet ist, auch unsere Gesellschaft wieder zu stärken – ohne unsere Werte preiszugeben. Das ist wichtiger denn je, nachdem die Hoffnung des Westens, die Kooperation mit China würde alsbald in eine zunehmende Demokratisierung münden, in weitere Ferne gerückt ist. Es ist allerdings gleichermaßen wichtig, verstörende Entwicklungen wie in Xinjiang und Hongkong klar und deutlich zu benennen. Kritik ist angebracht, wann immer Menschen ihrer Grundrechte beraubt werden. Wann immer fehlende Transparenz vermuten lässt, dass es etwas zu verbergen gibt. Das ist nicht leicht, zumal, wenn man aus einer

Position der Schwäche heraus agiert. Die USA und Europa müssen sich auf ihre Stärken besinnen und gleichzeitig Felder erschließen, auf denen sie Stärke zurückgewinnen können. Dazu hilft der offene Blick in die Zukunft – Stigmatisierung und Verteufelung werden uns da nicht weiterbringen. Sanktionen erst recht nicht.

Die Widersprüche und das Potenzial Chinas lassen sich wie unter einem Brennglas in Shenzhen betrachten. Shenzhen changiert zwischen totalitär und total cool. Keine Stadt ist so überwacht und so ungestüm. So tropisch grün und so hart wie Stahl. So dörflich und so futuristisch. So nachhaltig und so verschwenderisch. So kühl und so heiß. Shenzhen ist Kiez und Kapitalismus.

Kader und Kids.

Aber ist sie auch etwas für uns?

Frank Sieren, Shenzhen, April 2021

标书装订
旅
广告装饰

KAPITEL 1
WOHNEN

Von Menschen, die selbst entscheiden wollen, wo sie leben und arbeiten

»Die Art, wie hier die Zukunft ausprobiert und definiert wird, ist weltweit einmalig.«

OLE SCHEEREN, deutscher Stararchitekt

Wu Xias Mann hat ein dünnes Blech über eine Holzplatte gespannt und außen an der Tischkante festgenagelt. In der Mitte ist ein großer metallener Topf mit verschiedenen Fächern in die Holzplatte eingelassen. Darin brodeln verschiedene Gerichte. Neben dem Topf ragt ein Stock mit einem Haken oben dran aus dem Tisch. Darin eingehängt ist eine dicke Glühbirne, deren schwarzes Kabel am Stock herunterhängt. Daneben ein paar Stäbchen, Porzellanlöffel und ein Stapel bunter Schalen. Ein frei stehender Küchenblock made in China. Die Gäste sitzen auf kleinen grünen Hockern um ihre Tische herum. Drei Klapptische und fertig ist das Freiluftrestaurant. Eine Frau, noch im Bürokostüm, schlürft eine Schale Eiertomatensuppe, ein paar Einkaufstaschen stehen neben ihr auf dem Boden. Sie hat Airpods im Ohr und spricht mit jemandem.

»Das Leben ist hart«, strahlt Wu mich an. Ihre Haare sind zu einem Zopf gebunden, sie trägt ein knappes T-Shirt mit der englischen Aufschrift »Dogs of New York«. »Aber wir können immer noch ein bisschen was zurücklegen.« Sie, ihr Mann und ihre vierjährige Tochter leben in einem Raum im Erdgeschoss hinter dem Restaurant, das eigentlich kaum mehr ist als ein Imbiss. Immerhin, sie haben eine Klimaanlage und ein klitzekleines Bad. Dominiert wird der Raum von einem Bett, in dem alle drei schlafen, und von einem großen Fernseher an der Wand. »Eine Küche brauchen wir ja nicht«, grinst sie. Wu wirkt stolz, aber müde. Ihr Mann arbeitet in einer Kinderwagenfabrik. Eines Tages werden sie in ihre Heimatprovinz Guizhou zurückkehren und dort ein Haus bauen. Dann will sie ein Modegeschäft aufmachen. Jetzt lebt sie quasi auf dem Dorf in einer Megastadt.

Auch das ist die Megametropole Shenzhen. Noch. Dörfliche Viertel mit engen Gassen und alten, höchstens sechsstöckigen Häusern. Viertel, die von den Stahlfassaden Shenzhens noch nicht verdrängt wurden, aber schon von ihnen umzingelt sind. Die Chinesen nennen sie Stadtdörfer. Das größte dieser Dörfer in Shenzhen ist Baishizhou. Das heißt so viel wie »Weißer-Stein-Insel«. Das Viertel grenzt direkt an den neuen Central Business District und die Shenzhen Bay. Offiziell sind in Baishizhou 83 000 Menschen registriert, aber inoffizielle Schätzungen gehen von 150 000 aus. So genau weiß das keiner, auch in einem Überwachungsstaat nicht, dazu ist Baishizhou zu unübersichtlich. Doch selbst staatliche Medien gehen davon aus, dass die Bevölkerungsdichte hier zwanzigmal höher ist als im Rest der Stadt. 150 000 Menschen. So viele Einwohner wie Regensburg.

Die Häuser hier sind nicht so schön und so alt wie die in Südfrankreich oder Italien, haben aber doch den eigenen, beinahe südländischen Charme kantonesischer Kleinstädte, durch die ich gerne streife. Kabel kreuz und quer. Die dominierende

Farbe ist Grau in allen Schattierungen. Vergitterte Fenster bis in den vierten Stock. Tag und Nacht brummende und tropfende Klimaanlagen. Die rostigen Abwasserrohre verlaufen außen an den Wänden. Das ist zwar nicht schön, aber sie sind so viel leichter zu reparieren und im subtropischen Shenzhen besteht ja keine Gefahr, dass die Leitungen einfrieren. Warum sich also die Mühe machen, sie unter Putz zu legen?

Überall an den Häusern sieht man die schwarzen Spuren der Feuchtigkeit, die in diesen Gefilden mit langer Regenzeit unvermeidbar sind. Innen riecht es oft nach Schimmel. Außen nach abgestandenem Wasser und frischem Essen.

Zwischen den Häusern baumelt die Wäsche an langen Bambusstangen, die in den schmalen Gassen fast bis zum Nachbarn gegenüber reichen. Man kennt sich. *Woshoulou,* »Händeschüttel-Häuser« nennen die Menschen hier die Bauten: Die Gassen sind so eng, dass sich ihre Bewohner über die Straße hinweg buchstäblich die Hand geben können. In den Erdgeschossen alte Fliesen an den Wänden, die sich längst nicht mehr säubern lassen. Der Müll steht länger in der Tonne, als es bei diesen Temperaturen gut wäre. Die Fenster lassen sich nicht mehr gut schließen. Die Klos sind oft verstopft, wenn es überhaupt ein privates Klo gibt. Der Schimmel hinterlässt einen graugrünen Pelz auf den Wänden. Die Neonröhren flackern schon mal. Das Licht ist nicht warm, sondern hell und kalt. Und ganz plötzlich kann es dunkel werden: Die Sicherungen fliegen immer wieder raus.

Weil es drinnen nicht so gemütlich ist und abends ein leichter Wind durch die Gassen weht, findet der Feierabend vor der Tür statt. Überall gibt es kleine Läden oder Restaurants mit kleinen bunten Plastikhockern. Abends sind die Tische voller grüner Bierflaschen. Dahinter spritzen noch sehr lebendige Fische mit ihren Flossen Wasser auf die Straße. Sie hoffen zu entkommen, bevor sie von der Frau des Restaurantbesitzers herausgefischt werden. Sie trägt Gummistiefel und Plastikschürze, legt die Fische auf ein Holzbrettchen und hackt ihnen mit einem kurzen Hieb den Kopf ab. Der Fisch wird mit Haut und Gräten in Stücke zerteilt und paniert.

Die Menschen sind hier laut und fröhlich. Man kennt sich, streitet sich, raucht, trinkt und isst zusammen. Ein paar Alte sitzen im Kreis um das Brettspiel Mahjong. Früher saßen sie auf Rattan-Möbeln. Heute sind es die preiswerten grünblauen faltbaren Campingstühle von Decathlon, der französischen Outdoor-Marke, eine der größten der Welt, die gleich fünf Läden »um die Ecke« in Hongkong betreibt, deren Produkte man aber auch online bestellen kann. Von rollenden Ständen verkaufen Händler dampfende Teigtaschen. Dahinter ein vollgestopfter Krämerladen. Der Besitzer hat es sich in einem hölzernen Liegestuhl bequem gemacht und schnarcht leise. Kinder spielen mit einem alten Kinderwagen, den sie zu einer Art Seifenkiste umfunktioniert haben. Ein Vater ruft sie zur Ordnung. Er sitzt auf einem Hocker. Das T-Shirt hochgerollt, in der einen Hand eine Zigarette, in der anderen ein Smartphone, auf dem eine chinesische Schnulze läuft. Sein Bein zappelt unentwegt. Hier trägt man die meiste Zeit Flip-Flops, T-Shirt und Shorts. Dezember und Januar muss man abends eine Jacke anziehen. Ansonsten stöhnen die Menschen über die Hitze.

Es sind Stadtdörfer wie Baishizhou, die der Kulturszene, den Studenten, den jungen Techies, aber vor allem den sozial Schwachen ein Zuhause in dieser boomenden Stadt geben. Es geht nicht nur um preiswerte Wohnungen, sondern auch um Nachbarn, die man lange kennt, um die Gemeinschaft, um kurze Wege, um Geborgenheit, die es so in den Hochhäusern nicht mehr gibt, mögen sie auch noch so praktisch und modern sein. Ein Ort für Menschen, die einsteigen in die Achterbahn von Shenzhen. Oder für Menschen, denen das Tempo dieser Achterbahn nicht liegt. Die Stadtdörfer sind wie ruhige Seitenarme eines reißenden Stromes. »Wie ein Schwamm haben sie all diese Menschen aufgesaugt«, sagt Duan Peng, 48, ein Architekt und Stadtplaner, der schon zwanzig Jahre in Shenzhen lebt und den Wandel der Stadtdörfer mit der Kamera festgehalten hat. »Diese Dörfer haben die Schwäche der Regierung ausgeglichen, die es nicht geschafft hat, genug preiswerten Wohnraum zur Verfügung zu stellen«, sagt Duan. »Die Viertel haben sich in einer Art Selbstverwaltung um die Benachteiligten gekümmert. Als ich zum ersten Mal durch Baishizhou gelaufen bin, hat mich das in meine Kindheit zurückversetzt«, erzählt er. »Diese kleinen Gassen und Straßen. Die Menschlichkeit dieses Viertels.« Wenn es keine bezahlbaren Wohnungen mehr gebe, werde die Entwicklung Shenzhens abgewürgt, warnt er. »Die Menschen, die in kleinen Start-ups arbeiten, in den Tech-Firmen und den Designbüros, die wohnen an Orten wie Baishizhou.« Dieser Kiez sei der Landeplatz für all jene, die neu hier ankommen und ihr Glück in der Stadt versuchen wollen. Das Viertel sei ein »Talent Incubator«, schreibt selbst die amerikanische Zeitschrift *Foreign Policy.* Wie früher Soho im New York der 1960er-Jahre. Nur dass es hier kleine mehrstöckige Häuser sind und weniger Fabriketagen.

Längst ist ein öffentlicher Kampf darüber entbrannt, wie viele dieser Dörfer eine Stadt wie Shenzhen braucht und wie viel bezahlbaren Wohnraum es geben muss, damit die Stadt lebenswert bleibt. Es ist wie in Berlin, in München und anderswo. Gentrifizierung nennt man das hochgestochen. Doch eigentlich geht es um unterschiedliche Vorstellungen von Lebensqualität. Und vor allem um die Frage, ob die freien Marktkräfte der einzige Maßstab beim Wohnen sein dürfen und die mit dem meisten Geld bestimmen.

Noch sind etwa gut 200 Quadratkilometer dörflich in Shenzhen, gut 10 Prozent der Gesamtfläche. Tendenz stark fallend. An manchen Stellen wechselt die Stadt ihr Gesicht von der einen zur anderen Straßenseite. Ich trete aus einer kleinen Gasse heraus und stehe mit einem Mal so nah vor Wänden aus Glas und Stahl, dass ich kaum noch sehen kann, wie hoch sie sind. Auch sie sind schön auf ihre Art. Spektakulär in jedem

Fall. Immerhin werfen sie kühlende Schatten in dieser subtropischen Hitze und die Fallwinde toben zwischen ihren Schluchten. Das ist das neue Shenzhen.

Keine Stadt in der Weltgeschichte ist schneller gewachsen als Shenzhen, hat die UN in einer Studie herausgefunden. Während Shenzhen es in vierzig Jahren von quasi null auf mindestens zwölf Millionen Menschen gebracht hat, wuchs New York in den ersten sechzig Jahren des 20. Jahrhunderts nur von rund vier auf acht Millionen Einwohner. Innerhalb eines Jahres werden in Shenzhen so viele Hochhäuser gebaut wie in den USA in zehn Jahren. Eine Million Quadratmeter Bürofläche kommen pro Jahr dazu. Und deshalb sind die Probleme, die mit der Urbanität einhergehen, hier wie unter einem Brennglas zu sehen. Es sind Probleme, die es nicht nur in China gibt, sondern auf der ganzen Welt. Denn immer mehr Menschen drängen vom Land in die Städte. Wobei die Metropolen in Asien und Afrika am schnellsten wachsen. Sind die Lösungen, die in Shenzhen unter großem Druck gefunden werden müssen, richtungsweisend oder einfach nur kurzsichtig? Das ist eine spannende Frage, nicht nur für Shenzhen, sondern für die Welt.

Es geht schon damit los, dass es unterschiedliche Schätzungen dazu gibt, wie viele Menschen überhaupt in Shenzhen leben. Offiziell sind es mittlerweile 13 Millionen, die als Bewohner der Stadt registriert sind. Doch selbst die staatliche Nachrichtenagentur Xinhua spricht von über zwanzig Millionen Einwohnern. Sie stützt sich nicht auf Angaben der Meldebehörden, sondern orientiert sich an den Mobiltelefonen. Schon 2017 hat China Mobile verkündet, dass 21,8 Millionen Menschen in Shenzhen leben, Menschen, die sich mehr als 23 Tage pro Monat und mehr als zehn Stunden pro Tag dort aufhalten. Und wenn man sich den Müll anschaut, kommt man zu einem ähnlichen Ergebnis: Peking produziert mit über zwanzig Millionen Einwohnern 26 000 Tonnen Haushaltsmüll pro Tag. In Shenzhen sind es 28 000 Tonnen.

Man liegt also sicher nicht falsch, wenn man Shenzhen als Zwanzig-Millionen-Metropole beschreibt. Bleibt die Frage, warum die Stadtverwaltung die Zahlen so weit nach unten verschiebt. Eine Erklärung: Mit 13 Millionen Einwohnern ist Shenzhen die Stadt Chinas mit dem höchsten BIP pro Kopf. Und auch die Zahl der Krankenhäuser, U-Bahnen und Schulen pro Einwohner hört sich so besser an. Die Menschen jedoch machen diesen Selbstbetrug der Verwaltung nicht mit. Sie fordern immer lauter ihre Rechte ein, wie wir noch sehen werden. Sie wollen von der Stadt angemessen versorgt werden.

Boomende Stadtdörfer

Während das neue Shenzhen auch weltweit gesehen sehr neu ist, ist das alte Shenzhen, sind Dörfer wie Baishizhou noch gar nicht so alt, wie man meinen könnte. Viele wurden in den 1980er-, manche sogar erst in den 1990er-Jahren gebaut. Nur ganz wenige Gebäude stammen noch aus der Mao-Zeit, vereinzelt stößt man auf eines, das noch älter ist. Die ältesten menschlichen Spuren, die hier gefunden wurden – Tonscherben –, sind allerdings 7000 Jahre alt. In der Han-Dynastie hatte die Ansiedlung hier das Salzmonopol und stand unter dem besonderen Schutz des Kaisers. Aber dann geriet die Stadt in Vergessenheit.

Die neuen Zeiten Shenzhens begannen mit einem vermeintlichen Rückschritt. 1982 wurde in Shenzhen das Privateigentum von Land abgeschafft. Was zunächst so aussah wie eine bürokratische Dummheit, ein Rückfall in die Mao-Zeit gar, war stattdessen ein Fortschritt in Richtung des britischen Grundrechts. Der Reformer Deng Xiaoping hatte ja inzwischen für viele Kader eine unglaubliche neue politische Richtung eingeschlagen: China, die stolze alte Nation, sollte nun plötzlich vom Westen lernen, um wirtschaftlich und politisch wieder stark zu werden: »Lasst den Westwind herein. Reichtum ist ruhmvoll«, lautete seine Parole. Auf die Idee dazu gebracht hatte ihn auch ein Mann namens Xi Zhongxun. Es ist der Vater des heutigen Staatspräsidenten Xi Jinping. Zwischen 1978 und 1981 war er in verschiedenen Spitzenfunktionen in der Provinz Guangdong tätig. Darunter als Parteichef und Gouverneur. Ihm bereitete die Grenze zu Hongkong große Sorgen, er fürchtete soziale Spannungen. Denn die Menschen drüben in Hongkong verdienten zehnmal so viel. Viele versuchten über die Grenze zu fliehen. Xi überzeugte Deng, schnellstmöglich ein Entwicklungsprogramm auf die Beine zu stellen. Bereits im März 1979 entschied Deng zusammen mit der Provinzregierung von Guangdong, aus dem Kreis eine Stadt mit dem Namen Shenzhen zu machen. Doch das reichte nicht. Xi beharrte darauf, dass die Region mehr Hilfe brauchte. Dengs Antwort auf die Forderungen: »Die Zentralregierung hat keine finanziellen Hilfsmittel, aber wir können euch politische Vorteile geben.« Shenzhen durfte seine eigene Handelspolitik machen und vor allem ausländische Investoren einladen. Das war das große Verdienst von Deng. Er hat im Unterschied zu Mao verstanden, dass China, so stolz seine Menschen und so alt das Land auch sein mochten, es nicht aus eigener Kraft schaffen würde, zum westlichen Wohlstand aufzuschließen. Deshalb der pragmatische Vorschlag, sich von den Kapitalisten, dem Klassenfeind helfen zu lassen. Viele Kader dachten, Deng sei nicht ganz bei Trost, als sie zum ersten Mal von den Öffnungsgedanken hörten. Und es war ja irgendwie auch demütigend, sich einzugestehen, dass es das stolze China allein nicht schaffen würde. Besonders frustrierend für die Kader, dass nun auch noch das britische Grundrecht übernommen werden sollte, das Recht der Kolonialherren von Hongkong. Aber es half nichts. China musste über seinen Schatten springen, und Deng hatte nun, da Mao tot war, die politische Kraft dazu. »Lass es uns ›Spezialzone‹ nennen.«

Mit einem Spruch aus den Zeiten des Guerillakrieges des

»Langen Marsches« schickte Deng Xi nach Hause: »Nun müsst ihr euch einen blutigen Ausweg erkämpfen.«

Am 26. August 1980 wurde Shenzhen eine von vier Sonderwirtschaftszonen. Der Hongkonger Handtaschen- und Schuhproduzent Alan Lau war der Erste, der hier eine Billiglohnfabrik errichtete. Andere folgten. Für viele Hongkonger und später auch für westliche Unternehmer wurde Shenzhen die Stadt, in der man günstig produzieren konnte. Hongkong war inzwischen zu teuer geworden. Für viele Chinesen wiederum wurde Shenzhen die Stadt, in der man als Unternehmer schnell viel verdienen konnte. Es kamen so viele, dass 1982 auch eine Grenze zwischen Shenzhen und dem übrigen China errichtet werden musste. Sie wurde erst 2010 wieder abgebaut.

Da Shenzhen die Stadt der Privatunternehmer werden sollte, stellte sich schnell die Frage: Wem gehört das Land? Um diese Frage zu beantworten, durfte man nun nach Hongkong schauen, ohne als Verräter in eigener Sache zu gelten. In Großbritannien, unter dessen Herrschaft Hongkong damals noch stand, ist es üblich, dass ein Privathaus auf einem Grundstück steht, das nicht dem Hausbesitzer gehört, sondern dem Staat, das er aber für eine lange Zeit – meist siebzig Jahre – gepachtet hat. Nach Ablauf der Pacht wird der Vertrag in der Regel verlängert. Der Staat hat jedoch stets die Möglichkeit, das Land zurückzufordern; das Haus, das darauf steht, müsste dann abgerissen werden.

Während in der neuen Wirtschaftszone auf staatlichem Grund und Boden Neubauprojekte vorangetrieben wurden, galten in vielen Dörfern innerhalb der Zone lange Zeit noch besondere Rahmenbedingungen. Der Staat erlaubte den lokalen Regierungen, Felder in Baugrundstücke umzuwandeln. Die Bauern, die viele Jahre von Maos Kollektiven gebeutelt waren, witterten nun Profite für sich selbst. Sie bauten in Eigenregie, oft illegal, Wohnungen und Häuser, die sie für gutes Geld vermieteten. Die Stadtregierung tolerierte das, denn sie schufen

Raum für die vielen Zuwanderer, die vom wirtschaftlichen Wachstum im Perlflussdelta angezogen wurden. So wie in Deutschland Anfang 1960er-Jahre die Gastarbeiter das Wirtschaftswunder ankurbelten.

Immer mehr Arbeitskräfte wurden gebraucht. Die Gebäude wurden aufgestockt, erweitert. Die meisten wurden später auf die Bauern überschrieben, andere mussten abgerissen werden. Doch Shenzhen sollte nicht die Fabrik Chinas bleiben, sondern auch ein Servicezentrum werden für Menschen, die in kühlen Büros arbeiten statt in heißen Fabrikhallen. Und so erschienen der Stadtverwaltung seit der zweiten Hälfte der 1990er-Jahre diese Dörfer immer mehr wie Geschwüre der Unordnung in dieser modernen, boomenden Stadt. Hatten sie lange die Entwicklung der Stadt befördert, schienen sie nun das Aufbautempo zu bremsen. Die Dörfer standen buchstäblich im Weg. Umgerechnet über eine Million Euro gab die Stadtverwaltung im Jahr aus, nur um illegal errichtete Häuser zu finden und abzureißen. Eine Art Hexenjagd war das. Doch die Menschen wehrten sich dagegen. Es gab Proteste. Medienberichte. Der Staat versuchte, den Widerstand zu brechen, musste aber immer häufiger zurückstecken. Die Menschen gaben nicht nach. Sie hatten ja nichts zu verlieren.

Erst mit den Jahren begannen die Beamten langsam, die Bedeutung dieser Dörfer wieder schätzen zu lernen. Notgedrungen und noch nicht in dem Umfang, den sich diejenigen, die die Dörfer schützen wollten, erhofft hatten. Doch immerhin: Seit 2015 gibt es diesbezüglich sogar einen Renovierungsplan in Shenzhen. Ein Teil der Dörfer wird innerhalb der Stadt erhalten und saniert. Gleichzeitig sind die Wohnungspreise gedeckelt. Die Einheimischen sollen nicht verdrängt werden, so wie es in Berlin zum Beispiel im Prenzlauer Berg passiert ist. Die Stadtregierung schränkt die Gentrifizierung ein, es soll eine verträgliche Mischung bleiben aus Alteingesessenen und jungen Zuzüglern, die in den Boom-Branchen arbeiten. Aber den meisten Bewohnern in diesen Stadtdörfern geht das nicht weit genug.

Die Stadtregierung wiederum steht vor dem Problem, dass sie Arbeitsplätze und Wohnungen für die schnell wachsende Metropole schaffen muss. Allein 2018 sind unglaubliche 500 000 Menschen neu in die Stadt gezogen, meldet *Shenzhen Daily*. Ein normales Jahr. Schon im Jahr 2000 war die Stadt zwanzigmal größer, als die Planer um Deng Xiaoping 1979 angenommen hatten. So ein Wachstum kann man nur mit Hochhäusern managen, die schnell hochgezogen werden. Nicht mit schrulligen Dörfern. Das Bautempo wurde erhöht. Früher wurde alle drei Tage ein neues Stockwerk errichtet. Heute geht das in anderthalb Tagen. Die kurz gedachte Formel der Stadtplaner lautet: Hunderttausende mögen ihre Heimat durch die Neubauten verlieren, aber dafür können Millionen nun endlich modern wohnen und arbeiten.

Ende Juni 2019 ist es dann auch in Baishizhou so weit. In roter Farbe steht das Zeichen für *Shei* auf den Häusern. Das Wort bedeutet auch pflücken: Obst vom Baum pflücken. Ernten. Doch in diesem Fall heißt es einfach »abreißen«. Seit 2015 schon war darüber diskutiert worden. Das Viertel muss weg, einem neuen Business-Distrikt weichen. Auf den 459 000 Quadratmetern alter Grundfläche sollen 3,6 Millionen Quadratmeter Büro- und Wohnungsflächen entstehen.

Am 1. September kommen die Bagger. Kaum waren die *Sheis* an den Häusern, begann auch schon der Räumungsverkauf in vielen Läden. Kaufe ein T-Shirt, bekomme eines umsonst. Allein in den ersten zwei Monaten seit Beginn der Abrissphase mussten 30 000 Menschen umziehen. Die Lage ist unübersichtlich. Die Hausbesitzer sind hin- und hergerissen, die Mieter die großen Verlierer. Ein Teil der Hausbesitzer will weiter im Kiez wohnen bleiben, andere stecken lieber das Geld ein, das sie für ihr Haus bekommen, und verschwinden. Die Mieter wollen nicht weichen, weil sie keine Kompensation erhalten und weil ihre Kinder hier einen Platz in einer Schule haben.

Wenn sie umziehen müssen, bekommen sie nur einen Schulplatz, wenn sie eine Wohnberechtigung für das neue Viertel erhalten. Das ist jedoch nicht so einfach.

So ist es schwierig, selbst im Dorf Einigkeit gegenüber den Behörden herzustellen. Und auch wenn man Geld hat, ist es nicht so einfach, vom Mieter zum Wohnungsbesitzer zu werden. Man muss erst drei Jahre in Shenzhen leben und dort arbeiten, um eine Wohnung kaufen zu können. Die kostet im Durchschnitt mehr als vierzig Jahresgehälter. Und dabei ist das noch keines der besseren Viertel. Gleichzeitig jedoch sind die chinesischen Medien voller Geschichten von Dorfbewohnern, die dank des hohen Ausgleichs nun Millionäre sind. Einer hat tatsächlich für sein 1200-Quadratmeter-Haus 15 neue Wohnungen bekommen, im Wert von 25 Millionen Euro. Es seien 1878 Besitzer, die mit »viel Geld« entschädigt worden seien, sagt die Stadtverwaltung. Die Mehrheit erhält natürlich deutlich weniger. Immer wieder werden sie auch von den Bauunternehmen über den Tisch gezogen. Und, wie gesagt, manche wollen einfach nicht ausziehen. In Einzelfällen führt das zu einem regelrechten Kleinkrieg zwischen Bauunternehmen und Hausbesitzern. So entstehen die Bilder von riesigen Baugruben, aus denen noch ein einzelnes Haus herausragt. Zu welch grotesken, erschütternden Szenen es dabei kommt, zeigt der Film »Stadt frisst Mensch«, den Georg Prokop von der Berliner Filmfee produziert hat und der beim ZDF in der Mediathek zu finden ist.

Die Faustregel in diesem Spiel ist einfach. Für jeden Quadratmeter kann der Besitzer 1,3 Quadratmeter neuer Wohnfläche in gleicher Lage bekommen oder sich den Gegenwert ausbezahlen lassen. So funktioniert die Geldvermehrung des chinesischen Kapitalismus: Die Bauunternehmer und der Staat vergrößern die Quadratmeterzahl um 780 Prozent. Der Wohnungsbesitzer vergrößert sich um gut 30 Prozent, ohne jedes unternehmerische Risiko. Auch das Risiko der Bauunternehmer ist überschaubar. Der große Nachteil der Entwicklung: Die Stadt spaltet sich immer mehr in reiche Wohnungsbesitzer und arme Mieter. Die einen schießen wie gasgefüllte Ballons in den Himmel, die anderen verlieren immer mehr an Luft und liegen im Staub.

Im Herbst 2020 schließlich hat die Stadtverwaltung, mit Unterstützung Pekings, eine in China einmalige neue Regelung durchgesetzt, die die Hausbesitzer schwächt und den Bauunternehmern hilft, weil sie die Entwicklungsgeschwindigkeit von Projekten beschleunigt. Bisher war es so, dass dem Bauunternehmer 100 Prozent aller Grundstücke eines Entwicklungsgebietes gehören mussten, damit er mit dem Bauen anfangen konnte. Das bedeutete: Die Verkäufer der letzten Grundstücke konnten die Preise hochtreiben, indem sie sich weigerten zu verkaufen. Einzelne Hausbesitzer haben so 50 Prozent mehr als den Marktwert verlangt und auch bekommen. Rund 9400 Euro pro Quadratmeter. Gut 6000 Euro gibt es in Shenzhen in jedem Fall. Mit der neuen Regelung können die Hausbesitzer gezwungen werden, zum Marktpreis zu verkaufen, wenn dem Bauunternehmer schon mehr als 80 Prozent der Baufläche gehört. Etwa 20 Prozent der Grundstücks- und Hausbesitzer haben über 1000 Quadratmeter zu verkaufen. Sie bekommen dann mindestens 6 Millionen Euro und haben natürlich überhaupt kein Interesse mehr an dem Gewusel des Altstadtviertels. Wobei es ihnen auch vorher schon gut gegangen war – sie sind längst von Dorfbewohnern zu hartgesottenen Vermietern geworden, die einen Audi A6 fahren.

Die wirklichen Verlierer sind die Wohnungs- und Ladenmieter. Sie haben nach wie vor überhaupt keinen Schutz. Der Dumpling-Restaurantbesitzer Zhang Rong ist einer von ihnen. Der kleine, zähe Mann, der vor 15 Jahren aus der Zentralprovinz Jiangxi nach Shenzhen kam, wollte für immer bleiben. Doch nun soll sein 25-Quadratmeter-Laden umgerechnet gut 1100 Euro kosten. Nur um die Miete zu bezahlen, müsste er rund 420 Schüsseln Dumplings im Monat verkaufen. 14 pro Tag. Dann hat er noch keine Zutaten gekauft und nichts verdient. »Das ist nicht fair«, sagt er. »Unsere zarten Wurzeln in dieser Stadt werden jetzt abgehackt.«

Ein langsames Sterben. Sozialismus geht anders. Weil immer mehr Menschen gezwungen werden wegzuziehen, gibt es immer weniger Kunden. Die Vermieter denken jedoch gar nicht daran, die Mieten zu senken. Und so muss einer nach dem anderen aufgeben. Dabei ist das Schöne an Baishizhou gerade die Vielfalt der Restaurants. Die innerchinesischen Migranten haben ihre Küche mitgebracht. Die Shanghaier kochen Flusskrebse. Die Xinjianger machen Lammspieße. Hier ist es kein Problem, Moslem zu sein. Und die Restaurantbesitzer aus Xi An bieten Saumagen an.

Im März 2021 sind immer mehr Geschäfte und Gassen mit blauen Blechwänden verrammelt. Überall Plakate des Bauunternehmens. Die alte Stadt in grobgepixeltem Grau, die neuen Hochhäuser in leuchtenden Farben in grünen Parks.

Der chinesische Beuys und die Bauunternehmerin

Ein paar Gassen werden bleiben, die meisten müssen weg. So will es der Masterplan. 459 000 Quadratmeter wurden von Baggern mit ihren riesigen Schaufeln schon niedergerissen. Apocalypse now. Bauschutt überall. Betonstücke, aus denen Armierungseisen ragen, dazwischen Reste von Möbeln. Verdreckte Vorhänge. Ein von einem Bagger völlig zerbeulter Kühlschrank. Ein Haufen Klamotten. Wang Renzheng steht schockiert im Staub der gelben Abrissbagger. Er wehrt sich.

Wang – schwarzes T-Shirt, schwarze Hose, weiß-schwarze Badeschlappen, Pferdeschwanz und ein markantes Gesicht, wie die Krieger der Terrakotta-Armee – wohnt schon eine ganze Weile in Baishizhou. Wang ist Konzeptkünstler. In der internationalen Szene ist er unter seinem Künstlernamen

»Nut Brother« bekannt. Seinen weltweiten Durchbruch hatte er, als er 2015 in Peking hundert Tage lang die schlechte Luft mit einem rollenden 1000-Watt-Staubsauger aufsaugte und aus dem Staub Briketts herstellte. Selbst die *New York Times* hat darüber berichtet. Die Fotos dieser Aktion stehen noch heute im Netz. Und die Briketts haben hohen Sammlerwert. Wang, eine Art chinesischer Beuys. Und er hat einen ziemlich guten Humor.

Ein weggeworfener Plüschbär und die Bagger brachten ihn auf eine ergreifende Idee. Anfang August 2019 ließ er auf einer Betonfläche an der Grenze zu Shenzhen 400 bunt herumliegende Plüschtüre von den wild rotierenden, riesigen vierarmigen Greifern eines 29-Tonnen-Baggers aufnehmen und in den danebenliegenden Fluss schmeißen, der schon zur Nachbarstadt Huizhou gehört. Zuvor hatte Nut die Bewohner von Baishizhou aufgefordert, die Plüschtiere ihrer Kinder in einem Massage-Shop, im Tattooladen eines Freundes und in einer Gemüsebude abzugeben. Auf die meisten der Plüschtiere hatten die Bewohner den Namen ihrer Kinder geschrieben und kleine Protestnachrichten angehängt. Die Aktion kursierte im chinesischen Netz, wurde zensiert, taucht jedoch immer wieder in WeChat-Gruppen auf. Auf Youtube gibt es einen kleinen Film, den man sofort findet, wenn man »Nut Brother« und »Shenzhen« eingibt. »Shenzhen Dolls Protest Art« steht da als Erstes. »Eine kraftvolle Metapher«, schrieb die Hongkonger Zeitung *South China Morning Post,* die dem chinesischen Alibaba-Gründer Jack Ma gehört und – noch – nicht zensiert wird.

Am Tag nach der Aktion befragte die Polizei Nut vom späten Vormittag bis fast Mitternacht, obwohl seine Kritik für jeden einfach zu verstehen war. Dann wurde er straffrei nach Hause geschickt. In Shenzhen ist das möglich. In Peking kaum noch denkbar.

Hat sich durch die Aktion etwas verändert? »Ich kann nicht sagen, dass ›Shenzhen Dolls‹ irgendein konkretes Ergebnis gehabt hat, aber ich hoffe, dass meine Aktion die Solidarität unter den Bewohnern vergrößert hat«, sagt Nut. »Nun wissen sie zumindest, dass sie nicht allein kämpfen.«

Das Projekt sei ein Symbol, »dass Kinder von der schnellen Urbanisierung überrollt werden«, sagt er ruhig, während er in der in China typischen Hocke Fotos macht. Die Hocke, die Chinesen viel besser können als Westler, weil sie noch auf die Donnerbalken-Klos gegangen sind. »Es gibt diesen Spruch: Wenn du hier ankommst, bist du ein Shenzhener. Die Stadtdörfler sollten sich nicht geschlagen geben. Sie sollten für ihre Grundrechte kämpfen. Dazu gehört das Recht auf Ausbildung und das Recht auf soziale Unterstützung«, erklärt Nut.

Viele Eltern, die nun umziehen müssen, sorgen sich um die Ausbildung ihrer Kinder. Denn die Schulen in Baishizhou werden natürlich auch abgerissen. Und es ist schwierig, die Kinder in anderen Schulen der Stadt unterzubringen. Die Schulerlaubnis aus dem einen Distrikt ist in einem anderen wertlos. Einige Eltern haben beim Bauunternehmen um Aufschub gebeten, um mehr Zeit für die Schulsuche zu haben. Das Hongkonger Unternehmen LVGEM (China) Real Estate Investment ist maßgeblich für den Umbau des Viertels verantwortlich. Doch ein Sprecher von LVGEM teilte mit, sie seien für die Schulen der Kinder nicht zuständig. Sie hätten ihre vertraglichen Verpflichtungen zu erfüllen.

Das Unternehmen ist an der Hongkonger Börse gelistet und umgerechnet rund 1,6 Milliarden US-Dollar wert. Nur 17 Prozent der Aktien sind in Streubesitz. Die Präsidentin von LVGEM heißt Susan Jingshu Huang. Sie ist Anfang vierzig und sieht sympathisch aus. Mit ihrem leicht gewellten, schwarzen schulterlangen Haar, der blassen Haut, dem roten Lippenstift und ihrem Faible für feine, aber großgemusterte Jacken ist sie eine typische Vertreterin der Hongkonger Bau-Elite, die zu den erfolgreichsten der Welt gehört. Und sie hat auch den durchaus üblichen Blickwinkel, mit dem die Hongkonger auf Shenzhen schauen. Sie findet, die Leute sollten dankbar sein, dass Unternehmer wie sie Shenzhen zu einer schöneren Stadt machen. Sie drückt es ein wenig gestelzter aus: »Wir sehen das Konzept der urbanen Erneuerung als eine Form der sozialen Reform.«

Ein Seitenhieb auf die aus Hongkonger Sicht unhygienischen und beengten Wohnverhältnisse der Armen in den schnell wachsenden und zunehmend überbevölkerten Städten. Ihre Vision sei es, »der am meisten respektierte Entwickler urbaner Werte zu sein«. Deshalb fokussiere man sich auf die wichtigsten Viertel in den wichtigsten Städten in der Greater Bay Area. Dazu gehört Baishizhou in jedem Fall. »Shenzhen steht im Zentrum unserer Aktivitäten.« Kein Wunder, denn wenn das Projekt in Baishizhou entwickelt ist, könnte es allein die Hälfte des finanziellen Volumens ihres Unternehmens ausmachen.

»Baishizhou wird als Modell der urbanen Erneuerung gesehen, aufgrund seiner Größe, der Art und Weise, wie die Menschen, die dort wohnen, eingebunden sind und wegen der Komplexität der Entwicklung«, sagt Huang. Ein wenig Geld verdienen will sie allerdings auch. Bei diesem Projekt gehe es um 3,58 Millionen Quadratmeter, die in drei Phasen in acht bis zehn Jahren entwickelt werden sollen.

Ich will wissen, was für eine Unternehmenskultur ihr Konzern pflegt. Ihre Mitarbeiter seien die »wertvollste Quelle und das Fundament unseres Unternehmens«, stellt sie in einem Interview klar. »Unsere interne Kultur ist es, Freude zu entwickeln. Wir sorgen für eine Umgebung, in der die Mitarbeiter glücklich sind. Ihr Arbeitseifer spiegelt das wider und dafür werden sie anständig belohnt.«

Und ihr persönlicher Managementstil?

»Der ist verständnisvoll und tolerant, aber beharrlich. Ich glaube, wo ein Wille ist, ist auch ein Weg.« Huang hat diesen Willen und sie braucht ihn auch. Denn das Projekt Baishizhou ist nicht einfach. Bereits 2014 hat Huang den Wettbewerb mit einem Konsortium gewonnen. Aber selbst Anfang 2021 ist noch nichts fertiggestellt. Das ist für chinesische Verhältnisse ungewöhnlich. Der Börsenkurs des Unternehmens spiegelt die Schwierigkeiten wider. Zwischen 2013 und Mitte 2015 hat sich der Wert der Aktien weit mehr als verzehnfacht. Danach ist die Aktie um ein Drittel eingebrochen und läuft seitdem schwankend seitwärts. Und das, obwohl LVGEM Grundstücke besitzt, auf denen im Durchschnitt noch 44 000 100-Quadratmeter-Wohnungen gebaut werden können. Die Investoren sind skeptisch. Der Grund: Es wird politisch immer schwieriger, die Bauvorhaben umzusetzen. Damit sinken die Margen.

Huang hat Schwierigkeiten, sich auf die neuen Zeiten einzustellen, in denen die Bewohner solcher Viertel ihre kleine Macht immer geschickter nutzen. Die Politik muss und will jedoch mehr Rücksicht auf die soziale Stimmung nehmen. Shenzhens Ausbildungsbehörde reagiert, räumt Mitte August 2019 ein Problem ein und verspricht Hilfe für die Betroffenen. Die Abrissarbeiten werden um Monate verzögert, die Behörde hilft den Eltern, neue Schulen für ihre Kinder zu finden, und hat das Bauunternehmen verpflichtet, Schulbusse zur Verfügung zu stellen, für den Transport von den neuen Wohnorten in die jeweiligen Schulen. Selbst die staatliche Parteizeitung *Global Times* stellt nun Bilder ins Netz, die statt Begeisterung für die neue Stadt Mitleid mit den Bewohnern auslösen: Eine Familie mit Töpfen, Pflanzen und ein paar Möbeln hockt traurig auf der Straße vor ihrer ehemaligen Wohnung, die Habseligkeiten in schwarzen Müllsäcken verstaut. Eine Gardinennäherin, die in ihrem kleinen Laden ihren siebenjährigen Sohn mit einer Wassermelone füttert. Eine Mutter von drei Kindern, die in ihrer engen Wohnung Abendessen macht. Sie ist mit dem vierten Kind schwanger. Die Ein-Kind-Politik wurde ja vor einigen Jahren aufgegeben, weil China zu schnell altert. Nur ein Bild zeigt begeisterte Kinder vor dem Modell der neuen Stadt. Es scheint, als würden sich die Dinge in die richtige Richtung bewegen.

Erstaunlich ist: Obwohl Mieter und Hausbesitzer aus ihren alten Kiezen vertrieben werden, will die Mehrheit Shenzhen nicht den Rücken kehren. 70 Prozent der Betroffenen wollen in der Stadt bleiben und sich anderswo eine neue Wohnung suchen. Nur 28 Prozent wollen Shenzhen verlassen. Das ist das Ergebnis einer repräsentativen Umfrage der Universität Shenzhen, an der über tausend Bewohner teilgenommen haben. Für die meisten ist die Chance, etwas vom Boom der Stadt abzubekommen, größer als die Furcht, von ihm unter Wasser gedrückt zu werden. Die Frage ist allerdings schon, wie viel sie davon abbekommen werden. Der Druck allein auf dem Wohnungsmarkt ist jetzt schon immens, und da immer mehr Menschen nach Shenzhen strömen, schnellen die Preise nach oben.

Was die astronomischen Immobilienpreise betrifft, folgt Shenzhen der ehemaligen Kronkolonie Hongkong: Umgerechnet 6500 US-Dollar kostet der Quadratmeter im Durchschnitt, bei einer Wirtschaftskraft (BIP) pro Kopf von 25 000 US-Dollar. Das bedeutet, dafür bekommt man gerade einmal 3,8 Quadratmeter. In München sind es 8700 Euro, allerdings bei einem BIP pro Kopf von 81 000 Euro. Dafür bekommt man immerhin gut 10 Quadratmeter. In Hongkong sind es nur noch 2,5 Quadratmeter (19 000 Euro pro Quadratmeter bei einem BIP pro Kopf von knapp 48 000 Euro).

An diesen wenigen Zahlen sieht man, unter welchem Druck Shenzhen bereits steht. Es ist viel schlimmer als in München, aber noch nicht ganz so schlimm wie in Hongkong, auch weil Hongkongs Wirtschaft stagniert, während die von Shenzhen 2019 mit 6,7 Prozent gewachsen ist und selbst im Coronajahr 3,1 Prozent Wachstum schafft, so viel wie keine andere Metropole weltweit. Die Entwicklung ist dennoch atemberaubend. Allein im Rekordjahr 2015 sind die Immobilienpreise um knapp 50 Prozent gestiegen. Und nach jenem Wochenende im August 2019, als die Zentralregierung verkündet hatte, Shenzhen zur innovativen Modellstadt Chinas zu machen, stiegen die Immobilienpreise allein im Vergleich zum Vorwochenende um 10 Prozent. Selbst im Coronajahr sind die Immobilienpreise um 23 Prozent gestiegen, hat die Chinese Academy of Social Sciences bekannt gegeben. Obwohl etwa 25 Prozent der Büros leer stehen und die Mieten leicht sinken. Eine Kombination, die darauf hindeutet, dass Spekulanten im Markt unterwegs sind. Dennoch ist es unwahrscheinlich, dass eine wirkliche Blase entsteht, die dann platzen könnte. Die Stadtverwaltung greift immer wieder ein, aber immer erst im letzten Moment. Shenzhen ist also eine sehr teure, aber offensichtlich für Chinesen auch sehr attraktive Stadt.

Anfang Februar 2021 kommt dann endlich die Regelung, für die viele Mieter so lange gekämpft haben. Mieter und Hausbesitzer erhalten nun schrittweise die gleichen sozialen Rechte, zum Beispiel, was den Zugang zu Schulen betrifft. Vermieter werden strenger kontrolliert. Mehr Wohnraum soll zu vernünftigen Preisen vermietet werden. Deswegen werden mehr Grundstücke für den sozialen Wohnungsbau blockiert. Bis Anfang 2021 wurden 80 000 neue Sozialwohnungen gebaut. Damit gibt es insgesamt fast 400 000 Sozialwohnung in der Stadt. Das ist viel, aber nicht genug.

Das Pekinger Politbüro hatte Ende Juli 2020 noch einmal klargestellt, »dass Wohnungen zum Leben da sein sollen und nicht zum Spekulieren«. Immobilien seien allenfalls eine langfristige Investition und kein kurzfristiges Mittel, um die Wirtschaft anzukurbeln. Als dann im Dezember 2020 auf der jährlichen Tagung der Central Economic Work Conference verkündet wurde, es sei eine der acht wichtigsten Aufgaben, mehr bezahlbare Mietwohnung bereitzustellen, wusste die Shenzhener Stadtverwaltung sofort: Entweder sie kümmert sich gleich selbst darum, oder Peking würde sie dazu zwingen. Das Maß war voll.

Für die Politiker der IT-Metropole Shenzhen ist es ein wenig einfacher, den Immobilienmarkt zu regulieren, weil ihre Einnahmen nicht so stark wie in anderen Städten von

Grundstücksverkäufen abhängen. Die Provinzhauptstadt Guangzhou generiert 80 Prozent ihrer Einnahmen durch die Versteigerung und den Verkauf von Grundstücken. In Hongkong sind es immerhin noch 20 Prozent, in Shenzhen nur 10 Prozent. In Hongkong sind Immobilien-Tycoone zudem viel mächtiger als die schwache Politik. Sie verdienen an dem künstlich knapp gehaltenen Land viel Geld.

Dafür spielt in Shenzhen das Risiko sozialer Spannungen eine größere Rolle in der Politik. Auch deshalb will die Stadt nun bis 2035 eine weitere Million bezahlbare Wohnungen bauen. Sie sind nicht nur für Menschen mit niedrigen Einkommen gedacht, sondern ausdrücklich auch für die Einsteiger der Innovationswirtschaft. Die preiswerten Wohnungen sollen junge Techies aus dem ganzen Land und der ganzen Welt anlocken. Allein dafür braucht die Stadtverwaltung 34 Quadratkilometer Land. 60 Prozent der neuen Wohnungen in Shenzhen sollen wieder bezahlbar werden. Die Vergabe wird über Quoten geregelt, ein Drittel geht an junge Techies, ein Drittel an Menschen, die aufgrund ihrer Jobs mit niedrigen Löhnen die Öffentlichkeit unterstützen und ein Drittel an Menschen, die auf dem freien Arbeitsmarkt mit schlecht bezahlten Jobs auskommen müssen.

Das neue Programm wird jedoch auch kritisiert. Damit die Kritik nicht aus dem Ruder gerät, übernimmt ein Kader die Funktion der zivilgesellschaftlichen Opposition: der ehemalige Vize-Bürgermeister Zhang Ziping. Vor allem kritisiert er öffentlich, dass die rund acht Millionen Menschen, die nicht lokal registriert seien, davon nicht profitieren. »Das ist ein Problem, das wir nun schon über zwei Jahrzehnte mit uns herumschleppen«, sagt Zhang. Man müsse es endlich lösen, »egal welche Widerstände dabei entstehen«. Hintergrund ist die Tatsache, dass in die Stadtdörfer anfangs vor allem Zuwanderer aus weit entfernten Provinzen strömten. Nach dem sogenannten Haushaltsregistrierungssystem gelten sie als Wanderarbeiter, die weiterhin in ihren Heimatorten registriert sind und mithin keinen Anspruch auf staatliche Versorgungsangebote haben.

Ganz anders nun also die neuen Zuwanderer, die die Stadt voranbringen sollen. In Shenzhen geht es ausdrücklich um die Innovativen. Je innovativer man ist, desto mehr Unterstützung vom Staat kann man erwarten. Die Stadt hat einen Jobkatalog erstellt mit Berufen, die Shenzhen weiterhelfen. Menschen, die in diesen Berufen arbeiten, werden auch von der Quotenregelung bei der Wohnungsvergabe profitieren. Und diejenigen, die bisher maßgeblich dazu beigetragen und das Reservoir günstiger Arbeitskräfte gestellt haben, ohne die der Boom der Stadt nicht denkbar gewesen wäre, könnten – trotz der Quotierung – das Nachsehen haben. Also ausgerechnet all jene, die den Innovativen das Essen kochen oder deren Waschmaschine reparieren.

Das neue Gesetz vom Februar 2021 soll das zwar ändern, aber man muss das Kleingedruckte der Stadtverwaltung abwarten. Die Gefahr ist groß, dass die Maßnahmen bei Weitem nicht ausreichen, auch wenn sie in die richtige Richtung gehen. Und auch für die Innovativen wird die Luft dünn. Denn einerseits zeigen die steigenden Immobilienpreise den Erfolg der Stadt, anderseits verringern sie den Spielraum ihrer Bewohner, innovativ zu bleiben.

Die neue Mittelschicht denkt grün

Währenddessen muss sich die Stadtverwaltung auch um weitere Folgen des Booms kümmern. Der Verkehr ist ein Problem. Ein anderes ist der Müll, den die Bewohner produzieren. Ein großes Problem der Wohndörfer. Je besser es gelingt für Hygiene dort zu sorgen, desto höher ist die nachhaltige Überlebenschance der Dörfer. Deshalb ist es für die Lebensqualität der Stadt wichtig, dass in Shenzhen gerade eine der größten Müllverbrennungsanlage der Welt gebaut wird, wie die Stadtverwaltung betont. Sie soll 2021 fertig werden und wurde von einem dänischen Architekturbüro und dem Stuttgarter Ingenieurbüro Schlaich Bergermann Partner entwickelt. Mit seinen rund zwanzig Millionen Einwohnern produziert Shenzhen 15 000 Tonnen Müll täglich, mit einem Wachstum von 7 Prozent im Jahr. 1979, als alles begann, waren es nur 50 Tonnen, die einfach auf Halden oder ins Meer gekippt wurden. Die neue Anlage für 560 Millionen US-Dollar wird künftig etwa ein Drittel des Mülls von Shenzhen verarbeiten. Genauer gesagt handelt es sich um eine Müll-zu-Energie-Anlage. Aus den 5000 Tonnen Müll, die wahrscheinlich bald komplett mit E-Müllwagen transportiert werden, kann jährlich so viel Energie erzeugt werden, um 100 000 Haushalte damit zu versorgen.

Zur Anlage gehört auch eine 44 000 Quadratmeter große Solaranlage – sie nimmt zwei Drittel des Daches ein. Außerdem wird es dort eine multimediale Ausstellung zur Müllerziehung geben. Tausende Besucher täglich sollen über eine der Schattenseiten von Chinas schnellem Aufschwung informiert werden und lernen, wie man mit dem Müllproblem umgeht. Die Anlage selbst ist eingebettet in einen großzügigen Landschaftspark. So schön und vorbildlich sie ist: Die Anlage ist auch umstritten und Auslöser für Shenzhens erste größere Umweltproteste. Die Aktivisten befürchten, dass die Anlage nicht umweltfreundlich genug sein, sondern bei der Verbrennung toxische Gase freisetzen wird, die die Luft verschmutzen.

Auch in dieser Hinsicht wird Shenzhen immer moderner und es ist erstaunlich, wie schnell sich die Einstellungen der Menschen wandeln. Eine Frau wie Li Zhixuan wäre vor zehn Jahren noch undenkbar gewesen. Li, Hausfrau und Mutter, ist eine der Sprecherinnen der Bewegung, die von Gegnern gerne als »NIMBY-Bewegung« (»Not in my backyard«) verunglimpft wird. »Das ist nicht nur ein NIMBY-Fall! Es geht doch nicht nur um stinkende Lastwagen, die an unseren Häusern vorbeifahren, oder um die fauligen Gerüche, die so eine Anlage produzieren kann. Es stecken viel weiter reichende Probleme dahinter. Ein Wasserreservoir für Shenzhen ist nur einen Kilometer entfernt«, verteidigt sich Li. Sie trägt ihren Pony so tief über den Augen wie die ewige *Vogue*-Chefredakteurin Anna Wintour. Nur dass ihr Haar fast bis zum Ellenbogen reicht. Ihr Kostüm hat spacige Knöpfe und erinnert mit seinen großen farbigen Flächen in Blau, Rot und Weiß fast an Piet Mondrian. Dazu eine riesige braune Designer-Handtasche. Sie sieht also nicht besonders öko aus und hört sich nicht nach Krawall an, sondern ist eher eine der selbstbewussten Vertreterinnen der neuen Mittelschicht, die nicht zu stoppen sind: Das zweite Problem sei die Luftverschmutzung. »Die Betreiber sagen immer, die Anlage entspricht den Standards. Aber das bedeutet nicht, dass es keine Verschmutzung gibt.«

Zhang Rigang, ein Firmensprecher, bestreitet das auch gar nicht. Aber: »Die Werte werden von der Stadtverwaltung ständig gemessen. Wenn sie zu hoch sind, bekomme ich sofort eine Textmessage.« Außerdem seien die Technologiestandards sehr hoch: »Man sagt, dass Deutschland die höchsten Standards für Müllverbrennungsanlagen hat. Ich bin überzeugt: Der Standard dieser Anlage ist besser.«

Die Antwort reicht Li nicht: »Das Problem ist doch folgendes: Weil die Mülltrennung noch nicht so entwickelt ist wie in Japan oder Deutschland, ist der Müll sehr feucht. Man braucht also mehr Energie, um den Müll zu verbrennen«, erklärt Li, als sei sie schon immer Müllspezialistin gewesen. Informiert hat sie sich über Google mit einer VPN-App, um die Zensur zu umgehen, und bei chinesischen Müllspezialisten, die sich inzwischen international sehen lassen können.

Und mehr Energiebedarf bedeute schlicht mehr Umweltverschmutzung. Sie und ihre Unterstützer werfen den Betreibern vor, dass sie die schwierige Phase der Müllverbrennung in die Nacht verlegen, damit man den schwarzen, schmutzigen Rauch nicht sieht. Und dass nur manche Werte auf europäischem

Niveau seien, andere jedoch nicht. Dies bestätigt wiederum auch Jiang Jianguo, ein Müllentsorgungsspezialist der Pekinger Tsinghua-Eliteuniversität: »Es gibt – verglichen mit den europäischen Standards – große Unterschiede bei Chlorwasserstoff, Schwefeldioxiden und Stickoxiden.«

Was die Aktivisten ebenfalls stört: Kontrolleure und Kontrollierte sind eng miteinander verwoben. Der Bauherr und Betreiber der neuen Müll-zu-Energie-Anlage Shenzhen East gehört zur Hälfte einer staatlichen Institution mit dem langen Namen: State-owned Assets Supervision and Administration Commission of the State Council.

Der Präsident von Shenzhen East war zuvor ausgerechnet Parteisekretär des Distrikts, in dem die neue Anlage errichtet wird. Er sollte später in die Leitung der State Owned Asset Commission wechseln. »Das ist wie mit dem Milchpulver«, sagt Aktivistin Li. »Es wurde gepanscht. Irgendwann sagt die Regierung: Jetzt ist alles o.k. Aber das Misstrauen bleibt. Die Leute lassen sich das Milchpulver aus dem Ausland oder aus Hongkong mitbringen.« Einer Müllverbrennungsanlage sei man jedoch hilflos ausgeliefert. Über Crowdfunding in den sozialen Medien haben die Aktivisten umgerechnet rund 40 000 Euro gesammelt, um sich einen guten Anwalt leisten zu können, der die Betreiber vor Gericht zwingen soll, die Daten der Umweltverschmutzung zu veröffentlichen.

Es ist nicht das erste Mal, dass die Aktivisten den juristischen Weg beschreiten. Das Gericht in Shenzhen verpflichtete die Betreiber schon im Dezember 2016 zu mehr Transparenz. Ein erstaunliches Ergebnis eingedenk der engen politischen Verzahnung, auch wenn die Anlage dennoch weitergebaut wurde. Das ist nicht mehr unbedingt selbstverständlich. In zwei anderen Fällen ist es Aktivisten in der Küstenprovinz Guangdong sogar gelungen, die geplanten Anlagen zu verhindern. Und auch in Shenzhen zeigen die Proteste Wirkung. Im Oktober 2020, pünktlich zum Besuch des chinesischen

Staatspräsidenten Xi Jinping, tritt eine neue Regelung der Stadtregierung in Kraft, die die Rechte von Umweltschutzgruppen, Behörden, aber auch Staatsanwälten stärkt, wenn es um besseren Umweltschutz im Interesse der breiten Bevölkerung geht. Erstmals können nun NGOs als Kläger auftreten, nicht mehr nur Einzelpersonen. Zudem können die Gerichtskosten nun legal von Stiftungen und aus Spenden bestritten werden.

Damit betritt die Stadtregierung Neuland. Wie so oft wird etwas Neues in China zuerst in Shenzhen ausprobiert. »Das ist ein Pilotprojekt, das hoffentlich später auch die nationale Gesetzgebung prägt«, hofft Liao Mingzong, ein Umweltanwalt des DeHeng-Rechtsanwaltbüros in Shenzhen. Die neue Regelung umfasst Luftverschmutzung, Erdverseuchung, Wasser- und Meeresverschmutzung, die Zerstörung von Pflanzen sowie die Störung, Verletzung oder gar Tötung wildlebender Tiere.

Warum macht der Staat das? Die Antwort liegt auf der Hand: Weil dem Staat die Kosten für die Umweltverschmutzung über den Kopf wachsen, lässt er in diesem Bereich eine Korrekturmöglichkeit für die Bevölkerung zu. Aber es kommt sogar noch besser: Die Regelung senkt das finanzielle Risiko eines Gerichtsprozesses. Das Gericht kann nun die Gebühren senken oder eine NGO als Klägerin sogar ganz von Gebühren befreien, sollte sie einen Prozess verlieren. Man muss sicherlich noch abwarten, wie die Regelung im Alltag umgesetzt wird. Das ist in China nämlich immer so eine Sache. Aber das ist schon mal ein großer Schritt in die richtige Richtung, der größte, seitdem das neue Umweltschutzgesetz 2015 auf nationaler Ebene in Kraft getreten ist. In Shenzhen wachsen also nicht nur die Hochhäuser, sondern es wächst auch die Zivilgesellschaft. Vielleicht nicht in dem Umfang, wie die Aktivisten sich das wünschen, aber die Richtung ist die richtige. Die Stadtverwaltung ist schlau genug zu erkennen, dass man sich nicht dagegenstemmen sollte. Denn die Menschen werden selbstbewusster. Das ist etwas, was sich nicht zurückdrehen lässt. Die Menschen in den Bürohäusern haben einfach komplexere Wertesysteme als die Menschen in den Fabriken. Sie denken zum Beispiel in größeren Klimazusammenhängen. Wie in jeder Stadt der Welt gibt es das Wachstum nicht ohne die neuen Werte – auch wenn die Stadtregierung das lange gehofft hat. Da helfen auch keine Kameras und keine Überwachung. Der Wunsch der Menschen, ihre Vorstellungen von Lebensqualität durchzusetzen, ist einfach stärker.

»Künstliche Ökologie« und die Formel 21/53/80

Das bedeutet allerdings nicht, dass der Umbau von Shenzhen nicht weiterginge. Baishizhou ist noch nicht einmal das verwegenste stadtplanerische Projekt. Im Luohu-Distrikt, unmittelbar an der Grenze zu Hongkong, wird ebenfalls ein lokaler Kiez abgerissen und nach der Formel 21/53/80 wiederaufgebaut: 21 Hochhäuser mit mindestens 53 oder 80 Stockwerken. Das sind dann zwar nicht die höchsten Gebäude – hier stehen bereits 45 Türme mit einer Höhe von mehr als 200 Metern. Aber das Viertel wird die größte Dichte an hohen Gebäuden in ganz China aufweisen. Und dann werden sie weg sein, die Obstkarren, die Sojamilchläden, die Stundenhotels, die Garküchen und die Schuster.

Das gilt auch für ein anderes Viertel: Hubei. »Die Wurzeln dieses Viertels reichen weit zurück, es ist ein typisches kantonesisches Dorf«, erklärt Mary Ann O'Donnell, eine New Yorker Anthropologin, die seit Mitte der 1990er-Jahre hier lebt und den Blog »Shenzhen Noted« betreibt. Schon vor einigen Jahren haben sich Bewohner, Designer, Architekten und Künstler für den Erhalt des Viertels eingesetzt. Wegen Hubei gab es zum ersten Mal in Shenzhen eine ausführliche öffentliche Debatte um Denkmalschutz, die Werte und Ziele von Stadtplanung und die Beteiligung der Öffentlichkeit. Die Debatte wurde sogar in lokalen Medien geführt. »Tatsächlich haben die Vorschläge der Zivilgesellschaft auch etwas gebracht«, erzählt O'Donnell. Ein Teil des alten Dorfes konnte erhalten werden. Das sei sehr wichtig gewesen. »Das Dorf hat eine jahrhundertealte und sehr lebendige Geschichte. Es entstand 1466, als Zhang Huaiyue, der dritte Sohn des 12. Patriarchen der Zhang-Familie, aus Fujian nach Hubei zog. Dessen direkte Nachfahren lebten dort bis Mitte des 17. Jahrhunderts.«

Genauer, bis 1662. Im Jahr zuvor hatte Kaiser Shunzhi, der erste der neu begründeten Qing-Dynastie, die Schifffahrt verboten, was China um Jahrzehnte zurückwarf. Eine Reaktion auch auf die Expansion der Europäer, ausgerechnet verfügt von einem Herrscher, der europäischen Einflüssen gegenüber durchaus aufgeschlossen war. Den deutschen Jesuiten Adam Schall von Bell bestellte er sogar zum kaiserlichen Ratgeber und Prinzenerzieher. Er erlaubte die Errichtung einer katholischen Kirche in Peking und duldete sogar die Bekehrung der Kaiserin sowie des Kronprinzen zum Christentum. Im Zuge des Seehandelsverbots mussten alle Küstendörfer ins Landesinnere verlegt werden. Das Dorf Hubei wurde zerstört. Gut zwanzig Jahre später jedoch hob sein Nachfolger Kaiser Kangxi das Verbot auf und die Menschen konnten nach Hubei zurückkehren. Doch erst 1804 wurde die inzwischen zerstörte Versammlungshalle, die Zhang Yue Gong einst errichten ließ, wiederaufgebaut. Nun werden die Halle und der Kern des Dorfes erhalten.

Die Fürsprecher des Denkmalschutzes, die sich für die Erhaltung der alten städtischen Dörfer einsetzen, haben es insofern nicht leicht, als einige Neubauten durchaus sehr attraktiv sind. Shenzhens neue Gebäude gehören zu den schönsten und lebenswertesten der Welt. Und die vielen Parks, die entstehen, tragen ebenfalls zur Lebensqualität bei. Das gesamte Ufer der Shenzhen-Bucht beispielsweise besteht aus einer rund 15 Kilometer langen Aneinanderreihung von Parks und Naturschutzgebieten, die vom westlichen Stadtviertel Nanshan nach Futian im Osten reichen. Man kann an der Küste inzwischen mit dem

Fahrrad von einem Stadtteil in den anderen fahren, ohne eine Autostraße zu kreuzen. Auch diese Entwicklung ist auf Druck der Bevölkerung entstanden.

Breite grüne, subtropische Alleen, die zuweilen an Miami erinnern, durchziehen die Häuserschluchten. Das Meerwasser allerdings erinnert überhaupt nicht an Miami. Es ist schlammig von den Sedimenten des Perlflusses und natürlich verschmutzt von den Schiffen, die Produkte »Made in China« in alle Welt bringen. Hier braucht es noch mehr Druck der Zivilgesellschaft. Aber wenn die jungen Entwickler plötzlich lieber auf der Insel Hainan leben wollen, wo gerade ein neues High-tech-Zentrum aufgebaut wird, weil dort das Wasser so schön ist wie auf Hawaii, dann wird auch in dieser Frage etwas passieren.

Die Parks immerhin sind bereits vorbildlich, wobei das der Stadtverwaltung längst nicht mehr reicht. Es geht mittlerweile sogar darum, auch die Gebäude für die Natur zu öffnen. »Wir im Westen können inzwischen sehr viel von Shenzhen und China lernen«, sagt Carlo Ratti, Architekt, Ingenieur und einer der weltweit führenden Spezialisten für innovatives Bauen im städtischen Raum. Ratti, ein hagerer Fünfzigjähriger mit kurzem rotblondem, leicht ergrautem Haar und ovaler silberner Brille spricht bei diesem Thema von »künstlicher Ökologie«. Der unprätentiöse Mann, der gleichzeitig eine unglaubliche Energie ausstrahlt, promovierte 2001 in Architektur an der Universität Cambridge. Seit 2003 leitet er das »Senseable City Lab« am Massachusetts Institute of Technology (MIT). Die Forschungseinrichtung befasst sich unter anderem damit, wie digitale Technologien das Leben der Menschen in der Stadt verändern werden. Außerdem ist er Leiter des Design- und Innovationsbüros »Carlo Ratti Associati« in New York und Turin. Seine Arbeiten sind auf der Biennale in Venedig zu sehen und ausgestellt im Science Museum in London, bei der Gray Area Foundation for the Arts in San Francisco oder im Museum of Modern Art in New York. Ratti war auch der Kurator der

Biennale of Urbanism/Architecture 2019/20 in Shenzhen und Hongkong, der weltweit am meisten besuchten Architekturausstellung.

»Aber ist das nicht ein Widerspruch: Technologie und Natur?«, will ich wissen.

»Nein, überhaupt nicht.« Im 20. Jahrhundert seien die Städte in die Natur hineingewachsen. Die Vorstädte entstanden, oft »mit nicht überzeugenden Ergebnissen. Die Architektur war uniform und langweilig, die Natur wurde zerstört.« In Shenzhen und anderen neuen oder erneuerten Städten laufe es Anfang des 21. Jahrhunderts anders: »Jetzt geht es darum, die Natur in die Städte und Gebäude zurückzubringen.«

»Soweit passiert das auch im Westen«, wende ich ein.

»Im Westen fehlt aber das Element des Hightech«, meint Ratti. »Mit moderner Technik können wir Informationen über unsere städtische Umgebung in einem ungeahnten Ausmaß sammeln.«

Das ist nicht von der Hand zu weisen. Ich erinnere mich noch gut daran, dass die Bürgerbewegung gegen Luftverschmutzung in Peking entstand. Ihr Unmut wurde für die Regierenden relevant, als die Menschen die Möglichkeiten hatten, ständig die Luftqualität der Stadt auf einer App zu überprüfen. »In diese Richtung kann man doch weiterdenken«, findet auch Ratti. Tatsächlich ist es in einer Stadt wie Shenzhen mit einem voll ausgebauten 5G-Netz heute schon denkbar, in Echtzeit die Qualität des Stadtlebens in der unmittelbaren Umgebung zu messen: zum Beispiel das Aufheizen der Stadt, also die Verschattung, oder inwieweit öffentliche Räume den Wind abblocken oder nicht. Man kann den Geräuschpegel messen, den Sauerstoffgehalt der Luft, die Luftfeuchtigkeit, die Häufigkeit, mit der die Luft innerhalb von Gebäuden ausgetauscht wird. Auch die Gebäude selbst senden Informationen, wie gut sie isoliert sind und ob sie mehr Energie verbrauchen, als sie hergeben. »Diese Informationen«, meint Ratti, »sind sehr wichtig.

Denn auf ihrer Grundlage können wir selbst entscheiden, in welcher Umwelt wir leben wollen.«

Immobilienhaie und die Daten der Lebensqualität

Diese Form der Demokratisierung von Informationen findet schon statt und ist sogar im Interesse der Regierung, weil sie es irgendwie schaffen muss, dass die Menschen umweltfreundlicher denken. Denn Chinas Städte sind nicht nachhaltig genug. Der Staat wiederum kann die Kosten der Umweltschäden auf Dauer nicht tragen. Und, wie gesagt, der Wettbewerb um die besten Spezialisten wird nicht leichter. In dieser Frage hat selbst Shenzhen noch einen langen Weg vor sich. Aber auch die Chance, weltführend zu werden. Derzeit ist es allerdings noch so, dass das nachhaltigste Bürogebäude der Welt eben nicht in Shenzhen, sondern in Amsterdam steht. Es ist die Zentrale von Deloitte für 2500 Mitarbeiter. Sie produziert mehr Energie, als sie verbraucht. Davon sind die Gebäude in Shenzhen noch weit entfernt. Auch wenn allmählich die ersten Gebäude auftauchen, die sich in diese Richtung entwickeln.

Einer der Vorreiter ist erstaunlicherweise die 2018 fertiggestellte Zentrale eines Staatsunternehmens. Shenzhen Energy geht mit gutem Beispiel voran. Der 220-Meter-Turm wurde von der dänischen Bjarke Ingels Group (BIG) entwickelt und von dem US-Magazin *Forbes* als »grünes Markenzeichen in Chinas Silicon Valley« gerühmt. »Die Idee ist, dass man Energie spart, ohne auf zusätzliche Maschinen angewiesen zu sein«, erklärt BIG-Partner Andreas Klok Pedersen, »sondern die Sonne, das Tageslicht und die Luftfeuchtigkeit so einsetzt, dass man auf natürlichem Wege Energie spart.« So ist immerhin ein Hochhaus entstanden, das 30 Prozent weniger Energie verbraucht. »Es ist weltweit das erste realisierte Beispiel dieser Art«, sagen die Architekten.

Und so zeichnet sich schon jetzt ab, in welche Richtung sich

Shenzhen entwickeln wird: Je mehr Daten es gibt, mit der die Menschen ihre Lebensqualität messen können, desto größer wird der Druck auf die Immobilienentwickler. Wer wettbewerbsfähig bleiben will, muss mitspielen. Der Staat kann sich zurücklehnen und muss nur noch hier und da korrigieren.

Schon heute sind Unternehmen in Shenzhen gezwungen, mit vergleichsweise wenigen Daten nachhaltige, umweltfreundliche Gebäude zu bauen, wenn sie die besten Mitarbeiter bekommen wollen, die sich aussuchen können, wo sie arbeiten. »Schlüsselentscheidungen über die Städte und ihr Zusammenleben sollten in der Hand der Bürger sein«, fordert auch Vordenker Ratti. Dass der Spielraum der Bevölkerung in diesem Bereich groß ist, irritiert auf den ersten Blick. Denn das ist ja keine große Stärke dieses autoritären Systems. Auf den zweiten Blick zeigt sich, dass es gar nicht anders geht, als die Eigendynamik solcher Entwicklungen einzubeziehen, wenn man verhindern will, dass einem die Stadt um die Ohren fliegt.

»Dabei darf man nicht nur die Nachteile neuer Technologie anprangern, sondern muss auch ihre Chancen begreifen«, fordert Ratti. »Deshalb lautet das Motto unserer Biennale: Die Augen der Stadt.« Das ist schon ein wenig provozierend. Denn normalerweise sind das die Augen von Big Brother. Doch Ratti hat die Chance ergriffen, ohne die Risiken aus dem Blick zu verlieren. »China ist sicherlich eines der besten Länder der Welt für solche Experimente. Shenzhen einer der besten Orte.«

Noch zugespitzter formuliert es der Holländer Rem Koolhaas, einer der bekanntesten und innovativsten Architekten der Welt: Er habe einen »tiefen Glauben an die Demokratie«, aber man müsse andererseits einräumen, dass »autoritäre Systeme in vielerlei Hinsicht wundervolle Dinge für ihre Bürger machen. Der Westen muss das Gefühl der Überlegenheit ablegen«, sagt er. Koolhaas wurde vielfach dafür kritisiert, dass er die architektonischen Ikonen von Regimen in Peking, Moskau oder Doha baut. Er hält dagegen: Innovative Architektur würde in diesen

Systemen mehr verändern als zementieren. Das habe er am CCTV-Tower in Peking gemerkt, den sein Büro entwickelt hat.

CCTV bedeutet China Central Television und ist der staatliche Fernsehsender mit fünfzig Kanälen in sechs Sprachen. Das Gebäude ist mit seiner verdrehten Struktur nach wie vor eines der ungewöhnlichsten und markantesten Gebäude der Welt. Lange war es technisch gar nicht möglich, die Statik solcher Gebäude überhaupt zu rechnen. Die Idee: Das Oben und Unten eines Hochhauses aufzubrechen und stattdessen ein Gebäude in Form eines Loops zu kreieren. »Ein Effekt des CCTV-Towers in Peking ist, dass es in China nun möglich ist, mehr mit der Struktur von Gebäuden zu experimentieren.« Obwohl Staatspräsident Xi Jinping der Bau nicht gefallen hat. »Architekten können in einer Weise eingreifen, die bestimmte Werte in einem Land modifiziert oder gar verteidigt«, betont Koolhaas. In Shenzhen hat er die neue Börse gebaut, eine der beiden wichtigsten des Landes. Nicht ganz so markant, aber dennoch herausragend, mit einem über dem Straßenniveau auf einem Sockel fast schwebenden, weit ausladenden Querriegel, aus dem ein Hochhaus herauszuwachsen scheint.

Scheerens Traum

Einer von Koolhaas' Schülern ist der Karlsruher Ole Scheeren. Er hat den CCTV-Tower maßgeblich entwickelt, sich inzwischen aber selbstständig gemacht, ist vor allem in Asien sehr erfolgreich und längst aus dem Schatten seines einstigen Mentors herausgetreten. Im September 2020 geben die Behörden in Shenzhen grünes Licht für einen seiner jüngsten Entwürfe. Es geht um den Bau der neuen Konzernzentrale des Telekomnetzwerkausrüsters ZTE, eines Wettbewerbers von Huawei. Das Gebäude soll gewissermaßen am Tor des neuen Business-Distriktes »Super Headquarters Base« entstehen, direkt am Ufer der Shenzhen Bay, gegenüber von Hongkong. Das Projekt heißt

»Shenzhen Wave«, weil sich eine Art gläserne Welle diagonal von unten nach oben durch das Gebäude zieht. Der untere Teil der Welle hebt das 65 Meter hohe Gebäude zwei, drei Etagen vom Boden ab und rauscht dann gewissermaßen als eine Art Atrium diagonal durch das Bürogebäude, um oben auf dem Dach wieder herauszukommen. Dort oben entsteht unter der Glashaut der Welle eine Mischung aus Park, Cafés und Restaurants. Daneben, draußen auf dem Dach, befindet sich ein Club mit herrlichem Blick über das Meer. Zwischen den beiden Wellen schweben sechs Etagen von jeweils der Größe von fast zwei Fußballfeldern. Sie sind wie ein paar Coffee-Table-Bücher leger aufeinandergestapelt, die an den jeweiligen Seiten in unterschiedlicher Länge enden. So entstehen Terrassen, die gleichzeitig Dächer für die darunterliegenden Etagen bilden, und Glasräume, die in die Stadt hineinragen und von denen aus man ebenfalls übers Meer nach Hongkong schauen kann.

Das Atrium, das sich lichtdurchflutet durch das Gebäude zieht, soll als eine Art diagonaler, begrünter Dorfplatz für die 5000 Menschen fungieren, die einmal in dem Gebäude arbeiten werden. Hier soll in gewisser Weise ein neues Stadtdorf entstehen.

»Die Welle ist der Verbindungsraum, in dem das Miteinander verschmilzt«, fasst Scheeren es in seinen Worten zusammen. Er hat den scheuen Blick eines klugen Menschen, trägt einen Dreitagebart, der immer gleich aussieht. Das weiße Hemd und der dunkle Anzug ist die Uniform, mit der er sich schützt.

In den einzelnen Etagen lassen sich die Büros beliebig strukturieren. An diesem Gebäude zeigt sich der beschriebene Trend. Die Auftraggeber wollten Büros, in denen man gerne arbeitet, damit sie im Wettbewerb um die Techies gegen Tencent, Huawei und Co. bestehen können. So führt der Wettbewerb in der Stadt dazu, dass sich die Qualität der Arbeitsplätze stetig verbessert und gute Architekten wie Scheeren überhaupt erst ins Spiel kommen.

Es geht auch in Shenzhen immer mehr um das Thema der Firmenkultur, also darum, »welche Kultur die Firma den Angestellten bieten will«, sagt Scheeren. Es gehe darum, »einen positiven Raum für sozialen Austausch zu schaffen«, fügt er hinzu. Wenn es nach ihm geht, werden die Menschen dort nicht nur arbeiten, sondern sich vor allem »als soziale Wesen entfalten«. Die »Auflösung der Bürozelle« sei dafür schon einmal eine Voraussetzung. Die ZTE-Konzernzentrale, die vor dem Corona-Ausbruch entworfen wurde, biete mit ihrem Zusammenspiel aus Arbeits- und Lebensraum besondere Qualitäten, die sowohl in »normalen« Zeiten als auch in der Coronakrise wichtig seien. »Wir leben in einer Zeit, wo der Raum eine ganz neue, besondere Bedeutung bekommen hat«, sagt Scheeren. »Es gibt in dem Gebäude natürliche Belüftung, Lichthöfe und viel Platz, der auch den neuen Formen der Hygiene und der Abstandswahrung dienen kann. Es ist ein Raum, der Natur einbringt und typische Bürostrukturen auflöst«, erörtert der Architekt, der Büros in Peking, Berlin, Hongkong, Bangkok, New York und London unterhält.

2021 noch wird mit dem Bau begonnen. Zwei oder drei Jahre später soll er fertig sein, so wie man den »Shenzhen Speed« kennt, eher früher als später. »Es ist interessant, dass sich die innovative Tech-Szene immer gerne in Fabriketagen oder sogar alte Schlösser zurückgezogen und sich aus innovativer Raumkultur herausgehalten hat. Das war häufig Retro«, schildert Scheeren. »Aber unser Projekt hier – das ist die Zukunft.« Es stört ihn nicht, dass viele Menschen erst einmal skeptisch sind. »Das gehört dazu, wenn man etwas Neues macht. Es muss zwangsläufig kontrovers sein. Und darüber zu diskutieren ist ein Teil des Prozesses, den Architektur auslösen kann.«

Eigentlich hatten wir uns in Shenzhen treffen wollen, damit er mir vor Ort seine Sicht auf die Stadt zeigen kann. Doch die Coronapandemie hat das verhindert. Also ist es ein WeChat-Meeting geworden, Scheeren in Berlin, ich in Peking.

»Warum kann man in China so viel Neues ausprobieren?«, frage ich ihn.

»Die rapide Veränderung der letzten Jahrzehnte – Zuzug in die Städte, die enorme Entwicklung der Ökonomie – haben zu einer Gewissheit geführt, dass die Modelle, die zuvor existierten, den neuen Realitäten der Gesellschaft nicht mehr Rechnung tragen können. So hat sich in China allgemein das Bewusstsein und die Bereitschaft entwickelt, nach radikal neuen Lösungen zu suchen und diese zu erproben – auch außerhalb der Architektur. Shenzhen ist eines der wichtigsten Labore dafür«, erklärt Scheeren.

Man handelt also mehr aus Not denn aus Neugier?

»Es ist beides: Die Notwendigkeit allein reicht nicht. In vielen Regionen der Welt sind Veränderungen notwendig. Dennoch passieren sie nicht. Was in China hinzukommt, und das spürt man besonders in Shenzhen, ist ein ungeheurer Enthusiasmus der Zukunft gegenüber. Und dieser unbedingte Wille voranzukommen ist entscheidend, damit die Veränderungen auch passieren …«

»… während der Westen das Erreichte verteidigt«, ergänze ich.

»Genau, das ist eben der Nachteil, wenn man sehr lange so erfolgreich war wie der Westen. Es ist schon so vieles da und es scheint so vieles gut zu sein. Dadurch ist die Bereitschaft geringer, Dinge in Frage zu stellen, und der Impuls größer, sich auf dem Erreichten auszuruhen.«

Der Westen und China stehen also auf unterschiedlichen Entwicklungsstufen. Aber spielen nicht auch kulturelle Unterschiede eine Rolle?

»Ich glaube, dass in China der Wille und das Interesse sowie auch eine kulturelle Basis dafür existieren, Veränderung als etwas Positives zu sehen. Dadurch entsteht die Bereitschaft zu einer viel radikaleren Erneuerung, als es in der westlichen Kultur der Fall ist«, meint Scheeren.

Ich finde es erstaunlich, dass das Streben nach Neuem ausgerechnet in einem autoritären System möglich ist, das den Ruf hat, die Vielfalt einzuschränken, während in der pluralen westlichen Demokratie die Zögerlichkeit dominiert. »Ist das nicht paradox?«

»Das ist es in der Tat. Aber dieser große Widerspruch macht uns deutlich, dass Gesellschaften und Nationen nicht nur aus ihren jeweiligen politischen Systemen bestehen, sondern aus Menschen mit einer viel komplexeren und vielschichtigen Kultur.« Das könne man gerade beim Wandel des Stadtbildes von Shenzhen sehr gut beschreiben.

Darf man deshalb also in einer Diktatur wie der chinesischen bedenkenlos bauen?

»Meine Aufgabe als Architekt ist es, die Lebensumstände der Menschen zu verbessern. Das ist in jedem politischen System sinnvoll. Es geht mir um Gebäude, die von Menschen im Alltag benutzt werden. Ich will ihre Lebensqualität steigern. Damit setze ich bestenfalls neue Standards, die dann wiederum auf die Gesellschaft abfärben. Und ein gutes Gebäude verbessert nicht nur den Alltag der Menschen, die das Gebäude benutzen, sondern auch die Stadtlandschaft. Denn es erhöht die Vielfalt der Gebäudeformen in einer Stadt oder integriert sich besonders gut. Mit der ungewöhnlichen Form des CCTV-Towers in Peking zum Beispiel, den wir gebaut haben, sind die Spielräume, in China etwas Nichtkonformes auszuprobieren, viel größer geworden. Auch wenn dem ein oder anderen Politiker das Gebäude nicht gefallen hat. Inzwischen ist der CCTV-Tower sogar eine Ikone der Hauptstadt geworden«, so Scheeren.

»Haben Sie diese Spielräume so erwartet, als Sie vor über dreißig Jahren zum ersten Mal nach China kamen?«

»Nein. Das war eine große Überraschung. Besonders ab den 2000er-Jahren. China war gerade der WTO beigetreten und hatte erstmals eine offizielle Position in der Weltwirtschaft. Im gleichen Jahr, 2001, wurde dann verkündet, dass die Olympischen

Spiele 2008 in China stattfinden werden. Ich ging davon aus, dass dieses Ereignis politisch gewollt war und der Staat verlangte, dass jeder mitmacht. Es hat mich also sehr überrascht, wie stolz und enthusiastisch die Chinesen waren, als die Nachricht eintraf. Fremde Menschen kamen auf mich, den Ausländer, zu und erzählten mir stolz: Wir haben die Olympischen Spiele! Die Menschen haben in Peking und anderen Städten die ganze Nacht auf den Straßen gefeiert. So etwas hatte ich aus einem solchen Anlass noch nirgendwo sonst erlebt. Diese positive Stimmung wurde ein Leitthema der Entwicklung Chinas. Trotz der knallharten Arbeit unter großem Zeitdruck waren die Menschen stolz darauf, dass sie ihren Beitrag zu einer besseren Zukunft leisten durften. Dieses Gefühl einer gemeinsamen Aufgabe musste der Staat nicht erst entfachen. Da habe ich verstanden, welches Potenzial in China und den Chinesen steckt.«

Ich will wissen, ob die anfängliche Euphorie inzwischen einer Innovationsroutine gewichen ist.

»Wir sind inzwischen an einem hochinteressanten Punkt der Entwicklung angelangt. Bei der Frage, ob es auf Dauer sinnvoll ist, alles so schnell wie möglich und so viel wie möglich umzusetzen. Die Phase der selbstkritischen Betrachtung hat längst begonnen. Aber es macht sich keine Ernüchterung breit, sondern es geht eher um die Frage, wie man die weiteren Schritte in die Zukunft definieren möchte. Aus quantitativem Wachstum wurde qualitatives Wachstum. Dazu gehört auch, dass China sich von einer Billiglohn-Wirtschaft zu einer Technologie- und Kreativökonomie gewandelt hat. Und das hatte Auswirkungen auf Städte und Gebäude. In zwei Jahrzehnten wurde sehr viel und in einem Maßstab gebaut, den es weltweit bis dahin nie gegeben hatte. Vor einigen Jahren stellte sich selbst der Staats- und Parteichef Xi Jinping die Frage, ob die Städte in China wirklich alle gleich aussehen sollten. Es geht also auch darum, dass man qualitativ das Richtige macht.«

Aber hätte man dies nicht schon viel früher machen sollen?

»Es ging ja zunächst darum, so schnell wie möglich aus einer Ansammlung von Fischerdörfern eine Metropole werden zu lassen. Erst mit der Zeit wurden Probleme offensichtlich, die zunächst außer Acht gelassen worden waren. Zum Beispiel, was das Stadtgefüge angeht, den öffentlichen Raum. Man stellte fest, dass es nicht ausreicht, möglichst schnell viele Hochhäuser aus dem Boden zu stampfen. Bei den Planungsbehörden gab es offene, gut ausgebildete und intelligente Menschen, die sich die Frage stellten, wie der urbane Raum definiert werden sollte. Auch wegen solcher Fragestellungen ist Shenzhen ein hochinteressantes Modell, ein Pilotprojekt, bei dem sehr erfolgreiche Strategien entwickelt und umgesetzt wurden.«

Ist Shenzhen heute in dieser Hinsicht weiter als Peking und Shanghai?

»Meines Erachtens ja. Aber es gibt immer mehr Zonen im Land, in denen Lebensqualität in urbanen Räumen ein immer größerer Stellenwert eingeräumt wird. Shenzhen ist sicher Vorreiter, und dass ich daran mitarbeiten kann, ist sehr spannend für mich als Architekt. Hier können wir die Prototypen neuer global relevanter Architektur entwickeln, stellen uns aber gleichzeitig die Frage, wie sich die individuelle Architektur zum Stadtgefüge und den Bedürfnissen der Menschen verhalten soll.«

»Was bedeutet das genau? Können Sie das an der neuen ZTE-Zentrale beschreiben, die sie in Shenzhen bauen?«, frage ich den Architekten.

»ZTE ist neben Huawei eines der erfolgreichsten Telekommunikationsunternehmen Chinas. In dieser sehr fortschrittlichen Branche stellte man sich früher als in anderen Bereichen die Frage, wie die Arbeit und damit auch die Arbeitsplätze der Zukunft aussehen sollen. Weil der Wettbewerb um junge, kreative Mitarbeiter so hart ist. Die guten Entwickler können sich in Shenzhen oder eigentlich überall aussuchen, wo sie arbeiten. Das zwingt die Unternehmen, schneller umzudenken: Arbeit ist nicht mehr etwas, das dem Leben oder der Freizeit gegenübersteht; die Bereiche gehen ineinander über, Arbeit findet an einem Ort statt, an dem man sowieso sein möchte. Corona hat diese Entwicklung noch befeuert. Weltweit diskutiert man die Frage, wie zeitgemäß die örtliche Trennung zwischen Arbeit und Freizeit noch ist. So ergeben sich plötzlich ganz neue Spielräume für uns Architekten. Der Auftraggeber eines Gebäudes will nicht mehr so effizient wie möglich so viele Menschen wie möglich übereinanderstapeln, sondern es geht darum, Räume zu schaffen, in denen sich möglichst viele unterschiedliche Menschen mit verschiedenen Bedürfnissen wohlfühlen – weil sie dann besonders kreativ sind.«

»Wie haben Sie das in Ihrem Gebäude gelöst?«, frage ich Scheeren.

»Wir haben uns von dem gelöst, was an einem Gebäude als einengend empfunden wird. Es wird also kein Hochhaus mit einem zentralen Kern und Büroraum drum herum; stattdessen setzen wir auf Geschosse, die gar nicht als solche empfunden werden, weil sie jeweils so groß sind wie zwei Fußballfelder. Das sind Dimensionen, die man von normalen Gebäuden nicht kennt. In jedem Geschoss entsteht eine Art eigner urbaner Raum. Da es aber natürlich mehrere Geschosse gibt, war es uns wichtig, diese so zu verknüpfen, dass man möglichst wenig das Gefühl hat, die Etage zu wechseln. Die Ebenen sollen ineinanderfließen. Dabei helfen Verknüpfungen über kleine Atrien und Lichthöfe sowie ein riesiges Atrium, das sich diagonal durch das ganze Gebäude zieht und die beiden Hauptpole verbindet: den Eingangsbereich unten und den Freizeit- oder Clubbing-Bereich auf dem Dach. Gleichzeitig sind die Geschossplatten verschoben, jede Etage geht in große zueinander versetzte Terrassen über. Das schafft eine intensive Verbindung zwischen innen und außen.

Wichtig ist auch, dass wir das Gebäude, das in der ersten Reihe zum Wasser steht, angehoben haben, sodass ein riesiger öffentlicher Platz entsteht. Dadurch schaffen wir eine Verbindung zum Wasser, zum öffentlichen Park und der Stadt. Wir haben der Stadt mit dem Gebäude keinen Platz weggenommen, sondern ihr den Platz in besserer Qualität zurückgegeben.

Das Gebäude ist nun ein Rahmen für sehr viele Varianten individuell gestalteter Arbeitsplätze. Damit geht in Shenzhen die Zeit der neonbeleuchteten Schachtelbüros mit einer Grünpflanze allmählich zu Ende.«

Für mich klingt das nach viel teurem Büroraum, aber Scheeren ist überzeugt, dass die Rechnung aufgeht. Denn wenn ein Unternehmen auf diese Weise Mitarbeiter anziehe, die kreativer seien als andere, und das Unternehmen dadurch wettbewerbsfähiger werde, dann habe sich die Investition gelohnt. Dennoch interessiert mich, ob die Auftraggeber das Konzept und den potenziellen Mehrwert sofort verstanden haben oder ob Überzeugungsarbeit notwendig war.

»Es ist immer beides, wenn man etwas Neues macht, und nicht immer ist das Neue selbsterklärend. Deswegen sind die Kommunikation und der Dialog mit den Bauherren so wichtig. Die Gebäude müssen ja verstanden werden, bevor sie überhaupt existieren. Wir können keine Prototypen bauen, die man dann noch verändern könnte. In der Architektur muss der erste Wurf sitzen. Das ist eine große Herausforderung«, erklärt Scheeren.

»Aber in Shenzhen muss noch immer alles sehr schnell gehen. Bleibt Ihnen da überhaupt die Zeit für eine ausgereifte Lösung?«

»Ich möchte so antworten: Lieber schnell als gar nicht. Je langsamer sich ein Projekt entwickelt, desto größer ist die Wahrscheinlichkeit, dass es am Ende gar nicht umgesetzt wird. Anderseits ja, es besteht immer die Gefahr, dass manches nicht gründlich genug durchdacht werden konnte. Aber wir haben gelernt, mit dieser Gefahr umzugehen und sie zu antizipieren. Das bedeutet einerseits effizienter zu arbeiten und andererseits muss man den Bauherren hin und wieder auch mal deutlich sagen, dass es nicht realistisch ist, was sie von uns in einer bestimmten Zeit verlangen. Nach zwanzig Jahren Erfahrungen fühle ich mich in diesen Geschwindigkeitszonen aber recht wohl.«

Wie groß ist bei dieser Geschwindigkeit die Gefahr, dass man kurzlebigen Moden anheimfällt, besonders in einer Stadt wie Shenzhen, wo sich das, was gerade in ist, auch sehr schnell wieder ändern kann?

»Deshalb ist die Frage ja so wichtig, wie die Welt in 15 oder 20 Jahren aussehen wird. Ein Gebäude muss auch dann noch bestehen können. Deshalb muss es so offen entwickelt werden, dass es neue Anforderungen integrieren kann. Das ist auch eine Frage der Nachhaltigkeit. Da geht es eben nicht nur um die Energiebilanz. Sondern um eine Balance zwischen sozialer und energetischer Nachhaltigkeit.«

Shenzhen ist eine Megametropole, die ohne Hochhäuser nicht funktionieren kann. Das schränkt die Lebensqualität für meine Begriffe doch sehr ein. Und damit kann Shenzhen doch eigentlich nur bedingt ein Vorbild sein für viele Städte in Europa, die nicht von Hochhäusern dominiert werden, oder?

»Das sehe ich anders. Hochhäuser werden auch in Europa immer wichtiger. Ich würde sogar sagen, sie sind inzwischen unvermeidbar, aber sie dürfen – genau wie in asiatischen Städten – nicht die einzige Typologie der Architektur werden. Doch eines ist klar: Wenn wir über Nachhaltigkeit reden, müssen wir auch über Verdichtung reden. Denn je dichter die Menschen zusammenwohnen, desto effizienter kann die jeweilige Infrastruktur genutzt werden, desto besser ist die Energiebilanz. Das Hochhaus wird damit zu einer der interessantesten und gleichzeitig problematischsten Typologien der Zukunft weltweit werden. Problematisch deshalb, weil das Hochhaus mehr sein muss als eine hohe Kiste auf einem kleinen Grundstück, die weder in einer Beziehung zu den Menschen steht, die dort arbeiten oder leben, noch zu der Stadtlandschaft, die von dem Bau im schlechtesten Fall sogar gestört wird. Meine Aufgabe sehe ich darin, das Hochhaus aus seiner Zwangsjacke zu befreien. Zu zeigen, dass wir auch in der Vertikalität einen aktiven, kommunikativen und sozialen Raum schaffen können, in dem selbst die Natur eine zentrale Rolle spielen kann.«

Bei vielen Hochhäusern sieht die grüne Etage allerdings aus wie ein dekoratives Alibi, auch Niedrigenergiehäuser spielen in Shenzhen noch keine große Rolle. »Hat man die Versöhnung von Beton und Natur hier wirklich als Notwendigkeit verstanden, oder dienen einzelne Projekte nicht doch nur als Feigenblatt?«, frage ich nach.

»Es darf natürlich nicht darum gehen, etwas Ödes oder Hässliches mit Grün zu kaschieren, sondern es geht um Natur als Teil des Lebensraumes in einem Gebäude. Die relevante Frage lautet, gerade auch im subtropischen Shenzhen: Wie können wir Natur als Lebensraum im urbanen Kontext in Architektur integrieren? Da haben wir bei unseren Projekten in Vietnam oder Singapur bei klimatisch ähnlichen Bedingungen gute Erfahrungen gemacht«, erklärt Scheeren.

Zum Abschluss eine letzte Frage: Baut Scheeren lieber in Shenzhen als in Berlin?

»Die Art, wie dort die Zukunft ausprobiert und definiert wird, ist weltweit einmalig. Es mag Städte geben, die in einzelnen Bereichen interessanter und deswegen für einen Architekten auch spannend sind. Dazu zählt mit Sicherheit Berlin. Aber in dieser Balance aus Dynamik, Lebensqualität, Nachhaltigkeit, Technologie und Jugendlichkeit ist gegenwärtig keine andere Stadt als Shenzhen weltweit so maßgeblich.«

Von Pfannkuchen und George Lucas

New York hat 93 Gebäude über 200 Meter Höhe, Shenzhen bereits 98, Hongkong 72. Und Shenzhen steckt noch mitten in der Wachstumsphase. Wie schon erwähnt, ein Plus von einer

Million Quadratmetern pro Jahr. Das sind zwanzig Ole-Scheeren-Gebäude. Nimmt man Hongkong und Shenzhen zusammen, zwei Städte, die zunehmend zu einer Metropole mit bald 30 Millionen Menschen zusammenfließen, dann ist dies das urbane Zentrum, in dem mit großem Abstand die meisten Wolkenkratzer mit einer Höhe von über 200 Metern stehen.

Und weitere Superlative lassen nicht auf sich warten. 2024 kommt mit dem Shimao Shenzhen-Hongkong International Center ein 700-Meter-Megawolkenkratzer dazu. Das Ping An International Finance Center ist bereits das höchste reine Bürogebäude der Welt; 2019 wurde es von dem in Chicago ansässigen Council on Tall Buildings and Urban Habitat (CTBUH) zum schönsten Hochhaus der Welt gewählt. Es hat 115 Stockwerke, verfügt über 80 Aufzüge und ist mit 599 Metern der vierthöchste Bau der Welt überhaupt, nach dem Burj Khalifa in Dubai, dem Shanghai Tower und dem Abraj Al-Bait Tower im saudi-arabischen Mekka. Im Ping-An-Turm arbeiten 15 000 Menschen. Das Gebäude wurde von dem New Yorker Architekturbüro Kohn Pedersen Fox gebaut, das auf Megahochhäuser spezialisiert ist. Ein scharfkantiger, kühler Obelisk, dessen Form Elemente der sogenannten Chevrons trägt, der sägezahnförmigen Muster an der Austrittskante der Schubdüse eines Triebwerks. Doch der Ping-An-Turm bleibt nicht allein. Wenn der Shimao-Bau 2024 fertig wird, ist er das zweithöchste Hochhaus der Welt.

Im Januar 2021 gewinnt das Büro Zaha Hadid zudem den Wettbewerb für einen auffälligen, knapp 400 Meter hohen Doppelwolkenkratzer, dessen Sockel wie ein moosbewachsener Baumstamm aussieht. Doch dreht sich, wie wir schon bei Ole Scheeren gesehen haben, nicht alles nur um Megahochhäuser. Wenn man durch die Stadt streift und sich die neuen Bauten beziehungsweise die Entwürfe für neue Gebäude anschaut, kann man zwei große Trends in Shenzhen ausmachen. Der eine dreht sich um die Frage, wie man Pflanzen und Beton, Natur und Gebäude miteinander versöhnen kann – eine Vorstufe unserer Vorstellung von Nachhaltigkeit gewissermaßen. Der andere sind spektakuläre Bauten, deren Formensprache weit ins 21. Jahrhundert hineinweisen.

Beim Thema Natur fällt einem sofort der Entwurf für das neue Gebäude des Kinderkrankenhauses am Rande des Lianhuashan-Parks ein, mit seiner fröhlichen Fassade und kaskadenartigen Dachgärten, Spielarealen und sogar einem Sportplatz. B+H Architects und das East China Architectural Design & Research Institute (ECADI) haben im August 2020 den Wettbewerb für den Neubau gewonnen. So etwas würde Berlin auch gut zu Gesicht stehen. Das Dachareal, hoch über den Gefahren und dem Lärm der Straßen, soll »eine Wunderlandschaft sein, in der man an jeder Ecke etwas entdecken kann und von der aus man einen glücklichen Blick auf die Welt hat«, sagen die Architekten.

Ähnlich würde es wohl auch das holländische Architekturbüro MVRDV für sein Shenzhen-Projekt formulieren. Die MVRDV-Architekten sind weltweit in Sachen lebenswerter Architektur unterwegs, in der Megacity bauen sie beim Shimao ShenKong International Centre eine »lebenswerte Welt«. Wie Pfannkuchen liegen die amorphen Terrassen übereinander, getrennt von leichten Glasfassaden. So entsteht eine Wohn- und Lebenslandschaft aus nur wenigen Geschossen, in denen Innen und Außen immer wieder ineinander übergehen. Dazwischen wuchern subtropische Gärten. Solarenergie und recycelter Beton spielen eine zentrale Rolle. Die Plätze sind so schattig und luftig, dass man sich trotz der Hitze dort aufhalten will. »Gärten und öffentliche Plätze werden in eine dichte Stadtlandschaft integriert«, schreibt Winy Maas, Architekt und Gründungsmitglied von MVRDV. Manchmal senken sich die Terrassen leicht, um in einer anderen Etage zu enden, alles wirkt selbstverständlich und unaufgeregt in dieser aufregenden Stadt: »Das könnte ein Modell für öffentliche Plätze in Shenzhen werden.«

Gleichzeitig versuchen Maas und seine Kollegen andernorts in Shenzhen das Hochhaus neu zu erfinden. Für das chinesische Bauunternehmen Vanke stapeln sie, fast wie Kinder es tun würden, acht bunte Blocks auf eine Höhe von 250 Metern aufeinander. Die Vanke-3D-City ist vorbildlich für »die nächsten Generationen von Hochhäusern«, sagt Maas. Vier der Blocks sind hohl und kreieren öffentliche Räume und Gärten fernab der Straße mit einem fantastischen Blick über das Meer. Hier kann man wohnen, arbeiten und abends weggehen, ohne diese kleine Stadt in der Stadt überhaupt verlassen zu müssen. Fast zehn Jahre haben die MVRDV-Architekten an diesem Prototyp eines neuen Hochhauses geforscht. In einem anderen Teil der Stadt hat Vanke mit dem Architekturbüro Urbanus, einem der renommiertesten in China, einen flachen grünen Campus bereits fertig gebaut: die Vanke Design Community. Der Blick von den umliegenden Hochhäusern auf das Areal erinnert an einen Park, eine Art grünen Setzkasten. Denn die Betongebäude sind von der Straßenebene abgesenkt und unter begrünten Dächern versteckt. Dazwischen kleine Gartenlandschaften mit breiten, flachen Treppen zum Sitzen und Verweilen – erholsame und beruhigende Oasen in dieser Stadtlandschaft aus Stahl und Glas.

Dann gibt es da noch im Qianhai-Viertel die 2,1 Kilometer lange Parklandschaft des Londoner Architekturbüros Rogers Stirk Harbour + Partners, die wie eine Hochstraße über der Stadt schwebt und genau auf das Meer zuläuft. Ein »urbanes Wohnzimmer« nennen die Architekten das. Oder den grünen Business-Distrikt Shenzhen Bay Headquarters City, den das skandinavische Büro Henning Larsen mit seinen zwei chinesischen Partnern – Shenzhen Cube Architects und Swooding Architects – entwickelt hat. 5,5 Quadratkilometer groß.

Neben dem Thema »grüne Stadt« dürfen die Architekten aus aller Welt sich in Shenzhen auch mit dem Thema »neue Stadt« beschäftigen. Futuristisch, ironisch, verwegen, spielerisch sind Eigenschaften, die bei diesen Projekten gefragt sind. In dieser Gruppe ganz vorn mit dabei ist das 2004 von Ma Yansong gegründete Architekturbüro MAD, das wahrscheinlich erfolgreichste chinesische Architekturbüro. Ma wurde 2009 von der amerikanischen Zeitschrift *Fast Company* zu den zehn kreativsten Architekten der Welt gekürt. Er ist Fellow des Royal Institute of British Architects (RIBA) und Young Global Leader (YGL) des Weltwirtschaftsforums in Davos. Sein Büro war das erste chinesische Büro überhaupt, das den Auftrag für ein internationales Kulturgebäude bekommen hat. Und dann auch noch in den USA: das Lucas Museum of Narrative Art in Los Angeles. Das Gebäude, das unter anderem von dem Filmemacher George Lucas *(Star Wars)* gestiftet wurde, hat rund eine Milliarde US-Dollar gekostet. Es wird im Frühjahr 2021 fertiggestellt sein. MAD hat inzwischen unter anderem in Rom, Paris, Japan und Beverly Hills gebaut. Die beiden Hochhäuser, die MAD im kanadischen Mississauga errichtet hat, wurden schon 2012 mit dem internationalen Skyscraper Award ausgezeichnet.

Klar, dass so jemand in Shenzhen eine wichtige Rolle spielt und auch ein ganz besonderes Grundstück bekommt. Ma darf in einem Park im Nanshan-Viertel direkt am Meer bauen. Das hat den Vorteil, dass seine Bauten völlig frei stehen. Die weißen skulpturalen Gebäude des Museumskomplexes im Shenzhen Bay Culture Park sehen aus wie eine Mischung aus riesigen weißen Steinen und überdimensionierten Henry-Moore-Plastiken. Sie haben das Zeug, ikonisch für Shenzhen zu werden, eben weil sie so frei stehen. Unter dem Park in der Mitte ist die Creative Design Hall auf der einen mit dem Shenzhen Science and Technology Museum auf der anderen Seite verbunden, dazwischen liegt ein zentrales Auditorium. Ma denkt bei den Gebäuden an einen meditativen Ort. »Ich will eine surreale Atmosphäre kreieren«, sagt der Architekt, »in der sich die Menschen entspannen können. Raum und Zeit sind aufgelöst, es entsteht ein Gefühl der Schwerelosigkeit und der uneingeschränkten Vorstellungskraft.«

Ähnlich ungewöhnlich ist das Gebäude des Longgang Cultural Centre. Mit seiner roten geriffelten Stahlfassade sieht das 95 000-Quadratmeter-Gebäude aus wie eine Mischung aus einer Riesenraupe und einem Raumschiff, das wie ein Riegel vier Stockwerke hoch in der Stadtlandschaft am Rande des unglaublich kitschigen Dragon City Park steht – etwas, das es in dieser Stadt natürlich auch gibt. Der Bau besteht eigentlich aus vier Gebäuden, die an ihrem oberen Rand fast zusammenstoßen, sich jedoch nach unten verjüngen, sodass viel Platz zum Durchlaufen und Durchschauen ist. Entworfen wurde es von dem niederländischen Architekturbüro Mecanoo. Und das sind nur einige von zahllosen spannenden Gebäuden, wie die transparenten Hochhäuser der OPPO-Zentrale von Zaha Hadid Architects, die an hochkant stehende Zeppeline erinnern. Oder das Konferenzzentrum, das Rem Koolhaas entworfen hat und mit dem Architekturbüro CCDI baut. Es erinnert in der Form an Origami, die Kunst des Papierfaltens. Vom Meer her gesehen wirkt es wie eine aufgeschnittene Pyramide mit terrassenartigen Geschossen. Es ist noch spektakulärer als das auch schon herausragende Design Museum, das der japanischen Pritzker-Preisträger Fumihiko Maki vor ein paar Jahren ein paar Kilometer entfernt ebenfalls an der Küste fertiggestellt hat.

In Erinnerung bleibt auch das 80 000 Quadratmeter große Museum of Contemporary Art & Planning Exhibition im Futian Kulturdistrikt von dem österreichischen Architekturbüro Coop Himmeb(l)au. Von außen sieht es aus, als seien riesige graue, runde und kantige Formen ineinandergestülpt worden. Innen findet man auf sieben Stockwerken komplex miteinander verschachtelte Ebenen, Ausblicke, Gänge, Balkone, niedrige und hohe Räume. Mitten im Gebäude eine riesige stählerne Wolke, in der ein Buchladen und die Cafeteria untergebracht sind. Die

Edelstahlkonstruktion wurde von Robotern vorgefertigt. »Normalerweise braucht man 160 Arbeiter und acht Monate, um so etwas zusammenzubauen«, erzählt Wolf D. Prix, der Gründer des Büros. »Nun geht es in zwölf Wochen mit acht Arbeitern.« Ein Gebäude wie dieses, mit so viel Stahl und grauem Beton, könnte abstoßend wirken, tut es aber nicht. Im Gegenteil, es ist ein großes Abenteuer, diesen komplexen Bau zu entdecken.

Alles scheint möglich, und damit ist es irgendwie typisch Shenzhen. Für den spanischen Stadtsoziologen Manuel Castells, der 25 Jahre sowohl in Berkeley gelehrt hat als auch im St. John's College in Cambridge, ist Shenzhen damit schon jetzt »das repräsentativste urbane Gesicht des 21. Jahrhunderts«.

Planen, was man möchte, ertasten, was geht

Am 14. Oktober 2020 reist Staats- und Parteichef Xi Jinping in die Stadt. Er kommt gern hierher, wahrscheinlich auch deshalb, weil eben sein Vater damals als Provinzgouverneur Deng ermutigt hat, aus Shenzhen etwas Besonderes werden zu lassen. Xis Vater ist auch nach seiner Pensionierung in Shenzhen geblieben, begraben wurde er 2002 allerdings in Peking. Eine Reise nach Shenzhen ist für den Staatspräsidenten mehr als nur eine Pflichtübung. Zumal, wenn er wie 2020 zum 40. Jubiläum der Stadt anreist. »Shenzhen hat in vierzig Jahren hinbekommen, wofür andere Metropolen in anderen Ländern mehr als hundert Jahre gebraucht haben. Es ist ein Wunder der Weltgeschichte, das die Menschen Chinas vollbracht haben«, sagt er und übertreibt damit wahrscheinlich nicht. Seinen Vater würde es freuen, könnte er sehen, was aus dieser Sonderzone geworden ist.

Shenzhen ist seit seiner Gründung im Jahresdurchschnitt jeweils um über 20 Prozent gewachsen. Und das jährliche Pro-Kopf-Einkommen ist von 1000 US-Dollar auf 30 000 US-Dollar gestiegen. Bei seinem Besuch gibt Xi den weiteren Kurs für die Zukunft vor. Die Stadtverwaltung solle nun »den Weg vorgeben«, was das Management einer Megacity betreffe. Dazu müsse sich die Stadt »unentwegt weiter der Welt öffnen«. Es gehe darum, Win-win-Situationen zu schaffen. Shenzhen solle seinen »Unternehmergeist weiter veredeln«, »Innovationsstreben respektieren« und immer mehr Menschen ermutigen, Unternehmen zu gründen. Dabei gelte es, die Rechte und Interessen von Unternehmern zu schützen, die Eigentumsrechte ebenso wie die des geistigen Eigentums. Xi glaubt allerdings nicht, dass die nächsten Jahrzehnte für Shenzhen leichter werden als die zurückliegenden. »Die Komplexität der Aufgabe, die Entwicklung voranzutreiben, ist nicht kleiner als vor vierzig Jahren.« Es stünden »einzigartige Herausforderungen« an. Deshalb müsse man zwei Dinge mit »noch größerem Mut und Weisheit« weiterverfolgen: Erstens, die Planung auf höchstem Niveau. Und zweitens dabei so vorgehen, als würde man einen Fluss überqueren: »Tastend die Steine fühlend.« So, wie es Deng Xiaoping einst formuliert hat.

Das ist wahrscheinlich wirklich eines der Geheimnisse der atemberaubenden Entwicklung von Shenzhen. Nie beim Erreichten stehen bleiben, sondern immer weiter Wunsch und Wirklichkeit austarieren. Planen, was man möchte, und gleichzeitig ertasten, was geht.

Einer der zahllosen Shenzhener, die sich dieser Herausforderung stellen, ist Kevin Huang. Ein Shenzhener der zweiten Generation, der im futuristischen Futian Distrikt sein Büro hat. Er hat mit seiner Firma LeMayorservice ein Smart-Home-Konzept entwickelt. »Wir kreieren Lichtstimmungen, die sich zentral steuern lassen oder sogar je nach Außenlicht automatisch regulieren. Mit unserem Konzept kann man auch die Temperaturen regeln und die Luftfeuchtigkeit eines Raumes bestimmen«, erzählt er voller Stolz. »Wir machen das Leben der Menschen besser.« Kevin steht für die nächsten dreißig Jahre von Shenzhen.

Um den Traum vom eigenen Unternehmen zu verwirklichen, war er sich für nichts zu schade. Um seinen ersten großen Auftrag zu bekommen, ist er sogar mit einem Freund nach New York geflogen. Er wollte sein Geschäftsmodell unbedingt einem der größten chinesischen Bauunternehmer vorstellen. Doch es war schier unmöglich, einen Termin bei ihm oder seinen Mitarbeitern zu bekommen. Als sie zufällig erfuhren, dass der Unternehmer nach New York fliegen würde, entwickelten sie einen verwegenen Plan: Sie wollten ihn mit einem iPad mit seinem Namen drauf in der Ankunftshalle in New York abholen. »Er sollte denken, wir seien seine Chauffeure«, erzählt Kevin lachend. Er war darauf eingestellt, dass der Unternehmer verärgert reagieren würde. Doch Kevin hatte Glück. Der Mann war erst perplex und dann beeindruckt. Sie durften ihn nicht nur fahren, sondern ihm später auch ihr Projekt vorstellen. Dem Unternehmer imponierte Kevins Hartnäckigkeit, Leidenschaft und Entschlossenheit. Also half er ihm. Nur zwei Jahre nach der Gründung der Firma bekam Kevin einen Auftrag für eines der wichtigsten Bauprojekte in Shenzhen: für die One Shenzhen Bay, eine Gruppe von Wolkenkratzern.

Im Januar 2018 schien der Durchbruch endlich gelungen. Sie erhielten einen Dreijahresauftrag mit einem Volumen von 120 Millionen Euro, um Gebäude in ganz China mit ihrer Smart-Home-Technologie auszustatten. Doch die Wirtschaft überhitzte. Die Regierung zog die Zügel an und ihre Auftraggeber konnten nicht mehr zahlen. Kevin und seine Partner hatten jedoch schon losgelegt. »Der Schock war groß. Wir standen vor der Pleite«, erzählt er. »Keine Bank wollte uns mehr Geld geben. Also mussten wir unsere Verwandten anbetteln.« Sie mussten das Büro aufgeben, ihre Musterhäuser schließen, ja sogar ihre eigene Wohnung verkaufen und auf die Wohnungen ihrer Eltern, Onkels und Tanten eine Hypothek aufnehmen. »Es war ein Albtraum. Wir gerieten immer tiefer in den Sog«, sagt Kevin. »Aber nach 180 schlaflosen Nächten haben wir wieder Licht gesehen.«

Heute macht das Unternehmen umgerechnet knapp 8 Millionen Euro Umsatz. »Wir haben zwar noch nicht alle Schulden abbezahlt. Aber wir sind auf einem guten Weg. Worauf ich am meisten stolz bin, ist, dass ich fünfzig meiner achtzig Mitarbeiter immer bezahlen konnte.« Kevins Geschichte erinnert daran, wie nah Erfolg und Niederlage auch in einer Stadt wie Shenzhen beieinander liegen. Und dass es nicht nur die großen Namen sind, die diese Stadt voranbringen. Da ist zum Beispiel Zhang Bo, der das kleinste Architekturprojekt in Shenzhen entwickelt hat, ein Café. Das »Joys« in der Hongli West Road, einer Seitenstraße des Xiangmi Third Village im Futian-Distrikt. Auch so ein Stadtdorf, das in den 1990er-Jahren entstanden ist. Die Designer des »Joys« bringen die in den Stadtdörfern üblichen Miniläden in eine ästhetische Form. Das Café ist mit 2,80 Meter deutlich schmaler, als ein Parkplatz breit ist, eingeklemmt zwischen einer Reinigung und einer Apotheke. Dafür ist es über fünf Meter hoch und nicht viel tiefer.

In einer Gegend, in der alles mit Schildern, Klimaanlagen und Kabeln verbaut ist, räumen die Architekten erst einmal auf: Über der schlichten Glastür schaffen sie eine große, leere, graue Fläche, die sie gut ausleuchten. Sie wirkt geradezu erholsam und anziehend in dem Durcheinander. »Die Idee war, einen Ort für moderne Menschen zu schaffen, wo sie sich erholen können. Einen Ort für ein tägliches Ritual«, sagt Zhang, einer der beiden Partner des Shenzhener Büros Onexn Architects. Vor der Tür ein weißer Hochtisch mit zwei minimalistischen Barhockern. Drinnen ein neun Quadratmeter langer Schlauch, mit den traditionellen grauen Kacheln auf dem Fußboden und filigranen weißen Regalen links und rechts, in die hier und da senffarbene Kisten eingebaut sind. Die Wände sind grau. Die hohe Decke ist nach vorn zum Ausgang hin gewölbt, was Geborgenheit schafft. Graue Sitzkissen auf den Regalen machen sie zu Hockern. Am Ende der Tresen für die Bestellungen. Rechts geht eine Hühnerleiter nach oben in den klitzekleinen Bürobereich. Die Leiter kann man zur Seite stellen. »Als wir mit dem Umbau begonnen haben, haben uns gutmeinende Nachbarn immer wieder Ratschläge gegeben«, erzählt Zhang. »Erst wollten wir das nicht, dann haben wir jedoch verstanden, wie wichtig der Dialog in einer symbiotischen Welt ist. Und so ist die eine oder andere Idee mit eingeflossen. Wir nennen das spontane Architektur.« Das Café ist inzwischen gut eingebunden in den Kiez.

Kaum zwanzig Zentimeter neben dem Eingang des Cafés steht quer an der Hauswand neben zwei Feuerlöschern ein roter Plastikstuhl und ein kleiner Holzhocker, dazu ein Nähmaschinentisch, wie man ihn von Singer kennt, mit einem gusseisernen Trittpedal unten, als Antrieb für die Nadel. »Gehört die zur Reinigung?«, frage ich Zhang. »Nein, das ist die Kieznähmaschine, die dürfen hier alle benutzen.«

160

KAPITEL 2
BEWEGEN

Von Menschen, die anderen helfen voranzukommen

»Ich möchte Autonomie demokratisieren.«

PROFESSOR X, führender chinesischer Unternehmer im Bereich KI-Software für autonomes Fahren

Er ist nie müde, abgelenkt oder genervt. Das ist schon mal ein großer Vorteil. Er kann Menschen ausweichen, an Ampeln stoppen, Abstand zu anderen Fahrzeugen halten. Doch als ihm diese grüne Plastiktüte vors Auto schwebt, ist Schluss. Bremsen oder nicht, lautet die Frage, die in Bruchteilen von Sekunden beantwortet werden muss. Was ist das? Ein fliegender Stein? Nein, der Gegenstand verändert seine Form. Nebel? Nein, Nebel hat keine Umrisse. Ein Tier! Ein Vogel? Die Konturen passen nicht. Warum ändert es seine Form andauernd? Und wohin fliegt es?

Wie erklärt man dem KI-Computer für autonomes Fahren, dass es sich erstens um eine herumfliegende Plastiktüte handelt und er zweitens dafür nicht bremsen muss, egal welche Farbe sie hat?

Diese Frage ist eine der großen unserer Zeit.

»Computer können Fehler machen, die aus der Perspektive des Menschen dumm sind. Das ist eine der Herausforderungen, mit denen sich Spezialisten beim autonomen Fahren derzeit beschäftigen. Aber das ist lösbar«, sagt Xiao Jianxiong, »wenn man die Schwächen der Software erkannt hat, die ganz andere sind als die Schwächen der Menschen.«

Xiao befasst sich seit über einem Jahrzehnt mit solchen Fragen. Alle nennen ihn nur »Professor X«, wie die Figur Charles Francis Xavier, Anführer der X-Men in den Marvel Comics, und ausgestattet mit übersinnlichen Kräften. Doch eigentlich sieht Xiao eher aus wie die chinesische Version des frechen Jungen aus dem amerikanischen Satire-Magazin *MAD* – dieses besondere Lächeln inklusive: hohe Stirn, die Haare stehen dank Gel zu Berge. Leicht getönte, sehr große, randlose Brille. T-Shirt, Jeans, Turnschuhe. Sein Englisch ist schwer zu verstehen. Das, was er sagt, ist allerdings überzeugend und klug.

Für ihn ist klar, warum man sich mit autonomem Fahren beschäftigen muss: der Umwelt, der Sicherheit und der Lebensqualität zuliebe. Die autonom fahrenden Autos stehen weniger im Stau, weil sie besser KI-basiert koordiniert werden können und man insgesamt weniger braucht. Analysten der Schweizer UBS-Bank zum Beispiel haben errechnet, dass man in New York mit einem Drittel der heutigen Taxiflotte auskommen könnte, wenn man selbstfahrende Autos einsetzen würde. Wenn es möglich sei, allein – also ohne Fahrer – zu vernünftigen Preisen Taxi zu fahren, mit individueller Musik und Beleuchtung, dann würden sich wiederum weniger Menschen ein eigenes Auto kaufen. Die Einnahmen aus der Vergabe von Robotaxi-Lizenzen könnten zudem dazu genutzt werden, den öffentlichen Nahverkehr zu finanzieren, wie die Berater von Bain & Company vorschlagen: Autonomes Fahren habe so das Potenzial, die Subventionen in den ÖPNV um mehr als 60 Prozent zu senken.

Und für Pendler aus Gegenden, in denen die Angebote an Mitfahrgelegenheiten und öffentlichem Nahverkehr bisher rar sind, würde ein großes Problem gelöst. Sie könnten statt der vollen, stickigen U-Bahnen die neuen komfortablen fahrerlosen Kleinbusse nehmen, die sie autonom bis vor die Tür fahren.

Für diejenigen, die unbedingt noch ein eigenes Auto haben wollen, würde der Feierabend beim Einsteigen ins Auto anfangen. Man könnte wie im eigenen Wohnzimmer sofort entspannen, denn ums Fahren muss man sich ja nicht länger kümmern. Und: Nie wieder Parkplatzsuche. Man steigt einfach aus, das Auto sucht sich seinen unterirdischen Parkplatz selbst und lädt sich bestenfalls auch noch gleich auf. Oberirdisch würde mehr Raum für Neues entstehen.

Schließlich würde es natürlich weniger Unfälle geben. Die Künstliche Intelligenz weiß von jedem Verkehrsteilnehmer, wo er sich gerade im Abstand zu welchem anderen Verkehrsteilnehmer befindet. Angefahrene Radler und Fußgänger würden sehr viel unwahrscheinlicher, Auffahrunfälle und Geisterfahrer wären praktisch unmöglich. Kurz: Viele Stadtplaner, Verkehrsexperten, Klimaschützer und Politiker weltweit glauben an das Potenzial der mit KI gesteuerten Fahrzeuge – wenn sie denn technologisch ausgereift sind.

Aus chinesischer Sicht wird das autonome Fahren vor allem dann sinnvoll, wenn man es mit zwei anderen technologischen Innovationen kombiniert. Mit dem 5G-Netzwerk und der E-Batterie-Technologie. Beides Bereiche, in denen China inzwischen weltweit führend ist. Die E-Batterien sorgen dafür, dass die Luft in den Städten sauber bleibt und der Geräuschpegel drastisch sinkt. China kann damit endlich auf die unglaublich komplexen Brennstoffmotoren verzichten, sich die frustrierende Mühe ersparen, zum Niveau der Europäer, vor allem der Deutschen, aufschließen zu wollen, was ihnen bisher einfach nicht gelingen wollte.

5G wiederum ist sinnvoll, weil es zu teuer ist, jedes Auto mit einem eigenen Riesenrechner zu versehen, um die unzähligen Verkehrsteilnehmer in Sekundenbruchteilen zu koordinieren. Zudem werden die Autos sicherer, wenn die »Erfahrungen« aller Fahrzeugcomputer über 5G zu einem Superhirn gebündelt werden und jedem Fahrzeug über die Cloud zu Verfügung stehen.

Die Revolution des Bewegens

Die Welthauptstadt dieses Innovationsschubes im Bereich E-Batterien, 5G und autonomem Fahren ist Shenzhen. Denn hier sitzt mit Huawei der Weltmarktführer für 5G (siehe Kapitel 5). Und mit BYD der größte E-Auto-Hersteller Chinas, nach Tesla und VW der drittgrößte E-Auto-Hersteller der Welt. Gleichzeitig ist BYD der zweitgrößte Batteriehersteller Chinas. Einer dieser Fahrzeughersteller der neuen Generation, die das Auto vom ersten Tag an von der Batterie her gedacht und dabei neue Maßstäbe gesetzt haben. Nicht zu vergessen natürlich AutoX, wahrscheinlich das Unternehmen im Bereich des autonomen Fahrens, das die alltagstauglichste Technologie dafür entwickelt.

Die Ergebnisse dieser Innovationen lassen sich in Shenzhen auf eindrucksvolle Weise sehen: Mit 16 000 E-Bussen, 22 000 E-Taxis und unzähligen Elektrorollern ist die Metropole die Welthauptstadt der E-Mobilität. Hier wird das Bewegen gerade revolutioniert, und zwar in einer Weise, die unser Leben wahrscheinlich so sehr verändern wird wie damals beim Übergang von der Kutsche zum motorisierten Fahren. Ende des 19. Jahrhunderts haben die Ingenieure mit dem Verbrennungsmotor das Pferd überflüssig gemacht. Nun, zu Beginn der 2020er-Jahre, machen sie mit Batterien den Verbrennungsmotor überflüssig und mit KI den Menschen als Fahrer.

Einer dieser Revolutionäre ist Professor X. Die Zukunftsvisionen der Revolution des Bewegens hat er im Kopf, wenn er morgens aufsteht. Und er wird nicht lockerlassen, bis er seine Vorstellung von möglichst reibungslosem Bewegen in den Alltag integriert hat. Er ist kein Träumer, auch kein Grundlagenforscher. Er will den Alltag der Menschen einfacher machen. Nicht mehr, aber auch nicht weniger. Und das hat mit seiner Kindheit zu tun.

Geboren wurde Xiao in Chaozhou im Osten der Provinz Guangdong. Aus diesem Ort stammt auch Li Ka-shing, der einst vor Mao nach Hongkong flüchten musste und heute einer der reichsten Asiaten ist. Auch Tencent-Gründer Pony Ma kommt von dort. Als Xiao in Chaozhou aufwächst, ist die Stadt eine der Werkbänke in der »Fabrik der Welt«. Es ist eine Welt, in der Computer keine Rolle spielen. Und Programmierer schon gar nicht. Trotzdem werden Computer Xiaos Leidenschaft. Die Eltern sorgen dafür, dass er in Hongkong studieren kann. Er macht seinen Abschluss als einer der Besten, geht in die USA, promoviert am MIT und wird in Princeton Assistenz-Professor, bevor er 2016 das Start-up AutoX gründet. Sein Ziel: das Gehirn des autonomen Fahrens zu entwickeln. Geforscht wird auch in den USA, vor allem aber in seinem Forschungszentrum in Shenzhen. Bereits 2017 wird er von der *Technology Review* des MIT zu einem der 35 Innovatoren weltweit gekürt, die jünger sind als 35. Ein Jahr später gehört er zu einem der zwölf vielversprechendsten Unternehmer von »Next Visionaries«, einer Kooperation von BMW und der Non-Profit-Organisation TED, eine Innovationsplattform, die zukunftsweisendes Denken und Handeln auf eine neuartige Weise miteinander verbindet.

Professor X sammelt bis 2020 in zwei Finanzierungsrunden über 160 Millionen US-Dollar für sein Start-up AutoX ein. Zu seinen Investoren zählen die DongFeng Group und der Shanghaier Autohersteller SAIC, die beide zu den vier größten Autoherstellern Chinas gehören. Aber auch der Internetkonzern Alibaba, ein Hongkonger Staatsfond und der Risikoinvestor Shenzhen Jumbo Sheen Group gehören dazu. Alibaba ist nicht nur Finanzinvestor, sondern auch daran interessiert, einen fahrerlosen Lieferwagen für seine Produkte zu bekommen.

Professor X hat eine einfache und geniale Idee, wie man das autonome Fahren für jedermann bezahlbar macht. Er hat ein viel preiswerteres und dennoch genauso verlässliches System entwickelt wie sein härtester Wettbewerber, die Google-Tochter Waymo. Deren Autos galten bisher als führend beim autonomen Fahren. Sie sind in Arizona auch schon allein unterwegs. Aber noch langsamer, beschützter und weniger öffentlich. Die ersten 25 Autos von Professor X sind seit Januar 2021 hingegen mitten in einem Viertel der Megametropole Shenzhen unterwegs. Erstmals können in China völlig autonom fahrende Taxis frei gebucht werden. Ohne Sicherheitsbeifahrer und für jeden, der Lust dazu hat und die entsprechende App heruntergeladen hat.

AutoX könnte der Durchbruch für autonomes Fahren im Alltag werden. Professor X setzt dabei auf sieben je 50 Dollar teure Logitech-Kameras und eine 3D-Deep-Learning-Software. Waymo hingegen auf ein Lidar-Radarsystem, das zwar gut ist, aber für die Massenfertigung viel zu teuer. Das chinesische Konkurrenzsystem ist wiederum so sicher, dass AutoX auch eine US-Lizenz erhalten hat. Geschafft hat der Professor das mit Investitionen in einer Höhe von nur 160 Millionen US-Dollar. Waymo hatte 3 Milliarden in die Entwicklung gesteckt und ist nun wahrscheinlich in der Defensive.

Neben den geringeren Kosten ist es Professor X nun möglich, viel schneller wichtige Daten für seine Software zu sammeln. Denn er testet seine E-Mobile eben nicht in einem streng begrenzten Gebiet im beschaulichen Phoenix, Arizona, in dem gerade einmal 1200 Menschen pro Quadratkilometer leben, sondern in einer Megacity mit 8000 Bewohnern pro Quadratkilometer. »Je dichter der Verkehr, umso zuverlässiger sind die Stresstests und umso schneller wird die Technik alltagstauglich«, sagt AutoX-Chef Xiao. »Wenn die Fahrzeuge auf chinesischen Großstadtstraßen sicher fahren, kommen sie überall durch. Unsere Robotaxen sind auch die ersten, die auf normalen Straßen mit 80 km/h und auf Autobahnen mit über 100 km/h fahren dürfen«, so Xiao. Eines hat Shenzhen allerdings kaum: steile Straßen. Deshalb fahren Xiaos Autos seit Ende 2020 auch in Chongqing im Westen Chinas. Dort, in der mit weit über 32 Millionen Einwohnern größten Metropole der Welt, ist die Stadtlandschaft in Teilen sehr hügelig.

Das Motto von AutoX ist ungewöhnlich für ein chinesisches Unternehmen: »Autonomie demokratisieren«. Doch dahinter verbirgt sich der spezielle Zugang, den Professor X zum autonomen Fahren hat. Und der hängt eng mit seiner Biografie zusammen. Als Kind hat er, wie schon erwähnt, erlebt, wie limitiert der Zugang der Bevölkerung zu Computern war. Und wie sich dies im Laufe der Zeit geändert hat. Heute kann sich jede Näherin auch in der entlegensten Provinz des Landes einen kleinen Spitzencomputer leisten – in Form ihres Smartphones. Genau das will Xiao für das autonome Fahren erreichen: Es soll für jeden erreichbar und erschwinglich sein. »Ich will die Welt verbessern«, sagt er selbstbewusst, »indem ich KI-Fahrer entwickle, die allen einen universellen Zugang zum Transport von Menschen und Gütern geben werden.«

Deshalb geht er von Anfang an ungewöhnliche Wege. Das Lidar-System, das Waymo benutzt, hält er für »teuer und wenig zufriedenstellend«. Lidar ist die Abkürzung für »light detection and ranging«, eine Methode zur optischen Abstands- und Geschwindigkeitsmessung mit Sensoren. Professor X mag die Sensoren nicht. Sie sind ihm zu hitze- und kälteanfällig und die Bilder, die sie liefern, sind nicht komplex genug. Seine Abneigung gegen das Lidar-System teilt er mit Tesla-Chef Elon Musk, der allerdings einen anderen Lösungsweg geht. Er setzt auf eine Kombination von Kameras, GPS und Ultraschallsensoren.

Ein paar Schwächen hat das preiswertere System des Professors jedoch auch. Wenn die Kameras verschmutzen, ist das Auto fast blind, was vor allem bei subtropischen Regenfällen, wie es sie auch in Shenzhen gibt, durchaus passieren kann. Aber das würde auch einen Laser stören. Nebel und Schnee wären ebenfalls eine Gefahr. Allerdings sind das Nachteile, mit denen man leben kann, angesichts des niedrigen Preises, vor allem dann, wenn man das System über 5G mit einem Zentralrechner verbindet, der in Echtzeit für alle Autos arbeitet, die unterwegs sind. Im Sommer 2020 meldet Shenzhen, dass der Ausbau des 5G-Netzes abgeschlossen ist. Da keine andere Stadt der Welt derzeit so dicht vernetzt ist, wird Shenzhen zu Xiaos wichtigster Testregion. Viele andere chinesische Städte werden folgen.

In zwei bis vier Jahren, also noch vor 2025, sieht Xiao autonom fahrende Taxis als Massenprodukt bereits so häufig auf chinesischen Straßen herumfahren, dass es schon keinem mehr groß auffallen wird. Davon ist auch das amerikanische Tech-Magazin *Fast Company* überzeugt: »Auf Chinas Straßen wird es bald nur so von autonomen Robotaxis wimmeln«, stellt es im Sommer 2020 fest. Die Coronakrise hat nicht nur in China den Wunsch nach autonom fahrenden Taxis gesteigert.

Macht sich Xiao keine Sorgen um die Sicherheit der neuen Technik? Ist sie wirklich schon so ausgereift, dass er sie in Großstädten einsetzen kann?

»Selbstverständlich«, meint Xiao. Aber viel wichtiger ist für ihn die Frage, wie die Software noch sicherer werden kann. Wenn es darum gehe, sehr viele fahrende Roboter in dichtem Verkehr zu koordinieren, mache es keinen Sinn, »auf leeren Straßen Daten zu sammeln«. Es sei besser, den Stresstest für die KI gleich von Anfang an so schwierig wie möglich zu gestalten. Also am besten gleich irgendwo Downtown in China. Es bringe wenig, in den USA Daten auf eher leeren Straßen über Land zu sammeln, obwohl AutoX im Juli 2020 neben Waymo als einziger und erster Hersteller aus China die Genehmigung genau dazu bekommt. Doch mehr als 40 000 Meilen sind seine Autos 2020 in den USA nicht gefahren.

Schon jetzt hält er seine Software für sicherer als menschliche Fahrer. 94 Prozent aller Unfälle gingen auf menschliches Versagen zurück, meint er. Über 20 000 Verkehrstote in Europa und 30 000 in den Vereinigten Staaten gäbe es jährlich. In China seien es über 200 000, weltweit rund 1,3 Millionen. Es sei zum Beispiel sehr viel unwahrscheinlicher, dass ein autonomes Fahrzeug einen Radfahrer beim Rechtsabbiegen übersieht. Außerdem werde der Computer nie wütend, würde keinen Hass auf Radfahrer oder Fußgänger entwickeln, sondern stets schön Abstand halten.

Die Regierung in Peking sieht das ähnlich und unterstützt die Industrie, wo sie nur kann. In Deutschland geht es derzeit vor allem um die Sicherheit von 5G (siehe Kapitel 5) und um Ethikfragen beim autonomen Fahren. Die Ethikkommission unter der Leitung des ehemaligen Verfassungsrichters Udo Di Fabio ist der Auffassung, die Bundesregierung sei verpflichtet, autonomes Fahren einzuführen, sollte es tatsächlich sicherer sein als der Mensch am Steuer. Zentrale Fragen, mit denen sich die Kommission befasst, lauten: Was ist, wenn der Computer entscheiden muss, ob das Leben eines Kindes mehr zählt als das eines alten Menschen, wenn ein Zusammenstoß sich nicht vermeiden lässt? Andere fühlen sich einfach nur unwohl bei der Vorstellung, das Steuer einem Computer zu überlassen. Nach einer Anfang 2020 veröffentlichten Umfrage von AlixPartners fühlen sich nur 18 Prozent der Deutschen in einem autonomen Fahrzeug sicher. In China hingegen sind es 58 Prozent. Auf die Frage, ob sie ein eigenes Auto aufgeben würden, um stattdessen Roboterautos zu benutzen, antworteten zwar über die Hälfte der Befragten in Deutschland mit Ja (54 Prozent). In China sind es jedoch 84 Prozent. In den USA liegt der Wert mit 44 Prozent am niedrigsten im Dreiländervergleich.

Bei diesen hohen Akzeptanzwerten ist es nicht erstaunlich, dass sich in China viele Player auf diese Zukunftsbranche stürzen. Die Autos von Professor X stehen vor allem im Wettbewerb zu Didi, einem chinesischen Fahrdienst-Vermittler, der inzwischen auch eigene Autos baut, und Playern wie Pony.ai, die allein 400 Millionen US-Dollar von Toyota eingesammelt haben, aber technisch noch nicht so weit sind wie AutoX. Weitere starke Konkurrenten sind Baidu und WeRide. Das zeigt auch der jüngste Vorstoß des mit Renault-Nissan-Mitsubishi verbandelten Anbieters WeRide. Anfang Februar 2021 kündigt das Unternehmen aus Shenzhens Nachbarstadt Guangzhou an, eine Flotte fahrerloser Kleinbusse auf dem Guangzhou International Bio Island, einem von der Regierung mitgetragenen Biotech-Industriekomplex, zu testen. Laut WeRide sollen die Fahrzeuge dort unter »urbanen Bedingungen« mit der Autonomiestufe 4 fahren, also fast vollständig autonom. Lenkräder seien in den Fahrzeugen gar nicht mehr installiert.

Autonom zum Gemüsehändler

Was die Entwicklung angeht, wird beim autonomen Fahren nach fünf Automatisierungsstufen unterschieden: Fahrzeuge mit Stufe 3 können in bestimmten Situationen allein fahren, haben aber ein Lenkrad und müssen generell von einem Fahrer gesteuert werden. Stufe 4 fährt in der Regel allein, der Fahrer kann jedoch jederzeit übernehmen. Auf Stufe 5 fahren Autos selbstständig, ohne dass ein Fahrer eingreifen kann beziehungsweise muss. Das Lenkrad kann bei diesen Autos eingefahren werden. Bis zu Stufe 3 haftet der Fahrer bei einem Unfall, ab Stufe 4 haftet der Hersteller. Da die europäischen Hersteller eher risikoscheu sind, konzentrieren sie sich derzeit auf die Stufe 3, bei der sie nicht in Haftung genommen werden können. Professor X reicht das natürlich nicht. Er will Stufe 5 alltagstauglich machen. Dass er bei dieser Entwicklung der schnellste sein will, versteht sich von selbst.

Einer seiner Wettbewerber, Didi Chuxing, das chinesische Äquivalent zu Uber, kündigte 2020 an, bis 2030 eine Million selbstfahrende Robotertaxis in seine Flotte aufzunehmen. Auch Didi testet bereits im Alltagsbetrieb. Die fahrerlosen Taxis werden mit der »Vehicle-to-Everything«-Technologie (V2X) betrieben, die es dem Auto ermöglicht, mit Straßeninfrastruktur wie Ampeln zu interagieren, die Didi vorher in den Testgebieten installiert hat. Ein menschlicher Back-up-Fahrer sitzt allerdings – anders als bei AutoX – weiterhin im Auto. Im Sommer 2020 hat Didi für seine fahrerlosen Autos 500 Millionen US-Dollar von der japanischen SoftBank Group eingesammelt. Der Suchmaschinenbetreiber Baidu, bekannt für seine selbstfahrende Apollo-Plattform, testet einen eingeschränkten Robotertaxi-Service bereits in Teilen von Changsha, der Hauptstadt der zentralchinesischen Provinz Hunan.

Drei chinesische Unternehmen aus dem Bereich autonomes Fahren sind inzwischen sogar an der amerikanischen Börse gelistet: Xpeng, Nio und Li Auto. Sie haben eine Marktkapitalisierung zwischen 15 und 23 Milliarden US-Dollar. AutoX wiederum ist der Hersteller, der es mit dem wenigsten Geld und damit den geringsten Schulden am weitesten gebracht hat. An der Börse gelistet ist das Unternehmen noch nicht.

Am Ende wird natürlich nicht nur ein Unternehmen das Rennen machen, sondern mindestens ein halbes Dutzend. Die Frage wird nur sein, woher diese Unternehmen kommen. Entschieden wird der Wettbewerb wahrscheinlich zwischen chinesischen und amerikanischen Anbietern. Wenn den Europäern oder gar den Deutschen nicht doch noch ein Überraschungscoup gelingt. Doch danach sieht es derzeit nicht aus. VW-Chef Herbert Diess mahnte im Herbst 2020, »dass wir den Anschluss an die relativ offene Regulierung in den USA und China nicht verlieren« dürften. Tatsächlich hängt Deutschland mal wieder hinterher. Selbst die Testzulassungen sind bei uns, ja in ganz Europa noch nicht einheitlich geregelt. In Deutschland nicht einmal auf Bundesländerebene, sondern nur auf Regierungsbezirksebene – in Baden-Württemberg etwa gibt es derer vier. Immerhin: Die technischen Vorgaben sind einheitlich. Sie wurden von der Wirtschaftskommission der Vereinten Nationen für Europa (UNECE) im Sommer 2020 festgelegt. Das ist eine von fünf Regionalkommissionen des Wirtschafts- und Sozialrates der Vereinten Nationen, deren Hauptziel es ist, paneuropäische wirtschaftliche Integration zu fördern. Zu den Vorgaben gehört ein Tempolimit von 60 km/h im hochautomatisierten Modus. China und die USA sind an diese UN-Richtlinien allerdings nicht gebunden. Auch die britische Regierung will womöglich einen Sonderweg einschlagen.

Wenigstens haben sich die Industrie und das Bundesverkehrsministerium im Herbst 2020 darauf geeinigt, dass Deutschland das »erste Land weltweit sein soll, das fahrerlose Fahrzeuge im Regelbetrieb sowie im gesamten nationalen Geltungsbereich« erlaubt. Aber eben erst in zwei Jahren. Das ist in einem Geschäft, wo es darum geht, jeden Tag möglichst viele Daten zu sammeln, eine lange Zeit.

Bill Russo, der Vorsitzende des Autokomitees der amerikanischen Handelskammer in China, hat BYD-Autos mit der AutoX-Software getestet. Sein Urteil fällt eindeutig aus: »Chinesische Unternehmen sind viel offener für Experimente in einer realen Umgebung.« Das sei nach wie vor ein Manko für die wichtigen amerikanischen Spieler wie Googles Waymo, Cruise oder Argo.ai, obwohl die schon viel mehr Geld eingesammelt hätten. Apple hat das kalifornische Drive.ai übernommen, Amazon den autonomen Ride-Hailing-Anbieter Zoox. Volkswagen hat 2,6 Milliarden US-Dollar in Argo.ai aus dem amerikanischen Pittsburgh investiert. Um ein Bild aus dem Skifahren zu verwenden: Die Chinesen würden gleich die schwarze Piste runterfahren und nicht erst auf dem Anfängerhügel üben.

China geht weltweit das höchste Risiko ein und bekommt dafür die wertvollsten Daten. Wobei es auch in China durchaus Spielregeln gibt. Die Fahrzeuge müssen mindestens 1000 Kilometer an Probefahrten zurückgelegt und dürfen dabei keine

Verkehrsverstöße begangen oder Unfälle ausgelöst haben. Zusätzliche Überwachungsgeräte müssen installiert, lizenzierte Fahrer eingestellt und Notfallpläne ausgearbeitet werden. Die Kandidaten müssen zudem eine Reihe weiterer Tests durchlaufen, die beweisen, dass sie Fußgänger, nichtmotorisierte Fahrzeuge, Ampeln und komplexe Situationen wie Kreuzungen und Kreisverkehre erkennen und richtig darauf reagieren können.

Ein guter Weg, in diesem Bereich Daten zu sammeln ohne nervöse Passagiere an Bord, sind Lieferservices. Deshalb konzentriert sich Professor X auch auf dieses Thema. Die grünen BYD-Fahrzeuge, ausgestattet mit der KI-Technik von AutoX, sind im normalen Shenzhener Stadtverkehr bereits weithin sichtbar, mit ihrem großen weißen X auf der Fahrertür und der verlockend aussehenden braunen Tüte mit frischen Einkäufen. Xiao ist davon überzeugt, dass die Lieferung von Einkäufen eine der wichtigen Anwendungen für selbstfahrende Autos sein wird.

Genau das probiert er in Kalifornien mit GrubMarket aus, einem 2014 von Mike Xu gegründeten Start-up. Xu wuchs auf dem Land in China auf, kam dann zum Studieren in die USA und ist dort hängen geblieben. Bei GrubMarket geht es darum, Obst und Gemüse in Bioqualität direkt von den Bauern zu Restaurants, Läden und Endkunden zu liefern. Das ist billiger und verbessert die Klimabilanz. GrubMarket gilt derzeit als das am schnellsten wachsende Farm-to-table-Unternehmen der Welt und ist schon längst kein Pilotprojekt mehr. Einer der wichtigsten Investoren dort ist Digital Garage, eine japanische Marketing- und Internetbezahl-Holding. Einer ihrer Mitbesitzer ist Joi Ito, ein in Kyoto geborener und in Kanada aufgewachsener ehemaliger MIT-Professor und Direktor des MIT-Media-Labs. So kommen die drei Elemente zusammen, die man für den Handel mit Bioprodukten braucht: eine Biofarm, einer, der das Bezahlen online abwickelt, und einer, der die Produkte mit autonomen Fahrzeugen transportiert.

So funktioniert sie, die Globalisierung: Chinesen, Amerikaner und Japaner tun sich zusammen und liefern autonom fahrend biologisches Obst und Gemüse inzwischen in Kalifornien, Washington, Texas, New York und Massachusetts.

Insgesamt beliefern sie rund 5000 Läden, 8000 Restaurants und 2000 Büros. Im Februar 2021 verkündete das Unternehmen, dass die vierte Finanzierungsrunde erfolgreich abgeschlossen werden konnte. 90 Millionen US-Dollar wurden eingesammelt. Eigentlich wollten sie nur 20 Millionen. Das profitable Unternehmen ist nun zwischen 400 und 500 Millionen US-Dollar wert. Der nächste Schritt ist der Börsengang. Dass dieses erfolgreiche Geschäftsmodell bald auch in Shenzhen auftaucht, kann als sicher gelten.

Das Microsoft des autonomen Fahrens

Professor X will das Auto nicht neu erfinden. Er konzentriert sich ganz auf die Software, die die selbstfahrenden Autos steuert. Die Autos selbst kommen von BYD, aber auch von Fiat Chrysler. Der Konzern hat mit dem Pacifica bereits den passenden Minivan für das Projekt. Um die Daten für die chinesischen Straßen kümmert sich Alibabas Kartendienstleister AMAP, der mit fast 500 Millionen aktiven monatlichen Nutzern über einen enormen Datenpool verfügt, der täglich wächst.

Im Sommer 2020 reden alle über Corona. Professor X redet über seine 7000 Quadratmeter große Gigafabrik, das größte Datenzentrum für selbstfahrende Autos in China und das größte Robotaxi-Testzentrum in ganz Asien. Dieses Datenzentrum ist das Gehirn. »Unsere damit verbundenen Robotaxis können die Passagiere wie ein normaler Taxidienst an jedem gewünschten Punkt abholen oder absetzen«, sagt Xiao. Denn viele andere Robotaxi-Dienste fahren bislang nur feste Routen beziehungsweise zwischen festgelegten Punkten hin und her. Nur dort können die Mitfahrer zu- und aussteigen. Zudem sollen die AutoX-Fahrzeuge mit ähnlichen Geschwindigkeiten fahren wie von Menschen gesteuerte Fahrzeuge. Viele autonom fahrende Autos sind bislang noch langsamer als nichtautonome Fahrzeuge unterwegs.

Inzwischen können die Computer mithilfe des maschinellen Lernens blitzschnell entscheiden, ob ein Hund am Straßenrand angeleint ist oder ob die Körpersprache eines Fußgängers darauf schließen lässt, ob er gleich einen Schritt auf die Fahrbahn macht. Das kostet allerdings auch einen KI-Computer richtig Kraft. »Unsere Flotte von Robotertaxis in Shanghai und Shenzhen sammelt jeden Tag riesige Datenmengen. Diese Daten sind der Treibstoff für unsere Fortschritte und Verbesserungen. Jedes autonome Fahrzeug von AutoX produziert auf den Straßen von Shenzhen ungefähr eine Million Megabyte Daten pro Stunde, die in der Fabrik rund um die Uhr durch Cloud-Computer ausgewertet werden. Die werden dann in die AutoX-Simulationsplattform xSim eingespeist.«

Bei diesen Datenmengen lässt sich ein Auto nur rentabel herstellen, wenn nicht jedes Auto allein rechnen muss, sondern dies über einen Zentralrechner abläuft. Das geht wiederum nur mit einem verlässlichen 5G-Netz – unter Umständen ein Engpass in Deutschland. Die AutoX-Software kann man dann wiederum mit einer Software für Verkehrsmanagement kombinieren, zumindest solange noch nicht alle Autos autonom fahren. In Shenzhen gibt es eine solche KI-Architektur schon seit einigen Jahren. Sie heißt »Atlas« und wurde von Huawei entwickelt. Die Algorithmen des KI-Programms können Videoclips von 20 000 Kameras in Echtzeit analysieren und mit über einer Milliarde gespeicherten Bildern vergleichen. Mithilfe der Daten kann der Verkehr so geleitet werden, dass es weniger Staus gibt. »Mit ›Atlas‹ ist es gelungen, die Straßenauslastung um 8 Prozent zu optimieren«, sagt ein Sprecher der Shenzhener Polizei. In einem Stadtviertel sogar um 17 Prozent. Verstöße gegen Verkehrsregeln habe das System sogar um den Faktor zehn verringern können.

Inzwischen hat die AutoX-Technologie bereits Europa

erreicht. Das schwedisch-chinesische Robotaxi-Unternehmen National Electric Vehicle Sweden (NEVS) verwendet sie. Es entwickelt unter dem Namen PONS ein Mobilitätssystem für autonome Sharing-Dienste. NEVS war 2012 gegründet worden, um die Konkursmasse von Saab Automobile zu erwerben. Seit 2019 gehört NEVS mehrheitlich dem chinesischen Mischkonzern Evergrande Group. Anna Haupt ist dort die Vizepräsidentin für Mobility Solutions. Die Industriedesignerin wurde weltbekannt als eine der Miterfinderinnen von »Hövding«, dem Airbag-Helm für Fahrradfahrer. Nun kümmert sie sich um Autos: »Wir benutzten die Technologie von AutoX, weil sie die beste Kombination aus Software und Hardware hat, die beste Mischung aus Sicherheit und Skalierbarkeit und vor allem, weil sie die Fähigkeit besitzt, sich in unübersichtlichen, dicht befahrenen Städten zurechtzufinden.«

Alles in allem scheint das Konzept von AutoX also aufzugehen, auch international. Dennoch bleibt China die erste Wahl für Professor X. Denn: »Hier brauchen mehr Menschen unsere Technologie.« Und auch der Staat sei offener. Anna Haupt wiederum hilft diese Technologie, sich auf andere Fragen zu konzentrieren: Wie muss ein Stadtfahrzeug aussehen, das nicht nur als Taxi benutzt wird, sondern auch als Sammeltaxi? Und wie sieht ein Sammeltaxi aus, das gleichzeitig das Bedürfnis nach Privatsphäre befriedigt? Denn viele Menschen, die keine öffentlichen Verkehrsmittel benutzten, sondern ihr eigenes Auto, würden dies tun, weil sie die Privatheit des Autos schätzten, meint Haupt. Fragen, die sich Professor X noch nicht gestellt hat und auch nicht stellen wird. Denn er interessiert sich, wie gesagt, nicht für Autos, sondern nur für die Software. Eine Chance übrigens für die Autobauer, auch für die deutschen.

Das Ergebnis von Haupts Überlegungen ist ein neues Fahrzeug namens Sango. Ein fahrerloses Auto mit sechs Sitzen, die an jene im ICE erinnern, nur mit verschiebbaren Trennwänden dazwischen. »Die Ära des Autos, in dem nur einer sitzt, wird ebenso bald der Vergangenheit angehören wie die Ära, dass jeder ein Auto besitzen will«, ist Haupt überzeugt: »Und das wird schneller gehen, als die Autoindustrie uns glauben lassen will.«

COVID-19 hat den Trend zum Sharing allerdings etwas gebremst. Gerade jetzt ist es besonders verlockend, allein oder nur mit der Familie in einem Fahrzeug zu sitzen, auch in einem autonom fahrenden. Wobei spezielle Luftfilter oder UV-Bestrahlung im Inneren des Fahrzeugs eine Selbstreinigung ohne menschliches Zutun ermöglichen könnten.

Auch wenn sich die Entwicklung durch die Pandemie ein wenig verlangsamt hat, aufzuhalten ist sie dennoch nicht. Zu groß scheinen die Vorteile. Das Gefahren-Werden im (eigenen) autonomen Auto sorgt für neue freie Zeit: Windschutzscheiben und Fenster können sich in interaktive Benutzeroberflächen für Arbeit und Unterhaltung verwandeln. Das Auto ist wahlweise Wohn- oder Arbeitszimmer.

Wie ein Auto der Oberklasse in Zukunft aussehen wird, kann man wiederum eher in Shenzhen sehen als in Schweden. Zum Beispiel in einem Showroom im Ping An Center. Dort hat der E-Auto-Hersteller NIO sein Konzeptauto EVE ausgestellt. Das Auto hat schon 2017 in gleich drei Kategorien – Konzept, Markendesign und Digital – den weltweit renommierten Automotive Brand Contest gewonnen. Vergeben wird der Preis vom Deutschen Rat für Formgebung, der deutschen Marken- und Designinstanz. Der Automotive Brand Contest ist der einzige neutrale, internationale Designwettbewerb für Automobilmarken und gilt als einer der weltweit wichtigsten Branchenwettbewerbe überhaupt. EVE ist das erste chinesische Auto, das diesen Preis gewinnen konnte.

Das Fahrzeug steht nicht zufällig in Shenzhen, wo es gut hinpasst, in diesem fantastischen Showroom im Ping An Tower, dem schönsten Wolkenkratzer der Stadt: Das Shenzhener Unternehmen Tencent ist der größte institutionelle

Investor von NIO, aber auch Morgan Stanley und die Provinz Anhui haben investiert. Die Provinzhauptstadt Hefei hat im Februar 2020, mitten in der Coronakrise, 1,4 Milliarden US-Dollar nachgeschossen, als bei NIO das Geld knapp wurde. So skurril die Mischung an Investoren sein mag, das Konzept geht offensichtlich auf: Allein im Jahr 2020 hat sich die in New York gelistete Aktie von NIO mehr als verdoppelt – und das nach der großen Krise im Jahr zuvor, während der sogar Mitarbeiter entlassen werden mussten.

Der Showroom, designt vom Londoner Architekturbüro Taylor, ist natürlich edel, aber nicht übertrieben. Viel Weiß, runde Formen, helles Holz, eine Bar und eine Lounge-Ecke, in der Cremetöne dominieren. Mittendrin das Auto. Seine Weltpremiere hatte EVE in seinem Latte-macchiato-Braun in Austin, Texas auf dem South by Southwest Festival, dem Treffpunkt von Techies weltweit. Die riesigen Schiebetüren und das Glasdach geben den Blick auf das Innere des Autos frei. Eine Atmosphäre, die eher an ein Wohnzimmer erinnert als an den Innenraum eines Autos. Hellbraunes Leder mit grauen Stoffen kombiniert.

Gestaltet hat das Auto ein Deutscher: Ex-BMW-Designer Jochen Paesen. Er leitet seit zwei Jahrzehnten Innendesignprojekte von Volumenherstellern, Premiummarken und Start-ups. Als Senior Director Interior Design von NIO in München haben sein internationales Designerteam und er eine besondere Interieur-Identität der Marke NIO entwickelt, dessen Krönung der EVE ist.

Die autonome E-Limousine hat sechs Plätze: Die Rückbank ist designt wie ein Sofa, in das ein Liegesessel eingebettet ist. Auf der einen Seite kann man auf dem Sofa sitzen. Ein Sitz mit dem Rücken zur Fahrtrichtung ermöglicht es, sich gegenüberzusitzen, wenn man sich unterhalten will. Am Fuß des Liegesitzes befindet sich ein Hocker, der gleichzeitig auch ein Teil des Bettes ist, zu dem der Sessel wird, wenn man ihn ausfährt.

Vorn sind zwei traditionelle Sitze, wenn man selbst fahren oder die Aussicht durch die riesige Frontscheibe genießen will. Die wichtigsten Informationen, die der Fahrer braucht, werden auf die Scheibe projiziert. Lenkrad, Pedale, Automatikgangschaltung, Blinker oder Tacho sieht man nicht. »Das alles ist bereits versteckt. Denn man fährt ja nur noch ganz selten selbst«, erklärt Paesen. Man habe einen Sessel am Fenster, um ein Buch zu lesen, man habe eine Couch, um Fernsehen zu schauen. Man habe einen Stuhl am Küchentisch, an dem man isst. »Man hat hier also Sitzgelegenheiten für alle Lebenslagen. Wir wollten nicht, dass die Menschen gezwungen sind, wie in traditionellen Autos an einer bestimmten Stelle zu sitzen.« Kaufen kann man das Auto bisher zwar noch nicht, und Paesen ist längst weitergezogen. Er arbeitet inzwischen bei Kia in Südkorea. Doch 2020 gewinnt sein NIO SUV ES8, das bereits im Handel ist, ebenfalls den renommierten Automotive Brand Contest. Ein chinesisches Auto, das Tesla, dem Branchenprimus im oberen Segment, mehr als nur auf Augenhöhe begegnet.

Autonomes Fliegen

Alles, was autonomes Fahren auf der Straße können muss, gilt auch für das autonome Fliegen. Denn es zeichnet sich bereits ab: Ein Teil des Stadtverkehrs wird in die Luft gehen. Dafür notwendig sind Technologien wie beim autonomen Fahren, ein funktionierendes 5G-Netz und natürlich geeignete Flugobjekte. Und wo sitzt wohl der Weltmarktführer für Drohnen? Klar, in Shenzhen (siehe Kapitel 7). Auch bei den kommerziellen Drohnen dreht sich in China bereits alles um den Alltagsbetrieb. Der große chinesische Onlinehändler JD.com liefert bereits per Drohne in entlegene ländliche Gebiete, wo die Waren dann an bestimmten Lieferplätzen abgesetzt und per Expressdienst an die jeweiligen Empfänger weitergeleitet werden. Inzwischen werden die Drohnen auch in immer mehr Städten benutzt: Der Essenslieferant Ele.Me liefert Lebensmittel per Drohne in einem 57 Quadratkilometer großen Shanghaier Industriepark aus. Und DHL, der Paket- und Logistikdienst der deutschen Post, startete bereits 2019 einen Paketservice in Guangzhou nördlich von Shenzhen. Die Multicopter kommen hier allerdings nur auf einer festgelegten, acht Kilometer langen Route zum Einsatz. Die Zeitersparnis im Vergleich zur Lieferung auf dem Boden liegt bei etwas mehr als einer halben Stunde.

Doch nicht nur Pakete, sondern auch Menschen werden bereits transportiert. Der an der NASDAQ notierte Drohnenbauer Ehang, dessen Zentrale zwischen Guangzhou und Dongguan nördlich von Shenzhen liegt, gilt als einer der führenden Hersteller für Passagierdrohnen der Welt. Und er ist auch einer der wichtigsten Player bei der Weiterentwicklung sogenannter Flugtaxen, autonomer Kleinflugzeuge, die die Drohnen-Technologie für die zivile Luftfahrt weiterdenken. »Ehang 216« heißt die zweisitzige Passagierdrohne, die eine Geschwindigkeit von 95 Kilometern pro Stunde erreicht und abhängig von der Nutzlast eine Reichweite von bis zu 32 Kilometern hat. Sie kann selbstständig fliegen, der Betrieb kann aber auch von den Passagieren an Bord oder von einer zentralen Kontrollstation gesteuert werden. Die Passagierdrohne hat bereits über 2000 Testflüge bei sämtlichen Wetterbedingungen durchgestanden, ein Erfahrungsschatz, über den sonst kaum ein Unternehmen in diesem Bereich verfügt. Im Mai 2020 hat sich Ehang mit dem Shenzhener Tourismuskonzern LN Holdings zusammengetan, um gemeinsam die Drohnen im Alltagsbetrieb zu testen. Es soll Transfers vom Flughafen zu den Hotels der LN-Gruppe geben, auch Shopping-Flüge sind im Gespräch.

Derzeit ist die Provinzhauptstadt Guangzhou noch etwas weiter als Shenzhen, was den Transport von Menschen in Drohnen betrifft. Die Stadtverwaltung von Guangzhou möchte ihre Stadt zur weltweit führenden »UAM Smart City« werden lassen. UAM steht für Urban Air Mobility. Ein Kürzel, das man sich merken sollte. Denn schon 2022 will Ehang den Testbetrieb seines EH216 auch in Spanien, Großbritannien und den Niederlanden starten. Dass es für die Firma mit so großen Schritten und so schnell vorangeht, mag daran liegen, dass die Mutterfirma von der staatlichen chinesischen Flugzeugbaugesellschaft AVIC kontrolliert wird. Allerdings fehlt auch in der Volksrepublik nach wie vor ein umfassendes nationales Gesetz für den Drohneneinsatz. Ein Entwurf wurde im Januar 2018 vom Staatsrat und der Zentralen Militärkommission zur öffentlichen Konsultation vorgelegt, ist jedoch bislang noch nicht in Kraft getreten. Stattdessen existieren zahlreiche Vorschriften, die von verschiedenen Verwaltungsorganen und lokalen Behörden erlassen wurden. Nun prescht Guangzhou vor, um seinen wichtigsten Hersteller zu unterstützen. Shenzhen wird dem Trend sicherlich bald folgen. Doch zurück auf den Boden.

Ein Deutscher geht »beyond your dreams«

Wolfgang Egger ist kein Mann, der viel Aufhebens um seine Person macht. Blau gestreiftes Hemd, helles Jackett. Ende fünfzig, sportlich. Schütteres Haar. Kristallklare blau-grüne Augen. Ein offenes Lächeln, solange es keine Widerstände wegzuräumen gilt. Mein leerer Kaffeebecher ist nur Sekunden in meinen Händen, und als wir durch die Designräume laufen, übernimmt er zack, zack die Regie. In der traditionellen Autowelt ist er ganz oben angekommen: Designchef von Audi, eine der Premiummarken der Welt. Er hat das SUV Q7 entwickelt. Den Sportwagen R8. Den ersten Audi e-tron Concept. Davor hat er bei Alfa Romeo unter anderem das Design für den 8C Competizione entwickelt, ausgestattet mit einem V8-Motor und 450 PS unter der Haube. Für die Lamborghini-Tochter Giugiaro hat er ebenfalls gearbeitet. Egger ist einer der führenden Autodesigner der Welt. Das alles hätte eigentlich reichen können. Doch es war ihm nicht genug.

Nun, mit Ende fünfzig, wenn Designerkarrieren gewöhnlich ihren Zenit überschritten haben und sich dem Ende zuneigen, steckt Egger »mitten in der mit Abstand spannendsten Aufgabe meines Lebens«, wie er sagt. »Ich brauchte noch was. Das war noch nicht genug als Designer.« Er ist seit 2016 Chefdesigner bei einem der größten Batteriefahrzeughersteller der Welt. Oder genauer gesagt, beim einzigen führenden Batteriehersteller der Welt, der auch eigene Fahrzeuge hat. Gleichzeitig der größte E-Bus-Hersteller weltweit und der Hersteller der größten E-Taxi-Flotte. BYDs Aktienkurs ist 2020 um gut 400 Prozent gestiegen. Damit ist das Unternehmen mit einer Marktkapitalisierung von gut 84 Milliarden US-Dollar wertvoller als Daimler und BMW und liegt nur knapp hinter Volkswagen. Damit erreicht BYD allerdings nur rund 10 Prozent des Wertes von Tesla.

2020 war ein verrücktes Jahr. Wegen Corona musste BYD im ersten Halbjahr ein Minus von 9 Prozent hinnehmen, doch in der zweiten Hälfte des Jahres kam das Unternehmen mit der Produktion kaum hinterher. Die amerikanische Citigroup hat ausgerechnet, dass bei BYD schon Ende Oktober 2020 über 40 000 Fahrzeuge mehr bestellt wurden, als monatlich geliefert werden können. Insgesamt verkauft BYD 2020 über 415 000 E-Fahrzeuge und bleibt damit Marktführer in China. Zum Vergleich: Tesla hat in China nur gut 146 000 Fahrzeuge verkauft, bleibt international allerdings Weltmarktführer. Und sein Modell 3 ist mit großem Abstand das meistverkaufte E-Auto der Welt. McKinsey hat errechnet, dass Tesla derzeit weltweit 42 Autos pro Stunde verkauft, BYD 26, BMW 15, VW 9. Den größten Sprung allerdings hat BYD gemacht. Und die Weichen für eine weitere Expansion sind gestellt: Anfang Januar 2021 verkaufte das Unternehmen 133 Millionen Aktien, 3,83 Milliarden US-Dollar kamen so zusammen.

Der zweitgrößte Hersteller nach Tesla, eine eigene Batterietechnologie, ein riesiger Heimatmarkt, dazu Wolfgang Egger als einer der besten Autodesigner der Welt – eine ziemlich günstige Ausgangsposition für eine weitere Weltmarke aus Shenzhen.

»Build your Dreams« heißt die Langfassung des Kürzels BYD. Der Name des Unternehmens aus Shenzhen, das 1995 von Wang Chuanfu gegründet wurde und 2001 an die Hongkonger Börse ging, ist Programm. Anfang der 2000er-Jahre stellte es rund die Hälfte aller Handybatterien der Welt her. 2008 stieg der legendäre amerikanische Investor Warren Buffet bei BYD ein, als noch kaum jemand von dem Unternehmen gehört hatte. Er kaufte 10 Prozent für 230 Millionen US-Dollar. Bisher hat er damit über 3000 Prozent Gewinn gemacht. 7,8 Milliarden US-Dollar ist sein Anteil heute wert. Zwei Jahre nach Buffets Einstieg wurde BYD von dem amerikanischen Wirtschaftsmagazin *Forbes* unter die zehn innovativsten Unternehmen der Welt gewählt.

Charlie Munger, Buffets Freund und Geschäftspartner bei Berkshire Hathaway, hält BYD-Gründer Wang für eine Mischung aus Thomas Edison und Jack Welch. Edison ist der Erfinder der Glühbirne. Welch der Erfinder des modernen amerikanischen Managements. »Für so einen Mann wollte ich arbeiten«, sagt Egger. Für ihn könnte BYD auch »Beyond your dreams« heißen. Denn Egger arbeitet nicht nur für einen der erfolgreichsten Unternehmer Chinas, sondern ist gleichzeitig auch ein Pionier in der chinesischen E-Auto-Industrie, die es sich zur Aufgabe gemacht hat, das Auto neu zu denken, als Auto ohne Ottomotor. Bevor Egger dort anfing, gab es praktisch kaum nennenswertes Design bei BYD und das Logo sah dem von BMW schon sehr ähnlich, in den bayrischen Farben Weiß und Blau. Keine eigene Linie. Nichts. Die BYD-Autos waren elektrisch, erfolgreich und leise, aber sie waren hässliche Entlein. Plump, aber praktisch, so wie die E-Taxis des

Unternehmens, die überall in Shenzhen herumfahren, es heute noch sind. »Hier die Möglichkeit zu haben, aus dem Nichts etwas aufzubauen, ist eine große Herausforderung für mich«, sagt Egger, »aber genau die brauche ich und mich hat die Vision von Chairman Wang fasziniert.« Hinzu komme, dass die Autoindustrie mit dem E-Auto am Beginn eines großen, neuen Industriezyklus stehe: »Und in diesem Bereich ist China nun mal am weitesten.« Egger kann also bei BYD der E-Zukunft des Autos ein Gesicht geben. »Es geht um völlig neue Formen der Mobilität mit Leidenschaft.«

BYD-Gründer Wang wollte von Egger schlicht nur eines: dass nun auch die Designwelt aufhorcht, wenn BYD neue Autos vorstellt. Egger hat geliefert. Er hat ein neues Designcenter aufgebaut. Inmitten der schnöden blau-weißen Fabrikwelt aus Blech und Ziegeln hat er einen verspiegelten schwarzen Kubus errichten lassen, der schon von Weitem von neuen Zeiten kündet. Anfang des Jahres 2021 hat er 300 Mitarbeiter. 90 Prozent Chinesen. Er hat Juan Manuel López geholt, den ehemaligen Chef für das Außendesign bei Ferrari, der inzwischen schon wieder woanders arbeitet, und Michele Jauch-Paganetti, zuvor Chef der Design-Center von Mercedes und nun bei BYD zuständig für das Innendesign.

Inzwischen hat Egger die alte chinesische Kultur mit der Zukunft der E-Autos zu einer Einheit verbunden: ein Drachendesign. Der Drachenschnurrbart prägt die Front des Fahrzeugs. »Darauf bin ich sehr stolz.« Ein Schnurrbart mit Funktionen, die Scheinwerfer sind darin verbaut. 2018 kam ein SUV auf den Markt, 2020 ein Sedan, wie Stufenhecklimousinen im englischen Sprachraum genannt werden. 2021 werden die ersten von Egger designten Fahrzeuge auch in Europa erhältlich sein. Zuerst im E-Auto-Paradies Norwegen, aber Deutschland soll so schnell wie möglich folgen. Den Anfang macht der Han EV 600. Ein siebensitziges SUV am oberen Ende der Mittelklasse, das optisch und auch sonst in der Premiumliga mitspielt. Es ist auf dem Niveau von Tesla, aber ein Drittel billiger. Auch mit der nach hinten offenen Fenstergrafik der C-Säule hebt Egger den Han von seinen westlichen Konkurrenten ab. »Dieser Chinese wird alle überraschen«, schrieb das *Handelsblatt* über das SUV.

Auch die Limousine Tang ist sehr gelungen. Im aufgeräumten und doch komplexen Cockpit dominieren virtuelle Instrumente und ebenfalls ein mit 14 Zoll laptopgroßer Bildschirm. Allein die Gestaltung der Innenseite der Tür ist ein Kunstwerk für sich. Mit seiner 82,8 Kilowatt-Batterie hat der Wagen eine Reichweite von über 600 Kilometern, das hat der New European Driving Cycle (NEDC) getestet. »Er könnte durchaus ein Konkurrent zum Tesla werden«, stellte das deutsche Magazin *Der Aktionär* fest. Den Tesla 3 hat er fest im Blick.

»Die Menschen empfangen Autos aus China nicht mit offenen Armen«, weiß Isbrand Ho, der Europachef von BYD mit Sitz in Rotterdam. »Deswegen müssen unsere Autos besonders gut sein. Und unser Service noch besser. Alles geht einmal kaputt. Auch die besten Autos von BYD. Und dann muss man dem Kunden zeigen, dass man für ihn da ist.« Deshalb lasse sich BYD nicht unter Druck setzen mit einem Markteintritt nach Europa. »Wenn wir scheitern, heißt es nicht: BYD ist gescheitert, sondern chinesische Autos sind gescheitert. Wir haben diesbezüglich eine große Verantwortung.«

Es wird nicht einfach, die Marke zu etablieren. Das größte Problem: Tesla ist einfach viel schillernder. »Tesla hat zehn Jahre Vorlauf und Elon Musk ist halt ein spektakulärer Typ. Wenn er im Weltraum umherfliegt, schadet das der Marke nicht«, lacht Egger. »Immerhin werden wir schon als junge Designmarke wahrgenommen. Aber natürlich ist noch viel zu machen. Wir werden das schaffen.« Shenzhen sei jedenfalls der richtige Ort, um neue Wege zu gehen. »Ich liebe Shenzhen und vor allem den Shenzhen-Speed.«

Richtig freigespielt hat sich Egger jedoch bei einem Fahrzeugtyp, den die chinesischen Hersteller noch gar nicht so richtig im Blick haben. Ein ikonisches Auto, das die Linie Käfer, Golf, Mini weiterführt. Ein Volkswagen also. Ein solches Auto ist viel schwieriger zu designen als zum Beispiel ein Q7, weil die Kosten dabei eine viel größere Rolle spielen. Die Latte hängt also hoch. Ich bekomme es als erster Journalist weltweit zu sehen, nachdem ich unterschrieben habe, dass ich vorab nichts verrate. Denn das Auto soll erst auf der Shanghaier Autoshow Mitte April 2021 vorgestellt werden. Vor dem Designgebäude kreuzen schon die Erlkönige, mit schwarz-weiß geriffelter Folie getarnte Prototypen.

Egger arbeitet sich langsam durch die Elemente. Nachdem bei dem Han und dem Tang die Erde im Mittelpunkt stand, »geht es nun um Wasser«, verrät er, als es um uns herum dunkel wird. Und als wir dann das Auto sehen – nur wenige dürfen dabei sein –, muss man auch als Laie sagen: Hier hat sich Egger richtig freigespielt. Ein verschmitztes Auto, ein Sonnyboy, der unter Palmen parken will, mit wellenförmigen Formen auch im Innenraum. Ein Auto, das Laune macht und doch Kante zeigt. In vier zarten, frischen Farben soll es später auf der Messe stehen. Ein Clou sind die Heckleuchten. »Sie übernehmen die Struktur der chinesischen Knoten, Zhongguo jie, aus der Mingzeit«, erläutert Egger und strahlt über das ganze Gesicht. Damit ist dieses Auto auch von hinten von jedem Laien sofort zu erkennen. Es ist in jedem Fall ein Auto, das wie kein anderes das Lebensgefühl von Shenzhen transportiert. Noch heißt das Fahrzeug AE, aber womöglich wird es noch nach einem Meerestier benannt. »Hering ist es nicht«, lacht Egger. Ein neues BYD-Logo gibt es auch. »Wir haben es inhouse produziert.« Das erste erinnerte doch ein wenig zu sehr an BMW. Das zweite war schon besser, aber plump wie ein Legomännchen. Nun ist der Hersteller dank Egger auch logomäßig in der Weltliga angekommen.

Batterien ohne Knalltrauma

Nun, da die Ingenieure für Motoren nicht länger die Maßstäbe setzen, ist Design generell viel wichtiger geworden. Die neuen Autos sind eine Kombination aus Vernetzung, Design und Batterietechnologie. Bei BYD musste man erst lernen, das Auto vom Design her zu denken, so sehr hat man sich zunächst auf die Batterien konzentriert. »Mit den E-Autos öffnen sich die Spielräume. Die Autos werden vielfältiger«, so Egger. »Sie können romantischer werden oder knackiger und lustiger sein.« Egger will »kreative Zerstörung der Traditionen«. Er will für BYD gar keine Markensprache mehr aufbauen und die dann wiederholen, sondern alle Modelle eigenständig entwickeln. »Das ist natürlich in einem alten europäischen Autohaus viel schwieriger, zumal wir hier doppelt so schnell arbeiten.« Wie geht das? »Wir überlagern einfach die verschiedenen Phasen.«

Doch tief im Herzen ist BYD im Grunde genommen noch immer ein Batteriehersteller, der Autos baut. Nur dank dieses Schwerpunkts konnte es gelingen, mit der Blade-Batterie eine der fortschrittlichsten Batterien der Welt zu entwickeln. Sie bedeutet womöglich einen technischen Durchbruch, was die Alltagstauglichkeit von Batterien betrifft. Denn sie ist nicht nur weniger brandanfällig, sie ist bezahlbar, umweltfreundlicher und hat außerdem eine befriedigende Reichweite. Die Konkurrenz ist perplex, als BYD im Sommer 2020 die Batterie vorstellt. Die neuen Batterien sind gewissermaßen eine innovative Kehrtwende. Zurück in die Zukunft. Denn eigentlich sind Lithium-Eisen-Phosphat-Batterien (LFP) wie die Blade-Batterie längst kalter Kaffee. Die Hersteller setzen seit Längerem auf bessere NMC-Batterien aus Nickel, Mangan und Kobalt. Die haben sich nämlich im Wettbewerb um immer leistungsfähigere Brennstoffzellen durchgesetzt. So dachte man zumindest.

Denn der Maßstab aller Dinge war lange die Einzelleistung der Zelle. Sie wurde auch staatlich gefördert. Diese Denkweise hatte jedoch einen großen Nachteil, der mit der hohen Energiedichte von Batteriezellen zu tun hat. Je leistungsfähiger sie wurden, desto eher und heftiger konnten sie brennen, ja sogar explodieren, mit rund zehnmal so viel Wumms wie ein normaler Benzintank. Das hat die Zellenspezialisten wenig gekümmert. Darum sollten sich die Feuerschutzspezialisten kümmern, und die lieferten, ganz so, wie vom Gesetzgeber verlangt. Die Stahlwände wurden immer dicker, die Druckventile und anderen Ummantelungen immer aufwendiger. Denn in einem Brandfall muss dem Fahrer genug Zeit bleiben, das Auto anzuhalten und auszusteigen – bevor alles in Flammen steht. Der Nachteil: Das ganze Batteriepaket wurde immer schwerer. Am Ende entfiel ungefähr die Hälfte des Gewichts der Batterie auf solche Schutzmaßnahmen.

Genau das brachte die BYD-Ingenieure auf eine einfache Idee. Wenn man mehr der lahmen LFP-Zellen verwendet, braucht man dafür weniger Schutz, weil die nicht so brandanfällig sind. Am Ende kommt man dennoch auf die gleiche Leistung bei gleichem Gewicht. Mit einem Riesenvorteil: Die LFP-Batterien explodieren einfach nicht. BYD-Ingenieure führen mir das vor. Sie dringen mit einem großen Nagel in die LFP- und in die NMC-Batterie ein. Die NMC-Batterie explodiert sofort mit großem Knall und brennt lange. Die LFP-Batterie macht keinen Mucks. Es ist kein Schutz nötig, der sicherstellt, dass das Feuer fünf Minuten lang nicht austritt, so sind die gesetzlichen Vorgaben.

Diese Lösung hat noch einen Vorteil: Man kann die neuen Batteriepacks, die wie längliche Kanthölzer aussehen, besser in die Karosserie integrieren und so noch zusätzlich Gewicht sparen. Nun erweist es sich als sinnvoll, dass man bei BYD nie ganz aufgehört hat, sich mit LFP-Batterien zu beschäftigen, und ein Verfahren gefunden hat, diese klein und kompakt zu gestalten. Darüber hinaus sind sie viel umweltfreundlicher. Alle darin verwendeten Metalle können zu 100 Prozent recycelt werden.

Maximilian Fichtner, Professor für Festkörperchemie und stellvertretender Direktor des Helmholtz-Instituts Ulm, sagt dazu: »Die neue Batterie von BYD ist nur gut halb so groß wie die bisherige, schafft 600 km und passt in ein Auto, das in China umgerechnet nur 33 000 Dollar kostet und es von null auf 100 km/h in 3,9 Sekunden schafft. Wir müssen befürchten, dass die deutschen Hersteller hier erst mal raus sind aus dem Rennen.«

BYD hilft gern aus und plant schon eine Batteriefabrik in Ungarn. In China jedenfalls ist es wahrscheinlich, dass sich diese Lösung bei den Mittelklassewagen durchsetzen wird, da man mit 5000 Euro pro Batterie bei 50/60 Kilowatt hinkommt. Das ist wenig teurer als ein Verbrennungsmotor mit Abgasanlage.

Kurz: Die BYD-Lösung ist viel kleiner, viel sicherer, viel umweltfreundlicher und liefert die gleiche Energie bei gleichem Gewicht. Der einzige Nachteil: Einen Sportwagen kann man mit den lahmen Zellen nicht antreiben. Aber für ein Alltagsfahrzeug reicht es ohne Probleme. Wie schon bei Professor X und dem autonomen Fahren zeigt sich auch hier, was chinesische Ingenieure offensichtlich sehr gut können: einfache, alltagstaugliche und praktische Lösungen finden.

Aber hinter dieser Entwicklung stecken nicht nur pfiffige Ingenieure. Sondern auch eine strategisch denkende Politik. Peking hat früh erkannt, dass China über den Umweg der Elektromobilität und 5G zum Marktführer in der Autoindustrie aufsteigen kann. Derzeit sind erst knapp 5 Prozent aller in China verkauften Autos E-Autos. Doch Peking setzt den Unternehmen klare Ziele: In fünf Jahren sollen 25 Prozent aller im Land produzierten Fahrzeuge Hybrid- oder reine Elektroautos sein, hat das Ministerium für Industrie und Informationstechnologie (MIIT) im Dezember 2019 verkündet. Und noch eine Vorgabe gibt es: Ab 2035 dürfen gar keine Autos mit Verbrennungsmotor mehr in China verkauft werden.

BYD verfügt dabei über einen großen Wettbewerbsvorteil, nicht nur im Vergleich zu westlichen Konkurrenten, sondern auch zu chinesischen Staatsbetrieben. Das Unternehmen hat keine Ottomotor-Altlasten. 100 Prozent seiner Autos sind Stromer, manche allerdings noch Hybridfahrzeuge. Noch größer wird der Vorteil, wenn die Autos bald ohne Steuerbefreiungen auskommen müssen. Wegen der Coronakrise wurden die steuerlichen Erleichterungen nur noch um zwei weitere Jahre verlängert. Umgerechnet über 14 Milliarden US-Dollar hat Chinas Regierung bisher in die Batterieindustrie gesteckt und damit eine Technologie maßgeblich gefördert, die auch international eine immer größere Rolle spielt.

BYD ist inzwischen ein international so gefragter Partner, dass es gar keine Rolle spielt, ob die Regierungen der jeweiligen Länder gerade mit Peking im politischen Clinch liegen. Während China und Indien im Himalaya ihre Grenzkonflikte auskämpfen und es dabei Tote gibt, arbeitet der größte indische Autohersteller, die Tata Group, immer enger mit BYD zusammen. Und auch ein Autohersteller aus einem anderen wichtigen asiatischen Land, das sich als Rivale Chinas sieht, hat beschlossen, sich an BYD zu binden. Seite Mai 2020 bauen Toyota und BYD auf der Plattform und mit den Batterien von BYD gemeinsam Toyota-Autos. Japan ist das Land in Asien, in dem das größte Kontingent amerikanischer Truppen steht, als Gegengewicht zu China. Und weder der Handelskrieg zwischen den USA und China noch die Coronapandemie halten auch Ford, den zweitgrößten amerikanischen Autohersteller nach GM, ab, die Batterien für sein neues Plug-in-Hybrid-Fahrzeug in China von BYD liefern zu lassen. Ein Auto, das die Amerikaner zusammen mit Changan Automobile bauen wollen.

Schon lange hat BYD übrigens auch einen wichtigen deutschen Autohersteller als Partner: Seit 2010 arbeiten Daimler und BYD in ihrem Joint Venture Denza zusammen, bisher allerdings noch nicht mit großem Erfolg. Im Januar 2020 steckte Daimler noch einmal 50 Millionen US-Dollar in das 50/50-Gemeinschaftsunternehmen. Nachdem der E-Erstling noch auf der B-Klasse basierte und sich nur mäßig verkaufte, gibt es jetzt ein neues, nunmehr sehr ansprechendes Modell, das ebenfalls von Egger designt wurde: den Denza X. Das SUV mit sieben Sitzen verspricht eine Reichweite von bis zu 500 Kilometern und kostet trotzdem nur etwa 40 000 Euro.

Seine E-Busse verkauft BYD international schon seit Jahren. Egger hat gerade ein neues Modell entwickelt, das bald auch das Stadtbild von Shenzhen prägen wird. Zur Erinnerung: Allein in Shenzhen fahren 16 000 E-Busse, fast alle stammen von BYD. Egger ist es gelungen, dem Bus eine gewisse Leichtigkeit zu verleihen und ihn wiedererkennbar zu machen. Bei E-Bussen ist BYD mit einem Marktanteil von über 30 Prozent Weltmarktführer. Abnehmer finden sich auch in den USA.

Die Stadt Los Angeles zum Beispiel hat im Sommer 2020 einen Vertrag mit BYD über die Lieferung von 130 Elektrobussen geschlossen – die bisher größte Bestellung der Amerikaner in China. Die Busse fahren bereits in so unterschiedlichen Ländern wie England, Spanien, Italien, Norwegen, Deutschland und Chile. Ende Dezember erwarb Kolumbien über 470 Busse. Der finnische ÖPNV-Betreiber Nobina hat insgesamt 106 E-Busse bei BYD bestellt, 64 für die Hauptstadt Helsinki und 42 für Turku. Manchester hat 32 Doppeldeckerbusse gekauft. Und für Bogestra, die Bochum-Gelsenkirchener Straßenbahnen AG, fahren 22 E-Busse von BYD. Das zwölf Meter lange, einstöckige Modell hat Platz für achtzig Fahrgäste und eine Reichweite von über 200 Kilometern. Anfang 2021 sind mehr als 1500 BYD-Busse in Europa im Einsatz. Ein Marktanteil von 20 Prozent. Und es gibt jede Menge Luft nach oben.

Auch bei der Produktion hat das Unternehmen den Sprung nach Europa bereits gewagt. In Frankreich produziert BYD seit 2018 rund 200 Busse im Jahr. Es ist die zweite Fabrik in Europa. Die erste wurde in Ungarn errichtet, hier laufen bis zu 400 Busse pro Jahr vom Band. Die ersten wurden schon 2013 in die Niederlande geliefert.

Gedacht. Gemacht. Gewonnen

Die Batterietechnologie gehört mit den Drohnen und 5G zu den ersten Technologien des Industriezeitalters, die von China aus die Welt erobern. Obwohl die E-Auto-Märkte Europas und Chinas inzwischen etwa gleich groß sind, stellt China mehr als 75 Prozent aller E-Batterien her. An zweiter Stelle folgt Südkorea. China kontrolliert über 80 Prozent der Rohstoffe, die für die Produktion benötigt werden. Europa produziert so gut wie noch keine Batterien für E-Autos, wird aber 2021/22 auf einen einstelligen Marktanteil kommen, da zahlreiche Fabriken in Bau sind.

In China ist BYD Technologie- aber nicht Marktführer. Das ist derzeit Contemporary Amperex Technology (CATL) aus Ningde, einer Küstenstadt auf halbem Weg zwischen Shanghai und Hongkong. Das Unternehmen wurde erst 2011 gegründet. Außerdem rangieren vor BYD noch drei südkoreanische Firmen und mit Panasonic ein japanisches, der erste Lieferant von Tesla. BYD hat einen Marktanteil von gut 10 Prozent. CATL gut 25 Prozent. Abgesehen von BYD produziert keine der Firmen eigene Autos, sie brauchen dazu Partner.

Besonders früh kooperierte BMW mit CATL. Schon ab 2012 durften die Chinesen Batterien für den von BMW und Brilliance gefertigten Zinoro liefern. Er habe in Sachen Qualität, Lebensdauer, Sicherheit und Leistung viel von BMW gelernt, wie Firmengründer Zeng Yuqun versichert. Das ist schon seltsam. Die Europäer helfen den Chinesen, ihre Batterieproduktion hinzubekommen, haben aber Schwierigkeiten, eine eigene auf die Beine zu stellen.

Auch Gotion, der viertgrößte chinesische Batteriehersteller, sitzt BYD im Nacken. Das Unternehmen, das auch unter seinem chinesischen Namen Guoxuan bekannt ist, hat einen Marktanteil von 3,8 Prozent. Es wurde in Hefei gegründet, westlich von Shanghai, gibt als seine Zentrale jedoch inzwischen Fremont im amerikanischen Silicon Valley an. Ähnlich wie BYD mit Warren Buffet gelingt auch Gotion ein Coup: VW wird im Mai 2020 der größte Einzelaktionär. Die Wolfsburger erwerben für 1,1 Milliarden Euro 26 Prozent an dem Unternehmen. Zudem übernimmt Volkswagen im weiteren Verlauf des Jahres 75 Prozent und somit die Managementkontrolle über ein Joint Venture mit JAC, einen staatlichen Autohersteller, der bereits in den 1960er-Jahren gegründet wurde. Das Unternehmen heißt nun Volkswagen (Anhui) Automotive Company Limited. Der Name der Provinz Anhui taucht nicht ohne Grund im Firmennamen auf: Die Provinz soll zu einem neuen Kompetenzzentrum und E-Mobilitäts-Hub des Volkswagen-Konzerns in China ausgebaut werden.

Beide Transaktionen kosten mehr als eine weitere Milliarde Euro. Damit hat VW-CEO Herbert Diess Volkswagen in China in eine Poleposition gehievt, was die E-Autos betrifft. Das hilft zwar, um sehr gut im Rennen mitfahren zu können, gewonnen ist es aber noch lange nicht, vor allem nicht gegen chinesische Autohersteller wie BYD, die natürlich einen Heimvorteil und eben eigene Batterien haben. Immerhin spielt VW im E-Auto-Markt vorn mit. Und auch BMW ist mit seinem neuen iX3-SUV gut im Geschäft, musste aber Anfang 2021 seine Preise um 10 Prozent senken, um gegen Wettbewerber wie Nio und Tesla bestehen zu können. Auch Audi und Daimler holen auf.

Doch in der Rangliste der bestverkauften E-Autos in China fahren die Deutschen immer noch hinterher, kein deutsches Fabrikat findet sich unter den zehn bestverkauften. Audi und Daimler kommen noch nicht einmal in der Liste der Top 20 vor, während BYD gleich mit vier Fahrzeugen vertreten ist. Wenigstens international sieht die Lage anders aus: 2020 führte Tesla mit fast 500 000 verkauften Plug-in-Fahrzeugen, gefolgt von VW mit 220 000 und BYD mit 179 000. BMW (163 000) lag auf Platz 5, gefolgt von Mercedes (145 000), Audi (108 000) kam auf Platz 9.

In China ist jedoch ein Newcomer die große Überraschung des Jahres 2020, der es dort aus dem Stand auf Platz 4 geschafft hat und den im Westen kaum jemand kennt: SGMW. Das ist das Kürzel für SAIC GM Wuling. Ein amerikanisch-chinesisches Joint Venture zwischen GM und SAIC, die es geschafft haben, einen chinesischen Volkswagen zu erfinden. Ein Erfolg, der BYD auch gut gestanden hätte.

Es gibt sicher schönere Autos als den Hongguang Mini EV. »Form follows function« ist noch das Höflichste, was der designverwöhnte Automobilist dem Zwerg von außen zugestehen kann. Innen könnte man von einem aufgeräumten, übersichtlichen Ambiente sprechen: Alles ist an seinem Platz. Der Luigi-Colani-mäßig geschwungene Lüftungsschacht und die roten Griffe in der Tür sind allerdings schon verwegen. Das Auto hat vier »Sitzgelegenheiten«, einen kleinen Kofferraum und auch noch Platz für eine Batterie, die eine Spitzengeschwindigkeit von 100 km/h und eine Reichweite von bis zu 170 Kilometern zulässt. Knautschzone Fehlanzeige.

Bereits in den ersten drei Wochen nach seinem Marktstart verkaufte sich der Hongguang mehr als 15 000 Mal. Das ist Weltrekord: Noch kein Autobauer hat in so kurzer Zeit so viele Exemplare eines E-Modells abgesetzt. Gerade einmal zwölf Monate sollen Techniker und Designer von der Idee bis zum Launch an dem Fahrzeug gesessen haben. Herausgekommen ist ein Statussymbol für all diejenigen, die bisher zügig auf zwei Rädern unterwegs waren. Der Kleine ist knapp 3 Meter lang, 1,5 Meter breit und 1,6 Meter hoch, und das bei einem Radstand von etwas unter 2 Metern. Unschlagbar ist der Preis: Je nach Ausstattung kostet der Mikro-Stromer zwischen 28 800 und 38 800 Renminbi, umgerechnet zwischen rund 3500 und 4800 Euro.

Bisher funktioniert das Segment zu diesen Preisen auch nur, weil die chinesische Regierung subventioniert. Anbieter günstiger E-Autos bekommen einen Zuschuss von umgerechnet knapp 1000 Euro, wenn die Fahrzeuge in ländlichen Gebieten verkauft werden. Die Hersteller verpflichten sich im Gegenzug,

Preisnachlässe zwischen 244 bis 611 Euro zu gewähren, um die Elektroautos bei Landbewohnern populärer zu machen.

Bislang waren viele ärmere Chinesen es gewohnt, ihren Alltag auf Scootern und motorisierten Zwei- oder Dreirädern zu bewältigen – Fahrzeuge, die der Regierung schon lange ein Dorn im Auge sind, weil sie die Luft verpesten oder mit umweltschädlichen Bleibatterien ausgestattet sind. Deshalb hat Chinas Industrieministerium im Sommer eine »Ab aufs Land«-Kampagne für E-Fahrzeuge gestartet. Das kommt nicht von ungefähr, denn der Markt ist riesig: Vier von zehn Menschen leben in China trotz rapider Urbanisierung noch immer auf dem Land.

»Wenn wir es selber könnten, wäre ich auch nicht traurig«

Es ist ein Paradigmenwechsel, der von BYD ausgehend in Shenzhen angeschoben wurde und den man getrost historisch nennen kann: Zum ersten Mal in der Geschichte des Automobils liegt China gleich mit einer Kombination aus technologischen Innovationen vorn und gibt nun immer lauter den Takt vor. Und zum ersten Mal überhaupt in der Industriegeschichte bauen Chinesen Fabriken in Europa, in denen Produkte hergestellt werden, die nicht im Westen entwickelt wurden.

Dieses historische Ereignis hätte Wang gerne für BYD verbucht. Er ist ohne Zweifel der Pionier. Doch auch bei diesem Thema war CATL wieder schneller. 1,8 Milliarden Euro investiert das Unternehmen zum Beispiel in sein erstes deutsches Batteriezellenwerk in der Nähe von Erfurt. Trotz Coronakrise soll die Produktion schon 2022 anlaufen. Weitere Fabriken in Deutschland könnten folgen. CATL will von hier aus vor allem per Bahn Konzerne in ganz Europa beliefern, unter Einhaltung aller europäischen Klima- und Sicherheitsstandards. »Globalisierung ist eben nicht nur knallharter Wettbewerb, sondern auch freundschaftliches Miteinander über Länder- und

Unternehmensgrenzen hinweg«, lobte der thüringische Wirtschaftsminister Wolfgang Tiefensee, der den Bau des Werkes in Arnstadt mit eingefädelt hat. Ein »Investment der Superlative« nannte Tiefensee den Deal im Sommer 2019, bei dem Know-how von China nach Europa fließe und der Thüringen »zu einem der wichtigsten europäischen Standorte für Batterietechnologie« mache. Angela Merkel klang da 2018 schon nüchterner: »Wenn wir es selber könnten, wäre ich auch nicht traurig.«

»BYD hat dennoch die Chance, der erfolgreichste chinesische E-Auto-Anbieter in Deutschland oder gar in Europa zu werden«, meint Chefdesigner Egger. Denn inzwischen sei den deutschen Topmanagern der Autoindustrie klar, dass die Chinesen nun »in der weltweiten Autoindustrie die Zügel in der Hand« hätten. »Wir haben nun einmal den größten Markt und verfügen über die innovativste E-Batterie-Technologie.« Egger muss los. In Shanghai wird gerade sein neuestes Concept Car zusammengebaut, das demnächst auf der Shanghai Auto präsentiert werden soll. Das ist Egger wichtig: Er will der Welt zeigen, was die europäische Designkultur im Zusammenspiel mit chinesischen Elementen und dem Shenzhen-Speed schaffen kann. »Langweilig wird's mir jedenfalls nicht. Diese Kombination ist schwer zu toppen.«

Peking hat sich zudem nicht nur früh um die Technologie gekümmert, sondern auch um die Seltenen Erden, die man für die Herstellung von Batterien braucht. Einer der führenden Hersteller im Bereich der Seltenen Erden: China Rare Earth Magnet Limited mit Sitz in Shenzhen. Lieferungen aus China decken 80 Prozent des weltweiten Bedarfs und sogar 98 Prozent des US-Bedarfs.

Das Problem: Peking will die Ein- und Ausfuhr Seltener Erden, die man zur Herstellung von Hightech-Batterien braucht, noch strenger reglementieren. Schlechte Nachrichten für die EU. Denn nicht nur für die Herstellung von E-Autos braucht man Seltene Erden, sondern auch für die Produktion von Smartphones oder Satelliten. Der Westen hat, anders als China, die Bedeutung der Seltenen Erden jahrzehntelang unterschätzt. Das stellt nun auch Günter Oettinger fest, von 2010 bis 2019 EU-Kommissar. Er spricht nun von Chinas »Hegemoniestreben«, davon, dass »Konkurrenten gnadenlos vom Markt verdrängt« würden. Führende europäische Thinktanks lobten hingegen schon vor zehn Jahren Pekings »strategische Weitsicht« beim Agieren auf dem Weltmarkt für Seltene Erden. Man sei schlicht bereit, mehr zu zahlen als der Westen.

Immerhin gibt es seit Herbst 2020 eine EU-Rohstoff-Allianz. Doch guter Rat ist teuer. Australien wäre eine Alternative. Allerdings: China stellt 132 000 Tonnen pro Jahr her und hat 44 Millionen Tonnen Reserven. Bei Australien sind es nur 21 000 Tonnen und 3,2 Millionen Tonnen Reserven. Abgesehen davon haben die USA, Südkorea und Japan diese Chance längst ergriffen. Europa bleibt außen vor.

Gleichzeitig will Peking auf Nummer sicher gehen und fördert die Entwicklung von Alternativen. Die »Eine-Millionen-Meilen-Batterie« von CATL und Tesla, die zunächst in der Baureihe »Model 3s« in China verbaut werden soll, verzichtet nicht nur auf Kobalt, sie ist auch besonders billig und langlebig, wie ihr Spitzname schon sagt. Allerdings muss sie erst einmal alltagstauglich werden und sich gegen die BYD-Variante durchsetzen. »Das haben wir noch nicht im Sack«, räumt selbst Tesla-Gründer Elon Musk ein. »Es gibt da noch viel zu tun.«

In Europa macht man sich nun große Sorgen, den Anschluss verpasst zu haben. Die Amerikaner haben es dank Musk, den viele lange für durchgeknallt hielten, geschafft, bei den E-Autos weltweit vorn mitzuspielen. So, wie das Henry Ford vor hundert Jahren gelungen war. In Deutschland haben Continental und Bosch bereits das Handtuch geworfen. Allerdings baut das schwedische Start-up Northvolt, gegründet von zwei ehemaligen Tesla-Managern, in Europa zwei Fabriken zur Batteriezellenfertigung – unterstützt von VW, Vattenfall, ABB Siemens und der European Investment Bank. Die Werke sollen 2021 beziehungsweise 2024 einsatzbereit sein. VW möchte ab 2023 mit den selbst hergestellten Batterien von Northvolt die erste Serienproduktion starten.

Im Februar 2020 haben auch Frankreichs Präsident Emmanuel Macron und die deutsche Forschungsministerin Anja Karliczek (CDU) auf einem Acker im französischen Nersac verkündet, eine Aufholjagd zu versuchen. Dort bauen der Batteriehersteller Saft, eine Tochter des französischen Mineralölherstellers und Energieversorgers Total, und der größte französische Autokonzern PSA mit seiner deutschen Tochter Opel eine Batteriefabrik. »Wir starten heute den Batterie-Airbus!«, sagte Frankreichs Präsident bei der Grundsteinlegung. »Dies ist eine Investition in die europäische Souveränität.« Karliczek sprach etwas vorsichtiger von einer »wettbewerbsfähigen Batteriewertschöpfungskette«. Doch das ist alles Zukunftsmusik. Und Unternehmen wie BYD warten nicht, bis Europa sich aufrappelt. Immerhin wird es in Europa nach China den zweitgrößten Bedarf für Batteriezellen geben, hat McKinsey errechnet. Und Deutschland ist mit Abstand der größte Markt für die Stromer.

Der Batterie-Lapsus sollte der deutschen Industrie eine Lehre sein: Welche Technologie, welches Unternehmen sich bei diesem Wettlauf durchsetzt, wird eben nicht mehr in Deutschland, ja nicht einmal mehr im Westen entschieden. Schlimmer noch: Wenn Unternehmen wie BYD es einmal nicht schaffen sollten, die Nachfrage schnell genug zu decken, dann kann es durchaus heißen: China first, der Rest der Welt später, wenn alle chinesischen Autohersteller mit Batterien versorgt sind.

Der Westen kann nun nur noch auf den nächsten Innovationssprung hoffen. Etwa auf dem Gebiet der Feststoffbatterie, die ein geringeres Gewicht und kürzere Ladezeiten hat. Doch auch hier machen die Chinesen Boden gut: Das Unternehmen Qing Tao, ein Start-up der Universität Tsinghua, hat Ende 2018 bereits mit der Produktion von Feststoffbatterien begonnen.

Auch Daimler und VW investieren in die Technologie. Bevor die aber wirklich reif für den kommerziellen Masseneinsatz wird, ist noch viel Forschung nötig. Die Wahrscheinlichkeit, dass China dabei wieder vorn mitspielt, ist sehr hoch.

Gleichzeitig entwickelt China derzeit einen neuen Einheitsstandard für den Tausch von Akkus, damit Fahrer von Elektroautos ihre Akkus einfach auswechseln können, statt sie langwierig aufzuladen. Solche Überlegungen gab es bereits in der Vergangenheit, sie beschränkten sich jedoch meist auf die Akkus einer einzigen Marke.

Die Pekinger Politik geht auch diesen Punkt wie immer systematisch an: »Wir werden das Prinzip des Akkuwechsels aktiv fördern und das System sowie die Standardisierung verbessern«, heißt es 2020 in einer Stellungnahme des Ministeriums für Industrie und Informationstechnologie. »Im nächsten Schritt werden wir dann die Entwicklungsumgebung optimieren, Unternehmen anleiten, die Akkuwechseltechnik zu verbessern, die Einrichtung eines ausgereiften Geschäftsmodells fördern und so den Komfort der Nutzung von New-Energy-Fahrzeugen weiter verbessern.«

Ein Ziel: E-Auto-Besitzer sollen die Akkus einfach nur noch mieten, statt sie mitzukaufen. Das könnte wiederum Preis und Unterhaltskosten der E-Autos senken. Man würde nicht den Akku, sondern nur noch die gefahrenen Kilometer bezahlen. Wenn es überhaupt jemandem gelingt, seine Unternehmen auf einen Batteriewechselstandard festzulegen, dann die chinesische Regierung. Und dass dieser Standard große Chancen hat, sich weltweit durchzusetzen, ist wahrscheinlich.

Wenn der E-Bus leise rauscht

Um überhaupt in den Markt zu kommen, hat BYD zunächst dafür gesorgt, dass keine andere Stadt der Welt derzeit über so viele E-Taxis und E-Busse verfügt wie Shenzhen. Man kann es nicht oft genug wiederholen: mehr als 16 000 Elektrobusse und über 21 000 Taxis. Mindestens 80 Prozent der Busse kommen von BYD. Und das ist nicht erst seit heute so. Schon vor einigen Jahren stand ich in der Warteschlange am Shenzhener Flughafen und suchte gerade meine Hoteladresse heraus, als mir plötzlich auffiel, wie ungewöhnlich gut die Luft war. Normalerweise stinkt es in diesen Warteschleifen immer nach Abgasen. Und dann bemerkte ich auch, wie ruhig es war. Keine Motorgeräusche. Es dauerte eine Weile, bis mir klar wurde, warum: alles Elektrofahrzeuge. An jenem Tag fuhr ich zum ersten Mal in einem chinesischen E-Auto. Der Taxifahrer hatte gleich vier Smartphones verschiedener Hersteller an seinem Armaturenbrett installiert: Huawei, Samsung, Oppo und Xiaomi. Es ist bemerkenswert, wie sich die Chinesen auf jede neue Technologie stürzen und gar nicht genug davon bekommen können.

Mit den E-Autos kamen die Ladestationen in die Stadt. Deren Dichte pro einer Million Einwohner ist in China höher als in den besten europäischen Städten (Amsterdam und Oslo) und höher als in jeder amerikanischen Stadt sowieso. 4000 sind es pro einer Million Einwohner, insgesamt 60 000 in Shenzhen. Die Stadt verfügt natürlich auch über die größte E-Auto-Ladetankstelle der Welt. Sie sieht allerdings weniger spektakulär aus, als man beim ersten Hörensagen glauben mag. 673 Ladestationen stehen auf einem ehemaligen Parkplatz unter sechs langen, schattenspendenden Reihen weißer Plastik-Carport-Dächer. In jeder Parkbucht ist ein gelber, runder Stahlträger im Boden verankert, der verhindert, dass die Autos beim Rückwärtseinparken versehentlich gegen die Ladestation fahren. Denn jeder Parkplatz hat eine eigene E-Tanksäule. 5000 Fahrzeuge können auf dieser Anlage gleichzeitig aufgeladen werden.

Die Autos, die dort »tanken«, sehen alle gleich aus. Es sind die blauweißen Taxis von BYD. Die Fahrer dürfen allerdings nicht in ihren Autos Pause machen, in ihrer Lieblingswarteposition: die Füße aus dem Fenster gestreckt. Das ist nicht erlaubt. Stattdessen sitzen sie in einem klimatisierten Warteraum, wo sie auf ihren 5G-Handys Videos schauen oder Tee trinken oder sich in einem der in China sehr beliebten Massagestühle durchkneten lassen können. Oder sie lungern auf dem Gehweg zwischen den Zapfsäulen herum. Einige haben sich Klappstühle mitgebracht, andere liegen auf Bastmatten auf dem Boden und schlafen.

»Das ist praktisch«, sagt mir einer von ihnen, der wie alle, die für das Taxiunternehmen arbeiten, ein blaues, kurzärmliges Hemd trägt. »Ich komme für eine Stunde hier vorbei und kann dann zehn Stunden fahren.« Außerdem sei der Strom viel billiger als das Benzin. Statt 200 Yuan, etwa 25 Euro, bezahlt er jetzt nicht einmal 10 Yuan. Wenn's schneller gehen soll, gibt es auch 50 Megawatt-Ladestationen, statt der normalen, die nur 20 oder 30 MW/h bieten. Das, was die Taxler für eine Ladung berappen, sind natürlich keine Marktpreise. Der Strom wird von der Regierung subventioniert. Noch billiger wird es, wenn man außerhalb der Stoßzeiten zum Tanken kommt. Aber das Ergebnis ist wichtig. Die Taxifahrer sind zufrieden. Die Luft ist sauber. Der Strom allerdings noch nicht. 70 Prozent des chinesischen Stroms wird aus Kohle hergestellt. Da muss die Regierung noch nachbessern.

Die traditionellen Ladestationen sehen den alten Zapfsäulen sehr ähnlich. Nur statt des Zapfhahnes gibt es einen Stecker – übrigens von der Firma Mennekes aus dem Sauerland, die seit Jahren schon in China produziert. Die moderneren Ladestationen von BYD ähneln eher unseren alten Münzfernsprechern. Nur dass sie ein farbiges Display haben, wo man die wichtigsten Informationen abfragen kann. Bezahlt wird mit einem QR-Code über WeChat. Es ist schön ruhig auf dem Platz. E-Autos laden macht keinen Lärm. Erwähnenswert ist in in diesem Zusammenhang, dass immerhin die zweitgrößte E-Tankstelle in Zusmarshausen bei Augsburg steht. Das behaupten jedenfalls die Betreiber. Immerhin kann sie

4000 Autos pro Tag laden. Sie bedient die Achse München–Stuttgart–Frankfurt.

Inzwischen baut Shenzhen eine große Ladestation nur für Lastwagen. Es wird nicht nur die erste Chinas sein, sondern die erste weltweit. Nachdem die Stadt erfolgreich praktisch alle Motorräder, öffentlichen Busse und Taxis auf Strom umgestellt hat, sind nun die Lastwagen dran. 2020 hat BYD bereits über 800 schwere E-Lastwagen verkauft, also 30-Tonner, die als Betonmischer, Müllwagen und Erdkipper zum Einsatz kommen. Die Lastwagen haben eine Reichweite von 200 Kilometern und können 100 Stundenkilometer schnell fahren. Mit einem Schnellladesystem sind sie in zwei Stunden wieder aufgeladen. Doch meistens hängen sie über Nacht an der 240-Volt-Steckdose. Damit dauert der Ladevorgang ungefähr 14 Stunden.

Alle öffentlichen Ladestationen werden derzeit von der Stadtverwaltung in Shenzhen noch mit einem 30-Prozent-Anteil subventioniert. Das muss man sich als Stadt erst einmal leisten können. Aber auch hier ist es das Ergebnis, das zählt. Durch die Förderung der E-Mobilität spart die Stadt inzwischen 850 000 Tonnen CO_2 im Jahr. Der Luftqualitätsindex für Feinstaubbelastung konnte innerhalb einer Dekade von durchschnittlich 100 auf 26 gesenkt werden. Das liegt auch daran, dass bei Neuzulassungen normaler Autos die Nummernschilder nur per Los vergeben werden. Die grünen Nummernschilder für E-Autos erhält man hingegen sofort. Ein kleiner Kniff, der Wirkung zeigt.

»Was Shenzhen geschafft hat, ist der Vorbote dessen, was China noch schaffen muss«, stellt der staatliche Fernsehsender CGTN nüchtern fest. Das Modell Shenzhen verpflichtet ganz China. Auch aus diesem Grund sehen es die Politiker gern, dass BYD und Didi Chuxing, der größte Fahrdienstanbieter Chinas, zusammenarbeiten: Gemeinsam haben sie Ende 2020 eine Elektroauto-Testflotte an den Start gebracht, die speziell auf öffentliches Carsharing zugeschnitten ist. Bereits im Sommer

2020 hat BYD vom chinesischen Ministerium für Industrie und Informationstechnologie die Genehmigung für eine Elektrolimousine namens D1 bekommen. Das E-Auto soll die von BYD patentierten kobaltfreien Blade-Batterien enthalten. Anfang 2021 hat Didi bereits 10 000 D1-Fahrzeuge in seiner Flotte. Weitere 100 000 Stück sind bis Ende 2022 geplant.

Das E-Auto ist mit Schiebetüren und einem 100 kW (136 PS) starken Elektromotor ausgestattet. Die Höchstgeschwindigkeit liegt bei rund 130 km/h, die Reichweite bei über 400 Kilometern. Die Kooperation mit BYD ermöglicht es Didi, sein Angebot besser zu verwalten und eine größere Kontrolle über seine Flotte zu bekommen. Und BYD festigt damit seine Marktposition. Ein Unternehmen, von dem wir noch hören werden.

Shenzhen war auch Vorreiter bei einer anderen Entwicklung: Immer mehr Menschen hier steigen nicht nur auf E-Autos um, sondern verabschieden sich ganz vom Auto. Stattdessen fahren sie E-Motorrad. Schon vor 17 Jahren wurden klassische Motorräder in Shenzhen verboten. Die Luftverschmutzung war zu hoch. Die Menschen waren gezwungen, von heute auf morgen auf Elektroräder umzusteigen. Aus der Massenenteignung wurde eine Massenbewegung, die der Stadtverwaltung wiederum bald über den Kopf wuchs. Denn viele der E-Motorräder waren nicht angemeldet. Das größte Problem für die Verwaltung: Die E-Motorräder hatten keine Kennzeichen und waren daher auch nicht versichert. So waren sie für den Überwachungsstaat unsichtbar.

Die Stadt musste handeln und entschied sich, plötzlich und heftig durchzugreifen. Ich erinnere mich noch gut an einen riesigen Berg an gebrauchten Motorrädern unter der Nantou-Stadtautobahn, nachdem die Polizei im Frühjahr 2016 in nur elf Tagen rund 18 000 Motorräder konfisziert hatte. Es sah aus wie auf einem Schrottplatz. Die Polizei ging nicht eben zimperlich zur Sache und riss die dann schon illegal Fahrenden zum Teil vom rollenden Motorrad herunter. Doch das Problem blieb bestehen.

Lange konnte – oder wollte – die Polizei sich nicht durchsetzen. Es gab hin und wieder Razzien, die sich jedoch schon vorher in den sozialen Medien herumsprachen. Wer nicht erwischt wurde, hatte Glück. Wer erwischt wurde, hatte Pech. Das Motorrad war weg und rechtliche Möglichkeiten, es wiederzubekommen, gab es keine. Das war vor allem für ärmere Menschen schlimm, die sich kein neues Fahrzeug leisten konnten.

Erstaunlicherweise begann Shenzhen erst 2020 ernsthaft, in einem Pilotprojekt die über 520 000 E-Motorräder zu registrieren. Nun braucht jedes Motorrad entweder ein weißes oder ein gelbes Nummernschild. Die weißen Schilder sind für Motorräder, die den nationalen Sicherheitsstandards entsprechen. Die mit den gelben entsprechen ihnen noch nicht: Sie mussten bis zu 31. Dezember 2020 nachgerüstet oder ersetzt werden. Dank der Registrierung ist erstmals jedes E-Bike mit einem Personalausweis oder, bei Ausländern, mit einer Wohnerlaubnis verknüpft. Die E-Bikes, die wilden Pioniere der E-Mobilität, sind in Shenzhen nun gebändigt. In Peking müssen sie sich dagegen noch nicht an die Verkehrsregeln halten.

Bleiben noch die U-Bahnen. Bis zu 7,7 Millionen Menschen nutzten sie 2020 täglich. Allein im Jahr 2018 wurden 278 Streckenkilometer neu gebaut. Die Menschenmassen sollen nun mit Gesichtserkennung gesteuert werden. Wer sich registrieren lässt, muss keine Monatskarte oder kein Handy mehr an ein Lesegerät halten, sondern kann den Einlass einfach so passieren. Damit will man Staus während der Rushhour vermeiden. Und weiß auf diese Weise noch genauer, wann welche Passagierströme fließen. Im Sommer 2020 wurde die Urban Rail Cloud Solution von Huawei probeweise eingeführt. Erstaunlicherweise zuerst bei Rentnern, also der Gruppe, von der man im Westen sagen würde, dass die Bereitschaft, sich registrieren zu lassen, am geringsten ist. Aber die U-Bahn-Betreibergesellschaft lockte mit Freifahrten. Wer sich registrieren ließ, konnte umsonst fahren. An 28 U-Bahn-Stationen wird das System derzeit getestet. Während der Testphase wurden Fotos, Alter, Geschlecht und die Dauer der U-Bahn-Fahrt zunächst auf ein öffentliches Display projiziert. Das kam allerdings nicht bei allen Nutzern gut an. Obwohl Shenzhen zu den Städten gehört, in denen Kameraüberwachung zum Alltag gehört. Was für die einen Verkehrsmanagement ist, ist für die anderen die Überwachung ihrer Bewegungsfreiheit. Trennen lässt sich das nicht. Es sind die zwei Seiten einer Medaille – nicht nur in Shenzhen.

Wenn die Gesichtserkennung rotsieht

Für die U-Bahnen fühlen sich die Spezialisten des autonomen Fahrens nicht zuständig. Wenn man ihnen davon erzählt, wie Gesichtserkennungsspezialisten den Verkehr managen, lächeln sie nur – und wir werden auch gleich erfahren, warum. Dennoch haben nicht die Pioniere des autonomen Fahrens, sondern die Gesichtserkennungsingenieure das im Westen bekannteste Bild von Shenzhen hervorgebracht. Es ist ein Symbol der Angst vor den Nachteilen dieses Fortschritts, der Angst vor der Überwachung: Es ist eine Ampelanlage mit Gesichtserkennung. Wer bei Rot über die Straße geht und wessen Gesicht dabei erkannt wird, dessen Name erscheint auf einem digitalen Bildschirm. Vor zwei, drei Jahren kursierten die Bilder erstmals in den deutschen Medien und haben sich seitdem eingeprägt.

Begonnen hat das alles 2018 mit den ersten Pilotanlagen. Die Idee dieser Anlagen ist es, den Namen, die Gesichter, Teile der Sozialversicherungsnummer und die Anzahl der Vergehen zu veröffentlichen – auf einem LED-Display am Fußgängerüberweg. Leute, die bei Rot über die Ampel gehen, sollen so ihr Gesicht verlieren. Die Technologie, die Menschen zwingen soll, sich nach festen Regeln zu bewegen, kommt von dem Shenzhener Start-up Intellifusion. Das Unternehmen wurde 2014 gegründet und arbeitet eng mit dem National Supercomputing Center in Shenzhen zusammen. In den ersten zehn Monaten des Pilotprojektes wurden fast 14 000 Menschen erwischt und erkannt. Im April 2020 konnte das Unternehmen 143 Millionen US-Dollar frisches Kapital aufnehmen, um einen späteren Börsengang vorzubereiten. Der ist allerdings erst mal auf Eis gelegt. Denn das Unternehmen ist, wie Huawei, auf einer schwarzen Liste gelandet. Auf ihr stehen Unternehmen, mit denen die USA nicht zusammenarbeiten. Pikant: Unter den Investoren in der letzten Runde ist schon zum zweiten Mal der Venture-Capital-Konzern Walden aus San Francisco. Inzwischen wird diese Technologie bereits in über hundert Städten in China angewandt. Intellifusion ist eines der erfolgreichsten Unternehmen in diesem Bereich. Eine Software, die auch zur politischen Überwachung von unliebsamen Minderheiten benutzt werden kann. Konkrete Vorwürfe gibt es gegen Intellifusion in dieser Hinsicht bisher nicht. Deren Ampeln haben sich trotzdem nicht durchgesetzt. Die meisten sind schon wieder abgestellt.

Die Spezialisten für autonomes Fahren erzählen dazu gerne die Geschichte von Dong Mingzhu, der Gründerin von Gree Electric, dem größten Klimaanlagenhersteller der Welt. Sie war (fälschlicherweise, wie sich später herausstellte) verdächtigt worden, in Shenzhen bei Rot über die Straße gegangen zu sein, obwohl sie gar nicht in der Stadt war. Die Verkehrskameras konnten das Missverständnis schnell aufklären: Ein Bus mit ihrem Konterfei – eine Werbung für Gree Electric – hatte die Ampel passiert, während diese Rot für die Fußgänger zeigte, und so das Gesichtserkennungssystem durcheinandergebracht. Das »Verkehrsgehirn«, wie die Shenzhener Polizei das System nennt, war von einem Bus mit seitlich aufgedruckter Werbung überlistet worden.

Eine nette Anekdote für die Entwickler des autonomen Fahrens, die längst viel weiter denken. In ihrer Welt des autonomen Fahrens soll es gar nicht mehr passieren, dass eine Straße leer ist und die Fußgängerampel trotzdem Rot zeigt. In ihrer

Welt weiß die Ampel, wie weit entfernt ein herannahendes Auto ist; sie kann sofort und so lange auf Grün springen, bis es bei der Ampel angekommen ist. Das KI-Verkehrsnetzwerk könnte sogar den heranbrausenden Verkehr verlangsamen, wenn klar ist, dass noch eine größere Menge Menschen über die Straße gehen möchte. Für Mütter mit Kinderwagen oder ältere Menschen mit Rollator würde der Verkehr automatisch abgebremst. Und für Krankenwagen und Feuerwehr sowieso. Die Retter würden niemals mehr stecken bleiben oder Unfälle riskieren müssen, nur weil jemand das Martinshorn nicht gehört hat oder es ignoriert.

So könnte das neue Bewegen in der Stadt funktionieren: Die selbstlernende Software würde Risiken so früh erkennen, dass gefährliche Situationen gar nicht erst entstehen. Für die Fußgänger teilt sich der Autostrom bei Bedarf wie von Zauberhand. Den Fahrradfahrern kommt kein Auto mehr zu nahe, um sie herum hat die KI eine unsichtbare Schutzzone gebaut, die sich mit dem Fahrradfahrer bewegt. Und im Auto achtet längst niemand mehr auf den Verkehr. Wozu auch? Es rollt ja autonom.

Autonom ist allerdings auch ein trügerischer Begriff. Denn das Auto kann zwar allein fahren, der Mensch ist jedoch besser überwacht denn je. Auch ohne Gesichtserkennung an der Ampel.

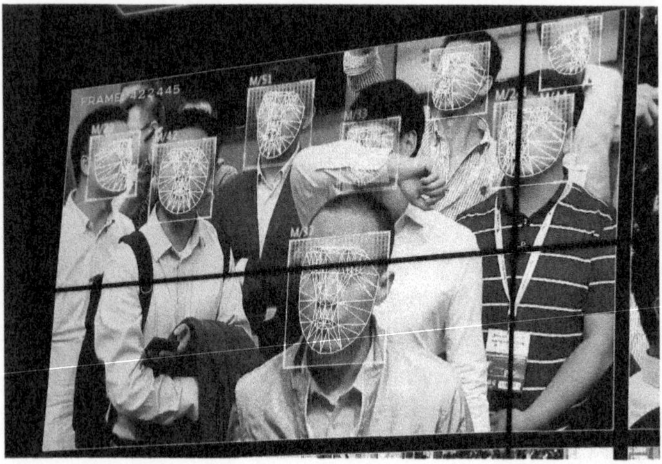
FRAME 422445
M/51

KAPITEL 3
ÜBERWACHEN

Von Menschen, die Sicherheit und Freiheit austarieren

»Das Entscheidende für die Stabilität Chinas ist ein Rechtssystem, von dem die Menschen den Eindruck haben, dass es ihre Interessen vertritt.«

HERTA DÄUBLER-GMELIN,
ehemalige SPD-Justizministerin und Begründerin des Deutsch-Chinesischen Rechtsstaatsdialogs

Die Helme sind so groß wie die von Jetpiloten, schwarz, mit verspiegelten Visieren, man kann die Augen der Träger nicht sehen. In der Mitte eines chromfarbenen Emblems vorn auf dem Helm ein Kameraauge. An der Seite ein kleiner Kasten mit einer weiteren Kamera. Über dem Visier und an den Seiten das Wort »Police«. Ganz in Schwarz patrouillieren sie durch das fast menschenleere, gespenstische Shenzhen und drehen dabei unablässig auf seltsame Weise ihre Köpfe hin und her. Ab und zu huschen ein paar Gestalten vorbei. Man geht sich aus dem Weg in diesen Tagen, auch wenn es keinen kompletten Lockdown gibt. Die Grenze zu Hongkong, über die sonst täglich 660 000 Pendler in die Stadt strömen, ist geschlossen. Nur wenige Ausnahmen werden gemacht. Für Forscher und Entwickler von Industrien etwa, die in der Coronakrise wichtig sind. Auch die Lieferanten zahlreicher Onlineshops sind noch unterwegs auf ihren Elektromotorrädern. Sie beliefern alle, die nicht mehr einkaufen wollen oder können. Die meisten Menschen arbeiten gerade von zu Hause aus.

Das Coronavirus hat im Februar 2020 auch das öffentliche Leben in Shenzhen lahmgelegt – allerdings nicht die Innovationskraft. Im Gegenteil. Die Krise gibt ihr einen Schub, sogar in Bereichen, bei denen es vielen im Westen kalt den Rücken herunterläuft. Allein schon so ein Helm, wie die Polizisten ihn tragen, die »Robocops«, wäre in der deutschen Datenschutzwelt undenkbar: Der Grund dafür, dass die behelmten Polizisten ständig ihre Köpfe hin und her drehen, ist einfach: Sie messen die Körpertemperatur der Passanten – ohne dass diese davon etwas mitbekommen. Und ohne dass sie darauf hingewiesen würden. Wenn der Sensor eine Körpertemperatur von mehr als 37,3 Grad Celsius erfasst, dringt ein leiser Alarm ins Ohr des Polizisten, im Visier des Helms wird die Person mit einem roten Rahmen versehen, während die mit normaler Temperatur grün umrandet sind. Sekundenbruchteile später leuchtet »detected« in roten Lettern auf, »entdeckt«. Rechts daneben wird die gemessene Temperatur angezeigt. Der kritische Grenzwert ist landesweit festgelegt.

Der hochtechnisierte Helm könne die Temperatur von Personen auf zwei Meter Entfernung mit einer Sicherheit von 96 Prozent erkennen, erklärt der Hersteller KC Wearable Technologies. Die Genauigkeit liege bei 0,3 Grad Celsius. Ein Polizist mit so einem Helm kann bei 13 Personen gleichzeitig die Temperatur messen und die von weit über hundert Menschen in zwei Minuten erfassen. Hat jemand Fieber oder ist sonst irgendwie auffällig, wird die Gesichtserkennung automatisch aktiv. Sie scannt das Gesicht und jagt die Daten in Echtzeit über das neue 5G-Netz in eine Datenbank. Sekunden später liegen die Ergebnisse vor. Ist die Person schon als infiziert gemeldet? Hält sie sich illegal draußen auf? Ist sie eine Neuinfizierte, eine, die womöglich noch gar nicht weiß, dass sie Corona hat? Oder hat die Person einfach eine Grippe? Klar ist: Sie wird nun isoliert und von der Polizei zu einem der vielen Testzentren gebracht. Ob sie will oder nicht.

Über tausend dieser Helme sind im Februar 2020 bereits im Einsatz und es werden täglich mehr. Nicht nur in Shenzhen, sondern auch in Shanghai und anderen chinesischen Städten. Seit Mai 2020 sieht man auch in Dubai Polizisten in ihrer petrolgrünen Uniform mit diesen Helmen patrouillieren. Und selbst vor der Kathedrale in Mailand wurden bereits Carabinieri mit solchen Helmen entdeckt. Am Flughafen Rom-Fiumicino trägt das private Sicherheitspersonal in weinroten Westen mit weißen Reflektorstreifen sie inzwischen auch. Die Belgier testen sie bereits, die Holländer ebenfalls.

Anfang September 2020 werden die chinesischen Helme nach Herstellerangaben bereits in 35 Ländern eingesetzt. Darunter in Indonesien, Chile, Kuwait, Südafrika, auf den Philippinen und in der Türkei. Je nach Ausstattung kostet ein Helm zwischen 5000 und 7000 US-Dollar. Meist wird nur von der Messung der Körpertemperatur gesprochen. Dass auch die Erfassung von Personendaten und die Gesichtserkennung damit verbunden ist, bleibt oft unerwähnt. Für viele Menschen im Westen wird ein Albtraum Realität. Diese schöne neue Welt – bei uns sorgt sie für ein mulmiges Gefühl. Für die meisten Menschen hier in Asien hingegen ist diese technische Errungenschaft eher ein praktisches Tool, um kontaktlos das Virus möglichst schnell zu besiegen.

Was kaum bekannt ist: Die Helme bestehen aus sogenannten Metamaterialien, die für elektrische und magnetische Felder durchlässig sind. Material also, das eigentlich für die Tarnkappentechnik verwendet wird. Die Helme mit der Bezeichnung

»N901« waren eigentlich für Spezialeinheiten des chinesischen Militärs entwickelt worden. Die Wärmebildkamera sollte denn auch kein Fieber messen, sondern den Feind, der sich im Dunkeln versteckt, sichtbar machen. Auch das ist, wenngleich seltener, durchaus nützlich für die Polizei, die nun von diesem Militärprodukt profitiert.

Der Staat möchte nicht überrascht werden von den vielen Menschen, die in der Stadt leben. In einem politischen System, ohne den Wettbewerb der Parteien, ohne Pressefreiheit und mit einem schwachen Rechtssystem ist das besonders wichtig. Deshalb fördert der Staat Innovationen, die viele im Westen an George Orwells *1984* erinnern und auf uns verstörend wirken.

Gerade in einer so dicht besiedelten Stadt, in einem so dicht besiedelten Land wie China ist es besonders wichtig, neue Stimmungen so früh wie möglich zu erkennen, Menschen, die sich nicht an die Spielregeln halten, so schnell wie möglich aus der Masse herauszufiltern. Gleichzeitig ist der Wunsch der Menschen nach Freiheit in Shenzhen sicherlich besonders ausgeprägt, denn ohne Freiheit ist keine Innovation möglich. Und in der Nachbarstadt Hongkong, die schon rechtsstaatlicher ist und über eine freiere Presse verfügt, ist der Wunsch danach noch größer. Wie geht der Staat damit um und wie verhalten sich die Menschen dazu? Wie tarieren sie den Wunsch nach Freiheit und den Wunsch nach Sicherheit aus? Das ist eine der großen Fragen, nicht nur in Shenzhen, sondern generell in einer immer dichter besiedelten Welt mit immer größeren Ballungszentren. Fragen, die wir im Westen womöglich anders beantworten als der chinesische Staat, ja womöglich auch anders als die Chinesen. Fragen jedenfalls, die in Shenzhen und Hongkong unter großem Handlungsdruck schon heute beantwortet werden müssen. Die Antworten dürften richtungsweisend sein für eine neue Weltordnung, in der Asien eine immer größere Rolle spielt.

Robocops mit Helmpflicht

Erfunden wurden die Helme von einem dieser Shenzhener Unternehmen, die für die Innovationskraft Chinas so wichtig sind und die auch die technologische Entwicklung der Welt mitgestalten, wenngleich sie selbst in China kaum einer kennt: Kuang-Chi Technologies. Seit Dezember 2020 steht der Konzern auf der »Entity List« von Donald Trump, einer »schwarzen Liste« von sechzig chinesischen Unternehmen, denen der Zugang zu US-Technologien versperrt ist und deren Produkte auch nicht in den USA verkauft werden dürfen. Peking ist empört darüber.

Kuang-Chi Technologies ist ein Privatunternehmen, das eng mit dem chinesischen Staat zusammenarbeitet. Die Helme werden unter dem Unternehmensnamen KC Wearable Technologies verkauft. 2010 ist das Start-up von fünf chinesischen Rückkehrern gegründet worden, die zuvor im britischen Oxford und in den USA studiert hatten. Zunächst haben sie ein Forschungsinstitut in den Bereichen Telekommunikation, Luft- und Raumfahrttechnik aufgebaut. Dann haben sie ihr Unternehmen gegründet. Benannt ist es nach dem berühmten chinesischen Naturwissenschaftler Xu Guangqi, der in der Ming-Zeit lebte. Sein Name bedeutet übersetzt so viel wie »aufklären« oder »sich erleuchten«.

Schon der Name ist also Programm: Liu Ruopeng, der Chef der Gruppe, will an die großen Zeiten Chinas anknüpfen. Er ist noch keine vierzig Jahre alt. Die einen finden ihn bescheiden, die anderen unscheinbar, mit seinem Allerweltsgesicht und seinem Bürstenhaarschnitt. Nicht nur sein entschlossenes Kinn zeugt jedoch davon, dass der Mann noch viel vorhat. Er hat an der Duke University im amerikanischen North Carolina im Bereich Electrical and Computer Engineering promoviert. Aus dieser Zeit stammt noch eine unangenehme Geschichte. Liu wurde damals vorgeworfen, geheime Informationen aus einem vom Pentagon finanzierten Forschungsprogramm an der Duke University in seinen Besitz gebracht zu haben. Sein Professor verweigerte ihm danach den Zugang zum Labor, obwohl Liu bestritt, etwas falsch gemacht zu haben. Für ihn spricht, dass der Fall zwar vom FBI untersucht wurde, es jedoch nie zu einer Anklage kam und auch die Universität dem Doktoranden weder die Möglichkeit versperrte, die Doktorwürde zu erlangen, noch sie ihm nachträglich aberkannte.

Allerdings ging es schon damals genau um jene Technologie, mit der er später bekannt werden sollte: um die Metamaterialien, aus denen die Helme bestehen. Eigentlich sind sie ja nur ein Nebenprodukt seines Unternehmens. Im Januar 2019 hat Liu einen großen Vertrag unterschrieben, über die Ausstattung chinesischer Kriegsschiffe mit Tarnkappentechnologie. Nicht nur deshalb ist sein an den Börsen in Shenzhen und Hongkong gelistetes Unternehmen inzwischen umgerechnet über 6 Milliarden Euro wert. Allein im Jahr 2020 ist der Wert der Aktien um über 130 Prozent gestiegen. Liu ist definitiv ein Coronagewinner.

Kuang-Chi Technologies ist Teil einer zentralen politischen Strategie Pekings, in der es darum geht, ähnlich wie in den USA einen militärisch-industriellen Komplex aufzubauen: Es geht um »military civil fusion«, kurz MCF. Es ist kein Zufall, dass der chinesische Staatspräsident Kuang-Chi als erstes Unternehmen besuchte, nachdem er 2012 Parteichef geworden war. Unter Xi wurde die MCF-Strategie deutlich ausgebaut. Und das ist nichts, was die Chinesen verstecken würden, im Gegenteil, sie sind stolz darauf. Es sei ein »Entwicklungsgesetz«, militärische und zivile Innovation miteinander zu verzahnen, erklärte Jiang Luming, Professor von der Nationalen Universität für Verteidigung, bereits 2016 freimütig in der *PLA Daily*, der Zeitung der Volksbefreiungsarmee. Ein Jahr später, im Sommer 2017, machte Xi, der als Präsident und Parteichef auch traditionell gleichzeitig Vorsitzender der

Militärkommission ist, das Thema zur Chefsache. Als Teil der nationalen Strategie müssten die »Ideen, Entscheidungen und Pläne der militärisch-zivilen Integration in allen Bereichen implementiert werden«, forderte Xi. Die zentrale MCF-Kommission wird vom Staatschef selbst geleitet. Daran sieht man, wie nationale und internationale Sicherheitsbedürfnisse Hand in Hand gehen.

Kuang-Chi ist in diesem Konzept eine der zentralen Firmen. Zusammen mit Baidu, Alibaba und Tencent hat das Unternehmen 2017 in das zweitgrößte staatliche Telekom-Unternehmen China Unicom investiert. 1,88 Prozent für 600 Millionen US-Dollar. Die Gruppe ist auch an dem britischen Unternehmen Gilo Industries beteiligt, das fliegende Autos herstellt, und in Australien steckte sie Geld in die Weiterentwicklung der sogenannten Rocketman-Technologie. Das sind jene fliegenden Männer, von denen einer schon 1984 die Olympischen Spiele in Los Angeles eröffnet hat. Inzwischen wurde die Jetpack-Technologie natürlich weiterentwickelt. Sie kann nun mit einer Geschwindigkeit von 35 Stundenkilometern eine Last von 120 Kilogramm in einer Höhe von bis zu 1500 Metern über eine Stunde lang transportieren. Liu hofft, diese Technik bald im Alltag einsetzen zu können. Dann könnten die Polizisten mit ihren Mess- und Überwachungshelmen auch noch fliegen. Die ersten Testflüge haben die Jetpacks schon 2015 in Shenzhen absolviert, an der Serienreife hapert es allerdings noch ein wenig. Dass dieses Produkt aber irgendwann in Shenzhens Luftraum zu sehen sein wird, darf als wahrscheinlich gelten.

Liu hat auch einen Weltraumballon erfunden, den sein Konzern nun gemeinsam mit einem amerikanischen Unternehmen alltagstauglich machen will, auch als preiswertere »Beinahe-Weltraumerfahrung« für Touristen. Und er liebäugelt damit, ähnlich wie Tesla-Chef Elon Musk, in die touristische Raumfahrt einzusteigen. Deshalb wird Liu in chinesischen Medien gern als der »Musk Chinas« bezeichnet, was wiederum ein wenig übertrieben ist. Denn Elon Musk kennt selbst in China jedes Kind. Liu nicht.

Die Drohne, die vom Himmel fiel

Liu ist ständig auf Expansionskurs, auf der Suche nach Innovation, nicht nur mit seinem eigenen Konzern. Er betreibt unter dem Namen »Global Community of Innovation« (GCI) auch zwei Investmentfonds, mit je einer Ausstattung von 250 Millionen US-Dollar. Der eine Fonds kauft sich seit 2016 in internationale Start-ups ein, der andere hat sich auf israelische spezialisiert. Zuvor hatte das Unternehmen schon 50 Millionen US-Dollar in Start-ups in Kanada, Norwegen und Israel gesteckt, in die Bereiche intelligente Videos, Gestenkontrolle, Emotionsanalyse und biometrische Erkennung. Alles Technologien, die den Menschen versprechen, das Leben einfacher zu machen, sie jedoch gleichzeitig umfassend kontrollieren. Technologien, die zivil und militärisch gleichermaßen interessant sind. 236 Millionen US-Dollar hat Liu allein für einen 7,5-Prozent-Anteil an der singapurischen Hyalroute Communication Group hingeblättert. Sie betreibt Glasfasernetzwerke unter anderem in Myanmar und Kambodscha. Im Sommer 2019 unterschrieb das Unternehmen einen Vertrag mit den Philippinen. Hyalroute investiert dort um die 2 Milliarden US-Dollar in den Ausbau des Glasfasernetzes. Im Juli 2019 berichtete das *Wall Street Journal* gar von einem »geheimen« Abkommen zwischen Peking und Phnom Penh. Das chinesische Militär solle den kambodschanischen Marinehafen in Ream bei Sihanoukville – dort kommen die Glasfaserkabel an Land – für dreißig Jahre nutzen dürfen. Aber: Beide Seiten bestreiten diese Vereinbarung. »Das sind schlimme Fake News«, dementierte Kambodschas Premierminister Hun Sen energisch.

Sicher ist jedoch, dass Phnom Penh in dieser Zeit ein Angebot der USA über die Finanzierung der Renovierung und des Ausbaus des Hafens abgelehnt hat. In Washington sorgte dies für Verärgerung. Im Oktober 2020 wurde schließlich bekannt, dass das von den Amerikanern 2012 errichtete und von den Australiern ausgestattete Tactical Headquarters of the National Committee for Maritime Security abgerissen wurde. Das Pentagon zeigte sich »besorgt«. Und nicht von der Hand zu weisen ist, dass es einen engen militärischen Austausch zwischen China und Kambodscha gibt. Seit 2016 halten beide Länder jedes Jahr gemeinsame Militärübungen ab. Seit 2017 gibt es keine mehr mit den USA. Auch wenn die Regierung das für die Zukunft nicht grundsätzlich ausschließt.

Mitte Dezember 2019 reiste eine chinesische Militärdelegation unter der Leitung von Major General Song Ming Wu, dem stellvertretenden Direktor der Information Engineering University der Volksbefreiungsarmee, nach Kambodscha. Wochen später fiel eine chinesische Drohne im Süden des Landes vom Himmel. Die lokalen Militärs behaupteten, sie hätten keine Ahnung, wo die herkomme, zeigten sich aber auch nicht beunruhigt, dass Drohnen fremder Länder in ihrem Hoheitsgebiet herumfliegen. Hergestellt wurde die Drohne jedenfalls von der Aerospace Science and Technology Corporation, die in Peking sitzt und in Shenzhen unter diesem Namen einen Bürokomplex mit mehreren Blocks im Herzen des Finanzdistrikts Houhai im Stadtteil Nanshan betreibt.

Das Thema des chinesischen Engagements in Kambodscha blieb aktuell. Im Februar 2020 trafen sich 3000 chinesische und kambodschanische Soldaten zur Militärübung »Goldener Drache«. Im Juni des gleichen Jahres schloss Premierminister Hun zwar abermals aus, dass der Hafen exklusiv einem anderen Land zur Verfügung gestellt werde. Was er aber nicht ausschloss: dass er generell von anderen Ländern benutzt werden könnte. Außerdem finanzieren und bauen die Chinesen den neuen 1,5 Milliarden US-Dollar teuren Flughafen der

Hauptstadt Phnom Penh. Entworfen wurde der Airport von dem amerikanischen Architekturbüro Norman Foster & Partners, das auch für den alten Flughafen in Peking verantwortlich zeichnet, der 2008 zu den Olympischen Spielen eröffnet wurde. Im November 2020 ging der erste, gut 400 Millionen US-Dollar schwere Auftrag an ein chinesisches Bauunternehmen.

Kuang-Chi ist nicht das einzige Unternehmen, das im Zwielicht zwischen Überwachung und Innovation operiert. Ein anderes ist SenseNets, einer der Weltmarktführer im Bereich KI-basierter Gesichtserkennung. Das Unternehmen, gegründet in Shenzhen, unterstützt das Skynet Project, ein nationales Überwachungssystem der Staatssicherheit. Ein Datenleck legte 2019 offen, dass allein dieses Unternehmen die Bewegungen von mehr als 2,5 Millionen Menschen in der Westprovinz Xinjiang überprüft. In Xinjiang versucht die Regierung mit aus westlicher Sicht erschreckenden Methoden, politische Aktivisten und »Terroristen« aus der muslimischen Bevölkerung herauszufiltern. Peking wird vorgeworfen, bis zu einer Million Menschen in Umerziehungslagern gefangen zu halten. Die meisten westlichen Regierungen kritisieren die Praxis hart und verlangen mehr Transparenz. Mike Pompeo, Außenminister von Donald Trump, hat sogar von einem Genozid gesprochen, einem Völkermord. Dieser Einschätzung haben sich das niederländische und das kanadische Parlament angeschlossen, was für die jeweilige Regierung allerdings nicht bindend ist. Die neue US-Regierung hat sich bis Mitte März 2021 noch nicht auf eine Sprachregelung festgelegt.

SenseNets geriet in diesem Zusammenhang in die Schlagzeilen, als der Holländer Victor Gevers, Mitbegründer der NGO GDI.Foundation, im Februar 2019 herausfand, dass die Online-Datenbasis der Firma monatelang ungeschützt im Netz stand. Namen, Passnummern, Geburtsdaten und Aufenthaltsorte auch von Uiguren waren frei zugänglich.

SenseNets wurde 2015 als Joint Venture zwischen der Videoüberwachungsfirma NetPosa Technologies und dem KI-Start-up SenseTime gegründet. NetPosa ist in China der größte Hersteller von Überwachungskameras und die Nummer drei der Welt. Das Start-up SenseTime war bereits 2018 mit einer Bewertung von rund 3 Milliarden US-Dollar das wertvollste KI-Start-up der Welt. Allein der E-Commerce-Gigant Alibaba hat 600 Millionen US-Dollar investiert. Das Start-up war erst vier Jahre zuvor von Xu Li, Bing Xu und Xu Xiaolan gegründet worden und hat seinen Sitz in Hongkong. Allerdings verkaufte das Unternehmen seine 49-Prozent-Beteiligung an NetPosa im Juli 2018 schon wieder, ohne Angabe von Gründen. SenseNets selbst soll noch im Jahr 2021 an der Börse gelistet werden und ist inzwischen 12 Milliarden US-Dollar wert.

An Kuang-Chi Technologies und SenseNets aus Shenzhen sieht man: Die Grenzen zwischen zivilen, polizeilichen und militärischen Konzernen verschwimmen immer mehr – die Chinesen machen nun also das, was die Amerikaner schon längst tun. Auch wenn die USA das weit von sich weisen und harte Kritik an der Strategie Chinas äußern: »Pekings Fokus auf das Dual-Use-Potenzial unterläuft die traditionelle westliche Praxis, die Sphären der Wirtschaft und der militärischen Aktivitäten zu trennen.« Diese Aussage kommt ausgerechnet von der nationalistischen amerikanischen Jamestown Foundation, einem Relikt aus dem Kalten Krieg. Einst diente die Stiftung als Kommunikations-, manche sagen auch als Plattform der Gegenpropaganda für sowjetische Überläufer. Heute kümmert sich die Foundation um Russland, China und den internationalen Terrorismus.

Tatsächlich sind in keinem anderen westlichen Land Militär und Wirtschaft so untrennbar miteinander verwoben wie in den USA. Daran nimmt sich China nun offensichtlich ein Beispiel. Nur dass dieser Komplex noch intransparenter ist als in den USA. Gleichzeitig sind die USA und China selbst bei diesen

Technologien verflochten. Das zeigen einmal mehr die Überwachungshelme aus Shenzhen. Die darin verbauten M400-Brillen mit Thermoscanner stammen von Vuzix, einem amerikanischen Technologieunternehmen mit Sitz in Rochester, New York, das bereits 1997 gegründet wurde. Ursprünglich war die Technologie für Zahnärzte entwickelt worden. Erst die Chinesen kamen darauf, dass man sie auch nutzen kann, um die Körpertemperatur in Zeiten des Coronavirus zu messen. Kombiniert wird die Brille mit einem Augmented-Reality-Headset namens »HMT-1«, das ursprünglich von Realweare LLC aus Colorado entwickelt wurde. Das Gerät für den Helm verfügt über eine Kamera und vier Noise-Cancelling-Mikrofone und projiziert den Bildschirm eines 7-Inch-Tablets knapp unterhalb der Sichtlinie auf die Innenseite der Brille. Jenseits der Überwachungshelme wird das Headset inzwischen unter anderem von dem New Yorker Körperpflege-Konzern Colgate-Palmolive genutzt. In zwanzig Produktionsstätten in elf Ländern wird es eingesetzt, um die Produktionsabläufe zu optimieren und Schulungen durchzuführen. So ist das mit Technologie. Sie kann sowohl benutzt werden, um Zahnpasta effizienter herzustellen, als auch dafür, den Feind im Krieg leichter zu entdecken. Oder eben auch dafür, Menschen zu kontrollieren, die das System zur »Gefahr« erklärt hat, ohne dass sie sich dagegen wehren oder davor schützen könnten.

Die Helme sind ein Produkt aus globalen Technologien, die in Shenzhen zu einer Innovation zusammengefügt wurden und die durch Corona viel schneller um die Welt gingen als gedacht. Sie sind ein Symbol dafür, wie eng die Welt heute technologisch miteinander verzahnt ist. Aber auch dafür, wie China Überwachungstechnologie in der Coronakrise ganz selbstverständlich etabliert, ohne dass eine öffentliche Diskussion über die Vor- und Nachteile stattgefunden hätte. Diese Technologie findet weltweit Kunden. Mehr Sicherheit auf der einen Seite und weniger Datenschutz auf der anderen – einen

Aufschrei der Empörung hat es auch in den 35 anderen Ländern, in denen die Helme inzwischen vertrieben werden, nicht gegeben.

Während die Vorteile der Überwachung auf der Hand liegen, sind die Nachteile in Shenzhen nicht ganz so offensichtlich. In der Nachbarstadt Hongkong werden sie jedoch auf erschreckende Weise sichtbar. Denn dort versucht Peking, auch mit solchen Überwachungstechnologien, die Oppositionsbewegung abzuwürgen, um die Ordnung herzustellen, die sie sich wünschen. Eine Ordnung, die allerdings nicht den Vorstellungen der Mehrheit der Bevölkerung entspricht. Umfragen zufolge spielen Anfang 2021 47 Prozent der Bevölkerung mit dem Gedanken auszuwandern.

In diesem Machtkampf um die »richtige Ordnung« geriet eine Gruppe von Hongkonger Oppositionellen auf tragische Weise in in die Fänge der Shenzhener Justiz. Eine Geschichte, die deutlich zeigt, zu was der chinesische Überwachungsstaat dort fähig ist.

Frösteln im Fahrtwind und ein kurzer Prozess

Die Sonne ist bereits aufgegangen, als das kleine weinrote Freizeitmotorboot mit einem weißen Sonnendach und hellen Kunstledersitzen am Po Toi O Pier in Sai Kung ablegt. Wenig später hat das Boot die schwimmenden Fischfarmen hinter sich gelassen und steuert um die kleine Landzunge an der Clear Water Bay. Der Wind frischt ein wenig auf, das Boot hüpft in den Wellen hin und her. Die Gruppe von zwölf jungen Leuten rückt enger zusammen. Sie frösteln im Fahrtwind, obwohl es bereits 26 Grad sind, kurz nach 7 Uhr, an diesem Sonntag, dem 23. August 2020. Das Boot fährt der Sonne entgegen, vorbei an Steep Island. In der Ferne liegt der Clear Water Bay Golf and Country Club.

Die jungen Leute haben rund 400 Seemeilen vor sich. Knapp 700 Kilometer. Mit ihrem Motorboot wollen sie internationale

Gewässer erreichen und dort in ein größeres Boot umsteigen, das auf sie wartet. Ihr Ziel ist Taiwan. Sie sind zwischen 16 und 33 Jahre alt, elf Männer und eine Frau. In Hongkong sind sie angeklagt, gegen das neue Sicherheitsgesetz und alte Hongkonger Gesetze verstoßen zu haben. Sie alle waren im Zuge der Proteste gegen das neue Gesetz festgenommen worden, elf von ihnen war gerichtlich untersagt worden, Hongkong zu verlassen. Weil sie nicht mehr an einen fairen Prozess glauben, gehen sie das Risiko ein, nach Taiwan zu flüchten.

Gegen 7.30 Uhr erreichen sie die Grenze zwischen den Gewässern Hongkongs und Chinas. Sie verläuft auf Höhe der Daya Bay ziemlich gerade von Norden nach Süden. Jetzt kommen die entscheidenden zwei Stunden. Die beiden 700er-Yamaha-Motoren laufen auf Vollgas. Sie sind so laut, dass die jungen Leute die Bombardier Challenger 605 nicht bemerken, ein Überwachungsflugzeug der Hongkonger Regierung, das auf 2000 Metern Höhe über ihnen weite Kreise zieht. Es scheint alles nach Plan zu laufen – bis kurz vor 9 Uhr. Dann taucht in der Ferne ein großes Boot auf. Es ist schnell und hält genau auf die Gruppe zu. Die Gespräche an Bord verstummen. Die jungen Leute müssen nicht warten, bis sie die große schwarze Schrift auf dem weißen Schiff mit den breiten roten und schmalen blauen Streifen an der Seite erkennen können: »China Coast Guard«. Sie wissen sofort, was das bedeutet. Diesem Boot kann man nicht entkommen, die internationalen Gewässer sind noch zu weit weg. Sie haben hoch gepokert und verloren.

Über ein Megafon werden sie aufgefordert beizudrehen. Unter gezogenen Waffen müssen die jungen Leute auf das Schiff der Küstenwache wechseln. Schnell wird klar: Sie werden nicht zurück nach Hongkong gebracht, was rechtlich durchaus möglich wäre, sondern nach Shenzhen in das Yantian Untersuchungsgefängnis. Und dort widerfährt ihnen in den nächsten Monaten, was in Chinas Gefängnissen durchaus üblich ist: Von ihrer Verhaftung im August an werden sie bis Ende des

Jahres noch keinen Besuch von ihren Verwandten erhalten haben. Sie dürfen keine Fotos von sich schicken. Keine Briefe. Kein Lebenszeichen. Sie können sich ihren Anwalt nicht aussuchen, sondern müssen einen nehmen, der auf einer Liste der chinesischen Behörden steht. Für die chinesischen Behörden sind sie »Separatisten«. Eines der schlimmsten Vergehen nach dem neuen Sicherheitsgesetz. Ihre Befürchtung: dass sie in China nicht nur für Straftaten angezeigt werden, die sie dort begangen haben, also illegaler Grenzübertritt, sondern auch für mutmaßliche Gesetzesverstöße, die ihnen in Hongkong vorgeworfen werden. Genau hierin liegt ein entscheidender Unterschied: Denn anders als in Hongkong gilt in China die Unschuldsvermutung nicht.

Ein nach westlicher Vorstellung fairer Prozess ist also nicht zu erwarten. Gleichzeitig dürfen sie auch von Hongkong nicht auf große Unterstützung hoffen. Für Regierungschefin Carrie Lam sind sie selbst schuld. Sie seien »Angeklagte, die sich durch Flucht den Hongkonger Gesetzen entziehen wollten«. Das ist technisch richtig. Doch als die oppositionelle Hongkonger Zeitung *Apple Daily*, deren Gründer Jimmy Lai inzwischen auch angeklagt ist und seit Dezember 2020 in U-Haft sitzt, die These aufstellt, dass die Besatzung des Überwachungsflugzeugs die chinesischen Behörden über die Gruppe auf dem Meer informiert habe, zeigt Lam sich dünnhäutig: »Ich glaube, eine kleine Gruppe von Leuten kann nicht aufhören, jede Gelegenheit zu nutzen, um die Hongkonger Regierung anzuschwärzen, die Polizei zu attackieren und dies und das zu erfinden. Unsere Polizei spielt keine Rolle in diesem Fall.« Kein Wort darüber jedoch, wie in diesem Fall die Souveränität Hongkongs ausgehöhlt wird. Denn normalerweise wäre es in einem solchen Fall üblich, die Straftäter auszuliefern.

Unter den Festgenommenen aus dem Boot ist auch Andy Li, ein prominenter Vertreter der Oppositionsbewegung. Er trat unter anderem auf einer Pressekonferenz von »Hong

Kong Fight for Freedom« auf, die sich für die Unabhängigkeit Hongkongs von China einsetzt. Im November 2019, vor den Bezirksratswahlen, hatte Li gemeinsam mit Unterstützern eine internationale Wahlbeobachterkommission auf die Beine gestellt und dafür über die Spendenplattform GoFundMe rund 1,8 Millionen Hongkong-Dollar eingesammelt, umgerechnet gut 190 000 Euro. Für die Behörden offenbar Anlass für ein weiteres Verdachtsmoment gegen den Verhafteten, dem man nun nicht mehr nur vorwirft, gegen das neue Gesetz zum Schutz der nationalen Sicherheit in der chinesischen Sonderverwaltungszone verstoßen zu haben. Wie die Zeitung *Hongkong Standard* berichtet, werde Li und einigen anderen Bootsflüchtlingen in Hongkong Geldwäsche und das »Zusammenwirken mit ausländischen Mächten« vorgeworfen, die Hongkong von China abspalten wollten. Vier Verhafteten, angeblich Angehörige einer radikalen Gruppe namens »Drachtentöter«, wird außerdem Bombenbau zur Last gelegt. Im Dezember 2019 waren zwei scharfe Bomben beim Wah Yan College platziert worden, die aber von der Polizei entschärft werden konnten. Die Bomben waren laut Polizeiangaben mit Nägeln und zehn Kilo Sprengstoff gefüllt und hatten Mobiltelefone als Zünder. »Die Bomben hatten nur einen Zweck. Sie sollten Menschen im Umkreis von 50 bis 100 Metern töten und verletzen«, sagt Superintendent Alick McWhirter, ein altgedienter Kampfmittelexperte, der schon unter den britischen Kolonialherren Bomben in Hongkong entschärft hat.

Zu der Gruppe, die im Shenzhener Untersuchungsgefängnis einsitzt, gehört »ein 16-Jähriger, ein portugiesischer Staatsbürger sowie Menschen mit Vorerkrankungen wie Asthma oder Depressionen. Medikamente werden ihnen ebenso verwehrt wie der Zugang zu unabhängigen Anwälten, die von ihren Familien gestellt wurden«, sagt Joshua Wong, einer der führenden Aktivisten der Hongkonger Protestbewegung. »Mit den Festnahmen wollen die chinesischen

Behörden die Demokratiebewegung einschüchtern und spalten«, ist Wong überzeugt. Seit Dezember 2020 sitzt er selbst eine Haftstrafe von über einem Jahr ab. Wong rechnet mit einem Schauprozess, und tatsächlich scheint das Urteil schon gefällt, noch ehe der Prozess begonnen hat. Wie die chinesische Außenamtssprecherin Hua Chunying twitterte, seien die zwölf »keine Demokratieaktivisten«, sondern »Elemente, die Hongkong von China abzuspalten versuchen«. Separatismus kann nach Hongkongs neuem Staatssicherheitsgesetz mit lebenslanger Haft bestraft werden.

Am 30. Dezember 2020 wird plötzlich das Urteil verkündet. Das Gericht des Yantian Distriktes verurteilt Tang Kai-yin (31) und Quinn Moon (33) zu drei beziehungsweise zwei Jahren für die Organisation des illegalen Grenzübertritts. Acht weitere Aktivisten müssen sieben Monate ins Gefängnis, wegen illegalen Grenzübertrittes. Die beiden Minderjährigen, inzwischen 17 und 18 Jahre alt, werden nach Hongkong zurückgeschickt.

Nach deutschem Rechtsverständnis sind das harte Strafen. In Deutschland ist in diesem Fall eine Geldstrafe zwischen 100 und 1000 Euro üblich, und wenn die nicht bezahlt wird, drohen zwei Wochen Haft. Für sogenannte Schlepper, also Menschen, die illegale Grenzübertritte organisieren, sieht das deutsche Strafgesetzbuch eine Freiheitsstrafe zwischen drei Monaten und fünf Jahren vor. Immerhin wurden die Aktivisten zur Überraschung vieler chinesischer Beobachter nicht für die Straftaten verurteilt, die ihnen in Hongkong vorgeworfen werden. Es ist allerdings sehr wahrscheinlich, dass sie nach Verbüßen dieser ersten Strafe nach Hongkong geschickt, dort noch einmal angeklagt und bestraft werden.

Auch das ist ein Teil von Shenzhen. Nicht der glitzernde, innovative, sondern der autoritäre, traditionelle, in dem die Justiz den Anweisungen der Politik folgt.

»Subversiv, separatistisch, terroristisch«

Die Härte, mit der Peking in Hongkong durchgreift, lässt eine Beklommenheit bei den Menschen in Shenzhen entstehen, die für Reformen und Öffnung stehen, und das sind in dieser Stadt viele. Aber man hört auch Ansätze von Genugtuung heraus bei jenen, die sich noch gut erinnern können, wie herablassend und arrogant die Hongkonger Chinesen über die Chinesen in Shenzhen gesprochen haben. Es war die Herablassung schnöseliger Großstädter gegenüber vermeintlichen Bauern. Und natürlich haben auch manche jungen Leute in Shenzhen kein Verständnis dafür, dass viele ihrer Altersgenossen in Hongkong die Unabhängigkeit anstreben. Eine komplizierte Gemengelage also.

Im Westen ist die Entrüstung über das, was in Hongkong passiert, natürlich viel größer als in Shenzhen. Die Fronten verhärten sich und Shenzhen sitzt zwischen den Stühlen. Die Unverfrorenheit, mit der Peking seinen Machtanspruch ausdehnt, aber auch die massive Kritik, mit der viele im Westen darauf reagieren, trägt jedenfalls nicht zu einer nüchternen Diskussion bei, die man bräuchte, um unter anderem mehr Spielraum für die Opposition zu schaffen. Eine nüchterne Diskussion würde es Peking eher ermöglichen, nachzugeben. Der undifferenzierte Druck durch heftige Angriffe hingegen führt bei einem inzwischen so mächtigen Land wie China vor allem dazu, dass sich die Reihen in Peking schließen.

Diesen Eindruck hat auch Herta Däubler-Gmelin, die ehemalige SPD-Justizministerin, mit der ich den Fall diskutiere. Sie hat unter Kanzler Gerhard Schröder schon vor zwanzig Jahren den deutsch-chinesischen Rechtsstaatsdialog ins Leben gerufen und steht seitdem mit Juristen in China in regelmäßigem Austausch. Und natürlich kennt sie die Geschichte Hongkongs, das 1841 von den Briten kolonialisiert und 1997 wieder an China zurückgegeben wurde. Darauf hatten sich die britische Premierministerin

Margaret Thatcher und der chinesische Reformer Deng Xiaoping bereits 1984 geeinigt. Hongkong war zwar bei der Übergabe mitnichten eine Demokratie, daran hatte London auch nicht das geringste Interesse. Aber Hongkong hatte eine transparente und effiziente Verwaltung, ein unabhängiges Rechtssystem und eine freie Presse. Der Kompromiss lautete damals: »Ein Land, zwei Systeme.« Bis 2047 sollte Hongkong Sonderverwaltungszone bleiben. Das bedeutet: Hongkong gehört zwar zu China, behält aber seine Rechtsstaatlichkeit und seine freie Presse – bis heute ist das ein großer Unterschied zu Shenzhen gleich nebenan. Und bis heute gelten strenge Grenzen. Wer aus Hongkong nach China will, braucht ein Visum. Umgekehrt brauchen Festlandchinesen ein Visum für Hongkong.

Das Skurrile dabei: Hongkong ist letztlich der Grund, warum Shenzhen entstanden und so schnell gewachsen ist. Und Hongkong ist heute ohne Shenzhen kaum denkbar. Shenzhen ohne Hongkong aber auch nicht.

Der Umgang Pekings mit Hongkong ist eine entscheidende Frage für die Zukunft von Shenzhen. Denn am stärksten sind Hongkong und Shenzhen zusammen. Wie eng die Verbindung bei allem Trennenden ist, zeigt sich beispielsweise auch darin, dass die Hongkonger Regierung 2000 IT-Spezialisten aus Hongkong unterstützt, die in Shenzhen und anderen Orten der Greater Bay Area arbeiten. Wenn ein IT-Spezialist mindestens 2800 Euro im Monat verdient, wird er von der Hongkonger Regierung für eineinhalb Jahre mit knapp 2000 Euro subventioniert. Das schafft zwar neue Jobmöglichkeiten, doch die großen Differenzen zwischen den Festlandchinesen, ihrer Regierung einerseits und den Hongkongern und dem Westen andererseits werden sie so nicht ausräumen können.

Mit Herta Däubler-Gmelin will ich über diese weltweit einmalige Situation sprechen. Über das, was den Westen und China voneinander trennt, und über die Frage, wie man zusammenkommen kann. Da wir uns wegen der Coronapandemie nicht persönlich treffen können, sprechen wir am Telefon. In Shenzhen habe ich immer wieder verschiedene Argumente gehört, wie Pekings Vorgehen zu verteidigen sei. Also frage ich: »Muss man China denn nicht auch zugestehen, dass es – wie Deutschland auch – seine staatliche Integrität schützt?«

»Ja, sicherlich. Wir sollten China auch zugestehen, was wir uns zugestehen. Doch wir sollten anderseits auch deutlich machen, was bei uns anders ist.« Es mache wenig Sinn, so Däubler-Gmelin, mit pauschalen Verurteilungen zu arbeiten. Man müsse einerseits den Inhalt von Gesetzen genau prüfen und andererseits »genau darauf schauen, wie dieses Gesetz zustande gekommen ist«. Wurde die Verfassung beachtet, wurden alle relevanten Gruppen einbezogen, der Gesetzestext mit ihnen ausführlich diskutiert und abgestimmt? »Das scheint mir nicht in dem Maß der Fall gewesen zu sein, wie das bei uns üblich wäre. Vor allem nicht, was das neue Sicherheitsgesetz angeht. Aber genau das unterscheidet ein Gesetz in unserem Sinne von einem politischen Beschluss«, führt Däubler-Gmelin aus. Man könne sich auch die Frage stellen, ob das Gesetz dem Geist der Verfassung der Volksrepublik China entspreche. Das sei allerdings eine sehr komplexe Frage, die nicht mal »so nebenbei« beantwortet werden könne.

»Außerdem wissen wir ja auch aus anderen Gesetzen, dass ähnliche oder gleiche Worte in einem chinesischen Gesetz und in einem deutschen Gesetz nicht das Gleiche bedeuten müssen.« Man müsse darauf achten, wie das Gesetz angewendet werde, in welchem Maß Gesetzesverstöße bestraft würden, wie dabei argumentiert werde. Da gäbe es große Spielräume: »Wird differenziert oder sofort die Höchststrafe verhängt? In China werden Einzelfallentscheidungen oft aus politischem Kalkül getroffen, während wir bei uns eine vollständig unabhängige Justiz haben, die sich gegen jede Form von politischer Einmischung wehrt«, so Däubler-Gmelin. Gleichwohl müsse man sagen, dass sich das »Hongkong Basic Law« eher an westliche Rechtsvorstellungen anlehne denn an chinesische.

In Deutschland gehöre es zu den Aufgaben einer unabhängigen Justiz, durch Anwendung der Gesetze die Stabilität unseres Gemeinwesens zu gewährleisten. Das bedeute aber eben auch, dass die Justiz politische Anweisungen von der Exekutive keinesfalls annehmen oder auch nur deren unausgesprochenen Wünschen entsprechen dürfe. »Das chinesische Rechtssystem ist im Gegensatz dazu noch viel enger an politische Anweisungen der Kommunistischen Partei gebunden. Aber es wird besser. Viele Gerichte werden mittlerweile selbstständiger. Das konnte ich über die Jahre beobachten. Doch der politische Einfluss ist im Zweifel immer noch prägend.« Deswegen sei das größte Problem des Sicherheitsgesetzes, »dass Menschen, die in Hongkong eine Straftat begangen haben, auf dem Festland, also zum Beispiel in der Nachbarstadt Shenzhen, dafür angeklagt und verurteilt werden können. Selbst wenn sie – anders als die Bootsgruppe – nicht flüchten wollten und in chinesischen Gewässern aufgegriffen wurden.«

Das gelte allerdings laut Artikel 22 nur für Straftaten, die als »subversiv, separatistisch oder terroristisch« eingestuft werden, werfe ich ein. In diesen Fällen darf Peking unabhängig von der Hongkonger Polizei ermitteln und festnehmen lassen, Durchsuchungen ohne Haftbefehl durchführen, Vermögen einfrieren und Online-Kommunikation abfangen. Wer in Hongkong wegen »oppositioneller Tätigkeiten« festgenommen wird – und das ist gleichbedeutend mit »subversiv, separatistisch oder terroristisch« –, kann deswegen also vor ein Gericht in Festlandchina kommen und nach den dort geltenden Gesetzen verurteilt werden.

»Ja, das ist wirklich problematisch. Und hier muss man ganz genau beobachten, was Begriffe wie ›subversiv‹ in der Auslegung Pekings bedeuten«, meint Däubler-Gmelin. Es sei zu vermuten, dass dies im Festlandrecht anders ausgelegt werde als im Hongkonger Recht.

Ein chinesischer Gesprächspartner, erzähle ich, habe neulich in einer Diskussion mit mir argumentiert, dass es in Deutschland ja auch Gerichte auf Landesebene gebe, die von einem Bundesgericht überstimmt werden können. Müsse man das China nicht auch zugestehen? Schließlich gehöre Hongkong ja zu China.

»Überstimmen trifft es inhaltlich in diesem Fall allerdings nicht«, antwortet Däubler-Gmelin. »In unserem Rechtssystem haben alle Gerichte die gleichen Gesetze anzuwenden. Und wenn eine Partei in einer Instanz verliert – das kann übrigens auch der Staat sein –, dann kann sie in der nächsten Instanz dagegen klagen.« Wobei auch dieses Gericht nach den gleichen Gesetzen und gleichen Verfahrensprinzipien entscheide. »Es kann unter Umständen zu einem anderen Ergebnis kommen, aber auch dieses Ergebnis beruht auf den gleichen Gesetzestexten. Im Fall von Hongkong und China handelt es sich hingegen um unterschiedliche Rechtssysteme mit unterschiedlichen Gesetzen. Und so, wie die chinesische Zentralregierung derzeit agiert, bricht sie den Grundsatz: ein Land, zwei Systeme.« Genau der sei aber bis 2047 festgeschrieben.

Ich teste ein weiteres Argument, das bei meinen Gesprächen in Shenzhen immer wieder angeführt wird: Der Vertrag sei ja mit einer Kolonialmacht geschlossen worden, die sich Hongkong einst mit Gewalt genommen habe. Zudem habe die damalige Premierministerin Margaret Thatcher die »Gemeinsame Erklärung«, die den zukünftigen Status Hongkongs nach dem Rückzug der Briten festlegte, 1984 mit Deng Xiaoping ausgehandelt – zu einer Zeit also, da China noch sehr schwach war und nehmen musste, was es kriegen konnte.

»Ich habe jedes Verständnis dafür, dass man nicht alles übernehmen will, was in der Kolonialzeit üblich war«, antwortet Däubler-Gmelin. »Da gibt es vieles, was kritikwürdig ist.

Und so richtig demokratisch war Hongkong in der britischen Kolonialzeit auch nicht. Ich habe auch Verständnis für den Ärger Chinas über die Demütigungen, die es in der Kolonialzeit durch westliche Staaten erleiden musste. Darüber reden wir bei uns heute viel zu wenig. Es war eine der schwierigen Phasen in der chinesischen Geschichte, die wir bei unserem heutigen Umgang mit China nicht einfach ausblenden dürfen. Dennoch berechtigt dies Peking nicht, nun, da man sich stark genug fühlt, den Vertrag, der unter der Prämisse ein Land, zwei Systeme geschlossen wurde, einseitig zu brechen. Und schon gar nicht gegen den Willen der Hongkonger.«

Ich bringe ein weiteres Gegenargument an, auch wenn ich es beim ersten Hören schon nicht überzeugend fand: Der Westen, namentlich die Briten, hätten den Chinesen mit dem Vertrag ein faules Ei ins Nest gelegt. Denn während China weitgehend stabil sei, tanzten in Hongkong die Mäuse auf dem Tisch. Dem müsse Peking Einhalt gebieten, um China insgesamt nicht zu schwächen. Zumal gewisse Kräfte im Ausland gerade daran ein Interesse hätten.

»Also, erst einmal würde ich betonen, dass nicht die Mäuse auf dem Tisch tanzen, sondern die Mehrheit der Menschen unzufrieden mit der Politik ist. Und wenn es diese ausländische Unterstützung gäbe, was ich im Einzelnen nicht einschätzen kann, was aber durchaus denkbar ist, dann wäre die beste Versicherung gegen die Einmischung von außen doch eine zufriedene Bevölkerung. Die schafft man jedoch nicht, wenn man die Menschen unterdrückt und immer mehr Festlandrechte in Hongkong verankert. Man muss die politischen Probleme dort lösen. Das Beste wäre im Übrigen, wenn sich China, was die Rechtsform betrifft, in Richtung Hongkong entwickeln würde«, sagt Däubler-Gmelin.

»Um sich so die Unruhen auch nach China zu holen? Kann man das ernsthaft von Peking verlangen?«, frage ich.

»Das Entscheidende für Stabilität ist sicher ein Rechtssystem, von dem die Menschen den Eindruck haben, dass es ihre Interessen vertritt. Es ist definitiv nicht sinnvoll, Hongkong plötzlich ein anderes Rechtssystem überzustülpen, und auch nicht, dass sich Peking das Recht herausnimmt zu entscheiden, in welchem Rechtssystem und nach welchen Gesetzen ein Gerichtsverfahren stattfindet.« Das sei ganz klar eine ausschließlich politisch motivierte Entscheidung. »Mein Eindruck ist: Die Zentralregierung ist der Auffassung, dass die vertraglich gesicherte Existenz der zwei Systeme schneller ›angepasst‹ werden kann als im Vertrag vorgesehen«, sagt Däubler-Gmelin.

»Man schafft also Fakten, weil China inzwischen mächtig genug geworden ist, ohne deswegen international übermäßig große Gegenwehr fürchten zu müssen?«, hake ich nach.

»Ich würde es umgekehrt formulieren. Gerade weil China so stabil und erfolgreich ist, halte ich dieses Durchgreifen für überzogen und sehr bedauerlich. Man könnte doch gerade aufgrund dieser Stabilität Hongkongs Sonderrolle akzeptieren und darin die Chance sehen, China insgesamt wirtschaftlich noch mehr zu stärken«, argumentiert Däubler-Gmelin.

Das sähen manche in Peking anders, wende ich ein. Dort wittere man eher Gefahr in Verzug. Denn wenn die Stabilität Hongkongs ins Wanken gerät, bedrohe das auch die Stabilität Chinas insgesamt.

»Aber die Stabilität Hongkongs steht ja nicht wegen seines rechtsstaatlicheren Systems auf dem Spiel«, sagt Däubler-Gmelin, »sondern weil die große Mehrheit der Bevölkerung mit der Politik in Hongkong nicht zufrieden ist.«

»Eine zentrale Forderung der Opposition ist aber die Unabhängigkeit Hongkongs«, sage ich, »da ist der Verhandlungsspielraum mit Peking nicht sehr groß.«

»Natürlich muss den Hongkongern klar sein«, meint Däubler-Gmelin, »dass die vollständige Unabhängigkeit unrealistisch ist. Aus historischen Gründen, aber auch aus wirtschaftlichen. Hongkong und China sind zu eng verflochten. Shenzhen und Hongkong sind quasi eine Stadt. Die Forderung nach mehr Mitbestimmung, Eigenständigkeit und politischen Reformen halte ich hingegen für legitim und sinnvoll.« In dieser Hinsicht könnte Shenzhen sogar von Hongkong lernen.

Die Opposition wolle sich jedoch nicht von der Unabhängigkeit verabschieden, halte ich dagegen, und auch in Deutschland seien politische Aktionen verfassungswidrig, die darauf abzielen, Teile der Bundesrepublik unabhängig werden zu lassen. Das hat zuletzt im Januar 2017 das Bundesverfassungsgericht deutlich gemacht: Ein Bürger hatte auf dem Weg der Verfassungsbeschwerde eine bayerische Volksabstimmung über einen Austritt Bayerns aus dem Bund erzwingen wollen. Die 2. Kammer des Zweiten Senats nahm die Beschwerde nicht zur Entscheidung an. Die Begründung beschränkte sich auf drei Sätze: Die Bundesrepublik Deutschland sei ein »auf der verfassunggebenden Gewalt des deutschen Volkes« beruhender Nationalstaat, sodass die Länder nicht »Herren des Grundgesetzes« seien. »Für Sezessionsbestrebungen einzelner Länder ist unter dem Grundgesetz daher kein Raum. Sie verstoßen gegen die verfassungsmäßige Ordnung.«

Könnte man das mit den Entwicklungen in Hongkong vergleichen? Sind dort aus ähnlichen Gründen nun Slogans verboten wie »Befreie Hongkong! Revolution unserer Zeit!« oder »Hongkonger baut euch eine Nation« sowie Bücher, die die Abspaltung Hongkongs vom Festland fordern? Auch die Verwendung von Flaggen, die die Unabhängigkeit Tibets, Taiwans und Ostturkestans befürworten, stehen nun ja unter Strafe.

»Es ist sicherlich sinnvoll, in der Diskussion mit China zu betonen, dass wir uns in unserer Gesetzgebung mit ähnlichen Problemen beschäftigt haben. Auch für uns ist die Einheit des Staates wichtig. Aber richtig interessant wird es doch bei den Unterschieden: So ist beispielsweise wichtig, dass die föderal strukturierte Bundesrepublik Deutschland aus den jeweils selbstständigen Ländern gebildet wurde. Und

Demonstrationen für eine Forderung nach Unabhängigkeit für den Freistaat Bayern sind in ganz Deutschland durch das Grundrecht der Meinungsfreiheit natürlich zulässig. Die Volksabstimmung in einem Land hingegen könnte in der Tat die Geltung der gemeinsamen Verfassung nicht beeinträchtigen, deshalb hat das BVerfG den Antrag zu Recht nicht angenommen«, erläutert Däubler-Gmelin. Wichtig sei zudem: »Wer die Unabhängigkeit Bayerns fordert, kann selbstverständlich trotzdem Bundestagsabgeordneter sein, auch wenn das einen Bruch in seiner politischen Haltung bedeutet. Und er wandert auch nicht ins Gefängnis, solange er seine Forderung friedlich vertritt.«

Und was ist mit der Möglichkeit, dass Hongkonger Bürger, die im Ausland für die Abspaltung Hongkongs kämpfen, in China bestraft werden können? Das ist übrigens auch etwas, zu dem es tatsächlich eine Analogie im Deutschen Strafgesetzbuch gibt. Im Ausland durch deutsche Staatsangehörige begangene Taten wie Hochverrat, Gefährdung des Rechtsstaates, Gefährdung der äußeren Sicherheit oder Landesverrat können »unabhängig vom Recht des Tatortes« bestraft werden.

»Sicher, auch die deutsche Rechtsordnung schützt unseren Rechtsstaat vor Angriffen von außen. Doch auch hier kann man über die Unterschiede eine sehr sinnvolle Diskussion führen und deutlich machen, warum Deutschland anders vorgeht als China und welches die Ursachen dafür sind. Wir sollten nicht mit dem Finger auf China zeigen, sondern unsere Erfahrungen zur Diskussion anbieten«, erklärt Däubler-Gmelin.

»Aber wären angesichts der eklatanten Verstöße gegen den Vertrag mit den Briten Sanktionen nicht sinnvoller?«, frage ich.

»Ich halte grundsätzlich wenig von Sanktionen – und aus einer ganzen Reihe von Gründen im Fall China noch weniger. Unsere Kontakte sollten dazu genutzt werden, darauf aufmerksam zu machen, dass es kein Zeichen von Schwäche ist, zu differenzieren und sich für die Beweggründe anderer zu interessieren. Im Gegenteil, es ist ein Zeichen von Souveränität, Differenzierung zu akzeptieren und weiter auszubauen, also mehr Leine zu lassen, mehr Selbstbestimmung durch die Zivilgesellschaft möglich zu machen.«

Und wenn das nicht passiert, dürften dann Teile der Demonstranten ihre Forderungen gegen das mächtige China mit Gewalt durchsetzen? Ich erzähle von einem chinesischen Kollegen, der als Korrespondent in Berlin arbeitet. Ihn ärgerte es besonders, dass in den deutschen Zeitungen Gewalttäter bei den G20-Demonstrationen in Hamburg als gefährliche Chaoten bezeichnet wurden, die gewalttätigen Demonstranten in Hongkong hingegen als Freiheitskämpfer.

»Der Vergleich ist schon etwas holzschnittartig«, meint Däubler-Gmelin. »Allerdings: Gewalt geht in beiden Fällen nicht. Gewalt darf weder in Hamburg noch in Hongkong ein Mittel sein, um die eigenen politischen Interessen durchzusetzen.«

Deswegen wurden die G20-Randalierer ja auch zum Teil hart bestraft, ergänze ich. Zuvor hatte ich gelesen: 2017 war ein 21-jähriger Niederländer zu einer 31-monatigen Haftstrafe verurteilt worden. Er hatte zwei Flaschen nach einem Polizisten geworfen. Dies wurde als schwerer Landfriedensbruch, gefährliche Körperverletzung und besonders schwerer Angriff auf Vollstreckungsbeamte gewertet. Bei einem 24-jährigen Franzosen kam noch Beihilfe zu Brandstiftung dazu. Er bekam eine Haftstrafe von drei Jahren, die höchste Strafe, die in diesen G20-Prozessen verhängt wurde. Er war über Interpol per Haftbefehl gesucht und im August 2018 in seinem Elternhaus von der französischen Polizei verhaftet worden. Sein Anwalt hat allerdings Berufung eingelegt. »Ein sachliches Urteil tut in aufgeheizter Stimmung gut«, hieß es dazu auf der Website des NDR. »Fazit: Wer bei einer Demonstration mitläuft, aus der heraus Gewalt begangen wird, macht sich strafbar. Aber er trägt eben nicht persönlich Verantwortung für alles, was dort passiert. Es gibt Abstufungen. Es geht um die individuelle Schuld und nicht um eine Kollektivhaftung für alle, die bei den G20-Protesten mitgelaufen sind.«

»Was bedeuten solche Urteile für den Fall Hongkong?«, frage ich Däubler-Gmelin.

»Sie sind auf jeden Fall eine gute Ausgangsposition, um ins Gespräch zu kommen«, meint sie. Aber man müsse »auch hier vermeiden, Äpfel mit Birnen gleichzusetzen, und die Dimensionen im Blick behalten. In Hongkong haben Millionen friedlich demonstriert, während die Anzahl der Menschen, die gegen G20 protestiert haben, vergleichsweise überschaubar war.«

Ich habe die Zahlen parat: Die größte Demo hatte nach Veranstalterangaben 76 000 Teilnehmer, die Polizei hat rund 50 000 gezählt. In Hongkong waren im Sommer 2019 fast zwei Millionen der 7,5 Millionen Einwohner auf der Straße. »Das ist schon ein gewaltiger Unterschied und zeigt deutlich, wie unzufrieden die Hongkonger mit der gegenwärtigen Lage sind, während die Proteste in Hamburg nur bedingt zeigen, was die Deutschen über G20 oder ihre Regierung denken. Doch wie immer die Kräfteverhältnisse auch sind – selbst bei der schlimmsten Straftat müssen die Gesetze des Ortes gelten, an dem die Taten begangen wurden«, meint Däubler-Gmelin.

»Was bedauern Sie bei dieser Entwicklung in Hongkong am meisten?«, will ich von ihr wissen.

»Ich bin ja sehr gerne in China und bewundere die wirtschaftlichen, sozialen und kulturellen Leistungen, die unglaublich vielen Menschen ein besseres Leben beschert haben. Aber ich finde es schade, dass der Machtapparat der Volksrepublik China bisher nicht akzeptieren kann oder womöglich gar nicht realisiert, dass eine größere Differenzierung auch im Interesse Chinas liegen könnte. Der Staat müsste nicht mit brutaler Vorgehensweise und Vereinheitlichung agieren, sondern könnte durchaus differenzieren, was im Übrigen nicht bedeuten muss, dass man das Machtzentrum in Frage stellt. Peking muss doch klar sein, dass seine Methoden vielleicht für Ruhe in Hongkong sorgen können, aber das Problem nicht lösen werden«, erläutert Däubler-Gmelin. »Noch mehr Einfluss von Peking ist das Letzte, was die jungen und gut ausgebildeten Hongkonger wollen. Sie wollen mehr Mitbestimmung und ich kann mir gut vorstellen, dass sie keine Ruhe geben werden, bis sie mehr Mitbestimmung bekommen. Ich finde es traurig, dass man in Peking mit dieser Frage nicht souveräner umgeht.«

»Warum ist das so? Geht es nur um Machterhalt um jeden Preis?«, frage ich.

»Darum geht es sicher, aber das ist wahrscheinlich zu kurz gegriffen«, antwortet die ehemalige Justizministerin. »Ich könnte mir vorstellen, dass die zentralistische Tradition hier eine große Rolle spielt. Sich davon zu lösen, ist nicht so einfach. Doch in einem so großen und so vielfältigen Land macht es noch mehr Sinn als in einem kleinen Land wie Deutschland, Unterschiede zuzulassen und zu akzeptieren. Der Umgang mit Minderheiten ist nicht nur eine ethische Aufgabe, sondern – ganz grundsätzlich – auch eine Voraussetzung für friedliches Zusammenleben. Und China wird ja immer vielfältiger.«

China hat tatsächlich kein grundsätzliches Problem mit mehr Vielfalt – es sei denn, diese Vielfalt bedroht das Monopol der Kommunistischen Partei, das Gewaltmonopol, die nationale Zensur oder die nationale Einheit. Am härtesten bekommen das 2021 die Uiguren zu spüren, wie wir am Beispiel Sense-Nets gesehen haben. Ich hätte gerne noch mit Däubler-Gmelin darüber gesprochen, aber bei diesem Gespräch ist dazu keine Zeit, obwohl das interessant gewesen wäre, weil Shenzhen und Xinjiang ja die beiden Extreme in China sind. Shenzhen ist sicherlich die freiste Stadt, Xinjiang die unfreiste Region. Beide Extreme gehören untrennbar zu China und sind miteinander verbunden über das Thema Innovation. Über technische Errungenschaften, die sowohl mehr Freiheit als auch mehr Überwachung bringen können, je nachdem, wie man sie einsetzt und ob es Spielregeln dafür gibt.

Es ist schwierig, die Lage in Xinjiang im Detail einzuschätzen, weil Peking Transparenz im Umgang mit der muslimischen Minderheit systematisch verhindert, was darauf schließen lässt, dass es hier etwas zu verbergen gilt. Doch auch ohne Detailkenntnis kann man bereits jetzt feststellen, dass diese Art des Umgangs mit neuer Technologie genau der Umgang ist, den wir im Westen und vor allem in Deutschland unter allen Umständen verhindern wollen. Das Tückische an solchen Technologien – das werden wir später noch sehen – sind die Graubereiche, nicht jene, in denen sich Sinnvolles von Verwerflichem klar trennen lässt.

Jedenfalls hat das Gespräch mit Däubler-Gmelin gezeigt, wie man geschickt argumentieren kann, sodass die unterschiedlichen Einschätzungen deutlich werden, man aber dennoch im Gespräch bleibt. Im Fall von Hongkong sollte man sich ausdrücklich auf Artikel 4 des neu eingeführten Sicherheitsgesetzes berufen. Denn der sichert die Einhaltung der Menschenrechte zu, ebenso die bisherige Rede-, Presse-, Veröffentlichungs-, Vereinigungs-, Versammlungs- und Demonstrationsfreiheit. Darauf sollten westliche Kritiker immer wieder pochen, anstatt Peking pauschal zu verurteilen. Letzteres führt nur dazu, dass die Hardliner liberalere Kräfte zur Geschlossenheit mahnen und auf Linie zwingen können, angesichts der »Bedrohung« von außen.

Außerdem gibt es noch ein valides wirtschaftliches Argument, das Peking zu einem Umdenken bewegen könnte: Hongkong ist knapp hinter Japan der wichtigste internationale Finanzplatz Asiens und mit Sicherheit der Finanzplatz mit dem größten Wachstumspotenzial. Denn während bisher der New York Stock Exchange einen Weltmarktanteil von über 30 Prozent hat, kommt Hongkong derzeit erst auf 5 Prozent. Allerdings kann Hongkong seine Position im Verbund mit

Shenzhen nur ausbauen, wenn Rechtsstaatlichkeit und Pressefreiheit nicht ausgehebelt werden. Sollte das der Fall sein, würden die Trader trotz des großen Potenzials sicherlich nicht auf Shenzhen setzen, sondern eher auf Singapur oder Tokio. Und obwohl Shenzhen, wie übrigens auch Shanghai, für das internationale Finanzsystem nur eingeschränkt zugänglich ist. Die beste Lösung wäre es, wenn Shenzhen zur stärksten innerchinesischen Börse würde und Hongkong zur größten in Asien. Zusammen wären die beiden bereits jetzt die größte Börse außerhalb der USA, noch vor der Mehrländerbörse Euronext.

Hongkong und Shenzhen als Einheit, als Finanz-, Innovations- und Produktionszentrum in einem, wäre eine unschlagbare Kombination: Die gibt es so weltweit nicht, nicht einmal in den USA. Zwischen Silicon Valley und Wall Street liegen gut fünf Flugstunden. Und zwischen dem Silicon Valley und dem Hauptproduktionsstandort China sind es sogar zwölf. Zudem darf man nicht unterschätzen, wie wichtig für chinesische Unternehmer und Topmanager die Börse in Hongkong ist. Denn für sie ist es das einzige Tor zur Welt auf chinesischem Boden. Eine Börse, die in dem Maße immer wichtiger wird, in dem es in den USA politisch riskanter wird, sich listen zu lassen. Insofern gibt es auch innenpolitisch Druck auf Peking, die Zügel in Hongkong nicht zu kurz zu halten, sondern langfristig stabile Verhältnisse herzustellen – und die gibt es auf Dauer nur in Kombination mit mehr Autonomie für die Menschen dort.

Die Wirtschaft bändigen

Auf den ersten Blick erscheint es grotesk: Während in Hongkong der rechtliche Spielraum im Strafrecht eingeschränkt wird, werden in Shenzhen die Individuen vor den Auswüchsen des Kapitalismus geschützt. Auf den zweiten Blick ist klar, was Peking sich wünscht: Mehr wirtschaftliches Wachstum bei weniger politischem Eigensinn. Doch genau das lässt sich so leicht nicht trennen.

In der Sonderwirtschaftszone Shenzhen werden jedenfalls immer wieder neuen Rechtsnormen ausprobiert, die dann später auch auf nationaler Ebene gelten. Und dabei geht es durchaus darum, Schwächere vor Stärkeren zu schützen.

Im Stadtteil Shekou, in dem alles angefangen hat, treffe ich Christina Gigler. An einem historischen Ort, im Gebäude der China Merchants Group. Das in Hongkong ansässige chinesische Staatsunternehmen, das bereits 1872 gegründet wurde, hat hier am 1. April 1979 sein Büro eröffnet, um im Auftrag der chinesischen Regierung eine Industriezone zu gründen. Das ist jedoch nicht der Grund für diesen Treffpunkt, sondern weil es hier ein kleines italienisches Restaurant gibt, das Beste der Stadt. Es klebt am Gebäude wie ein Adlernest an einem Berg. Zehn Plätze innen, achtzehn draußen. Ein Gebäude am westlichen Rand des Nanhai-E-Cool-Viertels, eine der vielen Kulturfabriken. Davon werden wir im nächsten Kapitel noch mehr kennenlernen.

Die junge Rechtsanwältin ist schon da, als ich komme. Sie trägt ein Kleid von JNBY, einer der bekanntesten chinesischen Modemarken, die es sogar in Deutschland gibt. Das Kürzel bedeutet Just Naturally Be Yourself. »JNBY spricht unabhängige, elegante Frauen an, die dem Leben mit Neugierde, Mut und Unangepasstheit begegnen«, lese ich später nach. Das passt auf Gigler. Sie ist Anfang dreißig, hat in Passau, Regensburg und Peking Jura und in Guangzhou Chinesisch studiert, und sie ist die Chefin der Rechtsabteilung von Rödl & Partner in Peking, einer der größten Beratungs-, Rechtsanwalts und Wirtschaftsprüfungsunternehmen mit Hauptsitz in Nürnberg. Das Unternehmen hat über 5000 Mitarbeiter in fast fünfzig Ländern und macht einen Umsatz von über 450 Millionen Euro im Jahr. »Es ist meine Lieblingsmarke«, sagt sie als ich sie darauf anspreche »Sie ist eigentlich aus Hangzhou, aber passt gut in die Stadt.«

Gigler ist gerne in Shenzhen. Nicht nur, weil hier so viele neue Gesetze ausprobiert werden wie in keiner anderen Stadt, sondern auch, weil es die Stadt ihrer Generation ist. »Dass Shenzhen so werden würde, konnte ich mir vor zehn Jahren, als ich in der Nachbarstadt gelebt habe, nicht vorstellen – sehr spannend.« Das gilt nicht nur für die Stadt, sondern auch für die Gesetze, die hier gemacht werden, »die der Entwicklungsdruck entstehen lässt, eben weil es nicht mehr anders geht.«

Zum Teil seien dies Gesetze, die im Westen schon längst etabliert sind: Das Privatinsolvenzrecht gebe es in Shenzhen erst seit März 2021, das Unternehmensinsolvenzrecht hingegen schon seit 1986. Die Shenzhener Stadtverwaltung habe sich eigens in Peking das Okay dafür geholt. »Der Grund dafür liegt auf der Hand«, erläutert Gigler. »Die Shenzhener Regierung möchte Privatpersonen die Angst, zu investieren, nehmen. Deshalb werden sie nun durch die neue Rechtsprechung geschützt.« Die Hoffnung der Stadt sei es, dass Kleinunternehmer oder Personengesellschaften durch den nunmehr besseren Schutz vor ihren Gläubigern zukünftig höhere Risiken eingingen. Es gehe vor allem um Freelancer oder Onlinehändler.

Weit über eine Million Kleinunternehmer sind in Shenzhen registriert. Bisher müssen sie zu 100 Prozent für ihre Schulden haften. Seit März können »ehrliche Schuldner, die unglücklicherweise in eine Schieflage geraten sind«, so formuliert es das Rechtsamt der Stadtverwaltung, Insolvenz beantragen. Dann übernimmt ein Insolvenzverwalter und die Schuldner zahlen das, was sie noch haben, »pro rata« an die Gläubiger. »In Deutschland ist das normal. Für China ein großer Fortschritt«, meint Gigler. Um Insolvenz beantragen zu können, müsse man allerdings in Shenzhen leben und dort seit mindestens drei aufeinanderfolgenden Jahren sozialversichert sein. »Das Gesetz wird gerade in der Praxis ausprobiert und dann entsprechend den Alltagserfahrungen angepasst.« Wenn es sich schließlich bewährt habe, werde es auch national eingeführt.

Die Rolle als Testlabor sei ein klarer Standortvorteil für Shenzhen, so Gigler.

Ein anderes Gesetz sei aus einer sozialen Notlage entstanden, die in Shenzhen besonders ausgeprägt ist. »Es geht um die Ausbeutung der Kreativen, die sogenannte ›996-Kultur‹.« Dahinter verbirgt sich der Arbeitsrhythmus in Shenzhen: Von 9 Uhr morgens bis 9 Uhr abends, sechs Tage die Woche. Das sind 72 Stunden. »Das ist ein großes Problem in innovativen Städten wie Shenzhen. Viele der Kreativen trauen sich gar nicht, Urlaub zu beantragen oder sich den Urlaub ausbezahlen zu lassen«, erklärt Gigler. »Da jedoch gesundheitliche Probleme drastisch zugenommen haben und es sogar einzelne Todesfälle und Selbstmorde gab, hat das Gesundheitsamt nun durchgegriffen. Die Arbeitgeber haben dafür zu sorgen, dass ihre Mitarbeiter den Urlaub auch nehmen.« Die staatlichen Gewerkschaften und das Gesundheitsamt sollen die Einhaltung der neuen Regelung überprüfen.

Vor deren Einführung gaben in einer vertraulichen Umfrage der Gewerkschaft im Shenzhener Nanshan District 38 Prozent der Befragten an, ihren Urlaub nicht eingereicht zu haben. Dabei geht es für deutsche Verhältnisse nicht um viele Tage. Nach einem Jahr Firmenzugehörigkeit hat man überhaupt erst Anspruch auf Urlaub. »Nach zehn Jahren sind es zehn Tage Urlaub, dazu kommen die elf Feiertage pro Jahr«, erklärt Gigler. Allerdings könnten gesuchte Leute auch heute schon andere Packages verhandeln.

In den sozialen Medien wurde das Gesetz begrüßt, aber auch kritisch beäugt. »Wird das auch richtig überwacht?«, fragte ein Blogger. Dennoch fordern bereits jetzt viele, die Regelung in ganz China einzuführen. »Doch das wird erst passieren, wenn man in Shenzhen genügend Erfahrung damit gesammelt hat«, vermutet Gigler.

Bei einer weiteren ganz neuen Regulierung geht es um ein Pilotprojekt zum Schutz des geistigen Eigentums. »Shenzhen hat im November die Freigabe vom Obersten Gericht in Peking bekommen, auch neue Formen geistigen Eigentums zu schützen«, erläutert Gigler. »Da geht es um mehr als Marken, Patente und Urheberrechte. Zum Beispiel um Erkenntnisse, die Künstliche Intelligenz hervorbringt.« Auch hier sei klar, warum dies in Shenzhen passiere. »Man möchte die Leistungen der Erfinder und Entwickler vor Ort besser schützen.« In diesem Bereich sei es durchaus möglich, dass China sogar auf internationaler Ebene rechtliches Neuland betrete. Bei den Shenzhener Gerichten seien überdurchschnittlich viele Fälle zum Schutz des geistigen Eigentums anhängig. »Da muss man jetzt mal die Rechtsfälle im Alltag beobachten«, so Gigler. »Das wird sehr spannend.«

Bevor wir uns verabschieden und Gigler mit dem Hochgeschwindigkeitszug weiter nach Guangzhou in das Büro von Rödl & Partner fährt, reden wir noch über das Restaurant. Wir sind uns einig, die Pasta muss man in dieser Qualität in Peking lange suchen. Sie ist al dente, so wie sie die Chinesen eigentlich nicht mögen. Wir fragen die Besitzerin Weiling, die lange in Italien gelebt habt. Sie erzählt, welche italienische Pasta sie verwendet, eine, die länger kocht, aber weniger zusammenfällt, und dass sie die Soße mit einem speziellen Weißwein zubereitet. Ihr Partner Pietro kommt dazu. Er lehrt Modedesign in Shenzhen. Bei einem vorzüglichen Espresso aufs Haus reden wir über Essen, Mode und wie wichtig Wurzeln für die Menschen sind und dass sie hier in Shenzhen doch fehlen.

Auch das ist Shenzhen. Beim Italiener halt. Im Taxi zurück zum Hotel gehen mir diese gegenläufigen Bewegungen nicht aus dem Kopf. In manchen Fällen, vor allem denen, die mit Wirtschaft und Innovation zu tun haben, bewegt sich Shenzhen in Richtung Hongkong. Man könnte auch sagen: Es wird westlicher. In anderen Fällen wird Hongkong gezwungen, sich mehr in Richtung China zu bewegen. Vor allem in Bereichen, die mit Freiheiten der Zivilgesellschaft zu tun haben. Das hat auch mit dem komplizierten historischen Verhältnis zwischen

China und Hongkong zu tun. Peking möchte Hongkong schon zeigen, dass nicht nur die britischen Kolonialherren in der Lage sind, blühende Landschaften zu schaffen. Die Pekinger Politik erinnert sich noch gut daran, wie demütigend die Verhandlungen mit der damaligen Premierministerin Margaret Thatcher gewesen waren. Eigentlich hätte Großbritannien Hongkong ohne Bedingungen zurückgeben müssen. Hatten sie die Insel China doch 1843 gewaltsam weggenommen. Doch Thatcher argumentierte geschickt: Statt nackter Felsen bekomme Peking eine blühende Weltstadt zurück, eine Handelsmetropole mit dem damals größten Finanzplatz Asiens. Eine Stadt, die vor allem deswegen so erfolgreich sei, weil sie Rechtsstaatlichkeit, eine freie Presse und eine funktionierende Verwaltung besitze. Ein Verdienst der Kolonialherren, die deshalb auch Bedingungen an die Rückgabe knüpfen könnten. Die Chinesen würden Hongkong zurückbekommen, müssten allerdings für fünfzig Jahre alles so lassen, wie es war.

Der Reformer Deng Xiaoping kreierte daraus die Formel: »Ein Land, zwei Systeme.« So konnten beide Seiten ihr Gesicht wahren. Thatcher zeigte sich überzeugt, dass die chinesischen Kommunisten eine solche Stadt aus eigener Kraft nie hinbekommen hätten. Das wiederum war für Deng und seine Nachfolger ein Ansporn, dem Westen zu zeigen, dass auch China in der Lage wäre, eine solch prosperierende Stadt aufzubauen – aber eben mit »sozialistischer Charakteristik«. Das Ergebnis ist Shenzhen.

Peking möchte dem Westen mit dieser Metropole zeigen, dass es auch anders geht. Shenzhen ist nicht aus Zufall von dieser seltsamen Mischung aus Innovation und Überwachung geprägt. Zwar möchte sich Peking Wahlen im klassischen, westlichen Sinn nicht stellen, hat aber gleichzeitig verstanden, dass der Einparteienstaat nur überleben kann, wenn er Stimmungen und damit auch Unmut so früh wie möglich erfasst, um zu entscheiden, ob und wie er darauf reagiert. Im Grunde weiß die Partei durch die Innovationen aus Shenzhen schon heute viel besser über die Stimmung der Menschen im Land Bescheid, als es die Politik im Westen tut. Bei uns dienen – abgesehen von Umfragen oder der klassischen »Sonntagsfrage« – Wahlen alle paar Jahre als Stimmungsbarometer. Peking bekommt die Stimmungslage quasi in Echtzeit mit. Würde die Regierung diesen Informationsstrom publik machen, könnten alle sehen, wo der Schuh drückt. Die Bürger könnten dann selbst beurteilen, ob die Regierung adäquat und zügig handelt. Falls nicht, könnten sie sogar einen Regierungswechsel erzwingen. Vor allem aber würde es eine Diskussion darüber geben, welche Informationen die Regierung erfassen darf und welche nicht. Wäre das nicht letztlich demokratischer als unser System im Westen? Ein System, bei dem alle paar Jahre ein paar noch nicht politikverdrossene Bürger ein Stückchen Papier in eine Urne werfen, mit einem Kreuzchen drauf, das bei genauerer Beschäftigung mit den Programmen der Parteien womöglich an anderer Stelle gelandet wäre.

In Hinblick auf China ist das natürlich nicht mehr als ein frommer Wunsch. Aber was mit diesem Gedankenspiel deutlich wird: Demokratie in einem großen und kulturell anders geprägten Land könnte anders aussehen als die Form von Demokratie, die wir derzeit im Westen haben. Noch allerdings gibt es keine Balance zwischen Mitbestimmung auf der einen und Überwachung auf der anderen Seite. Die Tendenz geht klar Richtung Überwachung. Auch bei der Abwägung zwischen Sicherheit und Datenschutz ist die Tendenz eindeutig: Sicherheit überwiegt. Aber am Ende bleibt die Hoffnung, dass es nicht immer so bleiben muss.

Auf dem Weg in die Dystopie?

Diese Entwicklungen rufen im Westen die Vorstellung hervor, dass nun jene vollständige Überwachung möglich ist, vor der George Orwell schon in seinem 1949 erschienenen Roman

1984 gewarnt hat. Wenn man nun sieht, was technisch möglich ist, dann übertrifft die Wirklichkeit die Vorstellungen von Orwell tatsächlich bei Weitem. Das gilt auch für die Szenarien, die Aldous Huxley in seinem 1932 erschienenen Buch *Schöne neue Welt* entworfen hat, das im Jahr 2540 spielt. In diesen beiden sehr wichtigen Büchern des 20. Jahrhunderts geht es um Kritik am Totalitarismus. Bei Huxley setzt die Kontrolle schon bei der Genmanipulation von Föten sowie bei der mentalen Indoktrinierung von kleinen Kindern ein. Die Gesellschaft ist in Kasten von »Alpha-Plus« bis »Epsilon-Minus« unterteilt, kritisches Denken und Hinterfragen wird durch die Gabe der Droge Soma unterdrückt.

Etwas näher an der chinesischen Realität ist Orwell. Dessen Roman spielt in einem diktatorisch und totalitär geführten Land, in dem die Parteielite einen Überwachungsstaat errichtet hat. Eine allgegenwärtige Gedankenpolizei kontrolliert durch nicht abschaltbare Geräte die einfachen Parteimitglieder und kann damit auch die hinterste Ecke der Wohnung ausspähen, während die »Proles«, die breite Masse des Volkes, von der Propaganda via Fernsehen berieselt werden und keine Möglichkeit haben, sich alternativ zu informieren.

China ist heute tatsächlich dabei, ein Überwachungssystem dieser Art für den öffentlichen Raum aufzubauen. In seinen eigenen vier Wänden ist man zwar noch geschützt, sofern man Smartphone, Alexa und Konsorten abschaltet, wobei manche ja der Überzeugung sind, dass selbst dies nicht mehr ausreiche. Sobald man allerdings aus seiner Wohnung in den Hausflur tritt und später auf die Straße, ist es heute schon in vielen Städten möglich, die Menschen im öffentlichen Raum zu überwachen, ja einzelne sogar fast lückenlos zu verfolgen. Wie sehr eine Stadt wie Shenzhen heute schon mit Kameras zugepflastert ist, zeigt sich auch im internationalen Vergleich. Die Stadt mit den meisten Kameras in Europa ist London – mit etwa siebzig pro tausend Einwohnern. In den USA ist es Atlanta, hier kommen 16 Kameras auf tausend Einwohner. In Shenzhen sind es hingegen schon 159. Platz zwei der Weltrangliste, hinter Chongqing. In den Top 10 finden sich außer London (Platz 6) und Atlanta (Platz 10) ausschließlich chinesische Städte.

Viele dieser Kameras sind an Gesichtserkennungssysteme gekoppelt; Computerprogramme können einzelne Menschen auf ihrem Weg durch die Stadt mühelos verfolgen und die unterschiedlichen Sequenzen zu einem Film zusammenfügen. Während im Westen immerhin noch Schilder auf die Überwachung aufmerksam machen, geschieht dies in Shenzhen unmerklich.

»Was wir hier sehen, ist ein Wettlauf der verschiedenen Polizeieinheiten und ihrer unterschiedlichen Kontrollinstrumente, der zum vollkommenden Ende der Privatheit führt«, beklagt Maya Wang, Chinaexpertin bei Human Rights Watch. »Dieses System der sozialen Kontrolle wurde entwickelt und installiert, ohne dass es irgendeinen nennenswerten Schutz gegen die staatliche Überwachung geben würde. Das hat es in dieser Tiefe und diesem Umfang in der modernen Geschichte so noch nicht gegeben.« Die meisten Menschen in Shenzhen reagieren gleichgültig auf die vielen Kameras. Sie wollen möglichst reibungslos durch die Stadt kommen.

In London, der westlichen Hauptstadt der Überwachung, wird die Diskussion immerhin sichtbarer und transparenter geführt. »Wir haben zwar noch nicht ganz so viele Kameras wie in China, aber wir bewegen uns in diese Richtung«, sagt Paul Wiles, der Biometrie-Beauftragte der britischen Regierung. »Mit dem Aufkommen der Gesichtserkennung brauchen wir dringend eine neue Gesetzgebung, die darüber entscheidet, was im öffentlichen Interesse ist und was nicht.«

Die Amerikaner setzen derartige Überwachungstechnologie vor allem zur Grenzüberwachung ein. An den Flughäfen wurden bis Mai 2020 bereits die biometrischen Daten von 16 Millionen Menschen gespeichert, die in die USA eingereist sind. An der Grenze zu Mexiko wurden die Daten von weiteren

4,4 Millionen über den Landweg einreisenden Personen erfasst. Aber auch Privatfirmen bieten die Technologie in den USA an. Das Start-up Clearview AI aus Manhattan beispielsweise hat eine Datenbank aus rund drei Milliarden Bildern zusammengestellt, die frei im Internet zugänglich sind. Auf dieser Basis bietet Clearview unter anderem diversen Behörden ein Programm zur Gesichtserkennung an. Im Oktober 2020 sammelte das Unternehmen in einer Finanzierungsrunde weitere 8,6 Millionen US-Dollar ein. Gleichzeitig ist im Bundesstaat Illinois, wo besonders strenge Gesetze zum Thema Biometrie gelten, eine Sammelklage gegen Clearview eingegangen. Selbst einer der Geldgeber musste daraufhin einräumen, die Firma lege möglicherweise einen Grundstein für eine »dystopische Zukunft«. Denn jeder, der die Technologie nutze, könne die Identität von Menschen feststellen, sofern deren Bilder in der Datenbank erfasst sind. Vorerst machte die Firma einen Rückzieher und musste versichern, dass sie ihren Service keiner staatlichen Institution mehr anbieten würde. Sind die Daten bei Privatunternehmen sicherer?

In Europa ist Überwachung nicht nur in Großbritannien ein Thema. Die niederländische Polizei hat bereits 1,3 Millionen Bilder von Straftätern in einer Datei gespeichert. Straftäter, die zu mindestens vier Jahren Gefängnis verurteilt wurden. Die französische Regierung hat schon im Herbst 2019 beschlossen, allen Franzosen eine digitale Identität zu geben. Die »Authentification en ligne certifiée sur mobile« (Alicem) basiert auf Gesichtserkennung. Mit dieser App soll es möglich sein, sowohl seine Steuererklärung zu machen als auch ein Auto umzumelden. Begeisterung kam darüber nicht auf. Aber ein Sturm der Entrüstung wurde auch nicht entfacht.

Frankreich ist das erste EU-Land, das in großem Stil die Gesichter seiner Bürger erfasst. Wer die App verwendet, verpflichtet sich, die biometrischen Daten zur Verwendung freizugeben. Das Innenministerium verspricht, dass die Daten gelöscht werden, sobald das Programm die Identität des Nutzers einmal festgestellt hat. Das aus dem Chip für den Abgleich ausgelesene Foto bleibe dabei auf dem Mobiltelefon des Benutzers gespeichert, biometrische Daten würden mit niemandem geteilt, so die Regierung. Aber Kritiker bezweifeln, dass die Sicherheitsstandards der Behörden hoch genug sind, um sich vor Hackerangriffen oder anderem Datenklau zu schützen. Alicem soll unter anderem als universeller Login-Service für alle Partnerdienste von France-Connect fungieren, dem staatlichen System, das den Zugang zu derzeit rund 500 öffentlichen Online-Angeboten erleichtert. Nutzer müssen sich damit nicht länger verschiedene Kennungen und Passwörter merken. Zudem sollen sie darüber Personalausweise oder Reisepässe und Dateneinsicht im Bereich der Justiz oder des Sozialwesens beantragen können. Beim Erstellen des zugehörigen Kontos soll das System mithilfe der Gesichtserkennung und einem live aufgenommenen Video automatisiert prüfen, ob die Person, die das Smartphone verwendet, Inhaber des benötigten biometrischen Ausweises oder einer ausländischen elektronischen Aufenthaltserlaubnis ist.

In Deutschland wurde die Gesichtserkennung an Bahnhöfen und Flughäfen bereits 2019 getestet, aber vorerst nicht flächendeckend eingeführt. In dem neuen Polizeigesetz, das 2020 verabschiedet wurde, ist ein entsprechender Passus im letzten Moment wieder herausgenommen worden. Innenminister Seehofer hatte ursprünglich verkündet, Gesichtserkennung an 135 Bahnhöfen und 14 Flughäfen zu ermöglichen. Der Plan hatte für viel Kritik gesorgt. Bei einem Pilotprojekt am Berliner Bahnhof Südkreuz, wo entsprechende Software getestet wurde, markierte das System viele Menschen fälschlicherweise als verdächtig. Der Bundesbeauftragte für Datenschutz, Ulrich Kelber, hatte daraufhin vor dem Einsatz von Gesichtserkennungstechnologie im öffentlichen Raum gewarnt. Er plädierte sogar dafür, in Europa die Gesichtserkennung im öffentlichen Raum zu verbieten. In einem Grundlagenpapier zur Künstlichen

Intelligenz brachte die EU-Kommission ein Moratorium von drei bis fünf Jahren oder gar ein vollständiges Verbot ins Spiel. In Deutschland haben sich diverse Gruppen, darunter die Organisation Digitale Gesellschaft und der Chaos Computer Club, zu dem Bündnis »Gesichtserkennung stoppen« zusammengeschlossen. Die Polizeigewerkschaft in Deutschland ist hingegen für die Einführung von Gesichtserkennung.

Auch die Polizei in Shenzhen ist naturgemäß begeistert. »Diese Technologie ist inzwischen normal, wenn es um Verbrechensbekämpfung geht«, sagt Li Shihua, der stellvertretende Chef der Videopolizeiabteilung des städtischen Büros für öffentliche Sicherheit. Die Zahl der Straftaten nehme kontinuierlich ab. »Inzwischen werden etwa 60 Prozent der Straftaten mit Videoüberwachung aufgeklärt.« Als Erste in China experimentiert die Shenzhener U-Bahn schon mit Gesichtserkennung. Einfach reingehen und mit seinem Gesicht bezahlen – oder eben von der Polizei gestoppt werden. 2020 wurde die erste 5G-Polizeistation in Shenzhens Bao'an District eröffnet. Eine 5G-Polizeiwache bedeutet: Polizisten mit Brillen, die per Gesichtserkennung Menschen erfassen und überprüfen, ob diese auf der Fahndungsliste stehen. Drohnen, die Live-Bilder schicken und patrouillierende Polizeiroboter, die den 46 Polizisten aus Fleisch und Blut dabei helfen, den Distriktabschnitt mit 125 000 Menschen besser zu kontrollieren. In Berlin kommen übrigens 470 Polizisten auf 100 000 Einwohner.

Manchmal hilft die Technik aber auch in Fällen, bei denen die Polizei als »Freund und Helfer« agieren kann. So hatte ein Freund von mir abends einmal seine Aktentasche mit Unterlagen, Kreditkarten und Pass in einem Taxi liegen gelassen. Leider hatte er keine Quittung vom Taxifahrer, also ging er zur nächsten Polizeistation. Innerhalb von Minuten hatte die Polizei die Kamera ausfindig gemacht, die aufgezeichnet hatte, wie er aus dem Auto steigt. Das Nummernschild des Taxis war auf den Aufnahmen gut zu erkennen. Da es mit einer Mobilnummer verknüpft ist, konnte die Polizei den Fahrer anrufen. Der hatte die Tasche im Fond seines Autos noch gar nicht bemerkt und kehrte sofort um. Eine Viertelstunde später hatte mein Freund seine Tasche wieder zurück und der Taxifahrer ein Trinkgeld.

Doch das ist nur die eine Seite. Die andere: Mit der gleichen Technologie können auch politisch unliebsame Menschen verfolgt und kontrolliert werden. In Shenzhen hat die Polizei zusammen mit Huawei zwei Hightech-Datenzentren gebaut, die sicherstellen, dass die Daten nicht verloren gehen. Dabei stellt Huawei nicht die Lösungen an sich zur Verfügung, sondern die Hardware für Datenzentren und Cloud Computing. »Jede Smart-City-Lösung weltweit ist dabei unterschiedlich und wird je nach den Voraussetzungen und Zielen der jeweiligen Kommune mit allen Partnern zusammen entwickelt«, heißt es dazu bei Huawei. In Shenzhen sind Huawei und die Polizei in Phase 4 der Entwicklung, in der es darum geht, die Daten über 5G und eine App auf jedes Polizei-Smartphone zu transportieren. Die Idee, die jeden westlichen Datenschützer auf die Barrikaden bringt, ist einfach: An möglichst vielen Orten Daten mit Kameras sammeln, diese Daten dann zentral speichern und möglichst schnell und unkompliziert auf dem Smartphone wieder zugänglich machen. Das klingt einfach, doch wenn man sich vorstellt, um was für Datenmengen es dabei geht, ist das schon eine große Herausforderung.

Auch diese Technologie geht bereits um die Welt. Huaweis »Safe City Solutions« wird inzwischen in 700 Städten in mehr als hundert Ländern angewendet. Darunter in Brasilien, Mexiko, Serbien, Singapur, Spanien, Südafrika und der Türkei. Die Regierungen in diesen Ländern seien mit diesen Produkten sehr zufrieden, heißt es. Doch was ist, wenn die Huawei-Lösungen von den jeweiligen Regierungen missbraucht werden? In all diesen Ländern stellt Huawei nur die Technologie zur Verfügung. »Die Software, die wir hierfür entwickeln, ist das Betriebssystem dieser Systeme, vergleichbar den

Betriebssystemen auf PCs oder Smartphones. Auch da hat der Hersteller keinen Einfluss darauf, was der User damit macht«, so ein Sprecher des Unternehmens.

Social Scoring – zwischen Sicherheit und Überwachung

Klar ist jedenfalls: Huawei arbeitet als Netzwerkhersteller nicht mit Daten, sondern stellt nur die Autobahnen für den Datenverkehr her. Klar ist auch: In China gehören viele dieser Daten bereits dem Staat. Alle Smartphone-Informationen, einschließlich der Bewegungsdaten, sind zum Beispiel bei staatlichen Telefongesellschaften gespeichert, die Krankendaten sind in staatlichen Kliniken erfasst. Die Frage ist nun, was man mit diesen Daten macht. Und damit wären wir beim Reizthema Social Scoring. Wobei man da genau unterscheiden muss. Zwischen dem, was heute schon üblich ist, und dem, was ein allmächtiger Staat daraus machen kann.

Beginnen wir mit dem, was es bereits gibt: eine Reihe von dezentralen Datenbanken auf verschiedenen staatlichen Ebenen, in denen Informationen über Unternehmen gespeichert sind. Diese Datenbanken sind öffentlich einsehbar. Dort wird vermerkt, ob das Unternehmen Finanzprobleme hat, ob es in Rechtsstreitigkeiten verwickelt ist und ob die Unternehmensvertreter gut erreichbar sind. Wenn man mit anderen Firmen Geschäfte macht, kann man dort nachschauen, ob etwas gegen das Unternehmen vorliegt. Das Problem dieses Systems: Es ist intransparent. Was, wenn sich ein Fehler eingeschlichen hat? Dann ist es sehr schwierig, diesen Fehler wieder rückgängig zu machen, weil zum Beispiel gar nicht klar ist, wer den Eintrag gemacht hat. Es lassen sich auch Einträge löschen. Zum Teil jedoch mit dem grotesken Ergebnis, dass der Eintrag noch öffentlich lesbar ist und darunter der Vermerk »gelöscht« steht.

Darüber hinaus gibt es erste Versuche, Bürger nach einem Punktesystem zu beurteilen. Das geschieht derzeit eher lokal und ist vergleichsweise holprig angelaufen. Die Plattform *China Law Translate* hat insgesamt siebzig entsprechende Kleinprojekte landesweit identifiziert, über die kaum etwas bekannt ist. Anders verhält es sich mit den Systemen in Suining (3 Millionen Einwohner), in Rongcheng (1 Million Einwohner) und dem des Onlinekonzerns Alibaba: Bei Sesame Credit geht es ähnlich wie bei Ebay um die Bewertung von Kunden und Anbietern. Allerdings fließen dabei auch Informationen aus der Schuldnerdatenbank ein. Es wird schon seit einigen Jahren getestet, aber noch ist nicht abzusehen, ob und wann daraus ein nationales System wird. Erstaunlich, angesichts der Geschwindigkeit, mit der sonst gehandelt wird. Die Pilotprojekte werden derzeit auch nicht signifikant ausgeweitet. Im Jahr 2020 ist es sogar seltsam still geworden, was dieses Thema betrifft.

Denkbar ist jedoch, dass nicht nur Firmen, sondern alle Menschen einbezogen werden und deren Daten aus unterschiedlichen Lebensbereichen zusammengeführt werden. Große Internet-Unternehmen arbeiten in dieser Frage jedenfalls mit staatlichen Stellen zusammen. Weil das Know-how hierfür – ähnlich wie im Westen – bei den Tech-Unternehmen liegt. Möglicherweise wird es einen einzigen »Score« pro Bürger geben, vielleicht aber auch mehrere. Erfasst würde dann das Verhalten im öffentlichen Raum, außerdem Bewertungen von Vorgesetzten und Vermietern, das Online-Konsumverhalten, vielleicht auch Äußerungen in sozialen Medien. Man könnte Minuspunkte oder Pluspunkte bekommen, je nachdem, wie man sich verhält. Bei zu vielen Minuspunkten könnte es Strafen geben. Im Bereich der Wirtschaft gibt es das bereits. 2018 wurden 15 Millionen Reiseverbote erteilt – betroffen waren Menschen, die andere betrogen, Schulden nicht zurückbezahlt oder mit gefälschten Zertifikaten Geschäfte gemacht haben. Von da ist es nicht weit zu einer politischen Überwachung.

Hinter dieser vorstellbaren Entwicklung steckt eine ebenso gefährliche wie pragmatische Idee. Da selbst der chinesische

Staat nicht ständig alle seine Bürger überwachen kann, soll ein Punktesystem die Kontrolle gewissermaßen automatisieren und in eine Form der Selbstkontrolle überführen, aus Angst vor Minuspunkten. Ein System, das gesammelte Daten und Beschwerden von anderen Menschen zu einem Ranking zusammenführt, in dem auf den ersten Blick zu sehen ist, ob und wie sehr sich die Menschen im Sinne des Staates verhalten.

Blut zu spenden oder Müll im Park zu sammeln gibt Pluspunkte. Wer Müll auf die Straße wirft oder bei Rot über die Ampel geht – das sind die harmlosesten Vergehen, die per Kamera überwacht werden können –, handelt sich Minuspunkte ein. Überschuldung und Betrug sind da schon komplexere Verfehlungen. Wenn man zu viele Minuspunkte angesammelt hat, gibt es Sanktionen. Dann darf man zum Beispiel gar nicht mehr reisen oder nicht mehr erster Klasse, oder die Kinder bekommen keinen Platz in einer begehrten Schule. Wie gesagt: Eine solche Form der Überwachung ist noch nicht Alltag, aber durchaus im Interesse der Partei. Und da diese rein technisch problemlos möglich ist, kann es als wahrscheinlich gelten, dass die Entwicklung in diese Richtung geht. Aktuell ist das Scoring-System allerdings wie schon erwähnt noch weit davon entfernt, flächendeckend eingeführt zu sein. Im ganzen Land gibt es aber bereits kleine Pilotprojekte, einige davon auch in Shenzhen.

Interessant dabei ist, dass die Chinesen das Social Scoring anders aufnehmen als die Menschen im Westen. Die Chinesen denken dabei tatsächlich zuerst an Sicherheit und Transparenz, während wir sofort an Orwell'sche Überwachung denken. Wir fragen uns beispielsweise, ob Bürger herabgestuft werden, die auf Social-Media-Kanälen ihre Sympathie für die Proteste in Hongkong äußern. Oder ob ein Unternehmen Punkte verliert, wenn es Taiwan auf seiner Webseite als eigenständiges Land deklariert. Und was ist, wenn jemand die Partei offen kritisiert?

In China jedenfalls, so eine repräsentative Studie aus dem

Jahr 2018 von Genia Kostka von der Freien Universität Berlin, befürwortet »eine überraschend große Mehrheit von Menschen« das Social-Scoring-System. Nun könnte man einwenden, dies sei kaum verwunderlich, schließlich seien die Chinesen von der Propaganda geblendet, manche vielleicht noch etwas rückständig oder gar obrigkeitshörig. Tatsächlich ist es jedoch genau andersherum: Umso besser ausgebildet, umso wohlhabender, umso städtischer und weiter gereist die Menschen sind, desto eher befürworten sie das Social-Scoring-System. Der Grund dafür: Ihnen ist ein ehrlicher, transparenter Umgang miteinander und die Sicherheit im öffentlichen Raum wichtiger als der Schutz ihrer Daten. Sie geben also ihre eigenen Daten preis, damit dafür auch ihr Gegenüber transparenter wird. Damit, so die Überlegung, werde das soziale und wirtschaftliche Leben stabiler, verlässlicher und damit risikoärmer. Die Rolle des Schiedsrichters traut man dem Staat eher zu als Privatunternehmen.

Mehr als 80 Prozent der über 2000 interregional Befragten begrüßten das Überwachungssystem, während es nur ein Prozent explizit ablehnte. »Die Befragten betrachten das System als verlässliche Informationsquelle für die Glaubwürdigkeit von Geschäften, sozialen Organisationen und Bürgern«, fasst Kostka die Ergebnisse zusammen. 59 Prozent wünschten sich explizit, dass der Zentralstaat die Überwachung übernimmt. »Generell trauen sie dem Staat viel mehr als privaten Unternehmen.«

Zu ähnlichen Ergebnissen kommt eine Studie von Adam Knight von der Universität Oxford ein Jahr später. Eine weitere Studie aus dem Jahr 2020 zur Akzeptanz von Gesichtserkennung in verschiedenen Ländern, durchgeführt von Kostka, Miriam Meckel und Leo Steinacker, gelangt zu dem Ergebnis, dass die Akzeptanz für Gesichtserkennung in China am höchsten und in Deutschland am niedrigsten ist. Großbritannien und die USA liegen dazwischen.

Die extremen Positionen in Deutschland und in China mit besonders hoher beziehungsweise besonders niedriger kritischer Distanz zum Staat zu erklären, ist zu einfach. Es spielen andere gesellschaftliche Erfahrungen, kulturelle Prägungen und historische Entwicklungen eine wichtige Rolle dabei. Die Chinesen haben zwar das Chaos und die Kontrolle während der Mao-Zeit erlebt, aber auch eine lange Zeit des wirtschaftlichen Booms. Die Zeiten dieses wirtschaftlichen Aufbruchs sind einerseits geprägt von einem Staat, der den Aufschwung geschickt steuert. Anderseits aber auch von Korruption, Betrügereien und Intransparenz, also all den Nebenwirkungen, die es gibt, wenn Gesellschaften sich sehr schnell entwickeln. Deshalb ist der Wunsch bei den meisten Menschen in China nach mehr Ordnung, Transparenz und Berechenbarkeit nach wie vor viel wichtiger als der Wunsch nach Datenschutz oder Schutz vor einer staatlichen Allmacht.

Ob es nun um Lebensmittelqualität geht, um Geschäftspartner, um Krankenhäuser oder Verkehrsteilnehmer: Die meisten Chinesen sind überzeugt, dass ihr Alltag durch das soziale Kreditsystem reibungsloser abläuft und besser wird. »Viele Menschen hier beschweren sich darüber, dass es in China noch an einem gut entwickelten Rechtssystem und regulierenden Mechanismen fehle. Daraus kann sich eine sehr ernste Vertrauenskrise entwickeln«, konstatiert Zheng Yefu, emeritierter Soziologe an der Peking University und Autor des Buches *Über Vertrauen.* Auch er sieht neben den Verwerfungen der Kulturrevolution eine Lücke durch das »Auslaufen traditioneller Strukturen«. Social Scoring würde hier für Stabilität sorgen.

Der Mangel an regulierenden Mechanismen ist ein Nachteil eines Systems, dem es zwar gelungen ist, viele Menschen enorm schnell der Armut zu entreißen, dessen Entwicklung allerdings so rasant verlaufen ist, dass der Staat mit der Etablierung ordnender Regeln nicht hinterherkommt. Das wird als besonders belastend empfunden, da die chinesische Gesellschaft traditionell auf einer funktionierenden Verwaltung fußt und gleichzeitig die Menschen in der Ich-wir-Balance eher zum Wir neigen. Genauer gesagt sind sie eher bereit, sich zugunsten der Gemeinschaft zurückzunehmen und zu tun, was der Gesellschaft als Ganzes nutzt. Denn davon profitieren am Ende auch sie als Individuen wieder. Man akzeptiert eher als im Westen, dass man in einer Gesellschaft lebt, die koordiniert werden muss, damit alle möglichst reibungslos aneinander vorbeikommen. Und wenn dafür Datenerfassung in großem Stil notwendig ist, nun, dann ist das eben so. Das Vertrauen gerade der neuen Mittelschicht in Peking ist groß.

Aus westlicher Sicht kann man dennoch feststellen: Die Risiken des Datenmissbrauchs werden dabei unterschätzt. Ein blinder Fleck entsteht, den der Staat und vor allem die Partei nutzt, um ihre Machtinteressen durchzusetzen. Interessant wird die Antwort auf die Frage, ob es sich bei diesem Ordnungsbedürfnis um eine kulturelle Eigenschaft handelt, die in unterschiedlichen gesellschaftlichen Modernisierungsphasen weiter durchscheint, oder ob es sich nur um eine Stufe im Modernisierungsprozess handelt. Das würde bedeuten: Das Bedürfnis nach Ordnung könnte sich mit dem gesellschaftlichen Wandel auch schnell in Richtung mehr Schutz der Privatsphäre verschieben. Was aber wiederum nicht bedeuten muss, dass die Chinesen etwa dort herauskommen, wo der Westen heute ist. Viel wahrscheinlicher wird sein, dass sich in China die Vorstellungen von Mitbestimmung oder gar Demokratie anders ausprägen werden als im Westen. Zumal sich schon innerhalb Europas große Unterschiede ausmachen lassen. Was uns Deutsche prägt, gerade auch in Sachen Datenschutz und Überwachung, ist der Missbrauch von Daten in Diktaturen wie dem Dritten Reich und der DDR. In einem Fall hat dies sogar zum Holocaust geführt, in beiden Fällen zur Überwachung der eigenen Bürger, zur Drangsalierung von Minderheiten, zu Einschränkungen des persönlichen Spielraums. Die damaligen

Erfahrungen haben sich zu Recht stark in unser kollektives Gedächtnis eingebrannt. Das Misstrauen gegenüber dem Staat ist in Deutschland deshalb viel größer als in China. Hinzu kommt, dass die wirtschaftliche Prosperität in Deutschland weniger mit der Hilfe des Staates in Verbindung gebracht wird als in China.

All das hat die Deutschen so geprägt, dass sie selbst im Westen einsame Spitzenreiter sind, was die Sorge um den Datenschutz betrifft. Eine Kameradichte wie in London wäre in Berlin weder sozial akzeptabel noch politisch durchsetzbar. Dass sie in Großbritannien möglich ist, hat ein Stück weit auch mit den Erfahrungen der Vergangenheit zu tun. Hier ist die Angst vor Terroranschlägen größer als die Angst vor Überwachung und das hat auch mit historischem Erleben wie etwa dem Nordirlandkonflikt zu tun.

Es ist wichtig, solche unterschiedlichen Erfahrungen im Blick zu behalten, wenn man den Umgang mit Überwachung und Datenschutz beurteilen möchte. Andernfalls kann es schnell zu Fehleinschätzungen kommen. »Wie der Westen Chinas Social-Credit-System falsch versteht«, titelte denn auch das amerikanische Computermagazin *Wired* im Jahr 2019. Wenn wir im Westen also die Chinesen davon überzeugen wollen, dass eine solche Form der Überwachung unkalkulierbare Risiken für die Freiheit von Gesellschaften mit sich bringt, dann müssen wir uns die Mühe machen, ihren Blickwinkel zu erfassen. Die Vorstellung, dass ein allmächtiger Staat auf von der Propaganda verblendete, rückständige unmündigen Menschen trifft, wird in China zu Recht Stirnrunzeln erzeugen. Nur wenn wir die Blickwinkel der Chinesen in ihrer Vielfalt einnehmen, sind wir in der Lage, auch so zu argumentieren, dass unsere Sichtweise auf diese Entwicklung Überzeugungskraft entfalten kann.

Wie Werte sich verschieben

Das vergleichsweise starke Bedürfnis der Chinesen nach Sicherheit bedeutet gleichwohl nicht, dass den Chinesen Datenschutz völlig egal wäre. Er steht nur nicht an erster Stelle. Und es bedeutet auch nicht, dass die Priorisierung von Sicherheit in Beton gegossen wäre, auch wenn sich das mancher Kader in der Kommunistischen Partei so wünschen mag. Man hat in den vergangenen zwei Dekaden gut beobachten können, wie sich zum Beispiel das Verhältnis von wirtschaftlicher Prosperität und Umweltschutz verändert hat. In den 1990er-Jahren spielte die wirtschaftliche Prosperität eine überragende Rolle. Für Umweltschutz interessierte sich nur eine kleine Minderheit, die politisch keine Rolle spielte. Mit der Zeit gewann jedoch der Umweltschutz immer mehr an Bedeutung, auch für größere Teile der Bevölkerung. Nach dem Motto: Umweltschutz muss man sich erst einmal leisten können. Oder: Erst das Brot, dann die Moral. Die Entwicklung hin zu einem Umweltbewusstsein hat sich zwar langsamer vollzogen, als man sich dies im Westen gewünscht hat. Doch fairerweise muss man sagen: Sie hat sich alles in allem schneller vollzogen, als dies bei uns selbst der Fall gewesen ist.

Auch beim Datenschutz nimmt die Besorgnis inzwischen langsam zu. Immerhin schon so stark, dass die Regierung im Oktober 2020 vorsorglich den ersten Entwurf eines Datenschutzgesetzes vorgelegt hat: das Personal Data Protection Law (PDPL) mit siebzig Paragrafen. In diesem Fall war die General Data Protection Regulation der EU mehr als ein Vorbild. Peking hat sich fast in allen Punkten an der Verordnung orientiert. Die Definitionen von »persönliche Daten« und »Verarbeitung« sind im chinesischen Gesetzentwurf fast genauso weit ausgelegt wie im europäischen. Dazu zählt zum Beispiel auch, dass Organisationen und Personen, die mit chinesischen Daten arbeiten, ebenfalls unter dieses Gesetz fallen. Es schützt allerdings eher davor, dass Firmen Daten missbrauchen. Dafür sind harte Strafen vorgesehen, die bis zu 7,4 Millionen US-Dollar reichen oder gar einem Abzug in Höhe von 5 Prozent des unternehmerischen Jahresgewinns.

Einer, der sich das Gesetz genau angeschaut hat, ist Mathias Schroeder von der Kanzlei Schroeder & Partner, die auf Mergers & Acquisitions und Investitionsrecht spezialisiert ist. Schroeder ist zudem Aufsichtsratsvorsitzender eines chinesischen Unternehmens, das in Frankfurt im geregelten Markt gelistet ist, und meines Wissens der einzige deutsche Rechtsanwalt, der in China bei Gericht auftritt. Ich treffe mich mit ihm in einem Thai-Restaurant. Der sportliche Zweimetermann ist nicht zu übersehen. Man trifft ihn meist mit Anzug und Krawatte sowie dicken Rapper-Kopfhörern um den Hals, die er aufsetzt, wenn ihm der chinesische Geräuschsmog zu viel wird. Schroeder ist ein nachdenklicher Schnellsprecher, eine ungewöhnliche Mischung.

»Kann man eine Parallele ziehen, was die Entwicklung des Bewusstseins für Umwelt- und Datenschutz angeht?«, frage ich.

»Die kann man ganz klar ziehen«, antwortet er. Das Umweltbewusstsein sei gewachsen, weil die Menschen in Städten wie Peking und Shanghai im wahrsten Sinne die »Nase voll« gehabt hätten. Sie seien es leid gewesen, dass ihre Kinder und sie selbst wegen des Smogs immer husten mussten. »Dadurch wurde auch für die Politik der Druck immer größer, etwas zu tun.«

»Das hat aber doch ziemlich lange gedauert«, werfe ich ein.

Natürlich, meint Schroeder, es dauere, bis der Druck bei den Verantwortlichen ankomme, zumal in China. Bewegung komme zudem oft erst dann in eine Sache, wenn zum Beispiel wirtschaftliche Kennzahlen einer Kursänderung nicht mehr im Weg stünden. Gleichwohl gebe es Themen, bei denen die Regierung dichtmache. Ein Beispiel dafür sei die Pressefreiheit.

»Beim Datenschutz hingegen unternehmen sie in Peking etwas. Auch wenn die Motivation dahinter vielleicht eine andere ist, als wir im Westen denken oder hoffen. Beim Datenschutz in China geht es zunächst einmal nicht so sehr um den generellen Schutz der Privatsphäre, sondern erst einmal darum, den Konsum sicherer zu machen«, meint Schroeder. Der Datenschutz werde von Konsumenten getrieben, die Angst hätten, beim Einkaufen oder bei Geschäften generell über den Tisch gezogen zu werden. »In China ist es ja so, dass man beim Gemüsehändler eine Jahreskarte hat, die sich mit den Einkäufen nach und nach aufbraucht. Wenn der Händler nach ein paar Wochen plötzlich weg ist, bleibt ein mulmiges Gefühl, was der wohl mit den gesammelten Daten macht. Oder, um ein etwas drastischeres, natürlich nur theoretisches Beispiel zu geben: Stellen Sie sich vor, Sie sind Politiker und haben im ganzen Land in fragwürdigen Etablissements Ihre Datenspur hinterlassen. Da wären Sie doch froh, wenn Sie wüssten, dass Ihre Daten geschützt sind und Sie die Menschen, die Ihre Daten haben, ganz legitim wissen lassen können, dass sie künftig per Gesetz bestraft werden, wenn sie die Daten weitergeben.«

»In Gesprächen im Alltag habe ich den Eindruck, dass die Menschen hier sehr viel gleichgültiger reagieren, wenn man ihnen mit Orwell'schen Überwachungsszenarios kommt, als das in Deutschland der Fall ist«, sage ich.

»Dieser Eindruck ist richtig«, meint Schroeder. »Es ist nicht so, dass die Bürger laut nach einem Gesetz gegen den Staat rufen würden. Die Menschen sind eher genervt davon, wem sie alles ihre Daten preisgeben müssen. Sie haben diffuse Befürchtungen, weil auch sie inzwischen mitbekommen haben, wie wichtig ihre Daten für andere sind. Sie finden es sehr nervig, mit ›cold calls‹ von Fremden angerufen zu werden, die das eigene Kind mit Namen kennen, von deren Nachhilfebedarf in Englisch oder Mathe wissen und gegen Bezahlung Hilfe anbieten.« Auch in China spüre man, dass mit den eigenen Daten viel Geld gemacht werde.

»Ist es also tatsächlich eher ein Missbrauch durch die

Wirtschaft als durch die Politik, der den Menschen Sorge bereitet?«, frage ich.

»Derzeit entspricht das am ehesten meinen Beobachtungen«, antwortet Schroeder.

»Und welche Rolle spielen die internationalen Mahnungen zu mehr Datenschutz?«, fasse ich nach.

»Die spielen keine besonders große Rolle. Die Regierung in Peking geht ihren eigenen Weg, in ihrem eigenen Tempo. Sie muss sich natürlich mit den Menschen im Land synchronisieren, aber die Richtung oder die Geschwindigkeit lässt sie sich vom Ausland kaum vorschreiben.« Das gelte auch für die Menschen im Land. Nachdem der Westen ihnen lange vorschreiben wollte, wie sie leben sollten, bestünden sie nun auf eine eigene Sichtweise. »In dieser Frage scheint es in der Bevölkerung einen breiten Konsens zu geben. Die Menschen aller Schichten haben das Gefühl, dass sie zu lange nach der Pfeife des Westens tanzen mussten.« Sich gegen internationalen Druck zur Wehr zu setzen, werde nicht nur als legitim betrachtet, sondern auch positiv.

Gleichwohl nehme man sich inzwischen auch heraus, sich gegenüber dem eigenen Staat eine eigene Meinung zu bilden. Peking habe deshalb »Synchronisierungstools« entwickelt, um den Informationsfluss über das Internet und die sozialen Medien zu steuern oder zu begrenzen.

Wenn man sich aber dann entscheide, ein Datenschutzgesetz zu formulieren, sei die Regierung durchaus gewillt, einen Blick über den Tellerrand zu wagen – auch, um Zeit zu sparen. Das sei ein bisschen so wie in der Autoindustrie. »Als Innovator der zweiten Reihe muss man das Rad nicht neu erfinden, um Elektroautos zu bauen. So ist man auch auf die Datenschutzverordnung der EU gestoßen, die in deren Mitgliedsstaaten Gesetzescharakter hat. An dieser Verordnung hat sich der chinesische Entwurf sehr eng orientiert«, erklärt Schroeder.

Dass dieser Entwurf nun öffentlich ausliege und diskutiert werden könne, sei eine vergleichsweise neue Entwicklung. »So etwas traut man sich in Peking seit knapp 15 Jahren. Erst seit den Entwürfen zum Eigentumsgesetz 2005 und dem Arbeitsvertragsgesetz 2006 werden ausformulierte Gesetzesentwürfe öffentlich zur Diskussion gestellt. Für den raschen Erlass des damals dringend benötigten Arbeitsvertragsgesetzes gab es viel Druck von der Straße«, erinnert sich Schroeder. »Damals hat man erkannt, dass schon die Diskussion ein Ventil ist, um Druck abzubauen. Seinerzeit gab es die unheimliche Menge von rund 190 000 Kommentaren und Vorschlägen, die vom Gesetzgeber erfasst wurden.« Trotz dieser Menge sei die soziale Stabilität, wie mancher in der Partei befürchtete, nicht gefährdet gewesen. Im Gegenteil: »Die Regierung hat festgestellt, dass auch brauchbare Vorschläge darunter waren und dass offene Kritik an Entwürfen nicht so schmerzt wie Kritik an erlassenen Gesetzen.«

Über den erfolgreichen Erlass des Arbeitsvertragsgesetzes habe das Fernsehen damals ausführlich berichtet. Auch darin liege natürlich eine Möglichkeit, die öffentliche Meinung zu beeinflussen. Beim Datenschutzgesetz laufe das nun ähnlich. »Die Struktur zwischen der EU-Verordnung und dem Entwurf aus Peking ist praktisch gleich«, erklärt Schroeder. Zentral sei der Grundsatz, dass die eigenen personenbezogenen Daten einem selbst gehörten. Außerdem balancierten beide Verordnungen zwei Ziele aus: »Die Daten des Einzelnen zu schützen und gleichzeitig den geordneten Verkehr von Daten in der Wirtschaft zu ermöglichen.«

In beiden Gesetzen stehe die Zustimmung des Dateninhabers zur weiteren Datennutzung im Mittelpunkt. Unterschiede gebe es bei den Ausnahmen: »So nimmt der chinesische Entwurf ausdrücklich den öffentlichen Gesundheitsnotstand als Ausnahmetatbestand für die Verarbeitung personenbezogener Daten auf, wodurch eine COVID-19-App problemlos weitreichende Daten erfassen könnte. Auch Daten, die die Regierung braucht, um die öffentliche Sicherheit zu gewährleisten, können ohne Zustimmung erhoben werden. Auffallend ist auch, dass der Entwurf hinsichtlich der Ausnahmen eine weitgehende Ermächtigungsklausel für den Gesetzes- und Verordnungsgeber enthält, die es dem Staat ermöglicht, nachzujustieren und sich dann doch zu holen, was er braucht.«

Das sei ein gravierender Unterschied, wende ich ein.

»Es wirkt für uns wie ein Freibrief«, stimmt Schroeder zu. »Allerdings lässt auch die EU-Verordnung Ausnahmen zu, etwa für Strafverfolgungsbehörden und in Fragen der Gefahrenabwehr.«

Stoßen solche Hintertürchen im Kleingedruckten in China nicht auf Widerstand?

»Dass der Staat in China die Daten erheben darf, die ihm für seine Arbeit wichtig sind, das ist den Menschen derzeit nicht so wichtig. Sie haben einen anderen Blickwinkel: Sie wollen, dass der Staat sie als Konsumenten vor den großen Konzernen schützt. Und was das angeht, bringen die Menschen hierzulande dem Staat ein größeres Vertrauen entgegen, als wir im Westen dies tun.« Das Gefühl, sich vor dem Staat schützen zu müssen, sei hier noch nicht so ausgeprägt. »Aber das kommt vielleicht noch, wenn China eine andere Entwicklungsstufe erreicht hat.«

»Aber hat das nicht auch etwas mit Zensur und Meinungsmanipulation zu tun, dass die Leute den Staat als großen Beschützer sehen?«, frage ich.

»Wenn eine große Mehrheit das Bedürfnis nach mehr Schutz vor den Zumutungen des Staates verspürt, dann kann das auch die Zensur nicht verhindern. Dann muss sich der Staat mit dieser Frage beschäftigen. Bis dahin versucht der Staat mit seinen Synchronisierungstools natürlich, keine schlafenden Hunde zu wecken«, analysiert Schroeder.

Wie viel Fortschritt wird dieses Gesetz für China bringen?

Für die Rechte der Konsumenten gegenüber den Unternehmen sei das Gesetz ein großer Fortschritt, sagt der Anwalt. »Und für die Rechte des Bürgers gegenüber dem Staat ist es kein Rückschritt, eher das Gegenteil. Der Staat erlässt ein Gesetz, das den Fokus auf die persönlichen Daten richtet, und er unterwirft sich in Artikel 33 ausdrücklich selbst diesem Gesetz. Darin sehe ich durchaus einen Fortschritt.« Natürlich dürfe man nicht vergessen, dass es in China mit der Umsetzung solcher Gesetze noch hapere. Doch immerhin sei es ein wichtiger Schritt in Richtung Gesetzmäßigkeit der Verwaltung. »Wo früher weitgehend ohne Rechtfertigung und ohne Rechtsgrundlage Daten erhoben wurden, bedarf es mit diesem Gesetz nun einer Rechtfertigung. Der Datenerhebung, der Speicherung und Verarbeitung werden Grenzen gesetzt. Und wenn der Staat sagt, wir machen ein Gesetz, das auch die staatlichen Organe bindet, dann ist das ein starkes Signal.«

»Oder einfach nur geschickte Propaganda?«, hake ich nach.

»Wir dürfen uns hier sicher keinen Illusionen hingeben. Der Staat wird durch dieses Gesetz kein demokratischer Verfassungsstaat, so wie wir ihn kennen. Es ist so verfasst, dass der Staat weiter regieren kann, wie er möchte. Und er möchte natürlich viele Daten erheben, speichern und analysieren, um zu erfahren, wie die Stimmung im Land ist, aber auch, um das Verhalten seiner Bürger zu steuern. Das Gesetz selbst gibt ihm hierfür nicht mehr Möglichkeiten als bisher, sondern tendenziell weniger. Und es bewirkt einen Rechtfertigungsdruck, den es vorher nicht gab. Allein dieser Druck kann zu einem sensibleren Umgang mit Daten und Persönlichkeitsrechten führen und in der Bevölkerung das Bewusstsein dafür stärken. Die Möglichkeiten der Menschen, dem Staat auf die Finger zu schauen, werden dadurch jedenfalls größer.«

Listen für schwarze Schafe

Das Datenschutzgesetz ist natürlich nicht vornehmlich aus Sorge um die Rechte der Bürger entstanden, sondern vor allem, weil Unternehmen mittels Daten Geschäftsmodelle entwickeln, mit denen sie die Kontrolle des Staates unterspülen können. Eines dieser Geschäftsmodelle hat der Alibaba-Gründer Jack

Ma entwickelt, der wohl bekannteste chinesische Unternehmer. Es hat eine Schwäche der chinesischen Staatsbanken entdeckt. Sie haben sehr umständliche, starre Systeme der Kreditvergabe, die längst nicht mehr zeitgemäß sind. Also hat Ma mit dem Tochterunternehmen Ant Financial Services ein sehr effizientes, blitzschnelles und auf Künstlicher Intelligenz basierendes Bonitätssystem entwickelt.

Das sogenannte Sesame-Credit-System ähnelt am ehesten der deutschen Schufa. Bei Ant wird die Kreditwürdigkeit auf Basis der verschiedenen Alibaba-Accounts eines Nutzers errechnet, zum Beispiel beim Onlinehändler Taobao. Je höher der Punktestand, desto mehr Rabatte und Sonderangebote für den Nutzer. Der Vorteil: Entwicklungen wie in der amerikanischen Subprime-Krise sind so nicht mehr möglich. Da haben Banken den Konsumenten Kredite gegeben, ohne überhaupt ihre Bonität zu prüfen. Um Kreditspielräume zu erweitern, verbrieften viele Banken ihre Kreditforderungen und verkauften sie über Zweckgesellschaften an andere Finanzinstitute. Daher der Begriff »subprime«, »zweitklassig«. Um mit Gewinn weiterverkaufen zu können, waren die Risiken verschleiert worden, die Verbriefungen als Zertifikate erreichten auch private Geldanleger in Form vermeintlich guter Anlagen. Der Rest ist Geschichte, von den USA aus erfasste die Finanzkrise von 2008 an die ganze Welt.

Ein weiterer Vorteil von Sesame Credit: Die entsprechende App beinhaltet ein Punktesystem, mit denen die User die Effizienz der Verwaltung beurteilen können. Der große Nachteil: Die daran beteiligten Firmen sammeln immer mehr persönliche Daten der Nutzer.

Rund 711 Millionen Menschen verwenden heute die Software von Ant, der Großteil davon in China. Das macht den Konzern zu einem der größten Finanzinstitute der Welt. Zum Vergleich: Die amerikanische Citigroup zählt 200 Millionen Kunden, die deutsche Sparkassen-Finanzgruppe 50 Millionen. Dabei ist die

Nettomarge für Alipay höher als bei traditionellen Banken – weil weniger Parteien involviert sind. Das gefiel Chinas Staatsbanken gar nicht. Zumal Jack Ma, der Alibaba-Gründer, sie im Oktober 2020 offen angegriffen hatte. »Heute operieren Banken noch wie Pfandleiher«, sagte er bei einer Rede in Shanghai. »Nirgendwo ist die Pfandleiher-Mentalität so ausgeprägt wie in China.« Die Banken seien nicht risikobereit und deshalb nicht gerüstet für die Finanzwelt der Zukunft. Auch Chinas Finanzbehörden bekamen ihr Fett weg. »Aufsicht und Regulierung sind zwei Dinge«, erklärte Ma. »Derzeit sind wir ja gut in der Regulierung, aber es fehlt uns an einer guten Aufsicht.«

Auf der Konferenz war auch Chinas Vizepremier Wang Qishan anwesend. Er kämpfte einen Großteil seines Berufslebens gegen behäbige, aber auch maßlose Banken. Und er weiß, wovon er spricht, er war selbst in den 1990er-Jahren Chef einer großen chinesischen Bank. 1997, während der Asienkrise, gelang es ihm im letzten Moment, Chinas Finanzsystem stabil zu halten, nachdem sich regionale Finanzinstitutionen illegal im Ausland hoch verschuldet hatten. Die Wirtschaft der Nachbarn Thailand und Südkorea kollabierte, als die ausländischen Gläubiger plötzlich ihr Geld zurückhaben wollten, das Geld aber nicht mehr da war.

Seitdem, also seit über zwanzig Jahren, steht Wang für die Position, dass Banken zwar moderner werden müssten, aber Öffnung und Innovation nicht zu Risiken für die Finanzstabilität führen dürften. Insofern ist Wang Jack Ma einerseits dankbar für den Modernisierungsschub, anderseits sorgt er sich, dass die Kontrollmacht gewissermaßen in ein privates Unternehmen abwandert, dem Gewinne am Ende wichtiger sind als die Stabilität des Landes. »Sicherheit steht immer an erster Stelle«, machte Wang unmissverständlich klar.

Der Vizepremier und die gesamte chinesische Führung fürchten, dass die Verschuldung durch Fintech-Unternehmen wie Ant unkontrolliert angeheizt wird. Fast 63 Prozent der

Erträge von Ant kamen im ersten Halbjahr 2020 aus der Vergabe von über Big Data und KI gesteuerten Verbraucherkrediten. In China hat sich Ant zum bevorzugten Kreditgeber für Privatpersonen und kleine Unternehmen entwickelt. Allein bis Juni 2020 hat Ant 250 Milliarden US-Dollar an Konsumenten- und 58 Milliarden US-Dollar an Kleinunternehmenskrediten vergeben. In den ersten neun Monaten des Jahres 2020 steigerte das Unternehmen den Betriebsgewinn um 42,6 Prozent auf umgerechnet 17,8 Milliarden US-Dollar. Oft nahmen Menschen den Dienst in Anspruch, die von staatlichen Banken kein Geld bekommen hätten. Besonders junge Chinesen haben sich dadurch in den letzten Jahren hoch verschuldet. Im November 2020 zog der Staat die Notbremse. Er sagte den 35 Milliarden US-Dollar-Börsengang von Ant Financial wenige Tage vor dem IPO ab. Zum Schrecken der Investoren von Shanghai über Hongkong bis New York. Peking kündigte an, erst Regeln für dieses Geschäftsmodell etablieren zu wollen und nicht wie in den USA alles dem Spiel der Märkte zu überlassen. Jack Ma tauchte gut drei Monate nicht mehr in der Öffentlichkeit auf, ob gezwungenermaßen oder aus »freiwilliger« Demut, ist bis heute nicht klar.

Auch in diesem Fall geht es am Ende um die Frage, wem welche Daten gehören und wer was damit tun darf. Die Entscheidung war sehr ärgerlich für die Investoren. Doch noch ärgerlicher wäre es gewesen, Peking hätte diese Maßnahme ein paar Monate nach dem Börsengang ergriffen. Der Kurs hätte sich womöglich halbiert und viele Investoren damit ins Unglück gestürzt. So war nur ein Unternehmen betroffen, das weiter Geld verdienen darf, wenn auch mit verminderter Geschwindigkeit.

Es wird sehr spannend sein, welche Spielregeln die Regierung im Spannungsfeld zwischen Transparenz, Finanzstabilität und Datenschutz noch entwickelt. Auch das ist Teil eines Social-Scoring-Systems. Unter anderem wird die National Credit

Information Sharing Platform (NCISP), die schon seit 2003 existiert, erst einmal weiter ausgebaut. Weniger zu einem allwissenden, strafenden Gott, sondern eher zu einem Datenpool, auf den die regionalen Behörden, Lokalregierungen, Industrieverbände, Banken und zum Teil auch die Öffentlichkeit zugreifen können.

Anders als in den USA gibt es in China bereits seit Jahren Listen für schwarze Schafe. Wer dort draufsteht, darf zum Beispiel keine Flüge oder Tickets für Hochgeschwindigkeitszüge mehr buchen. Solche Sanktionen erfolgen in der Regel aber nach einer strafrechtlichen Verurteilung und noch nicht als direkte Konsequenz einer Social-Credit-Herabstufung. Was sich ebenfalls abzeichnet: Die Punkte verfallen – je nach Delikt – nach drei Monaten bis sechs Jahren.

Das Scoring-System soll auch für Unternehmen gelten, selbstverständlich auch für ausländische, die in China tätig sind. Sie sollen nach verschiedenen Kriterien bewertet werden, etwa Umweltschutz, Qualitätsmanagement, Datentransfer oder Arbeitsschutz. Das klingt zunächst einmal gut, zumal Unternehmen im Umkehrschluss auch belohnt werden könnten, wenn sie beispielsweise ihren Schadstoffausstoß in einem bestimmten Zeitraum signifikant senken. Problematisch wäre das neue System, wenn Unternehmen aus dem Ausland in bestimmten Situationen besonders streng beurteilt würden, etwa als verschleierte Vergeltungsmaßnahme in einem Handelsstreit. Es wird auch darüber nachgedacht, ob ein westliches Unternehmen, das mit einem »unanständigen« Zulieferer zusammenarbeitet, selbst gleich mit herabgestuft werden soll.

Wenn man mit Spitzenkadern spricht, hört man zwischen den Zeilen heraus, dass in der Regierung die alltägliche Korruption und der Ärger in der Bevölkerung darüber als große Gefahr für die soziale Stabilität angesehen werden. Langfristige Stabilität gibt es nur, wenn die Menschen zufrieden sind. Peking weiß, dass eine solche Unzufriedenheit auf Dauer selbst durch totale Überwachung nicht unterdrückt werden kann.

Daher muss die Regierung möglichst früh herausfinden, wo der Schuh drückt, um zeitnah reagieren zu können.

In der Zentralregierung ist man sich auch im Klaren darüber, dass nicht die umfassende staatliche Kontrolle am meisten Unmut bei den Menschen auslösen wird, sondern der Versuch, ihnen alten Wein in neuen Schläuchen zu servieren. Etwa wenn trotz Social Scoring jemand mit guten Kontakten oder durch »kleine Gefälligkeiten« gegenüber Geschäftspartnern und Behörden eher zum Zug kommt als jemand ohne dieses Vitamin B. Oder wenn die Lebensmittelskandale nicht aufhören. Daher vertrauen viele in China heute lieber einem als neutral empfundenen Algorithmus als anderen Individuen, die nur auf den eigenen Vorteil aus sind, oder Behörden, die unter Umständen nur lückenhaft zur Rechenschaft gezogen werden. Dass dieser Algorithmus nicht politisch neutral sein muss, sondern gesteuert werden kann, vergessen sie allerdings dabei – noch jedenfalls. Und genau hier muss und kann die Diskussion ansetzen. Die Diskussionen zwischen dem Westen und China über die politischen Risiken im Umgang mit Daten werden jedoch nur fruchten, wenn man die gesellschaftlichen Umstände berücksichtigt. Das kann man nicht oft genug betonen und deshalb hier noch ein Beispiel, das verdeutlichen soll, worum es da geht.

Im August 2017 wurde in Deutschland ein Strafverfahren gegen zwei Chinesen eingeleitet, weil diese vor dem Reichstag für ein Foto mit Hitlergruß posiert hatten. Das sorgte in chinesischen Social-Media-Kanälen für lebhafte Diskussionen. Viele Chinesen waren verblüfft, dass eine »Handgeste« auch siebzig Jahre nach dem Ende des Dritten Reiches noch mit einer Strafe und gesellschaftlicher Ächtung geahndet wird. Für die beiden Chinesen war der Hitlergruß einfach eine vermeintlich »typisch deutsche Geste« gewesen. Nichts lag ihnen ferner, als sich mit Neonazis gemein zu machen, Deutschland zu provozieren oder gar zu beleidigen. Dennoch pochte unsere Justiz zu Recht auf unseren Blickwinkel und unser Strafgesetzbuch.

Und so pochen auch die Chinesen in vielen Fragen auf ihren Blickwinkel, auf historische Zusammenhänge. Wir können die chinesische Regierung, die Partei und auch die Menschen nicht zu einem Umdenken zwingen, aber wir können versuchen, sie zu überzeugen. Zum Beispiel in einer Diskussion um die jüngste chinesische Innovation aus Shenzhen, die ebenfalls große Vor- und Nachteile hat: der E-Yuan. China testete im Oktober 2020 als erstes großes Land der Welt eine staatliche Digitalwährung. Zum Auftakt verschenkte der Staat umgerechnet 1,26 Millionen Euro der neuen Währung an 50 000 Bürger. Vorangegangen war eine Lotterie, an der jeder sechste Einwohner von Shenzhen teilgenommen hatte, in der Hoffnung, ein kleines Taschengeld in der neuen digitalen Währung zu gewinnen. In der zweiten Runde im Januar 2021 sind es schon umgerechnet gut 2,5 Millionen Euro.

In China werden *Hongbaos*, Geldgeschenke in einem roten Umschlag, traditionell zum Frühlingsfest und anderen Gelegenheiten verschenkt. Längst gibt es sie auch digital, werden sie von Smartphone zu Smartphone verschickt. Chinas Tech-Giganten Tencent und Alibaba haben sie zur Markteinführung ihrer Online-Payment-Lösungen WeChatPay und Alipay vor Jahren klug für Werbezwecke genutzt: Ein Klick auf das rote Kuvert-Icon, und schon war der digitale Geldbeutel voll.

Diese Gewohnheit nutzte der Staat nun und schickte den glücklichen Lotteriegewinnern sozusagen einen roten Umschlag per Smartphone. Die einzige Bedingung: Die Beschenkten mussten das Geld innerhalb einer Woche ausgeben. Dazu bekamen sie eine neue App mit rund 3400 Geschäften im Stadtteil Luohu, die die neue Währung akzeptierten. Einige Gewinner luden ihre digitalen Wallets zusätzlich noch mit »echtem Geld« auf. Das war allerdings die Ausnahme, es kamen so nur umgerechnet 114 000 Euro zusätzlich zusammen.

Doch warum der Aufwand, wenn sowieso schon die meisten Menschen mit dem Smartphone bargeldlos bezahlen? Die

Antwort ist einfach. Jeden Yuan, mit dem die Leute elektronisch bezahlen, gibt es bisher auch in Papierform. Er wurde irgendwann gedruckt, ausgegeben und dann wieder an einem Bankschalter auf ein Konto eingezahlt und von diesem Konto digital auf eine App überwiesen. In China wird inzwischen fast alles über eine App bezahlt. Es ist streng genommen aber immer noch Papiergeld, nur in einem anderen Aggregatzustand.

Alipay und WeChatPay, die ebenso per QR-Code abrechnen, sind demnach nur Zahlungssysteme und keine Digitalwährungen an sich. Weil die Kombination aus Papier und digital umständlich und teuer ist, will die chinesische Regierung das abschaffen. Man spart nicht nur viel Papier, Lagerraum und Autos, die die Scheine umhertransportieren, sondern man braucht auch kein klassisches Bankkonto mehr. Denn das Konto ist am Ende nichts als ein sicherer Aufbewahrungsort und eine Versandstation für Papiergeld, das man zu Hause nicht herumliegen haben will. Weil man kein Konto mehr braucht, ist die Wahrscheinlichkeit groß, dass die Menschen von dieser neuen Bezahltechnologie begeistert sind.

Der Kioskbesitzer um die Ecke der Lo Wu Shopping Plaza versteht das natürlich nicht. Man muss eine Weile suchen, um einen solchen Kiosk mit dem Aufkleber »Digitaler Renminbi« in chinesischen Schriftzeichen und darunter »E-CNY« (CNY ist das Kürzel für die chinesische Währung) zu finden. Er sagt, das funktioniere nicht anders als bei WeChat und Alipay. Dass die eine Währung mit Papiergeld und Münzen hinterlegt ist und die andere nicht, interessiert ihn nicht. Das Einzige, worüber sich der Kioskbesitzer wundert: Warum der Staat den Menschen Geld schenkt, um im Grund das Gleiche zu tun, was sie sonst auch tun, nämlich ihre Limo und ihre Zeitung mit dem Smartphone zu bezahlen. »Es wird alles immer verrückter«, brummt er. Aber da E-CNY ihn nichts kostet und er womöglich mehr Einnahmen hat, bringt er den Hinweis gerne an seinem Kioskfenster an. »Warum auch nicht?«, fragt er erstaunt zurück.

Beim Thema Datenschutz winkt er ab. »Der Staat weiß eh alles. Und ich habe doch nichts zu verbergen.«

Die kleine Stichprobe lässt annehmen, dass die Widerstände in der Bevölkerung gegen den neuen E-Yuan nicht sehr groß sein werden. Deshalb hat Peking gute Chancen, die meisten anderen Länder mit einer eigenen Digitalwährung abzuhängen. Die Regierung macht sich schon länger Gedanken darüber, wie man die unhygienischen, teuren und umständlichen Scheine loswerden kann. Bereits seit 2014 forscht die chinesische Notenbank an einer staatlichen Digitalwährung. Mark Zuckerbergs Ankündigung, mit Facebook einen »Libra« genannten Stablecoin an den Start zu bringen, hat die Entwicklungen in China seit dem vergangenen Jahr noch beschleunigt, auch wenn das etwas ganz anderes ist. Der E-Yuan soll die traditionellen Zahlungsweisen nicht ersetzen, sondern zunächst nur ergänzen und in Apps von Drittanbietern wie WeChat ebenfalls integrierbar sein, heißt es bei der People's Bank of China (PBOC). Der große Vorteil für den Staat: Anders als bei der Facebook-Währung oder bei Bitcoin behält der Staat so sein Währungsmonopol. Zum Beispiel kann er entscheiden, wie viel Geld das Land verlassen darf. Mit Schrecken hat die Pekinger Regierung bei Russland Anfang der 1990er-Jahre und in der Asienkrise 1997/98 gesehen, was passieren kann, wenn Geld unkontrolliert das Land verlässt: Die Wirtschaft blutet praktisch aus. Oder was geschieht, wenn man sich als Unternehmen oder Privatperson unbegrenzt Geld im Ausland leihen kann. Das führt dazu, dass ein Land immer abhängiger von internationalen Interessen wird. Deshalb gibt es in China Kapitalverkehrskontrollen. Und deshalb wurde Bitcoin inzwischen faktisch verboten. Bis dahin konnte man ungehindert die alten Yuan in Bitcoin wechseln und sie im Ausland in US-Dollar tauschen.

Die digitale Wirtschaft freut das neue System. »Wir sollten darüber nachdenken, wie wir durch die digitale Währung eine neue Art von Finanzsystem etablieren können«, sagte

Alibaba-Gründer Jack Ma im Herbst 2020, kurz bevor er von der Regierung angezählt wurde. Der Preis jedoch, den die chinesischen Bürger dafür zahlen müssen, liegt auch auf der Hand. Sie können ihre Geldströme den neugierigen Blicken des Staates nicht mehr entziehen. Das ist jetzt schon schwierig, aber noch möglich. Noch vor 15 oder 20 Jahren war es normal, mit einer Plastiktüte voller Geld beim Porschehändler aufzutauchen und sich einen neuen 911er zu kaufen. Niemand hat den Kunden gefragt, woher das Geld kommt. Und die Bank wollte auch vom Porschehändler nicht wissen, wo sein Geld herkommt. Geld war Geld. Die Freiheit der Menschen in Geldgeschäften war groß, auch die Freiheit, zu bestechen und bestochen zu werden.

Pekings politische Ziele sind klar: Die Regierung will nicht nur den Währungskreislauf lückenlos überwachen, also Schwarzhandel, Geldwäsche und Korruption unterbinden, sondern sie will auch möglichst genau wissen, wer wie viel für was ausgibt. Nicht nur, um den Konsum besser steuern zu können, sondern eben auch – und das ist das größte Problem –, um politische Bewegungen und deren Finanzströme zu kontrollieren. Allerdings ist es auch in diesem Fall wahrscheinlich, dass die Menschen die Vorteile schnell verstehen und die Währung nutzen werden, die Nachteile jedoch erst einmal ausblenden. Das ist in Europa anders.

Auch in Brüssel denkt man über einen digitalen Euro nach und will noch 2021 ein Pilotprojekt einführen. Viele Fragen sind jedoch noch offen, darunter solche, die in China gar nicht erst gestellt werden. Die beiden wichtigsten: Wer programmiert den Algorithmus? Und welche Regeln gelten für den Daten- und Verbraucherschutz? Dass diese Fragen in Europa ausführlich diskutiert werden, entspricht der Stimmung in der Bevölkerung. Laut einer Umfrage der Deutschen Bank aus dem Jahr 2020 sind gut 70 Prozent der Deutschen eher skeptisch in Bezug auf Digitalwährungen. Das Problem ist nur, dass die Chinesen nicht auf uns warten. Sie wissen, dass 80 Prozent der

Notenbanken weltweit derzeit an digitalen Währungen arbeiten. Peking möchte hierbei globaler Trendsetter werden und den Stellenwert von US-Dollar und Euro als internationale Zahlungsmittel relativieren. Die Chancen, dass das gelingt, stehen nicht schlecht. Zumal das Pilotprojekt des digitalen Yuan 2021 auf neun weitere Städte ausgeweitet werden soll.

Und längst hat der Run auf weltweite Marktanteile begonnen. Schon Anfang 2021 zeichnet sich ab, dass Berlin und Peking in einem grundlegenden Punkt bezüglich digitaler Währungen gleicher Ansicht sind und dass diese Ansicht von Washington nicht geteilt wird. »Die Herausgabe einer Währung gehört nicht in die Hände eines Privatunternehmens, denn sie ist ein Kernelement staatlicher Souveränität«, so SPD-Finanzminister Olaf Scholz. Das sieht Peking genauso. Die USA hingegen halten die neue privatwirtschaftliche Digitalwährung »Diem« (ehemals »Libra«) von Facebooks Mark Zuckerberg nicht für problematisch. Die Schweiz, wo die Diem Association ihren Sitz haben wird, hat da ebenfalls keine Bedenken.

In den meisten Fragen, die im Spannungsfeld zwischen technischer Innovation, Künstlicher Intelligenz und Datenschutz entstehen, überwiegen jedoch die Gemeinsamkeiten zwischen Washington, der EU und Deutschland. Und so steckt der Westen zu Beginn der zweiten Dekade des 21. Jahrhunderts wieder einmal in einem Dilemma, aufgrund einer Technologie, die in Shenzhen weltweit zuerst ausprobiert wurde und die sich anschickt, auch die übrige Welt zu erobern. Es bleibt nicht viel Zeit, unsere Vorstellungen einzubringen, vor allem bei der Frage, was die Einsatzmöglichkeiten solcher Innovationen angeht. Dass China dabei von Überwachungs- und Kontrollmöglichkeiten Gebrauch machen wird, die nicht unserem Verständnis entsprechen, darf als sicher gelten. Dass die Menschen in China sich gegen Entwicklungen wehren werden, die ihnen nicht passen, auch.

KAPITEL 4
CHILLEN

Von Menschen in den Nischen der Subkultur

»Nur wenn du eigensinnig bist und gegen den Strom schwimmst, entsteht Neues.«

DAVID KAY, in Shenzhen lebender britischer Musiker und DJ

Im Dunst aus subtropischer Luft und Smog sieht die Riesenkrabbe gruselig aus, mit ihren großen, roten Scheren, die von weißen Flecken übersät sind, und mit ihrem fast fünf Meter hohen, grauen Panzer. Doch je länger man hinschaut, desto mehr erinnert sie auch an alte Horrorfilme, in denen die Monster noch aus Pappmaschee waren. Vor der Riesenkrabbe tanzen *Ayis,* ältere Frauen, ordentlich in drei Reihen zu einer chinesischen Schnulze aus einem Ghettoblaster: Da-Da-Da, Dada-da-Dada, Da-Da-Da. Eine Bande Kinder rennt um sie herum und klettert über Riesenschneckenhäuser, die auf der Straße herumliegen. Aus deren Öffnung wuchert Gebüsch, wie Haare aus einem Paar Ohren.

Die Bewohner haben sich den Platz zurückerobert. Die Shi-Yun-Straße ist nach ihrer seltsamen Verschönerung nun eine

Mischung aus Dorfplatz, Salvador-Dalí-Welt und Fußgängerzone für die Menschen aus den Hochhäusern des Seataste Garden Compounds, von denen man übers Meer nach Hongkong schauen kann. Gut ein Drittel Ausländer sitzt in den Restaurants. Dazwischen hört man Kantonesisch, meist jedoch Mandarin. Es ist Freitagabend im Shekou-Viertel.

Die Menschen drängen sich an schnell zusammengeschobenen Tischen auf der Straße unter großen Bäumen. Die Hitze steht zwischen den Häusern. Das chinesische Bier schmeckt. Davor kreuz und quer ihre Motorroller. Manche rauchen eine der Shishas in poppigen Farben, die man in der Stadt nun immer öfter sieht. Übermütiges Lachen schallt durch die Straßen. Laute entspannte Stimmen, die sich über die Musik legen, mit denen die verschiedenen Restaurants und Imbissbuden auf sich aufmerksam machen wollen. Die Menschen lassen die Woche sacken.

Auch Ursula und David Kay sitzen meist freitags hier in »Willy's Crab Shack«, einem alteingesessenen Fischrestaurant, das auch Burger und Pizza serviert. »Peace, Love & Crabs« steht in großen, fetten, roten Buchstaben über dem Eingang. Drinnen stapeln sich die Takeaway-Kartons, auf den beiden Fernsehern läuft irgendein Formel-1-Rennen, das niemand beachtet. Keiner sitzt drinnen. Über dem Tresen der einzige Wandschmuck: ein roter, angestaubter Rettungsring. Die Bedienung kommt aus den Philippinen und quatscht gerne über Gott und die Welt

Eine Stimmung fast wie in einem Tarantino-Film: im Pub der Großstadt-Cowboys. Ursula und David mögen das. Jeder ist hier, wie er sein will. »You do you, just don't do me«, sagt Ursula. Das Essen ist gut und preiswert. Und niemanden stört, dass ihre Kinder übermüdet und laut zugleich mit anderen Kindern herumtoben: Freddy Lee, fünf Jahre alt, und DeeDee Pearl, sieben. Beide sind in China geboren.

Freddy kommt zum Tisch seiner Eltern, in der Hand hält er einen Pappkarton mit dem QR-Code des Kiosks schräg gegenüber. Freddy hat Durst. David hält das Smartphone über den Code und bezahlt. Freddy läuft zurück und bekommt seine Limo.

Ursula und David wohnen seit drei Jahren in Shenzhen. Zuvor haben sie fünf Jahre in Hangzhou, südlich von Shanghai gelebt, der Heimatstadt von Alibaba, der größten Handelsplattform nach Amazon. Sie leben in China, weil es ihnen hier besser gefällt als in Europa. In Shenzhen wohnen sie, weil sie die Stadt am interessantesten in China finden, sie am besten zu ihrem Lebensstil passt. Sie sind die Expat-Vorhut einer Stadt, die international immer größere Bedeutung erlangt und vereinzelt schon internationale Subkulturtrends beflügelt, weil wie überall auf der Welt der technologischen Innovation mit einem gewissen Abstand die kulturelle Innovation folgt. Deswegen ist es für mich auch so spannend, die Shenzhener Kosmopoliten ein Wochenende lang zu begleiten.

Ursula, 39, ist Modedesignerin aus Holland, David, 38, ein britischer Musiker und DJ aus Sheffield. Mit seiner Folkpop-Band »The Tiny Dancers« hat er es 2005 schon mal auf Platz 32 der britischen Charts geschafft, einer Zeit, als solche Chartplätze noch der Goldstandard waren. Seine Band hat mit Bob Dylan gespielt, aber auch mit den »Babyshambles«, der zweiten Band von »Libertines«-Frontman Pete Doherty. David hat George Martin, den fünften Beatle, getroffen und von dessen Label Parlophone einen Plattenvertrag bekommen. Parlophone gehörte damals zu EMI Musik, einer der größten Plattenfirmen der Welt. »The Tiny Dancers sind entweder verblüffend vielfältig oder verblüffend konfus«, schrieb der *Guardian* damals über die Band. Für die Londoner *Times* war sie eine »geniale Truppe«, mit David, dem »charismatischen Zappelphilipp« als »Trumpfkarte«. Im Englischen heißt Zappelphilipp »fidget« und das ist dann gleichzeitig auch eine Anspielung auf die Musikrichtung Fidget House, die zum Synthiepop gehört. Eine Richtung allerdings, für die David eigentlich gar nicht steht.

»The Tiny Dancers« hätten groß wie »Coldplay« werden können. Doch David und seine Band blieben ein One-Hit-Wonder. Heute ist der Musiker und Komponist einer der prägenden westlichen DJs in Shenzhen. Tagsüber arbeitet er als Englisch-Lehrer an der internationalen Montessori-Schule hier im Viertel. Eine Band hat er auch, aber inzwischen eher als Hobby.

Ursula war mal »Davids Groupie«, wie sie lachend erklärt. Kennengelernt haben sie sich auf einem Konzert in London. Sie haben sich verliebt und später geheiratet. Was sie unter anderem verbindet: eine Passion für die Achtziger. Ursula hat diese Frisur, mit Locken und Strähnchen, die Olivia Newton-John im Kultmusical »Grease« als Partnerin von John Travolta getragen hat. Der lief zwar 1978, hat die Achtziger aber bereits vorweggenommen. Ursula mag Karottenhosen mit ganz hohem Bund und breiten, unten spitz zulaufenden Gürtelschlaufen. Sie lassen sich sinnloserweise öffnen, weil sie je mit einem silbernen Jeansknopf versehen sind. Sie mag auch die Blusenmuster der Achtziger. Eine schlüssige Inszenierung für ihr schönes Gesicht, das an eines der Françoise-Gilot-Porträts von Picasso erinnert. Ursulas Mutter stammt aus Peru. Ihr Vater aus Holland.

Auch David inszeniert sich gerne. Er besitzt eine große Sammlung der absurdesten Baseballmützen, mit Flugzeugträgern, Palmen oder riesigen US-Fantasiewappen drauf. Und er liebt diese bunten, breitschultrigen Blousons, diese Batikshirts und auffällig knalligen Jacketts mit ihren breiten Schultern und den großen Revers. Dazu trägt er Röhrenjeans und Adiletten an den nackten Füßen oder Turnschuhe, natürlich aus den Achtzigern.

Das alles passt gut zu seinen schulterlangen, blonden dünnen Haaren, dem hellen Schnäuzer und seinen feinen Gesichtszügen. Dazu kommen kleine Details: die original Casio-Taschenrechner-Uhr, eine Ray-Ban-Sonnenbrille in Pilotenform mit sehr hellem, türkisfarbenem Glas oder die

Halskette mit einem großen gebogenen Zahn als Anhänger. Die knalligen Farben der Klamotten tariert er aus mit seiner ruhigen, besonnenen, zurückhaltenden Art. Ein Zappelphilipp ist er nur auf der Bühne. Es ist sehr ungewöhnlich, mit welcher Unaufgeregtheit und Selbstverständlichkeit jemand solche Klamotten trägt.

Jenseits ihres eigenwilligen Stils sind die Kays im Grunde eine ganz normale Familie, die es am Wochenende mit ihren Kindern zu den Spielplätzen und Hüpfburgen der Stadt zieht. Eine Familie allerdings, die viel zur Subkultur von Shenzhen beiträgt. Sie haben sogar eine eigene YouTube-Serie, in der sie aus ihrem Leben berichten.

Wie sind Ursula und David nach China gekommen?

»Dass wir nach China gegangen sind, war Zufall«, sagt David und isst ein paar kalte Fritten zu einem großen Schluck Bier. »Aber dass wir hiergeblieben sind, ist *kein* Zufall«, fügt Ursula hinzu.

»Wir fühlen uns viel freier und sicherer hier. Weil wir hier in dem Stil leben können, in dem wir wollen«, sagt David.

»In Sheffield war es wirklich schlimm. Ich hatte Angst«, bricht es aus Ursula heraus. »Ich wurde fast jeden Tag von Hooligans angepöbelt und immer wieder angegriffen, einfach so, nur weil wir uns so anziehen, wie wir es cool finden. Am helllichten Tag.« Sie spricht von der Zeit, als sich schon niemand mehr an Davids Höhenflüge mit den »Tiny Dancers« erinnerte.

Wenn sich jemand im Gothic-Stil oder im Skater-Stil kleide, sei es einfacher. »Aber wir passten nirgends rein«, erklärt David. »Für diese Gangs waren wir einfach nur Freaks, an denen sie ihre Wut auslassen konnten.«

Wenn sie mit ihrer Gruppe unterwegs waren, mit Leuten aus der Kreativszene, die Musik mögen und sich eigensinnig kleiden, »dann war natürlich alles normal, die haben uns so genommen, wie wir waren. Aber außerhalb dieses geschützten Raums fühlten sich die Leute von uns und unseren Freunden provoziert«, erinnert sich Ursula. Das war selbst im Supermarkt so. »Wir haben uns extra schon so neutral wir möglich angezogen«, sagt sie. »Doch wir wurden trotzdem angestarrt, als ob wir fünf Arme hätten. Es war kaum auszuhalten. Und Kindern willst du das erst recht nicht zumuten. Dann kam 2010 aus heiterem Himmel der Anruf von einem Headhunter«, erzählt Ursula. Eine chinesische Modefirma suche eine westliche Designerin und führe in London gerade Bewerbungsgespräche. Ursulas Website hätte der Firma gefallen. Also fuhr sie nach London und bekam den Job tatsächlich angeboten. »Und da wir uns eh unwohl gefühlt haben, fiel es uns nicht schwer zu sagen, lass uns das ausprobieren.«

Sie haben ihre Möbel eingelagert und gingen nach Hangzhou. Dort war die Stimmung vom ersten Tag an anders. »Da war nicht nur Respekt, Toleranz und Offenheit im Alltag, die Menschen sind direkt auf uns zugegangen, freuten sich über unseren Stil. Und es war absolut sicher. Überall«, sagt Ursula.

»Hier passiert eben so viel Neues und Ungewöhnliches, da fallen wir nicht weiter auf«, meint David.

»Na ja, wir fallen ja eigentlich noch mehr auf ...«, wirft Ursula ein.

»Wir werden aber eher neugierig, freundlich und offen beäugt, nie in einer negativen Art«, hält David dagegen.

Aber liegt das nicht daran, dass sie Ausländer sind, von denen viele Chinesen ohnehin denken, sie seien ein wenig schräg?

»Nein. Hier gibt es auch viele Chinesen mit eigenem Stil. Und weil sich diese Stadt dauernd wandelt, sind sie hier nicht so engstirnig«, meint Ursula.

Nach fünf Jahren in Hangzhou zogen sie dann nach Shenzhen. »Wir hatten immer wieder viel Gutes über die Stadt gehört. Aber eigentlich sind wir nach Shenzhen gegangen, weil es für DeeDee keine Montessori-Grundschule in Hangzhou gab und die Luft hier viel besser ist«, erzählt David.

Wir bestellen eine neue Runde Bier.

Freiheit, chinesische Art

»Shenzhen ist noch offener und vielfältiger als Hangzhou«, sagt Ursula. Und die Stadt werde immer noch vielfältiger. Im Straßenbild, aber auch in der Subkultur: »Wenn es einen Stil der Shenzhener Subkultur gibt, der gerade sichtbarer wird, dann ist es der Stil der Sadomaso-Techies«, sagt David, der als DJ guten Einblick in die Szene hat.

Überhaupt sei Shenzhen sehr tolerant gegenüber allen, die nicht so lebten wie die Mehrheit. Es sei die wohl beste Stadt in China für Schwule, Lesben und die ganze LGBT-Szene. Ursula fügt hinzu: »Bei meinem letzten Job als Creative Director waren von den 15 Frauen, die dort gearbeitet haben, neun lesbisch. Es gab Meetings, da war ich die Einzige, die straight ist.«

Die Kinder kommen angerannt. Freddy ist von der Schaukel gefallen. Nicht schlimm. Er muss kurz auf Ursulas Arm und dann läuft er wieder los.

Nach Hangzhou hätten sie auch überlegt, nach Taipei zu gehen. »Taipei ist China minus dem, was wir an China nicht mögen«, sagt David, »also die ganze Überwachung zum Beispiel. Aber es ist nicht viel los dort. Es ist nicht so intensiv. Und es ist schwierig, dort einen Job zu finden. Sie sind sehr geschlossen, nach innen gewandt. Sie geben lieber ihren eigenen Leuten Arbeit.« Doch immerhin hätten sie dort die tollsten Flohmärkte.

Gibt es denn auch Plätze im Westen, wo sie sich ähnlich frei gefühlt haben?

»Ja, in Venice, in Los Angeles, an der Küste. Aber da hast du eben auch die Kriminalität und die Not, Obdachlose, Drogenabhängige und so weiter. Wobei die USA wahrscheinlich trotz der vielen Trump-Anhänger immer noch offener als Europa sind. Wenn wir den Chinesen hier von den Angriffen in England erzählen, dann verstehen die gar nicht, was wir meinen«, sagt Ursula.

»Es ist hier auch kein Problem, sich normal oder langweilig

oder förmlich zu kleiden. In London kannst du mit einem weißen Hemd und im dunklen Anzug nicht in bestimmte Viertel gehen, ohne unangenehm aufzufallen. Das ist bestimmt auch in Berlin so, oder?«, fragt David, ohne die Antwort abzuwarten. »Hier ist das alles egal, weil alles im Aufbau ist. Man probiert ständig neue Sachen aus. Mehr Vielfalt ist hier eine Sehnsucht und deshalb etwas Gutes.«

Das heißt aber doch auch, dass es noch nicht genug Vielfalt gibt. Wobei der Staat jedenfalls keine unkontrollierte Vielfalt will, wende ich ein.

»Es ist schon verrückt«, sagt David nachdenklich. »In Großbritannien sind die Meinungsfreiheit und die politische Freiheit viel, viel größer. Die Politik ist vielfältiger. Es gibt unglaublich viele kreative Leute und alles in allem wahrscheinlich schon eine größere Vielfalt. Trotzdem ist die Gesellschaft so unversöhnlich zerrissen, geteilt zwischen Reichen und Armen und vor allem zwischen Angepassten und Unangepassten. Da gibt es nichts Gemeinsames.«

»Wobei wir uns gar nicht als unangepasst empfinden«, wirft Ursula ein. »Wir wollen uns nicht absetzen, niemanden provozieren. Sondern einfach Teil der Vielfalt sein.«

David ist überzeugt, dass Europa in den 1980er-Jahren viel offener war, als es das heute ist. Diese Offenheit sei es auch, die ihm an den Achtzigern so gefällt. Wenn er das als Spätgeborener mal nicht romantisiert, denke ich. »Inzwischen ist man hier in Shenzhen individualistischer als in Europa«, resümiert David, »freundlicher und aufgeschlossener dafür, dass jemand sein eigenes Ding macht, seinen eigenen Stil hat. Zumindest, solange es nicht politisch im engeren Sinne wird.«

»Was bedeutet das denn, ›im engeren Sinne?‹«, hake ich nach.

»Das bedeutet, man kann sich kreativ entfalten, wie man will, Musik machen, malen, was auch immer. Man kann für eine bessere Umwelt kämpfen, für ein nachhaltiges Leben, für eine bessere Stadt. Und man kann wirklich anders sein, das interessiert die Herrschenden nicht, solange man keine Partei gründet oder Massenbewegung schürt. Aber das wollen die meisten jungen Leute sowieso nicht. In Europa allerdings auch nicht.«

»Kann man das denn so einfach trennen – Individualismus und politisches Engagement?«, frage ich erstaunt.

»Natürlich nicht immer, aber in den meisten Fällen schon. Die meisten Subkulturen wollen weniger die Welt verändern als eine Szene für Leute schaffen, die ähnlich ticken.«

Hier sei alles noch offener, mehr im Fluss. In Europa müsse man sofort die Frage beantworten: Zu welcher Gruppe gehörst du denn eigentlich? Und dann müsse man sich auch entsprechend verhalten. Das sei auch in Teilen der Subkultur so: »Wenn du Gothic bist, darfst du nicht lachen. Verrückt.«

Wie ist denn das in Holland?

»Wenn man im Ausland lebt, lernt man viel mehr über sich selbst als zu Hause. In Holland beispielsweise kann ich mich nicht einfach zu einer Gruppe von Leuten in einem Restaurant setzen. Hier ist das kein Problem. Es gibt keine Alteingesessenen. Es ist eine offene Stadt«, sagt Ursula.

Total erstaunt hat sie, wie diszipliniert die Menschen während der Coronakrise waren. Anfang März war alles vorbei. »Die Gemeinschaft ist hier viel wichtiger, obwohl das eigentlich diesem Shenzhener Individualismus widerspricht. Aber irgendwie geht es zusammen.«

»China ist im Westen ja nicht gerade für seinen Individualismus bekannt«, wende ich ein.

»Das ist ein falscher Eindruck, der vielleicht noch aus alten Zeiten herrührt«, entgegnet Ursula. »Oder aus anderen Landesteilen. Zumindest in den Städten geht es heute sehr individuell zu.« Sonst wäre es auch gar nicht möglich, dass Firmen wie Tencent und Huawei und die unzähligen Start-ups so viel Neues entwickeln.

»Das geht ja nur wegen der vielen innovativen Entwickler.

Und das sind natürlich wie im Silicon Valley alles Individualisten«, sagt Ursula.

»Nur wenn du eigensinnig bist und gegen den Strom schwimmst, entsteht Neues«, ergänzt David. »Manchmal denke ich, Individualisten verändern die Welt viel mehr als die klassische Politik, die immer nur hinterherläuft.« Ich werde im Verlauf des Wochenendes noch erleben, was beide damit meinen.

Mode, Montessori und lange Nächte

Vor drei Stunden ist Ursula mit ihrem E-Motorroller von der Arbeit gekommen, einem Modedesign-Studio im Nanhai E-Cool, ebenfalls ein umgebautes Fabrikgelände in der Xinghua-Straße, zehn Minuten entfernt von ihrer Wohnung. »StyleRich« heißt die Firma. Sie gehört einem Franzosen chinesischer Herkunft, den alle nur K.Y. nennen. Seit dreißig Jahren produziert er für Modeketten in Frankreich Textilien. Nun will er eine eigene neue Marke aufbauen. Dazu hat er Ursula angeheuert.

Am Eingang ein tiefblaues dunkles Aquarium mit großen orangenen Fischen. Ansonsten herrscht Loftatmosphäre: weiße Wände. Abgenutzter, lackierter Betonboden. Überall hängen Klamotten auf rollbaren Kleiderstangen. Die Büros sind mit Glaswänden unterteilt. An der Rückwand des Lofts zeigt Ursula ihre Trendboards. Sie hat eine Retrokollektion für den Winter 2021/22 entwickelt. High-Rise-Jeans und Blusen mit Puffärmeln und einem quadratischen Halsausschnitt. Oder die »Pussy Bow Bluse« mit einer großen Schleife um den Hals, die es von Gucci inzwischen auch für Männer gibt und die auch Melania Trump gut gestanden hat. Ursula hat auch lange Boho-Röcke entworfen, eine Mischung aus Bohemian und Hippie. Die Varianten davon hängen ebenfalls an der grauen Filzwand. Auf dem Regal steht ein roter Retro-Ghettoblaster mit eingebautem Kassettenrekorder.

Noch nicht einmal ein Jahr arbeitet Ursula hier. »Gefunden« hat sie den Job an einem Traumstrand in Palawan auf den Philippinen. Dort hat ihre Tochter DeeDee zufällig eine Schulfreundin am Strand getroffen. Die Mutter, die Ursula nicht kannte, arbeitete als Modedesignerin bei »StyleRich«. Als die Frau wegen Corona im Frühjahr 2020 nicht nach Shenzhen zurückwollte, hat Ursula ihren Job bekommen. Ihr Chef hat ihr nicht viel vorgeschrieben. Außer, dass sie sich zuerst auf den französischen Markt konzentrieren und eine Kollektion entwerfen solle, die »französisch romantisch« ist.

Ursula hat dann einfach angefangen, ein Moodboard zu entwickeln, und ist nach Guangzhou zum Stoffmarkt gefahren, der noch immer der vielfältigste der Welt ist, um dort nach passenden Materialien zu suchen, zum Beispiel gute organische Baumwollstoffe. Manches hat sie dort nicht gefunden und deshalb selbst entwickelt. Zum Beispiel Stoff für Rüschenblusen mit einem kraftvollen Muster im Brushlook. Das Muster sollte wild aussehen. Also hat Ursula versucht, es mit der linken Hand zu malen. Das Ergebnis war nicht gut. Neuer Versuch, mit geschlossenen Augen. War auch nichts. »Schließlich bin ich auf die Idee gekommen, die Kinder malen zu lassen«, erzählt sie. Sie gab den Kindern einen Tag schulfrei, nahm sie mit ins Büro, breitete dort Papier auf dem Boden aus und ließ die Kids mit schwarzer Farbe Rosen und Sterne malen. »Die waren dann natürlich überall, nicht unbedingt auf dem Papier«, lacht sie. »Aber ein paar sind sehr gut geworden.« Die hat sie dann eingescannt. Ihrem Boss hat das Muster gleich gefallen. Sie hat ihm nicht gesagt, wer es eigentlich entworfen hat. Und nun sind die Sterne und Rosen von DeeDee und Freddy als Print auf manchen Blusen und Hosen der Kollektion. »Ich weiß nicht, ob das in Europa so möglich gewesen wäre«, sagt Ursula.

»Ilyma« heißt die neue Marke. Ursula hofft, dass die Kollektion einschlägt. Chinesische Elemente hat sie diesmal noch nicht einfließen lassen. Dafür sei es noch zu früh. Aber Shenzhen sei trotzdem in der Kollektion vertreten, indirekt. Weil die kreativen Prozesse generell offener seien, man sich den Einflüssen gar nicht entziehen könne. Das habe sie gleich bei ihrem ersten Job festgestellt, als Creative Director von »Drift«, einem Shenzhener Unternehmen, das Bars und Clubs betrieb. Ihre erste Aufgabe war es, einen großen Club, die »Drift Bar«, neu zu designen. »Du kannst machen, was du willst, Hauptsache, die Bar sieht cool und einzigartig aus«, sagte ihr Chef. »Und es gab auch keine Beschränkungen im Budget«, erzählt Ursula. Sie war baff.

Es sollte eine Bar werden für »junge, reiche, flashy Chinesen, die mit ihren Maseratis und Ferraris kommen«. Ursula entwickelte eine Idee: Derjenige mit dem teuersten Auto dürfte seinen Wagen und seine Freunde mit in den Club nehmen – in eine Art gläsernes Separee. »Eigentlich total durchgeknallt. Aber das haben wir dann mal eben gebaut.« Den Hauptteil des Clubs hat Ursula im Blade-Runner-Style gestaltet, sehr aufwendig, sehr teuer, detailreich und gar nicht so clean wie andere Clubs in Shenzhen. Plüschtiere, die wie Außerirdische aussehen auf den schwarzen Ledersesseln, große, goldene aufblasbare US-Dollarzeichen, riesige LED-Screens, wild gemaserte Marmortische, bunt bedruckte Glasscheiben und eine Trennwand aus alten Fernsehern und Skateboards. Die Wände voller Graffiti. »Die Zukunft gehört den Neugierigen«, steht irgendwo in Neonschrift, ein mannshoher rosa Paulchen Panther lungert in einem rosa Einkaufswagen neben einem Ball Pool. Und neben der DJ Booth grinst mörderisch der Clown aus Steven Kings *Es* mit einem Luftballon in der Hand. Vor ihm mit dem Rücken zum Publikum ein Kind im gelben Regenmantel.

»Am besten waren aber die Themenräume. Einer drehte sich um Voodoo-Hexen, ein anderer um Aliens. In einer Vitrine lag ein silberner Außerirdischer, eine Art E.T. Daneben brodelten giftige Flüssigkeiten«, erinnert sich Ursula. »Der Club lief sehr gut. Doch nach einem guten Jahr bekam ich den Anruf: ›Sorry, wir machen zu.‹ So geht das hier in Shenzhen. Wir waren gerade dabei, einen KTV–Club zu entwickeln, jeden Raum in einem anderen Thema.« Die Internetseite gibt es noch immer. KTV heißen die in Asien so beliebten Karaoke-Clubs.

Davids Hauptjob ist weniger dem Zeitgeist unterworfen. Er ist Lehrer am Montessori Children House mit rund 500 Kindern. DeeDee und Freddy gehen auch dorthin. Die Schule besteht aus vier vierstöckigen Gebäuden, die mit ihren roten Fassaden und weißen Säulen an amerikanische Südstaatengebäude erinnern. Innen ist alles in Weiß und Creme gehalten. Hell und freundlich. Die Wände bis in Brusthöhe holzvertäfelt. Die lichten Klassenräume mit kleinen weißen Tischen und den typischen Montessori-Utensilien: Sortier- und Stapelspielzeug aus Holz. Perlen zur Multiplikation oder Farbtäfelchen. Der Fußboden: Fischgrätenmusterparkett. Draußen unter Bäumen ein Abenteuerspielplatz und ein Gemüsegarten. Die unter Dreijährigen haben sogar einen eigenen Platz. »Welch ein Luxus in dieser Stadt«, sagt David. Die von Maria Montessori Anfang des 20. Jahrhunderts erfundene Unterrichtsmethode kommt hier gut an: »Gerade in einer kreativen Stadt wie Shenzhen sind die Eltern offen für das Montessori-System«, sagt David. »Sie sehen schon die Schwächen des klassischen Schulsystems.« Zwei Drittel der Kinder sind chinesisch. Sie lernen hier, alle ihre Sinne zu benutzen: schmecken, tasten, hören und mehr sehen als nur das Smartphone.

David ist froh, dass er seinen Kindern diese Art von Ausbildung ermöglichen kann. Seine Schule bekommt immer mehr Zulauf, inzwischen gibt es schon drei Montessori-Schulen in Shenzhen.

Und mindestens genauso wichtig für die Kays: Je länger David dort arbeitet, desto weniger Schulgeld müssen sie überweisen. Das Leben ist auch so schon teuer in Shenzhen.

Einmal die Woche, samstags oder sonntags, unterrichtet auch Ursula: »Kreatives Outdoor-Englisch« im Stadtpark. Sie liest den Schülern aus einem englischen Buch vor, nachdem sich alle auf der rot-weißen Picknickdecke versammelt haben.

Und danach basteln sie. Ursula ist stolz auf das Projekt: »Wir verwenden Naturprodukte, um kleine Kunstwerke zu bauen, Fächer zum Beispiel oder Schneemänner, die hier besonders exotisch sind.« So könnten die Kinder die Dinge, deren Namen sie auf Englisch lernen, auch anfassen. »Immer mehr Eltern haben keinen Bock, dass ihre Kinder nur am iPad online lernen. Und manche Kinder hatten gar keine Lust mehr auf Lernen. Bei mir ist das anders. Wir gehen gemeinsam raus, auch mal in Parks, um Sachen zum Basteln zu suchen. ›Trash is treasure‹, heißt es auf Englisch. Aus Blättern, Stöcken und Steinen kann man tolle Sachen machen. Und wir können sicher sein, dass wir dabei keine Drogennadeln finden, weil es keine Junkies in der Öffentlichkeit gibt.«

Mittwochabends geht Ursula noch zum Kung-Fu-Unterricht. Für ihren harten Tritt mit ausgestrecktem Bein in Brusthöhe gegen das Boxkissen ihres Trainers ist sie bereits bekannt. Auch die Kinder machen Kung-Fu. Deren Tagesablauf ist zwar nicht so durchgetaktet wie bei den meisten chinesischen Kindern, aber die Woche ist voll, für alle, deshalb freuen sich die Kays auch auf die Freitage an der Riesenkrabbe.

Doch jetzt, nach 23 Uhr, sind die Kinder müde. Sie haben sich schon auf den Stühlen eingerollt. Ursula und David bringen sie nach Hause. Hochhaus, 27. Stock. Drei Zimmer. 100 Quadratmeter. Großer Balkon. 1400 Euro zahlen sie dafür. Über die Häuser hinweg kann man sogar ein Stück des Meeres sehen. Während die Kinder in ihre Betten krabbeln, zieht sich David um. Er hat heute noch einen Auftritt und fährt schon mal vor.

Pop-up-Partys und Kulturfabriken

Nach Mitternacht. Schon von Weitem hört man die Beats. Laser zielen in den Himmel des Shenzhener Hafens. Um die Ecke ist der Shenzhen Ferry Terminal. Nur von hier kann man mit der Fähre nach Hongkong fahren. Der Rhythmus der Beats vermischt sich mit den Motorgeräuschen schwerer Lastwagen und dem Rattern der Transportbänder für Schüttgut. Sand, Steine oder Kohle werden hier verladen, im drittgrößten Hafen der Welt. Der Hamburger Hafen ist klein dagegen, er rangiert auf Platz 19. Fast fünf Mal so viele Container wie in der Hansestadt werden in Shenzhen umgeschlagen.

Mittendrin, direkt an der Harbour Road 1, liegt das »Sage Observatory«, ein neues Design- und Kulturzentrum, das erst Ende 2020 eröffnet wurde. Auf der Dachterrasse wird heute zum ersten Mal getanzt. David legt schon seit über zwei Stunden bei diesem »Rooftop Bash« auf, einer Pop-up-Party.

David, der als DJ »Ectoplazm« heißt, trägt sein Markenzeichen: einen überdimensionalen Schulterpanzer mit integrierten roten Lasern, die nach oben abstrahlen und im Kunstnebel wie die Stacheln des Bajadasaurus aussehen, der vor 140 Millionen Jahren lebte. Die Stacheln sollten Feinde ablenken und den Dinosaurier sexuell attraktiver machen. David jedenfalls ist mit seinem stacheligen Laserschulterpanzer in der ganzen Stadt bekannt und war auch schon in China auf den großen Festivals unterwegs. Er ist mit »Deveraux 85« und »Don Voyage« durchs Land getourt und sogar mit »College« aufgetreten. Dahinter verbirgt sich der Franzose Davis Grellier, eine Legende der elektronischen Musik. Einem breiten Publikum wurde er mit der Filmmusik zu dem Actiondrama *Drive* bekannt, das auf den Filmfestspielen in Cannes ausgezeichnet wurde.

Die Location kommt gut an bei den Leuten. Es ist voll auf der Terrasse, Chinesen und Ausländer gemixt. Viele tragen Tattoos zu ihren Designerklamotten: Off-White von Virgil Abloh oder die neuen Burberry-Hoodies von Riccardo Tisci. Eine Party mit einem solchen Publikum könnte überall auf der Welt stattfinden.

Direkt neben der Terrasse laufen die Förderbänder auf grüngrauen Gestellen vorbei. Das Laserlicht bricht sich zuckend darin. Ruhrpott-Charme. Eines der Förderbänder strebt aufwärts und verschwindet in einer Baracke, die auf einem seltsamen, sechs-, vielleicht sogar achtstöckigen pyramidenartigen Bau thront, der mit Blechlamellen verkleidet ist. Eine skurrile Architektur, zu der »Reflections Are Protextions« von LaRoux oder »I can't remember« von Wolfram passt. Dazwischen riesige Sand- und Kieshalden, deren Staub der leichte Wind herüberweht. Im Hintergrund flimmert die Skyline von Shenzhen. Die riesigen, in gelbes Licht getauchten Hafenkräne sehen aus wie die des deutschen Hidden Champions Ardelt aus Eberswalde bei Berlin. Auf der Straße gegenüber graue Bürocontainer, in denen die Fenster blau leuchten. Dazwischen eine von diesen weißen aufblasbaren Hallen, deren Außenhaut an das Muster einer Steppdecke erinnert.

Die Läden und Büros des Kulturzentrums haben jetzt geschlossen. Auch das »T House Time«, ein hipper Laden, der Tee- und Popkultur miteinander verbindet. Der Tee wird in edlen Glasflaschen verkauft, die an Ginflaschen erinnern. Jede Sorte ist in einem Karton mit einer knalligen Farbe verpackt. Der Shop in seinem kühlen technischen Design lässt die Farben der Kartons leuchten. So geht Teekultur in Shenzhen heute.

Ein anderer Laden bietet chinesischen Schnaps an, gereift in Champagnerfässern. Fusel-Fusion. Jede Flasche ein Unikat mit einem eigenen einzigartigen Etikett.

In den oberen Etagen befinden sich Designerstudios, zum Beispiel mit den Sneakers von Heineman oder von Michael Young, einem britischen, technikaffinen Produktdesigner, dessen Kreationen in den großen Designmuseen der Welt vertreten sind. Hier hat er einen kleinen Showroom mit seinen neuesten Produkten.

Doch nun ist das Gebäude bis auf die Dachterrasse verwaist, lassen die Beats das Haus erzittern. Die schwarz gekleideten Barkeeper in der steril weißen Bar kommen mit dem Mixen der Cocktails kaum nach. Man riecht den Ingwergeschmack des Moscow Mule. Und manchmal auch das Meer.

Sonntag. Später Vormittag. Wir treffen uns in der »G&G

Creative Community« zum Brunch. Das Gelände einer alten Brillenfabrik ist nun ein Kulturzentrum. »Eine Gemeinschaft, die Kreativität teilt«, steht am Eingang. Die Kay-Familie lungert unter einem riesigen weißen Schirm auf Baupaletten herum, die mit schicken großen, grauen Kissen zu bequemen Sitzmöbeln umfunktioniert wurden. Davor liegen die Kinderfahrräder im Kies. Die Gräser in den riesigen Blumenkästen wiegen sich im Wind. Eine junge chinesische Familie geht an den Kays vorbei: Die Frau trägt knallgelbe, weite Latzhosen und knallgrüne Socken mit orangenen Fersen zu ihren Birkenstocks. Der Mann schiebt den Kinderwagen. Vor dem »Chickadee«, einem Café gegenüber, sitzen zwei Jungs mit VR-Brillen, die die Augen völlig umschließen und sie in eine andere Realität entführen. Im Café zieht die 85 Kilo schwere »La Marzocco Strada«-Kaffeemaschine alle Blicke auf sich. In Lindgrün, für umgerechnet 25 000 Euro. Der Profi weiß: Sie hat vier individuell programmierbare Profile pro Brühgruppe. Diese Maschine aus Florenz hat Ende der 1930er-Jahre den Grundstein für die Technik der Espressomaschine gelegt. Heute würde so etwas wahrscheinlich in China erfunden.

Auf dem Vorplatz der einstigen Fabrik locken kleine Pop-up-Restaurants in alten Containern mit verschiedenen Speisen, auch ein metallisch glänzender Airstream-Wohnwagen ist darunter, wie sie seit den 1930er-Jahren in den USA gebaut werden. Viele Gäste haben ihre Hunde mitgebracht. Sogar einen kleinen Hundespielplatz mit kleinen Tunneln, einer Geschicklichkeitsbahn und allerlei Geräten gibt es auf dem Gelände. »Kinder spielen dort auch«, lacht Ursula.

Der Kern des »G&G« ist eine große Veranstaltungshalle aus rohem Beton mit einer riesigen Freitreppe, die auch als Sitzgelegenheit für Musik- und Theateraufführungen genutzt werden kann. Ein bestimmt zehn Meter langes und drei Meter hohes buntes und sehr naturalistisches Tigergesicht blickt grimmig aus dem Nachbarraum in die Halle. Imposant. Gar nicht kitschig. Doch davon abgesehen ist das »G&G« eine Kulturfabrik, die so aussieht wie vergleichbare Orte in großen Städten im Westen. Mit einem Unterschied: Es ist mehr Geld da. Alles ist aufwendiger und teurer gemacht. Abgesehen davon finden sich auch hier Graffiti an den Fassaden, die von Efeu zugewuchert sind. Und hinter dem Gebäude, auf einer Brache, warten bunte, alte, übereinandergestapelte Container auf eine neue Nutzung. Hier fühlen sich Ursula und David wohl.

Doch lieber analog und weniger Orwell?

Was beide an Shenzhen und mehr noch an anderen chinesischen Städten stört, ist »die Obsession, immer ordentlicher, regulierter und sauberer zu werden«. David meint, er verstehe schon, warum die Menschen das wollten, er findet aber, dass zu jeder Stadt eine Untergrundbewegung gehört, Ecken und Kanten, in denen nicht alles auf Hochglanz poliert ist. »Hier wächst hoffentlich beides weiter«, sagt er und nippt an seinem großen Becher Milchkaffee. Das Rührei ist schon kalt. Die Kinder wollten es nicht aufessen.

Ursula stimmt ihm zu: »Ich mag die verrückten Motorrad-Taxis, ich will nicht in einem nagelneuen E-Auto-Taxi im Stau stehen. Und dass E-Bike-Taxis hier verboten sind, kann ich gar nicht verstehen. Der Staat findet das zu gefährlich, aber ich finde, so eine Entscheidung sollten die Leute selbst treffen können.«

Ein anderes enttäuschendes Beispiel: »Der Talent Park ist abends herrlich. Er hat einen See und liegt am Meer. Die Gebäude sind toll beleuchtet. Aber man kann nirgendwo Drinks oder Snacks kaufen. Fliegende Händler sind verboten.« Shenzhen müsse aufpassen, es mit dem Ordnungswahn nicht zu übertreiben.

Der Obstsalat kommt und gleichzeitig Dim Sum, chinesische Hefeklöße, die mit süßer Masse gefüllt sind.

Was David besonders auffällt, seitdem er in Shenzhen lebt:

»In europäischen Städten gibt es diesen Jack-the-Ripper-Vibe, die Städte haben dunkle Ecken und dunkle Viertel. Hier gibt es nicht ein Viertel, wo man besser nicht hingeht.«

Kein Wunder, werfe ich ein, Shenzhen ist schließlich eine Überwachungsstadt. Haben die beiden damit kein Problem?

»Ja, schon. Ich fühle mich schon auch unwohl mit den vielen Kameras«, antwortet David. »Es gibt hier keinen Häuserschatten mehr, wo du dich unbeobachtet bewegen kannst. Und dann noch dieser Kult, ständig erreichbar zu sein. Ich brauche das nicht. Ich brauche kein 5G und diesen ganzen Quatsch.« David ist die Vernetzung, die natürlich auch der Überwachung zugutekommt, zu viel. Und immerzu müsse man etwas updaten.

»Das nervt. Ich weiß, Smartphones und die ganzen verschiedenen Apps machen vieles im Alltag einfacher, aber ich kann in Shenzhen keinen Schritt mehr machen, ohne riesige Datenspuren zu hinterlassen.«

Ein Unternehmen, das dafür steht, ist Tencent. In diesem Bereich kennen sich David und Ursula nicht besonders gut aus. Also erzähle ich ihnen die unglaubliche Geschichte dieses Unternehmens, die ich erst vor Kurzem recherchiert habe: Tencent wurde im November 1998 in Shenzhen von Huateng »Pony« Ma und Tony Zhang gegründet. Damals hatten sie amerikanische Risikokapitalgeber. Das erste Produkt des jungen Unternehmens war der Messenger-Dienst QQ. Er war so erfolgreich, dass Tencent binnen weniger Jahre den ersten Gewinn erzielte und zum ersten Internetunternehmen Chinas aufstieg.

Richtig bekannt wurde Tencent aber erst mit WeChat, dem chinesischen Pendant zu WhatsApp, das 2010 gelauncht wurde. Es hat heute 2,21 Milliarden aktive User weltweit, die meisten allerdings in China. In den Geschäftsbedingungen steht seit 2017, dass alle Informationen bei Bedarf an die chinesischen Behörden weitergegeben werden können. WeChat ist – nach Alipay – auch eine der wichtigsten Plattformen zum mobilen Bezahlen.

An der Marktkapitalisierung gemessen ist Tencent mit

858 Milliarden US-Dollar das sechstgrößte Unternehmen der Welt – nach Apple, Saudi Aramco, Microsoft, Amazon und Alphabet (Google). Es hat über 60 000 Mitarbeiter. Doch man kann bei dem Konzern nicht nur WeChat zum Social Chillen benutzen.

Inzwischen ist Tencent auch die größte Gaming-Plattform der Welt. Was China mit Spielfilmen und anderen Kulturexporten bislang nicht gelungen ist, scheint in diesem Bereich zu klappen. Tencent hat sich in den letzten Jahren umfassend in die globale Videospielindustrie eingekauft, eine Industrie, die 2020 Einnahmen in Höhe von 175 Milliarden US-Dollar verzeichnete. Tencent ist heute nicht nur der weltgrößte Hersteller von Videospielen, sondern hält auch große Anteile an den wichtigsten internationalen Game-Produzenten, darunter Supercell (»Clash of Clans«), Epic Games (»Fortnite«), Activison Blizzard (»World of Warcraft«, »Overwatch«, »Call of Duty«, »Candy Crush«), Ubisoft (»Anno«-Reihe) und dem französischen Weltmarktführer für Mini-Handyspiele Voodoo.io.

Das muss man sich mal vorstellen: In den USA machten chinesische Spiele im vierten Quartal 2020 schon 20 Prozent des Gaming-Marktes aus. Während Japan und die USA in den Anfangstagen des Videospielsektors den Markt mit Arcade-Stationen und Konsolen dominierten, sind chinesische Unternehmen heute bei den mobilen Spielen führend. Weltweit spielen schätzungsweise 2,4 Milliarden Menschen regelmäßig Handyspiele. Sie machen heute fast die Hälfte des globalen Gaming-Marktes aus. Allein in China gibt es im Jahr 2020 rund 660 Millionen aktive Gamer. Mit ihnen wurden 43 Milliarden US-Dollar umgesetzt. Ein Wachstum von 20 Prozent. Bei den mobilen Spielen hat China derzeit einen Marktanteil von 60 Prozent. In den nächsten Jahren will Tencent die Hälfte seiner Umsätze außerhalb Chinas erwirtschaften. Derzeit sind es 23 Prozent. Das Geschäftsmodell von Tencent ist dabei nicht in erster Linie der Verkauf der Spiele selbst, sondern der Erwerb von Tokens und Superkräften durch die User im Rahmen eines bestimmten Games. Das heißt, der Nutzer wird erst angefixt, muss dann aber zum Gelbeutel greifen, wenn er schneller im Spiel vorankommen will. Chillen und konsumieren.

Auch aufgrund seines starken Gaming-Anteils spielt Tencent eine Schlüsselrolle bei Pekings Push, China zu einer der führenden Tech-Nationen des 21. Jahrhunderts zu machen. Was bei Videospielen zunächst weniger auffällt als etwa bei Filmen, ist die Zensur, die der Staat den Entwicklern auferlegt. Immer wieder kam es zuletzt zu Fällen, wo Erwähnungen sensibler Schlagworte wie »Hongkong«, »Taiwan« oder »Uiguren« herausgefiltert wurden. 2019 hat die chinesische Regierung veranlasst, dass heimische Spieleanbieter plattformübergreifende Klarnamen-Identifikationssysteme einführen müssen. Teilweise ist sogar die Identifikation mit Gesichtserkennung notwendig, um sich anzumelden.

David hat sich meine kleine Erzählung staunend angehört. Er ist schon oft am Tencent Tower vorbeigefahren und natürlich nutzt auch er WeChat. Aber die Gaming-Seite des Unternehmens kannte er bislang noch nicht, schon gar nicht wusste er von der Zensur in diesem Bereich.

»Ich bin kein Verschwörungstheoretiker, aber womöglich sind wir längst auf einer glitschigen Rutsche hinab in eine smarte Big-Brother-Welt. Kein Mensch weiß, was die mit meinen Daten machen, und die Coronakrise hat wie eine Art trojanisches Pferd gewirkt. Wie gesagt, vieles ist positiv. Aber wir wissen ja aus der europäischen Geschichte, wie gefährlich es ist, wenn Regierungen ihre Macht missbrauchen. Vielleicht bin ich zu pessimistisch, aber letztendlich stört mich die Überwachung auch nicht so massiv, dass ich deswegen wegziehen würde.«

Aber ist die Toleranz gegenüber anderen nicht vielmehr der Angst vor den Folgen der Überwachung geschuldet?

»Ja«, sagt David, »das habe ich mir auch schon überlegt. Aber trotzdem macht es mich wütend und gleichzeitig mag ich die Sicherheit hier. So ist das halt.«

»Ich glaube aber nicht, dass die Sicherheit nur mit den Kameras zusammenhängt«, wendet Ursula ein. »In London gibt es auch viele Kameras und trotzdem lässt man seine Wut an Leuten aus, die anders sind, nur weil sie anders sind. Ich denke, das hat auch etwas damit zu tun, dass viele junge Leute keine Perspektive haben. Und ihre Wut darüber dann gegen andere richten.«

Wenn Ursula und David mit chinesischen Freunden über die Überwachung einerseits und die enorme Digitalisierung des Alltags andererseits sprechen, merken sie, dass die mit den Widersprüchen besser klarkommen. »Die sagen, das ist halt so. Mir fällt das viel schwerer«, meint David.

Beide sind entschlossen, ihre Kinder so lange wie möglich für die analoge Welt zu begeistern. So wie mit den wunderschönen Kinderbüchern, die sie gemacht haben. Es ist spontan entstanden, nachdem ihr Mischlingshund Pepe eines Tages verschwunden war. Sie sagten ihren Kindern, Pepe sei unterwegs, um China zu entdecken. Um ihre Kinder zu trösten, erzählten Ursula und David ihnen abends vor dem Einschlafen Geschichten von Pepes Abenteuern. Pepe ist übrigens benannt nach Davids Lieblingsfußballer, dem spanischen Torwart Pepe Reina. Daraus entwickelten sie eine kleine Serie wunderschön gezeichneter und bilingual gereimter Kinderbücher. Ursula hat gezeichnet. David getextet:

»Pepe the dog, lives in China.
And in his mind there's nowhere finer.«

Sogar einen Song dazu haben sie komponiert.

Vier Folgen sind bisher auf Englisch und Chinesisch erschienen. Pepes Abenteuer spielen in Peking, Shanghai, Hongkong und auf dem Land. »Kinder werden diese süßen Geschichten lieben«, urteilte Maria Adcock, eine New Yorker Bloggerin chinesischer Herkunft, deren Website »Bicultural Mama – celebrating the best of two worlds« mehrfach in den USA ausgezeichnet wurde.

Es ist Zeit, aufzubrechen. Die Kays wollen noch in die Gateway One Mall, zum Hotpot-Essen. Doch zuerst schauen sie bei »Beeplus« vorbei, einem großen, exklusiven Co-Working-Space auf dem Gelände des G&G, mit 3000 Quadratmetern und 600 Schreibtischen. Wer hier arbeitet, hat die Qual der Wahl: Über hundert verschiedene Getränke gibt es hier und natürlich eine Teebar mit »fancy« Teemischungen. Der Clou dieses Büros: In einer riesigen Holzwand sind große offene Schlafkojen eingelassen. Für den Mittagsschlaf oder ausnahmsweise zum Übernachten, wenn es mal spät wird. Interessant ist auch die Lobby: eine Art Indoor-Marktplatz mit einer sieben Meter hohen Decke. Dieser Bereich ist für jedermann offen, nicht nur für die Mieter. Für umgerechnet gut fünf Euro Flatrate kann man den ganzen Tag hierbleiben – alkoholfreie Getränke inklusive.

»Beeplus« wurde 2015 von ein paar Studenten gegründet und ist so interessant, dass die Harvard University bereits eine Case Study darüber verfasst hat. Einer der Gründer, David Tai, ist ein Hongkonger, der nun in Shenzhen lebt. Sieben Restaurants hatten er und sein Team im benachbarten Zhuhai gegenüber von Macau. Ihren ersten Co-Working-Space haben sie aus Containern gebaut. »Das Modell haben wir aus Legosteinen erstellt.« Eine »world-class lifestyle solution company« wollen sie sein. Im August 2019 haben sie in einer B-Runde gut 12 Millionen Euro eingesammelt. Inzwischen haben sie in Shenzhen die – nach eigenen Angaben – mit 3000 Quadratmetern größte Bäckerei der Welt eröffnet. »Crazy«, sagt Ursula. »Wer braucht eine so große Bäckerei?«

Manga-Girls im OIL-Club

Abends steht der nächste Gig für David an. Diesmal im »OIL Club«. Auf der Suche nach der Location glaubt man zunächst, im falschen Viertel zu sein. Tagsüber ist hier viel los, nachts ist die Gegend um die Xiasha-Metrostation wie leer gefegt. Ein

Büroviertel ohne Restaurants und nach Büroschluss auch ohne Menschen. Doch dann biegt man um die Ecke und sieht vor dem Tairan Mansion eine Menschentraube. Für die Wartenden ist dieser Club eine Pilgerstätte, eine Art Kathedrale für sphärische, aber schweißtreibende elektronische Beats. Die Lichttechnik ist State of the Art. Der Sound umwerfend. Kein Wunder: Kim Laughton, ein in Shanghai lebender 3D-Künstler und Designer, hat den Club gestaltet. Laughton sei einer der Besten in ganz China, sagt David.

Der Club, der schon mal bis 7 Uhr morgens offen ist, wirkt wie maßgeschneidert für den DJ. Auf der Leinwand hinter ihm ein riesiger Achtzigerjahre-Fernseher, über den Wrestling-Bilder flimmern. Retrowave und Synth Revival legt er auf, macht dabei aus Altem Neues: »Retrofuturistic Dreams«, wie er es formuliert. Die rhythmisch zuckenden Körper im Kunstnebel geben sich ganz seinem Rhythmus hin. Ein bis zwei Mal im Monat legt er hier auf.

Das OIL, das erst im November 2017 eröffnet wurde, gilt noch vor dem ALL in Shanghai und dem LOOPY in Hangzhou als der beste Elektronik-Musik-Club in China. Das OIL habe »einen Ruf für großartige gemeinsame Auftritte von lokalen Talenten und den ganz Großen der globalen Szene für elektronische Musik«, schreibt *electronic beats*, eines der international renommiertesten Musikmagazine in diesem Bereich. Und der alternative Reiseführer *Lonely Planet* findet, es sei »wahrscheinlich der beste Underground Club in China«. Für den weltbekannten Londoner DJ »Kode9«, einen der ersten Dubstep-Produzenten, gehört der OIL–Club sogar zu den »fünf Prozent der besten Clubs der Welt.« Eines ist sicher: Der Club ist wahrscheinlich einer der freiesten Clubs in China. In der Hauptstadt Peking sucht man so etwas inzwischen vergeblich. Dort zum Beispiel hat der Spielraum für Subkulturen in den letzten Jahren eher abgenommen.

»Ich hatte mal einen Typen vor meinem Mischpult, der hat die ganze Nacht in Damenunterwäsche getanzt«, schreit David gegen die Musik an, eine Kopfhörermuschel mit der Schulter gegen das Ohr gepresst. »Das hat niemanden groß gestört.«

Hier sieht man auch die Shenzhener Manga-Girls, die sich anziehen und schminken wie die Figuren aus den namensgebenden japanischen Comics, und Leute aus der Gothic-Szene mit ihren weiß gekalkten Gesichtern und den schwarzen Augenhöhlen. Anders als in vielen Clubs im Westen gibt es hier keine wirkliche Einlasskontrolle. Wer im Stil eines deutschen Campingtouristen kommen will, in kurzen Hosen, Sandalen und weißen Socken, kann das tun. Wobei so ein Aufzug auch schon fast wieder als szenig gilt. Anything goes, ein bunter Stilmix, kein Einheitsbrei, das ist den beiden Besitzerinnen Sun Huiyuan und Song Yang wichtig. Vor allem ihnen ist es zu verdanken, dass Shenzhen aus Sicht der Hongkonger sein Image als Früh-zu-Bett-Geher-Stadt verloren hat.

Sun erzählt, wie der Club geboren wurde: »Ich bin eine typischer Shenzhenerin der zweiten Generation. Ich bin total verbunden mit dieser Stadt. Es hat mich getroffen, wenn die Leute Shenzhen als kulturelle Wüste bezeichnet haben. Aber vor zehn Jahren stimmte das ja auch noch.« Sie hat sich mit Song, einer ihrer besten Freundinnen, zusammengetan und eineinhalb Jahre nach einem guten Ort gesucht. Sie hatten keine Erfahrung mit Clubs. »Ich war bis dahin eine Schlafzimmerproduzentin«, erzählt Sun. Es war riskant, hat aber funktioniert. Inzwischen haben Stars wie Kode9, Jacques Greene, Nina Las Vegas und Lotic im OIL auf der Bühne gestanden und die lokalen Restaurants reißen sich darum, dass die OIL-Besitzer mit ihren DJs zum Essen kommen. »Wir müssen nirgends mehr anstehen«, grinst Sun.

»Das Publikum hier ist hungrig nach Neuem, offen und dankbar«, kommentiert David. »Und sie zahlen gerne für das, was sie geboten bekommen.« Natürlich würden die DJs aus dem Westen »die Aufbruchsstimmung sofort spüren, die eben hier so ganz anders ist«.

Diese Erfahrung hat auch Sun gemacht. Als »Mala«, auch bekannt unter dem Namen »DIGITAL MYSTIKZ«, einer der großen DJs, Produzenten und Labelmacher aus London, im OIL aufgetreten ist, habe der irgendwann in der Nacht ergriffen die Musik einfach angehalten und gesagt: »Ich schwöre euch, in meiner zehnjährigen Karriere ist das einer der besten Orte, an denen ich jemals spielen durfte«, erinnert sich Sun. »Das war ein großer Moment für mich.« Die lokalen Größen wie Lotic, Shlomo, Teki Latex und Tzusing verdanken dem OIL Club viel.

Manchmal geht Clubbing anders in Shenzhen, anders als in anderen Teilen der Welt: »Als 2019 Halloween auf einen Donnerstag fiel, wollten wir drei Tage durchgehend Party machen. In London, Berlin oder New York geht das. Hier nicht. Die Leute wollen tagsüber noch die Welt bewegen«, sagt Sun. Also haben sie nur die Nächte durchgefeiert. Von Sonntag neun bis sechs wurde gearbeitet, von sieben bis Mitternacht geschlafen und danach wieder gefeiert bis um sieben. »Dann aber richtig.«

Nur während Corona stand für ein paar Wochen alles still. »Das war bitter, aber wir haben dann einen eigenen digitalen Radiosender aufgebaut«, erzählt Sun. Mit »FAR Radio« bekamen die lokalen DJs die Möglichkeit, mehr musikalische Risiken einzugehen und progressive Musik zu spielen. »Wir waren richtig froh, als wir gemerkt haben, dass das funktioniert«, sagt Sun. »Die Krise hat also etwas Neues hervorgebracht.«

Nach drei Uhr klappt David seinen Laptop zu.

Es war ein langer Tag.

Wallrides und Graffiti

Samstagmorgen. David schläft noch. Ursula sitzt auf der Kante eines Wallrides und lässt die Beine baumeln. Das sind die gebogenen Wände, an denen man mit dem Skateboard hochfahren kann. Sie ist mit den Kindern rausgegangen. Um sie herum Rampen aus fleckigem Beton, voller Graffiti. In ihrem Rücken ein rostiger Industriezaun, dahinter in der Ferne Hochhäuser. Eine Szene wie aus einer Werbung für Skateboardklamotten. Das könnte so auch in Brooklyn sein, wären da nicht hier und da gesprayte chinesische Zeichen zu entdecken. Während Ursula in der milchigen Sonne sitzt, dreht der chinesische Trainer im schwarzen Muskelshirt mit DeeDee und Freddy auf Rollerblades behutsam Runde um Runde durch den Skateboard-Park in der Gongye Straße. Er fährt rückwärts, hält Freddy vorsichtig an den Händen und leitet ihn so durch den Parcours. »Hier hat man alles, was man so braucht für den perfekten Flow«, sagt Ursula über den Skateboard-Park. Eine Funbox gibt es, Ledges, Rails und Curbs. Miniramps mit Wallride und sogar eine Banana Step Curb. Dazu ein kleiner Kiosk, wo man Drinks kaufen und Boards und Blades ausleihen kann. Außerdem Billardtische und eben einige sehr große komplexe Graffiti. »Shenzhen hat eine eigene Szene mit Künstlern wie Whyyy, Sinic und Nan«, erzählt Ursula, während die Kinder ihre Runden drehen. Natürlich finde man die Graffiti in Shenzhen nicht an jeder Ecke, sondern eher in den Kulturfabriken oder auf der inzwischen geduldeten Graffiti-Wall im Honghu-Park im Luohu-Viertel, die fast zwei Kilometer lang ist.

Es habe mit illegalen Graffiti angefangen, nun sei aus der »Wall« ein Kulturort geworden, den jeder, der sich für Streetart interessiert, auf dem Radar habe. Wir beschließen spontan, in den Honghu-Park zu fahren und uns dort mit David zu treffen. »Das Verrückte an diesem Ort ist die seltsame Mischung aus diesem sehr traditionellen chinesischen Allerweltspark mit einem großen See voller blühenden Lotuspflanzen und dieser ziemlich wilden Graffiti-Wall, die den Alten bestimmt nicht gefällt. Die spielen dort ja ›Go‹, schieben ihre Enkel im Kinderwagen umher oder laufen rückwärts, um ihren Gleichgewichtsapparat zu trainieren«, sagt Ursula auf unserer Fahrt in einem Didi-Taxi. Als wir ankommen, verstehe ich, was sie meint.

Ich hatte eigentlich gedacht, dass es sich um eine Art inszenierte Fläche für Sprayer handelt. Doch tatsächlich ist es gewissermaßen die westliche Rückwand des Parks. Eine alte, drei Meter hohe Mauer, gekrönt von einem alten Geländer mit wagenradartigen Emblemen. Es ist eigentlich eine Flutmauer gegen den Buji-Fluss, der durch den Park fließt.

Man erkennt es gleich: Die Sprayer haben sich diesen Platz einfach erobert. Die Graffiti wuchern inzwischen längst weiter, haben auch die kleine Fußgängerbrücke erfasst, die über den Fluss führt. Knapp 300 Werke kann man hier anschauen. Man sieht natürlich wenig Politisches. Aber immerhin zum Beispiel ein Graffito mit den Zeichen für Hongkong und Taiwan, nicht in Kurzschrift, sondern in Langschrift, die von Mao abgeschafft wurde und seitdem nur noch in Taiwan und Hongkong benutzt wird, auf der »abtrünnigen« und der »aufsässigen« Insel, wie man das in Peking sieht. Oder eines, bei dem auf der einen Seite die Zeichen für »prosperierend« und »stark« stehen – zentrale Begriffe der Parteiideologie – und auf der anderen Seite das Zeichen für Demokratie.

Grafisch, künstlerisch und optisch sehr interessant ist die Fusion von amerikanischer Graffitikunst und chinesischen Schriftzeichen zu einer neuen, eigenen Bildsprache. Und die ansonsten immer stärker werdende Prüderie in China, die gilt hier offensichtlich auch nicht. Ein großer ejakulierender Penis mit der angeberischen Bildunterschrift »chinesische Masturbationssensation« ist ebenso zu sehen wie eine riesige offene Vulva. Es gibt viele Comicfiguren, auch aus den Mangas. Und natürlich sind hier die Helden der Shenzhener Jugend verewigt. Der Amerikaner Steve Jobs und der Brite Stephen Hawking ebenso wie der Chinese Zhang Guorong (Leslie Cheung), eine der Ikonen des Cantopop, der – wie der Name schon sagt – in Kantonesisch gesungen wird, der Hauptsprache im Süden Chinas. Zhang hat die Musikentwicklung in Ostasien und Südostasien stark beeinflusst. Er starb vor einigen Jahren mit 46, nachdem er unter mysteriösen Umständen aus einem Fenster des legendären Mandarin Oriental Hotel in Hongkong gefallen war.

Zu den Helden der lokalen Graffitiszene gehört auch Song Yueting, einer der berühmtesten taiwanesischen Sänger überhaupt, der schon 2002 mit 23 Jahren an Knochenkrebs verstarb und der den Mandarin Rap geprägt hat.

Das Sechs-Minuten-Video zu seinem Song »Live is a struggle« gilt bis heute auch optisch als ein Meilenstein der chinesischen Popkultur. »Es ist wahrscheinlich der bekannteste chinesische Hip-Hop-Song«, erklärt David, der inzwischen zu uns gestoßen ist und heute zur Abwechslung einen Cowboyhut trägt. »Als Kind ging Song in Los Angeles zur Schule, von dort hat er den Rap mitgebracht.«

Um die versteckteren älteren Graffiti am Nordteil der Wand zu sehen, müssen wir uns durch ein Loch in einem Zaun zwängen. Da steht zwar »Durchgang verboten«, aber der ausgetretene Pfad zeugt davon, dass sich niemand daran hält. Hier befinden sich die älteren Graffiti, die schon langsam verwittern.

Wir fahren zum OCT, der eigentlich OCTLCCP heißen müsste. Denn die offizielle Bezeichnung ist »Overseas Chinese Town Loft Creative Culture Park«. Es ist das älteste von inzwischen einem halben Dutzend Subkultur-Vierteln, die über die Stadt verteilt sind. Das Gelände ist viel älter, größer und bekannter als das »G&G«. Über 15 Jahre gibt es das schon.

Auch hier betritt man eine andere Welt als die der neuen Stahl- und Glasfassaden: wieder Cafés, skurrile Boutiquen in Gebäuden mit der Industriepatina, die Shenzhen geprägt hat, als es noch zur Fabrik der Welt gehörte. Auf diesem 150 000-Quadratmeter-Gelände wurden früher Fernseher hergestellt. »Früher heißt hier eben nicht 1920 wie in Europa, sondern 2000. Ende der Achtziger standen hier noch dörfliche Häuser«, erzählt Ursula. Das OCT ist Shenzhens Industriegeschichte im Zeitraffer. Ein Lagerhaus-Charme, den es seit den Soho-Lofts in den Siebzigern in New York oder jüngst in der Vancouver Loft Zone überall auf der Welt gibt. In Peking ist es das 798, in Schanghai das m50. Das Besondere an diesem Shenzhener Quartier ist der starke Techie-Einschlag, den man schon an den Namen der Kneipen erkennt: Da gibt es das »Bionic Brew's« im Garagen-Start-up-Stil und ein »Wine-Lab«, von zwei Chinesen eröffnet, die in Frankreich studiert haben. Die Fassaden jedoch sind so gar nicht Techie, sondern erinnern eher an die laienhaften Fassadenverzierungen von besetzten Häusern in Kreuzberg. Flowerpower. Riesige Vögel in einem Blätterwald, fast ein Stockwerk hoch, wie Kinder sie malen würden. Auf einer anderen Fassade zwei linkisch hingepinselte, stilisierte Frauengesichter, bei denen sich Picasso im Grabe umdrehen würde.

Auf wieder anderen Fassaden findet man klassische Graffiti zwischen den hohen Palmen. Und dann dieses Graffito auf der Brandwand eines vierstöckigen Hauses, das man nicht mehr vergisst: ein Drahtgalgen, geformt aus zwei Angelhaken. Die Schlinge bildet sich aus der Krümmung und der messerscharfen Spitze, die gleichzeitig aussieht wie ein auf dem Kopf stehendes Herz. »Eines der beklemmendsten Kunstwerke in Shenzhen, die ich kenne«, sagt David.

Die Lebensfreude überwiegt jedoch, zum Beispiel in der Boutique mit bunten Klamotten der chinesischen Indie-Modemarke »Unlogical Poem«. Dahinter steckt die Modedesignerin Timmy Tian, die auch das Mode- und Lifestylemagazin *little thing* gegründet hat. Sie kombiniert die Siebzigerjahremode mit Kinderkleidern, Rüschen, Kitsch und den schrägsten Mustern zu einem neuen kraftvollen Statement. Sie selbst nennt ihre Entwürfe »quirky«. Ein englisches Wort, das irgendwo zwischen schrullig, eigen und spitzfindig changiert und das man in Shenzhen oft hört, auch in chinesischen Sätzen. Tian fühlt sich von der amerikanischen Dichterin Emily Dickinson beeinflusst, die als »puritanische Metaphysikerin« bezeichnet wird. Wenn man wissen will, wie das neue China tickt, muss man sich ihre Mode anschauen. Deswegen passt ihre Kollektion sehr gut nach Shenzhen. Ursula ist die Kollektion übrigens zu »flashy«.

Die Kays kommen vorbei an dem Laden mit den alten Spielzeug-Blechrobotern zum Aufziehen, die offensichtlich immer noch oder wieder hergestellt werden: »Atomic Robot Man« steht auf der Verpackung. Die Kinder lieben diesen Laden. Ursula und David auch. »So retro.« Die Roboter kamen schon im offiziellen Video des Titels »Hannah We Know« von »The Tiny Dancers« vor, das seit 15 Jahren bei Dailymotion im Netz steht. Das Video gibt die Stimmung der Kays in Shenzhen ziemlich gut wieder, auch wenn David damals nicht ahnen konnte, wohin das Leben sie spülen und dass sie eines Tages in Shenzhen durch das OTC streunen würden.

Es ist sehr grün hier. Überall Bäume. Es kreucht und fleucht subtropisch. David bleibt an einer Skulptur stehen. Eine sitzende nackte Person, eingeschlossen und verstrickt in ein Netz aus roten Seilen. Die Bedeutung muss man nicht erklären. Uns erinnert sie an einen Spielberg-Film. Wir gehen zum Essen in ein chinesisches Nudel-Restaurant. David hat keine Lust, die Karte mit den Gerichten per QR-Code auf sein Smartphone zu laden: »It sucks«, brummt er, es nervt. »Ich möchte nicht Daten herunterladen müssen, für die ich bezahlen muss, um die Speisekarte des Restaurants lesen zu können.« Immerhin, wenn man drauf besteht, bekommt man doch noch eine traditionelle Speisekarte in schönem speckig braunem Kunstleder.

Wir reden über Musik. Seine Synthwave-Band »Junks«, die aus zwei Chinesen, ihm und seiner Frau bestand, hat sich inzwischen aufgelöst. Er hatte sie gegründet, als er und Ursula noch in Hangzhou lebten. Über die Distanz hat die Band nicht gehalten. Das Synthwave-Genre interessiere ihn aber immer noch, weil es sehr gut zur Stadtlandschaft in Shenzhen passe: »Neon. Ständiger Krach. Hochhäuser.« David kombiniert es mit tanzbaren Clubbing-Elementen und seiner Liebe für dystopischen Pop, also den eher düsteren Visionen der Achtziger, wie in Blade Runner. »Ich war lange fixiert auf Oasis«, sagt er. Zum Britpop ist er über Yes und Jethro Tull in der Plattensammlung seines Vaters gelangt.

Was aber am Ende hängen geblieben ist auf seiner Musikreise, ist die Achtziger-Filmmusik von Giorgio Moroder und Alan Silvestri. Sie passe ganz gut zu Shenzhen, findet er. »Vor allem der Soundtrack der *Never Ending Story* von 1984.«

Dazu kommen die Einflüsse chinesischer Musik, und aus allem zusammen entstehe etwas ganz Neues: »Klar, wer hier lebt, macht andere Musik als in England. Die Aufbruchsstimmung hier mischt sich mit der Einsamkeit, der Ablehnung des Materialismus, der Nostalgie und der Unsicherheit, die es ja auch gibt. Und dann kommt bei uns noch der Expat-Blues hinzu. Wir leben ja weit von unserer eigentlichen Heimat entfernt.« Outsiders in a strange land – Außenseiter in einem fremden Land.

Wir sind am Lieblingsladen der Kays angekommen, dem »Old Heaven«-Buch- und Plattenladen mit einem Café aus plüschigen Möbeln, wie man sie in Deutschland früher auf dem Sperrmüll gefunden hat. Am Bartresen eine riesige alte Uher-Tonbandmaschine. Solche Läden hat man Anfang der 1990er-Jahre in Berlin Friedrichshain gefunden. Alte Bücher, viele alte und neue Vinylplatten bis unter die Decke. Sogar eine ganze Regalwand und eine Vitrine mit alten Kassetten gibt es. Umgerechnet 6 Euro kostet das Stück. Tendenz steigend. Ursula kauft sich gleich drei gebrauchte Kassetten: »Electric Girl«, steht auf einer drauf. »Sieht aber aus wie ein chinesischer Mann«, lacht sie. Die andere ist von Andy Gibb, der hier aussieht wie eine westliche Frau, die dritte Kassette mit der Aufschrift »Disco« zeigt eine Frau, die aussieht wie Mireille Mathieu. David kauft auch Platten hier. Einige neue Bands geben hier inzwischen auch wieder Vinyl heraus. Zum Beispiel die Rockband »Schoolgirl Byebye«, die 2018 ihr Album »No Romantics« herausgebracht hat.

Der Text des Titelsongs:

Es gibt nichts Romantisches.
Nur brüten, brüten, brüten.
Ich küsse nicht und spreche.
Es gibt nicht viel zu erzählen.
Sex, Kinder, Geld,
Irrational und langweilig,
Für andere zu leben ist nicht das Wichtigste.
Man kann der Schwerkraft nicht vorwerfen, dass Du fällst.
Das gefällt den Erwachsenen.

Das ist eher was für die Großen. David und Ursula lieben die Sammlung aus alten Kassettenrekordern, Walkmen, Ghettoblastern und Kofferradios, Dingen, die es vor dem digitalen Zeitalter gab und die in Form von Schrott aus aller Welt nach Shenzhen geliefert wurden. Denn hier gab es auch die größte Halde von Elektroschrott, bis der Import 2017 verboten wurde. Früher durchforsteten Sammler den Müll und reparierten die Geräte. Inzwischen kommen sie recycelt und repariert aus Malaysia und Vietnam.

»Autoreverse« steht auf dem Sony Walkman. Das war in den 1980er-Jahren eine brandneue japanische Technologie, bei der man die Kassetten nicht mehr umdrehen musste, um die zweiten 45 Minuten anhören zu können. Ursula kauft ihren Kindern einen alten silberschwarzen Kassettenrekorder von ITT Schaub Lorenz, den mit der legendären orangen Aufnahmetaste. »Weil sie dann ihre eigenen Stimmen aufnehmen können«, sagt sie und hält ihr Telefon an den Scanner, um mit WeChat zu bezahlen. »Das macht ihnen mit den analogen Knöpfen viel mehr Spaß als mit dem iPhone.«

KAPITEL 5
VERNETZEN

Von Menschen, die wissen wollen, wer die Spinne im Netz ist

»Ich würde eher das Unternehmen aufgeben und ins Gefängnis gehen, als dem chinesischen Staat die Daten unserer Kunden zu geben.«

REN ZHENGFEI, Gründer von Huawei

In der Zentrale eines der mächtigsten und umstrittensten Konzerne der Welt hat sich einiges angesammelt: Erinnerungsstücke, spontane Einkäufe, von denen man sich doch nicht mehr trennen will, Skurriles, Geschenke. Alles mit Liebe drapiert, wie bei vielen Menschen im Wohnzimmer – nur dass es sich hier um ein Wohnzimmer von der Größe einer Hotellobby handelt. Eingerichtet hat es Ren Zhengfei, der Chef und Gründer von Huawei: Die eine oder andere barocke Stehlampe, ein schwarzer Diener in roter Jacke und weißem Turban, der eine Lampe hält, die auf einem goldenen verschnörkelten Podest befestigt ist. Ein mannshohes tanzendes Nilpferd in kurzem Röckchen. Und sechs Frauenskulpturen, gut sechs bis acht Meter hoch, stehen dort in U-Form herum. Zwei von ihnen haben ihr rechtes Bein leicht angewinkelt. Andere ihr linkes, sie stehen kerzengerade, schauen ausdruckslos geradeaus, wie Soldatinnen beim Appell. Alle tragen ihre Lasten frei auf dem Kopf, ohne die Hände zu Hilfe zu nehmen. Wie hießen die noch mal? Ich googele es heimlich unter dem Tisch, während Ren mit einem Mitarbeiter spricht: Es sind sogenannte Karyatiden – antike Skulpturen von anmutigen Sklavinnen aus dem griechischen Karyai, die das Dach eines Tempels halten. Säulen in Frauenform also. Das Ensemble, das hier steht, ist eine kleinere Kopie der Karyatiden des Erechtheions, eines Tempels auf der Akropolis in Athen, eines der berühmtesten Postkartenmotive Griechenlands. Solche Säulenskulpturen im »Reichen Stil« sind vielfach kopiert worden in den vergangenen Jahrhunderten, man sieht sie in Potsdam, Prag und Paris. Nun, zu Beginn von Chinas Goldenen Zwanzigerjahren im 21. Jahrhundert, sind sie auch in Shenzhen angekommen, der jüngsten und am schnellsten wachsenden Megametropole der Welt.

So hatte ich mir die Huawei-Zentrale nicht vorgestellt: Manierismus statt Minimalismus. Statt Chrom, Stahl und Glas Kassettendecken, Kronleuchter und barocke Sessel. Alles so opulent, dass Kunsthistorikern hier wohl schwindlig werden dürfte. Ein riesiges Gemälde von Napoleons letzter Schlacht: Waterloo. Das Original hängt in Belgien. Gegenüber Napoleons Krönungsszene. Ein Nashorn-Harlekin, fast mannsgroß, tanzt in blaugelbem Kostüm vor dem Klavier. Er bildet mit dem Nilpferd ein Paar. Vor der Wand eine ziemlich kitschige Jugendstilbüste: Frau mit großem rotem Hut.

Zwischen all dem Pomp sitzt Ren in einem Rattansessel. Vor ihm eine schlichte weiße Tasse mit chinesischem Tee auf der weißen Tischdecke. Meißen natürlich. Die blau gekreuzten Schwerter sind die einzige Verzierung. Die Tasse passt besser zu ihm als die Halle. Ren sitzt hier nicht wie einer, der das ganze Brimborium braucht. Aber er hat Spaß daran: »Ich habe zusammengestellt, was mir gefallen hat«, sagt er, wenn man ihn darauf anspricht.

Wenn es eine Botschaft dieses Raumes gibt, dann ist es: Ich tue, was mir gefällt, und schere mich nicht darum, was andere denken. So macht Ren Geschäfte, und so lacht er auch. Immer wieder dieses Lachen. Laut und befreiend, fast wie ein Kind, spontan und unbefangen. So groß können die Sorgen gar nicht sein, dass er nicht trotzdem lacht. Wenn man sein Bild googelt: Auf den ersten zehn Bildern sieht man ihn lachen. Und was sein Äußeres angeht: kein dunkelblauer Anzug mit goldenen Knöpfen, blütenweißem Einstecktuch, Hemd mit dicken Manschetten, der Kragen am besten noch gehalten von einer Hemdnadel, die den Schlipsknoten leicht anhebt, wie es die Uniform vieler deutscher Patriarchen der älteren Generation ist, perfekt und klassisch bis in das kleinste Detail. In diesen Saal würde es passen. Aber nicht zu Ren.

Genauso wenig ist er der Typ für diese seltsame Prunk-Melange der chinesischen Neureichen: Louis Vuitton, Gucci, Hermes, Prada, Chanel, womöglich noch der Männerarmreif von Wellendorff, für rund 15 000 Euro beim Bummeln in Hongkong gefunden: »Wahre Werte.« Auch die Understatement-Uniformen der Tech-Milliardäre aus dem Silicon Valley kann man sich an ihm nicht vorstellen. T-Shirt, Jeans, Sneakers? Ren sitzt da, in irgendeinem dunklen Jackett und einem rosa Leinenhemd, in dem er sich offensichtlich wohlfühlt. Denn die Bilder im Netz belegen: Das hat er immer wieder an. Dazu eine helle Hose, weiße Socken und ein paar braune Schuhe. Er ist nur halbwegs rasiert. Es musste wohl schnell gehen an diesem Morgen. Auf Fotos sieht man, dass er auch schon mal ein gewagtes rotes oder vanillefarbenes Jackett anhat. Ein Mann, den es nicht interessiert, wie er wirkt. Ren ist Shenzhen-Freestyle.

Er ist mächtig genug, sich Eigenwilligkeit leisten zu können. Allein schon die Halle entspricht so gar nicht der neuen

Bescheidenheit, die Staatspräsident Xi Jinping sich von der Wirtschaft wünscht. Von seinen Parteimitgliedern sowieso. Und Parteimitglied ist Ren. Auch den chinesischen Nationalstolz stärkt er mit diesem griechisch-kolonialen Themenpark nicht wirklich. Ren scheint mit seiner Inneneinrichtung so absichtslos und begeistert zu spielen wie Kinder mit Lego. So, als sei er allein auf der Welt.

Ren ist offensichtlich auch niemand, der sich mit den bangen Fragen seiner Kommunikationsabteilung beschäftigt, ob etwa die Schwarzen, die als Diener die Lampen halten, nicht womöglich die Gefühle vieler afrikanischer Huawei-Kunden verletzen könnten. Und sind solche Säulen nicht frauenfeindlich heutzutage?

»Ach, die Säulen. Sie sind doch schön, oder?« – »Die Tiere? Drollig irgendwie.« Die beiden Gemälde von Napoleon, Krönungszeremonie und Waterloo, Aufstieg und Untergang, ach ja, die habe er in Brüssel gesehen. Sie hätten ihm gefallen, ein Verwandter eines Mitarbeiters habe sie 2017 nachgemalt. »Die Schlacht von Waterloo habt ja ihr gewonnen, ihr Deutschen«, sagt er. Was hält Ren von den Preußen, von Disziplin, deutschen Tugenden? Doch Ren ist gedanklich längst weitergezogen. Er ist jemand, dem vieles gleichzeitig durch den Kopf geht. Und dennoch muss er die Fähigkeit haben, zu fokussieren, sonst wäre es ihm nicht gelungen, mal eben in gut dreißig Jahren das wohl erste global erfolgreiche Unternehmen in der 5000-jährigen Geschichte Chinas aufzubauen: Knapp 200 000 Mitarbeiter, in mehr als 170 Ländern aktiv, 136 Milliarden US-Dollar Umsatz, 10 Milliarden Gewinn. Zweistelliges Wachstum. Obendrein die erste weltweit bekannte, erfolgreiche chinesische Konsummarke – obwohl Huawei im Westen selten richtig ausgesprochen wird. »Huah-Weih« sagen viele Deutsche. Die Kunden sollen den Namen aussprechen, wie sie wollen, meint Ren, solange sie seine Produkte überzeugend finden und kaufen. Produkte, die einer Technologie-Ikone wie dem iPhone inzwischen den Rang ablaufen. Besiegen will er Apple nicht. »Ich will einfach nur das beste Smartphone der Welt bauen, das alle haben wollen«, sagt er. Tatsächlich liegt Huawei in unabhängigen Tests meist vor dem iPhone. Bei den Weltmarktanteilen sind sie fast gleichauf. Huawei kommt 2020 auf 14 Prozent, Apple auf 15. Und das, obwohl Ren erst vor acht Jahren angefangen hat, Smartphones zu bauen. Steve Jobs hingegen hat damit schon vor 14 Jahren begonnen. Ren schafft diesen Marktanteil, obwohl seine Handys mittlerweile in den USA und Europa wegen Trumps Sanktionen kaum mehr verkäuflich sind.

Allerdings macht Apple noch sehr, sehr viel mehr Gewinn pro Smartphone. Aber das ist typisch für Markteinsteiger, sie drücken sich mit besserer Qualität über den günstigen Preis in den Markt. Irgendwann ziehen die Preise dann an.

Bei 5G, der fünften Generation des Mobilfunknetzwerks, hat Ren mit eigener chinesischer Technologie bereits global die Führung übernommen. Keiner ist innovativer. Keiner ist preiswerter. Keiner ist schneller. Das räumt selbst die Konkurrenz ein. Ren hat sich aufgemacht, die Welt zu erobern, noch bevor daraus ein politisches Konzept wurde, noch bevor der Staatspräsident die Initiative »One Belt One Road« (OBOR, auch BRI), die Neue Seidenstraße erfunden und Chinas Unternehmen gezwungen hat, sich zu internationalisieren. Manche behaupten sogar, Huawei habe die OBOR-Initiative vorgedacht, als es auszog, um ferne und nicht so entwickelte Länder in Asien, Afrika und Südamerika mit seiner Mobilfunktechnik zu vernetzen. Absicht war das allerdings nicht. Und schon gar nicht Strategie. Ren hat vielmehr aus der Not eine Tugend gemacht. Er war gezwungen, sein Unternehmen zu internationalisieren, weil die von Huawei entwickelte 3G-Technologie in China nicht als Standard ausgewählt wurde. Die einzige Lösung: Die selbst entwickelten Produkte im Ausland verkaufen. Und das hat geklappt.

Die 5G-Technologie ist neben den E-Auto-Batterien und den Innovationen beim autonomen Fahren (siehe Kapitel 2) die erste bahnbrechende Technologie, die überwiegend in China entwickelt wurde und von dort aus nun die Welt erobert. Und das ist nur der Anfang. Für Huawei und für China. Doch nicht nur deshalb bin ich hier. Sondern auch, weil kein anderes Unternehmen so zum Zankapfel zwischen dem Westen und China geworden ist. Weil die chinesischen Verflechtungen von Politik und Geschäft im Fall von Huawei wenig transparent erscheinen.

Wie sehr ist das Unternehmen, wie sehr ist Ren selbst ein Werkzeug der Kommunistischen Partei, ein williger Vollstrecker zumindest, wenn es darum geht, den politischen Einfluss Chinas in der Welt zu vergrößern oder gar den Westen zu unterwandern, auszuhöhlen oder zumindest zu schwächen? Spioniert Huawei die Welt aus, um die Macht der Kommunistischen Partei zu stärken und die Verschiebung der globalen tektonischen Platten in Richtung Asien zu beschleunigen? Wie linientreu sind Ren und sein Unternehmen?

So oder so steht Ren dafür, dass rund 150 Jahre Krise in der chinesischen Geschichte zu Ende sind. Eine Krise, die damit begann, dass der chinesische Kaiserhof aus einer Mischung von Schwäche und Überheblichkeit Mitte des 19. Jahrhunderts mal eben die industrielle Revolution in Europa verschlafen hat. Man konnte sich in Peking schlicht nicht vorstellen, dass die Europäer zu so etwas in der Lage sein könnten. Bald hatten die Europäer auch die besseren Waffen und übernahmen die wichtigsten chinesischen Häfen. Aufstände im Land erledigten den Rest. 1912 musste Puyi, der letzte Kaiser von China, den Drachenthron räumen. An den Machtkämpfen, die danach folgten, wäre China fast zerbrochen. Mao Zedong schaffte es, das Land zu einen. Deng Xiaoping bereitete den Weg für die Öffnung und den wirtschaftlichen Aufstieg.

Einer wie Ren steht dafür, dass die schlechten Zeiten nun vorbei sind. Dafür, dass China nun wieder so innovativ ist, wie es die meiste Zeit seiner Geschichte über war und wie es sich im Grunde auch für ein sehr altes und sehr großes Land gehört. Und womöglich steht Ren nicht nur für den Aufstieg Chinas, sondern auch für den Abstieg des Westens, dafür, dass nun 500 Jahre westlicher – auch kolonialer – Vorherrschaft zu Ende gehen. Wie Yin und Yang scheinen zu seiner Stärke, seinem Erfolg auch die Schwäche des Westens zu gehören.

Genau deswegen ist Ren, ob er will oder nicht, auch eine Projektionsfläche. Für viele im Westen, in den USA und Europa, ist er derjenige, der ihren Status bedroht, ein Vorposten des chinesischen Staates und der Kommunistischen Partei, die dem Westen ans Leder wollen. Für viele in China, aber auch in den aufsteigenden Ländern Asiens und Afrikas, ist er hingegen das Symbol eines neuen Selbstbewusstseins. Ren ist die Verkörperung des »Chinese Dream«. Und was in China geht, könnte auch in Malaysia funktionieren, in Kasachstan oder in Kenia.

Ren produziert inzwischen nicht nur Telekomtechnologie, sondern erzeugt rund um die Welt auch jede Menge Ehrfurcht und Hass, Stolz und Verachtung, Wut und Selbstbewusstsein wie kaum ein anderer Mensch jenseits der Politik in diesen Zeiten. Kurz: In einer Handbewegung von Ren kann sich der Wandel der Welt ausdrücken.

Ren hat sich um diese Rolle nicht gerissen. Im Gegenteil. Jahrzehntelang erkannte ihn selbst in China kaum jemand. Er war praktisch nicht sichtbar in den Medien. Er konnte allein durch China fliegen und wurde nur selten erkannt. Nur hin und wieder tauchten in den sozialen Medien Bilder von ihm auf, die erstaunte User gemacht hatten: Ren am Smartphone in der Taxischlange. Auch in der U-Bahn wurden solche Fotos gemacht. Wobei er deutsche S-Klassen mit abgedunkelten Scheiben schon auch gern fährt. Ren galt als der mysteriöse unter den chinesischen Tech-Unternehmern – ganz so, als hätte er etwas zu verbergen. Er überließ Jack Ma, dem Gründer von Alibaba, der nach Amazon größten Handelsplattform der

Welt, gerne das Scheinwerferlicht. Ma gilt in China, aber auch im Westen als Vorzeigeunternehmer. Erst mit knapp siebzig Jahren gab Ren sein erstes Interview.

Der Tag, der sein Leben veränderte

Doch am 1. Dezember 2018 – er war inzwischen 75 – änderte sich Rens Leben schlagartig. An diesem Tag verhaftete die kanadische Grenzpolizei am Flughafen Vancouver auf Drängen der USA und ihres Präsidenten Donald Trump Rens Tochter Meng Wanzhou, kurz bevor Trump am Rand des G20-Gipfels in Buenos Aires ein privates Essen mit seinem chinesischen Counterpart Xi Jinping hat. Meng, 49, ist seit 2011 Finanzvorstand von Huawei. Viele Chinesen erinnert der Fall an den chinesischen Literaturklassiker *Die Reise nach Westen:* Der Yellow Robe Demon Lord entführt Baihuaxiu, die dritte Prinzessin des Reiches Baoxiang. Der Lord heiratet sie allerdings später. Das hatte Trump sicher nicht geplant.

Im modernen Drama des Jahres 2018 wirft der amerikanische Präsident Meng vor, sie habe gegenüber der HSBC-Bank in betrügerischer Absicht die Wahrheit über Huaweis Verhältnis zu einer dritten Firma (Skycom) verschwiegen. Sie habe die HSBC-Bank nicht klar und eindeutig zu den Geschäftsbeziehungen mit dem Iran informiert. Meng habe ausschließlich Junior-Mitarbeiter informiert, nicht die Führungsebene, sagt wiederum die Bank. Huawei widerspricht: Alle Unterlagen seien dem Global Account Manager der HSBC übergeben worden, der vom Group Risk Committee der Bank beauftragt wurde, sich mit dem Fall zu beschäftigen. Das Problem: Geschäfte mit dem Iran haben die Amerikaner verboten. Ein Verbot allerdings, das Trump der Welt aufgezwungen hat. Ein Verbot aufgrund von Sanktionen, die Europa, Russland und China für falsch halten, genauso wie Trumps Vorgänger im Amt, Barack Obama. Dieser hatte 2016 die Sanktionen gegen den Iran aufgehoben, nachdem das Land versichert hatte, kein Uran mehr anzureichern. Der heutige Bundespräsident und damalige SPD-Außenminister Frank-Walter Steinmeier war mit seinem chinesischen Amtskollegen Wang Yi seinerzeit maßgeblich daran beteiligt, Obama von diesem Schritt zu überzeugen.

Davon will Trump 2018 nichts mehr wissen. Obwohl der Iran alle Auflagen des Deals mit Obama erfüllt hatte. Obwohl selbst die Internationale Atomenergiebehörde (IAEA) dem Iran Vertragstreue bescheinigt hatte. Und obwohl der Iran über weitere Zugeständnisse verhandeln wollte. Der Iran lügt, behauptet Donald Trump. Alle Unternehmen weltweit, die mit dem Iran weiter Geschäfte machten, würden bestraft. Was Trump dabei besonders ärgerte: dass Russland, China und Europa sich einig waren und gegen ihn stellten. Niemand solle sich ungestraft gegen die USA verbünden, meinte Trump.

Der bisher gern und erfolgreich im Schatten agierende Unternehmer Ren entscheidet nun zugunsten des Vaters Ren. Er macht das, was Trump will. Er lässt sich ins Rampenlicht zerren. Er setzt lange Interviews gegen Trumps Twitter-Tiraden. Innerhalb von wenigen Monaten kennt die Welt Rens Namen. Ren ist nicht mehr der große Unbekannte. Und er wird zum Polarisierer wider Willen.

»Meine erste Reaktion war Schock«, erinnert sich Ren in unserem Gespräch. »Ich konnte mir nicht vorstellen, dass meine Tochter in irgendwelche kriminellen Handlungen verstrickt ist.« Für einen kurzen Moment ist das Lachen verschwunden, aber er zwingt sich dazu, sachlich zu bleiben. Am Tag nach ihrer Verhaftung lässt Meng über ihren Ehemann dem Vater eine Nachricht zukommen: »Dad, du bist ihr Ziel, sei bitte vorsichtig.« Ren fliegt drei Tage später wie geplant nach Argentinien. »Das war wichtig für unser Unternehmen«, meint er. »Meine Frau war sehr besorgt. Sie fragte immer wieder bei mir nach, ob alles in Ordnung sei, und hörte erst auf, sich

Sorgen zu machen, als ich gesund und munter wieder daheim war.«

Donald Trump belässt es nicht bei den Vorwürfen gegen Meng, den Konzern nimmt er gleich mit ins Visier. In einer Executive Order des Präsidenten heißt es: »Huawei ist an Aktivitäten beteiligt, die im Widerspruch zur nationalen Sicherheit der USA oder zu außenpolitischen Interessen stehen.« Daher seien Geschäfte mit dem Tech-Unternehmen zu verbieten.

»Ich verstehe die Entscheidung von Trump nicht. Wir haben kaum Netzwerke in den USA gebaut, kaum Smartphones verkauft und waren im Land kaum präsent. Wie können wir die Sicherheit der USA gefährden?«, fragt Ren. Dass es nicht um den Iran geht, ist ihm klar. »Aber womöglich hat Ihre Tochter ja tatsächlich gegen amerikanisches Recht verstoßen?«, frage ich ihn. Selbstverständlich respektiere er die Rechtsstaatlichkeit eines jeden Landes, wenn er dort tätig sei, antwortet Ren. »Aber die Entscheidungen, die die USA getroffen haben, sind nicht rechtsstaatlich«, sagt er. »Wir sind überzeugt, dass wir unschuldig sind. Wenn ein Gericht uns bestrafen würde, nachdem es ein Urteil gesprochen hat, wären wir in der Lage, das zu verstehen, denn wir respektieren die rechtlichen Verfahren. Aber die USA spielen nach ihren eigenen Spielregeln. Ich weiß nicht, wie ich das verstehen soll.«

Was an den Vorwürfen dran ist, wird in einem Prozess geklärt werden. Das dauert. So lange steht Rens Tochter unter Hausarrest, sie lebt in einem ihrer eigenen Häuser in Kanada, seit mehr als zwei Jahren. Ein Gericht entschied im Mai 2020, dass die Vorwürfe auch in Kanada einen Straftatbestand erfüllen würden – eine wichtige Voraussetzung für eine mögliche Auslieferung in die USA. Dort könnte Meng eine lange Haftstrafe drohen.

Der Bann gegen sein Unternehmen, kritisiert Ren, sei aber längst umgesetzt, ohne Gerichtsurteil, ohne Schuldbelege. Er macht sich keine Illusionen. »Die USA nutzen Huawei als

Spielball in den Machtkämpfen zwischen China und den USA. Ihr Plan ist es, meine Tochter festzuhalten, meine Willenskraft zu zerstören und Huawei, den technologischen Wettbewerber, zu vernichten.«

Die westliche Sicht, wende ich ein, sei: Huawei *ist* China. Und China untergrabe die westlichen Werte. Das wolle der Westen wehrhaft verhindern. Das sei das gute Recht des Westens, entgegnet Ren. »Aber diesen Dissens auf dem Rücken meiner Tochter auszutragen, halte ich für unverhältnismäßig.«

Beim Stichwort »unverhältnismäßig« fallen mir sofort die beiden Kanadier ein, die kurz nach Mengs Verhaftung in China festgenommen wurden. Michael Kovrig und Michael Spavor. Der eine ist ein ehemaliger Diplomat, der andere hat ein Kulturzentrum für den Austausch mit Nordkorea geleitet. China wirft Kovrig vor, »Staatsgeheimnisse und Geheimdienstinformationen ausspioniert« zu haben. Die Vorwürfe gegen Spavor lauten: »Spionage für ausländische Kräfte.« Ob das stimmt oder nicht, lässt sich nicht nachvollziehen. Es gibt ja durchaus westliche Spione in China. Doch selbst wenn da etwas dran wäre: Der Zeitpunkt ihrer Verhaftung kurz nach der von Meng riecht nach einer Vergeltungsmaße Pekings, einer unverhältnismäßig harten obendrein. Denn während Meng den Arrest in ihrem eigenen Haus verbringt, harren die beiden Kanadier in einer chinesischen Gefängniszelle aus, die in der Regel hoffnungslos überfüllt sind.

Dafür ist Ren sicher nicht verantwortlich. Aber er ist Teil eines politischen Systems, in dem Menschen ohne transparentes Gerichtsverfahren eingesperrt werden. Ren mauert. »Dafür ist die chinesische Justiz zuständig und nicht Huawei. Mir ist auch nicht mehr dazu bekannt als das, was in den Medien stand.«

Findet er den Zeitpunkt nicht auffällig? »Das ist eine Entscheidung der chinesischen Justiz, auf ich die keinen Einfluss habe.«

Ihm muss klar sein, dass seine Klagen darüber, dass seine

Tochter »unverhältnismäßig« behandelt werde, angesichts des Umgangs mit den Kanadiern im Westen auf wenig Verständnis stoßen werden. Und es kann auch nicht in seinem Interesse liegen, dass Peking so handelt. Es macht den Fall seiner Tochter komplizierter. Möglicherweise ärgert ihn das. Dass er dies aber nicht offen sagen darf, ist die Schwäche eines politischen Systems, von dem er allerdings sehr profitiert.

Spielball des Staates

Diese Ambivalenz gegenüber der Partei und dem Staat hat sein ganzes Leben geprägt. Ren und die Partei haben es sich gegenseitig nicht leicht gemacht. Schon seine Familie war eine von hunderten von Millionen, denen Mao übel mitgespielt hat. Rens Eltern, beides Lehrer aus der rückständigen Provinz Guizhou, galten als Intellektuelle mit Sympathien für die Guomindang, die Widersacher der Kommunisten. Rens Vater war einst als »kapitalistischer Verräter« denunziert und in einer Art Kuhstall festgehalten worden. Es gab unzählige Dokumente mit Vorwürfen gegen ihn.

»Ich spielte mit Matsch und Steinen und schoss mit einer Steinschleuder auf Vögel«, erzählt Ren. Hunger und Armut sind die ersten Stichworte, die ihm für die Zeit vor der Kulturrevolution einfallen. Vor allem in den Jahren 1959 bis 1962 sei es schlimm gewesen. Ren und seine sieben Geschwister haben nicht einmal einen *Baozi* pro Tag gegessen, wie die Hefeklöße auf Chinesisch heißen. Sie sind eine Art Grundnahrungsmittel in China. Als der Hunger losging, war Ren 14. »Ich habe nicht von einem tollen Beruf, einer Karriere geträumt oder davon, mehr zu lernen«, sagt er, »sondern davon, wie ich an einen Baozi komme.« Aber so sei es damals vielen gegangen.

Es war das erste Mal, dass sich Ren vom Staat im Stich gelassen fühlte. Und es sollte nicht das letzte Mal sein.

»Der plötzliche politische Fanatismus war mir unangenehm«,

erinnert sich Ren an den Beginn der Kulturevolution. Später dann habe er einfach mitmachen wollen. Doch er durfte wegen seiner Eltern nicht. Dass Ren nicht zu den Roten Garden gehören durfte, empfand er damals als Ausgrenzung. Immerhin schafften es seine Eltern, dass er später in Chongqing an der Universität für Ingenieurswesen und Architektur ein paar Semester studieren konnte und sogar einen Abschluss bekam. Er war glücklich, als er 1974 einen Job in der Armee fand. Im Fall von Ren war das nicht als Offizier im Bereich der Nachrichtentechnik, wie man immer wieder liest, sondern als Ingenieur in einer unbedeutenden Kunstfaserfabrik des Militärs in der Provinz Liaoning, in Chinas Sibirien an der Grenze zu Nordkorea. »Ich fühlte mich dennoch wohl«, räumt er ein.

Er wurde gebraucht. Hatte eine Aufgabe und zum ersten Mal Erfolg. Ren stieg zum stellvertretenden Direktor auf und entwickelte ein Messinstrument, das erste dieser Art in China und so wichtig, dass er 1978 sogar zur Nationalen Wissenschaftskonferenz nach Peking eingeladen wurde. »Ich war sehr stolz«, erinnert sich Ren. Er hielt sich für »einen vielversprechenden jungen Mann«, der »zweifellos auf die Liste der zukünftigen Provinz- oder Ministerialkader gehört hätte«.

Als die Parteikader sich im Vorfeld der Konferenz trafen, um über die Zusammenstellung der Delegation zu beraten, ging Ren spazieren. Er wurde von einem älteren Kader zur Rede gestellt: »Warum setzt du dich ab, Genosse?« Rens einfache Antwort: »Ich bin kein Parteimitglied.« Der Kader war erstaunt. Denn damals konnte man »nicht einmal eine Küchentruppe leiten, ohne Parteimitglied zu sein«, erzählt Ren. Er war irgendwie durchgerutscht und hatte auch aufgrund seiner Erfahrungen in der Kulturrevolution kein allzu großes Vertrauen in die Partei.

Nach der Konferenz wurde für Ren sofort eine Parteimitgliedschaft beantragt. Doch so einfach war das nicht. Ein hoher Vertreter aus dem fernen Peking wurde geschickt, der seinen Fall untersuchen sollte. Zwar war die Kulturrevolution längst vorbei und damit auch die Versuche, den Alten das »alte Denken« auszutreiben. Doch da Rens Vater als zu intellektuell gegolten hatte, wollte man nun nichts falsch machen. Die Partei wollte auch nach dem Tod Maos noch gründlich prüfen, ob der Sohn »von so einem« wirklich in die Partei gehörte. Schließlich durfte Ren eintreten.

Er fühlte sich wohl als Parteimitglied. Die Partei bot Schutz und Aufstiegschancen. Sie stand nun für Aufbruch, hatte Mao und die Viererbande hinter sich gelassen. Im Dezember des gleichen Jahres sollte Deng Xiaoping seine Reformpolitik verkünden und das Land der Welt öffnen. Vieles schien nun möglich. So viel wie noch nie zuvor im Leben von Ren. Doch nur vier Jahre später schien alles vorbei. Er wurde aus dem Ingenieurskorps der Armee entlassen, verlor nicht nur seinen Job, sondern auch seine Lebensperspektive. »Es war ein Schock«, sagt er. Da half es auch wenig, dass er nicht der Einzige war, den dieses Schicksal ereilte.

Die Armee war zu jener Zeit eine Art Selbstversorger. Es gab Militärschweinezucht ebenso wie Militärhotels und Stahlwerke. Weil sich das Land aufgrund der Kulturrevolution in einem chaotischen Zustand befand, wurde die Armee auch in nichtmilitärischen Bereichen eingesetzt. Doch beim 12. Nationalen Kongresses der Partei 1982 wurde beschlossen, verschiedene Armeekorps aufzulösen und die Zahl der Soldaten der Volksbefreiungsarmee von sechs auf fünf, später auf drei Millionen zu reduzieren. Ren war mit 38 Jahren von heute auf morgen arbeitslos. »Nach der Kulturrevolution, die für meine Familie und mich sehr schwierig gewesen war, verlor ich nun das letzte bisschen Stabilität.« Erst Hunger, Chaos und die Stigmatisierung seiner Familie, dann kurz ein wenig Hoffnung, und dann ließen ihn Partei und Staat wieder im Stich.

Ist diese Geschichte wahr oder nur ein Mythos, an dem Ren bastelt? Ganze Journalistenteams von der amerikanischen *New*

York Times bis zum britischen *Guardian* haben in seiner Biografie herumgestochert, mit Freunden und Feinden gesprochen. Zusammengebrochen ist seine Geschichte dabei nicht. Auch bei der Durchleuchtung seiner Weggefährten wurde nichts Belastendes gefunden. Es ist tatsächlich eine Geschichte, die ziemlich typisch ist für China zu jener Zeit, allerdings eine mit einem ungewöhnlichen Ausgang.

»Ich hatte keine Ahnung, was ich nach meiner Entlassung tun sollte«, sagt Ren. Er suchte einen Job, fand aber keinen. Der Konkurrenzdruck war hoch, der Arbeitsmarkt überschwemmt mit Ex-Soldaten. Er entschloss sich, vom hohen Norden in den südlichsten Süden zu gehen, in die Stadt der Glücksritter – nach Shenzhen. Viele Chinesen »wanderten« in den 1980er-Jahren hierhin »aus«. Das ist durchaus vergleichbar dem Los vieler Italiener oder Iren im 19. Jahrhundert, die aus Not in die USA auswanderten, oder dem Schicksal der »Gastarbeiter«, die in den 1960er-Jahren nach Deutschland kamen.

Ren war auf sich allein gestellt in dieser neuen marktwirtschaftlichen Umgebung, die er erst einmal nicht verstand. »Als ehemaliger Soldat in einem Staatsbetrieb fand ich es seltsam, Geld auf Kosten von anderen zu verdienen«, erinnert er sich. »Ich hielt es für eine Betrügerei, etwas für 10 Yuan einzukaufen und für 12 weiterzuverkaufen.« Wobei das nicht das einzig Neue war: Während sein Job bei der Armee mit analogen Steuerungssystemen zu tun hatte, war man in Shenzhen längst ins Computerzeitalter eingetreten. Hier sah er zum allerersten Mal, was Digitalisierung bedeutete. »Wie kann ich es schaffen, mit den jungen Leuten und ihrer neuen Technologie mitzuhalten?«, fragte er sich damals.

Ein weiteres Problem: Ren vertraute den Menschen zu sehr. »So war ich es von meiner vorherigen Position gewöhnt.« Um bei der Armee ein Kommando zu befolgen, müsse man vertrauen. Er habe gedacht, dies sei auch andernorts so. Ren machte jedoch die Erfahrung, dass mit den neuen Chancen auch Betrügereien und Korruption blühten. Shenzhen war damals, Ende der 1980er-Jahre, so etwas wie der Wilde Westen Chinas. Goldgräberstimmung. Nur langsam begann Ren zu verstehen, wie das mit Angebot und Nachfrage so funktioniert und dass Rechtssicherheit dabei eine zentrale Rolle spielt. Er musste sich erst einmal Bücher über die westlichen Vorstellungen von Betriebswirtschaft und Recht besorgen. Er fand zwei Jobs in zwei Firmen, war aber nur mäßig erfolgreich.

Freunde rieten ihm, eine eigene Firma aufzumachen, wie das so viele taten in der Gründerzeit von Shenzhen. Dafür war die Stadt ja im Grunde geschaffen worden. Doch um eine Firma gründen zu können, brauchte man damals mindestens 20 000 Yuan Privatkapital, rund 2600 Euro. Er hatte jedoch nur 3000 Yuan Abfindung vom Militär bekommen. Ren zögerte, sich Geld zu leihen.

Hat er das Unternehmertum nicht als Befreiung empfunden? Ren schüttelt den Kopf: »Hätte mir die Stadtregierung damals ein Angebot für einen bescheidenen Verwaltungsjob gemacht, hätte ich bestimmt keine Firma gegründet«, erläutert er. »Dann wäre ich heute längst pensioniert und würde fischen gehen.« Vielleicht hätte er dann auch nicht die vielen Schlaftabletten gebraucht, sagt er ganz sachlich, »und hätte keinen Diabetes und hohen Blutdruck bekommen«.

Doch es sollten noch viele schlaflose Nächte vor ihm liegen. Ren tat sich mit ein paar Freunden zusammen, gemeinsam brachten sie das Geld auf, um 1987 ein Unternehmen zu gründen. »Eher aus Not denn aus Überzeugung«, sagt er rückblickend. Die Geschäftsidee ist nicht besonders originell. Sie handeln, wie viele in dieser Zeit, mit elektronischen Bauteilen. Das Unternehmen heißt Huawei. Hua 华 besteht aus den beiden Zeichen für »Großartigkeit« und »Ruhm«, Wei 为 steht unter anderem für »Leistungskraft« und »Errungenschaft«. Ren hatte ein Schild gesehen: »China ist vielversprechend« (中华有为, Zhonghua Youwei)und wusste, dass die verkürzte Form ein guter Firmenname sein könnte. Er war zwar nicht gut auf den Staat zu sprechen, aber stolz auf China war er schon.

Weil kein Geld da war, um die Waren transportieren zu lassen, musste Ren selbst Hand anlegen. Sein Tag bestand daraus, Säcke und Kartons von A nach B »zu schleppen wie ein Dockarbeiter«, sie in den Bus einzuladen, das Wohlwollen des Fahrers vorausgesetzt, im nächsten Bezirk wieder auszuladen und zu den jeweiligen Kunden zu schleppen. Selbst als Ren schon zwanzig Mitarbeiter hat, wuchtet er noch Kisten. Sonst hätte sich das Geschäft nicht gelohnt. »Ich war oft wütend in dieser Zeit«, sagt er. Auf sich, auf den Staat, auf die Öffnungspolitik. Es ging nicht gut voran. »Und nur ein paar Kilometer hinter dem Grenzzaun lag das moderne Hongkong, mit Hochhäusern, dem Country Club und einer der größten Rolls-Royce-Dichten Asiens. Ich fühlte mich als Verlierer der Reformen.«

1980 hatte der Reformer Deng Xiaoping die Sonderverwaltungszone gründen lassen. Er wollte, dass China vom Erfolg Hongkongs profitierte. Dengs Leitspruch lautete: »Lasst den Westwind herein. Reichtum ist ruhmvoll.« Für Ren klang dieser Leitspruch damals nicht nur verheißungsvoll, sondern auch ein wenig zynisch.

Der schwierige Aufstieg

Doch dann kam Liang Kunwu, ein Hongkonger Unternehmer. Er hatte Elektroteile im Wert von 100 Millionen Yuan (12,8 Millionen Euro) in einem Lager in Shenzhen gebunkert und wollte den Kram loswerden. »Ihm war Verlässlichkeit wichtiger als Gewinnmaximierung«, so Ren. »Er bot uns die Ware für einen guten Grundpreis an, außerdem mussten wir das Geld nach dem Verkauf nicht sofort an ihn weitergeben.«

Dank Liang konnte Ren nun investieren. Er spezialisierte sich darauf, Telefonanlagen aus Hongkong zu importieren und sie weiterzuverkaufen. 1990 hatte er bereits 500 Mitarbeiter.

Dann jedoch der nächste Rückschlag. Er verlor die Lizenz für die Produkte der Hongkonger Firma. Sie wurde ausgerechnet von einem staatlichen chinesischen Unternehmen übernommen. Wieder stand Ren vor dem Nichts.

Notgedrungen steckte er den größten Teil seines Geldes in Forschung und Entwicklung. Drei bange Jahre später kam er mit seinem ersten eigenen Produkt auf den Markt: dem 6C08-Vermittlungssystem, einer Telefonanlage. »Die war damals die leistungsstärkste in China«, erzählt er. War er nun stolz? »Schon irgendwie, aber auch sehr beschäftigt.«

Aus dem Elektroteilehändler war ein Technikhersteller geworden. Die Stärke seines Produktes: Es war lokal entwickelt und produziert worden und damit viel billiger als die importierten Vermittlungssysteme. Ren konzentriert sich gezielt auf Kunden, die sich die westlichen Produkte nicht leisten können. Seine Abnehmer sitzen in den kleinen Städten und ländlichen Regionen Chinas – im Hinterland. Die Strategie geht auf, Huaweis Marktanteil wächst zweistellig pro Jahr. Und endlich bekommt er – aber auch alle anderen seiner Wettbewerber in der Branche – nun indirekte Unterstützung von der Regierung. Sie beschränkt 1996 den Zugang für ausländische Unternehmen und fördert damit heimische Firmen.

Ren ist dankbar und in der Welt der Unternehmer angekommen. 1995 macht er einen Umsatz von knapp 180 Millionen US-Dollar. Er kann es kaum fassen. 1997 schließt Huawei seinen ersten großen Vertrag, mit Hutchinson Whampoa, einem Unternehmen, das dem Hongkonger Li Ka-shing gehört, einem der reichsten Unternehmer Asiens. Er war Anfang der 1950er-Jahre vor Mao nach Hongkong geflüchtet und hatte bei null anfangen müssen. Er versteht, wie Ren sich fühlt, verdient aber auch Geld mit ihm. Weitere Verträge mit internationalen Telekommunikationsunternehmen folgen, Ren eröffnet mehrere Forschungs- und Entwicklungszentren. Er hat verstanden, dass nicht nur China seine Produkte braucht, sondern auch die

Welt. Aber dazu benötigt er die richtige Mischung aus einem günstigen Preis und Innovation.

Als Shenzhen Teil der Fabrik der Welt wird, ist Ren zur richtigen Zeit am richtigen Ort. Der Lehrersohn vom Land, der Ex-Textilingenieur bei der Armee klinkt sich in die Globalisierung ein. 1999 hat er knapp 10 000 Mitarbeiter. In Europa wird Huawei erstmals im Jahr 2000 tätig, als in Stockholm ein Forschungszentrum eröffnet wird. Zwei Jahre später summiert sich allein der internationale Absatz seines Unternehmens bereits auf 552 Millionen US-Dollar. Doch der Wettbewerb ist hart, vor allem in China selbst. Die Startbedingungen sind nicht für alle gleich. Dem einen Unternehmen hilft der Staat mehr, dem anderen weniger. Und Ren kämpft gegen drei Wettbewerber mit viel besseren Beziehungen zum Staat. Auch das ist ziemlich gut belegt: Noch früher als Ren gründete Wu Jiangxing sein Unternehmen Great Dragon. Wu ist zehn Jahre jünger als Ren und gilt lange als Held der Telekommunikationsindustrie, bevor sich Wu im Range eines Generalmajors als Präsident eines Militärinstitutes zur Ruhe setzt. Er war also nie ein unabhängiger Unternehmer, sondern ein hochrangiger Militärangestellter mit unternehmerischen Qualitäten. Das Geschäftsrisiko hat er nie tragen müssen, das trug die Armee.

Der andere Wettbewerber heißt Zhou Huan. Er ist genauso alt wie Ren und bringt das Staatsunternehmen Datang Telecom Technology Co., Ltd. aus Peking bereits 1998 an die Shanghaier Börse. Zhou ist und bleibt allerdings ein Beamter des Post- und Telekommunikationsministeriums. Am Ende seiner Kariere wird er denn auch noch Dekan der chinesischen Akademie für Telekommunikationsforschung. Sie gehört zum MIIT, dem mächtigen Ministerium für Industrie und Informationstechnologie.

Das dritte Konkurrenzunternehmen hat Hou Weigui schon 1985 gegründet, ebenfalls in Shenzhen. Es trägt den Namen Shenzhen Zhongxing Semiconductor, besser und vor allem auch heute noch international bekannt unter dem Kürzel ZTE. Hou, der zuvor Technologiemanager in einem Unternehmen des Ministeriums für Flugzeugindustrie war, hat ZTE als Joint Venture mit dem Ministerium aufgebaut. Eine Art Ausgründung also. Gut für Hou, der sich zwar als Unternehmer verstand, sich jedoch immer auf das Netzwerk des Ministeriums als Teilhaber verlassen konnte. Anders als Ren hatte er ein Sicherheitsnetz. Heute ist das Unternehmen immer noch im Markt, aber viel kleiner und weniger international aufgestellt als Huawei. Der deutsche Architekt Ole Scheeren baut gerade eine spektakuläre neue Zentrale von ZTE in Shenzhen (siehe Kapitel 1).

Es ist wahrscheinlich kein Zufall, dass nur die beiden Unternehmen aus Shenzhen heute noch erfolgreich sind. Denn in kaum einer anderen Stadt lässt der Staat Unternehmen so eigenständig gewähren. Und es ist wahrscheinlich auch kein Zufall, dass in dieser Metropole ausgerechnet Huawei am erfolgreichsten ist, also das Unternehmen der Vierergruppe, das offensichtlich am unabhängigsten von Staat, Militär und Partei ist.

Klar ist aber auch, dass kein großes Unternehmen in China lange gegen die Interessen der Kommunistischen Partei handeln kann. Als Unternehmer kann man in China alles machen, was man will. Es sei denn, es schadet den Interessen Chinas. Und was den Interessen Chinas schadet, entscheidet die Partei.

Das ist die größte Angriffsfläche, die Huawei den Kritikern aus dem Westen bietet, wenn diese ihre Position in der Weltordnung zu verteidigen versuchen. Und es ist in der Tat schwierig, das Gegenteil zu belegen. Vielleicht hält sich auch deshalb das Gerücht so hartnäckig, Ren sei ein hoher, einflussreicher Militär. So hartnäckig, dass sich sogar Chinas Verteidigungsminister Wei Fenghe im Juni 2019 beim Shangri-La-Dialog in Singapur genötigt sah, dies zu dementieren.

Genützt hat das freilich nicht viel. Denn jedes Stigma

ernährt sich eben nicht nur von Fakten, sondern vor allem von dem tiefsitzenden Wunsch der Marktführer, den Aufsteiger zu bremsen, um die eigene Position zu stabilisieren. Es ist eine Art Schutzreflex. In diesem Klima gedeihen neue Vorwürfe schneller, als sie mit Fakten abgebaut werden können. Zum Beispiel die Vorwürfe der amerikanischen Nachrichtenagentur Bloomberg. Sie war auf einige Forschungsarbeiten gestoßen, die Huawei-Mitarbeiter mit einer Abteilung der zentralen Militärkommission und der Nationalen Universität für Verteidigung und Technologie erstellt haben. »Das sind individuelle Forschungsprojekte von Huawei-Mitarbeitern, von denen ich keine Kenntnis habe«, verteidigt sich Ren, als ich ihn darauf anspreche. »Huawei hat keine Forschungs- und Entwicklungszusammenarbeit mit dem Militär oder nahestehenden Institutionen«, sagt er entschieden. »Wir verkaufen ihnen nur eine kleine Menge an ziviler Ausrüstung. Wie viel, das weiß ich nicht, weil wir sie nicht als Kernkunden betrachten.«

Auch zur Eigentumsfrage ist international viel recherchiert worden, vor allem von den großen amerikanischen Zeitungen wie der *Washington Post* und der *New York Times.* Das Ergebnis: Huawei ist ein hundertprozentiges Privatunternehmen, das in der Mehrheit den Mitarbeitern gehört und sogar von einem rotierenden Geschäftsführerteam geführt wird. Was man allerdings durchaus feststellen muss: Das Shenzhener Unternehmen ist schon unübersichtlich mit seinen 104 000 kleinen privaten Anteilseignern. Alle Versuche, herauszufinden wem das Unternehmen eigentlich namentlich gehört, enden im Dickicht, genauer gesagt in einer dicken Kladde, in der das alles drinsteht. Formal jedenfalls gehört es der Union of Huawei Investment & Holding Co., Ltd., einer Art Gewerkschaft also. Anders ließe sich ein solch ungewöhnliches Modell wohl auch nicht etablieren. Aber wem gehört es faktisch? Gute Frage. Jedenfalls findet sich kein Hinweis, dass der Staat beteiligt ist, aber ausschließen lässt es sich irgendwie auch nicht, vor allem nicht, wenn man die informellen Verbindungen zum Beispiel zu staatlichen Banken mit einbezieht. Doch um die Behauptung zu belegen, Huawei sei ein Staatsunternehmen, reichen die Indizien wiederum bei Weitem nicht. Und es ist auch nicht einmal wahrscheinlich.

Bleibt der Vorwurf, es gäbe ein Gesetz, das Huawei verpflichtet, Daten an den Staat zu liefern. Doch welche Daten sollten das sein? Alle Daten, die durch Huawei-Smartphones und Netzwerke laufen, gehören den großen staatlichen Telekomunternehmen bereits. Warum also Daten, über die der Staat längst verfügt, mühevoll von einem Privatunternehmen einfordern? Und was ist mit den internationalen Daten, die durch Huaweis Anlagen laufen? Dass sie gesammelt und an den Staat weitergegeben werden, ist zunächst einmal nur eine Befürchtung. Eine tiefsitzende, verständliche Sorge. Eine Sorge, die ernst zu nehmen ist, auch wenn in Deutschland alle Netzbetreiber eine sogenannte Multi-Vendor-Strategie verfolgen, die Netze also immer aus Komponenten unterschiedlicher Firmen gebaut werden. Allein deswegen ist es nicht möglich, dass ein Hersteller ein gesamtes Netz kontrollieren kann. Dennoch ist es auch hier nicht ausgeschlossen, an Daten heranzukommen.

Eine gesetzliche Verpflichtung, Daten aus dem Ausland an Peking zu liefern, gibt es – anders als immer wieder behauptet wird – nicht. Aber was, so kontern Kritiker, heißt das schon in einem Staat wie China? Gibt es da nicht auch einen informellen Druck, gerade bei einem Unternehmen wie Huawei?

Tatsächlich ist Huawei das einzige chinesische Unternehmen, das in dieser Branche international so erfolgreich ist. Ist Huawei so erfolgreich, weil es mit dem Staat kooperiert? Oder obwohl es mit dem Staat kooperiert? Oder ist es erfolgreich, weil der Staat das Unternehmen an einer sehr langen Leine laufen lässt? Je nachdem, wie kritisch man China gegenübersteht, mag man die eine oder andere Variante für wahrscheinlicher halten. Was ist legitime Sorge vor dem Weiterleiten der Daten an chinesische Staatsorgane, was ist Brandmarken und Ausbremsen eines unliebsamen Wettbewerbers? Die Grenzen verlaufen fließend. Es ist eine Pattsituation und bleibt eine Glaubensfrage: Die Vorwürfe lassen sich weder sauber beweisen noch final entkräften.

Washington greift an

Den härtesten Beleg dafür, dass die Verbindung zur Partei nicht so eng ist wie befürchtet, liefert allerdings ausgerechnet der amerikanische Staat selbst. Das ist jedoch schon zwölf Jahre her. Kaum ist US-Präsident Barack Obama im Amt, gelingt es einer Spezialeinheit des US-Nachrichtendienstes NSA Anfang 2009, in das Computernetzwerk von Huawei in Shenzhen einzudringen. Und zwar an über hundert Stellen. Eine einmalige Chance, die Wahrheit über Huaweis Verbindung zur Kommunistischen Partei ans Licht zu bringen, wenn auch genau mit den Methoden, die die Amerikaner den Chinesen vorwerfen.

Die staatlichen Hacker erbeuten unter anderem eine Liste mit mehr als 1400 Kunden sowie interne Dokumente zum Training von Ingenieuren an Huawei-Produkten. Sie dringen in das E-Mail-Archiv des Unternehmens ein, können den Schriftwechsel der gesamten Belegschaft mitlesen. Denn alle E-Mails des Konzerns laufen über die Server in der Zentrale in Shenzhen. Einschließlich derer von Ren Zhengfei und der Verwaltungsratschefin Sun Yafang. Die NSA knackt sogar die geheimen Quellcodes einzelner Huawei-Produkte. Der Quellcode ist so etwas wie der Software-Bauplan. Doch eigentlich suchen die Spione vor allem nach einem: nach Belegen dafür, dass der Staat eng mit Huawei kooperiert, oder gar, dass Huawei Daten an den Staat liefern muss. Sie finden jedoch – nichts. Es lässt sich auch nicht belegen, dass Huawei Hintertüren in die Software einbaut, um an die Daten zu gelangen.

Ren ist dennoch schockiert: »Wir haben unser internes Netzwerk damals nur gegen böswillige heimische Wettbewerber geschützt, aber nicht gegen westliche Wettbewerber oder sogar gegen Regierungen, seien es westliche oder die chinesische«, erzählt er. Sie hätten in dieser Zeit nicht genug Geld gehabt, um sich in dieser Richtung abzusichern. »Der Angriff hat uns völlig unvorbereitet erwischt. Ich war anfangs sogar der Auffassung, der Angriff habe nichts mit unserer Stärke zu tun gehabt, sondern eher mit Neugier.«

War das nicht etwas naiv? Ren lächelt, sagt aber: »Nein, wir hatten bislang einfach noch keine schlechten Erfahrungen gemacht. Wir haben uns streng an die rechtlichen Regeln des Landes gehalten, in dem wir arbeiten. Wenige Unternehmen weltweit haben eine so gute interne und externe Compliance wie wir. Wir waren noch nie in einen Korruptionsfall verwickelt. Wir haben uns also auch nicht geschützt, weil wir ein gutes Gewissen hatten.« Aber war es nicht trotzdem naiv zu glauben, im Ausland als ein Unternehmen wahrgenommen zu werden, das unabhängig vom chinesischen Staat agieren kann? »Wir wären gar nicht auf diese Idee gekommen«, sagt Ren, »wir sind ja schließlich ein Privatunternehmen.«

Doch nach diesem kleinen Vorgriff zurück zur Chronologie der Firmengeschichte. Nach der ersten Zeit des Erfolges schien Rens ursprüngliche Strategie im chinesischen Markt nicht mehr aufzugehen. Seine Produkte hatten nicht mehr das Qualitätsniveau, das die Kunden sich wünschten. Immer mehr Menschen konnten sich nun das Beste leisten, und das kam damals aus dem Westen. Ren entschloss sich daher zu einer ungewöhnlichen Aktion. Für eine Milliarde Yuan, umgerechnet 128 Millionen Euro, kaufte er seine zweitklassigen Produkte von den unzufriedenen Kunden zurück. Es gelang ihm so im letzten Moment, ihr Vertrauen zu halten. Gleichzeitig begann Ren, Produkte zu entwickeln, die auch international wettbewerbsfähig sein würden. Eine Herkulesaufgabe, zumal

Ren schon auf halbem Weg den Markteinritt in den USA wagte. Im Juni 2000 waren Huawei-Produkte zum ersten Mal auf der Telekommunikationsmesse in Atlanta zu sehen. Sie waren 30 bis 50 Prozent billiger als die des amerikanischen Platzhirsches Cisco. Was klingt wie ein Frontalangriff auf dessen Marktmacht in den USA, hat Ren, wie er sagt, nicht so empfunden: »Wir fühlten uns eher wie Bauern in der Latzhose, die einen Palast betreten«, erzählt er. »Wir haben anfangs auch nicht so viel verkauft wie gehofft. Denn man hat unserer Qualität nicht getraut. Aber wir haben immerhin verkauft.«

2001 platzte die dot.com-Blase. Huawei wurde hart getroffen. »Wir waren am Rande des Bankrotts«, erinnert sich Ren. Die staatlichen Banken zuckten nur mit den Schultern. Von wegen, der Staat hilft. In der Not konzentrierte sich Ren auf einfache, technisch nicht ganz so anspruchsvolle Produkte, die aber international wettbewerbsfähig sein sollten. Produkte allerdings, die nur sehr niedrige Margen brachten. Die »Hühnerrippchen-Strategie« nennt Ren das rückblickend. Sollten andere doch Hühnchenbrust und -schenkel verkaufen – Huawei konzentrierte sich auf die Rippchen mit wenig Fleisch und verkaufte viele davon. Das funktionierte in Zeiten der Krise, als bei den Kunden das Geld knapp war.

Der nächste Rückschlag folgte jedoch nur ein Jahr später, als sich einige Topmanager mit wichtigem Know-how von Huawei absetzten und eine eigene Firma gründeten. Dagegen zu klagen war sinnlos. Die Klage gewinnt man nur mit den richtigen politischen Kontakten. Sein Vorstand hatte ihn damals überzeugt, das Handtuch zu werfen und an die Amerikaner zu verkaufen. Ren hat zwar ein Vetorecht, hat es aber »noch nie gezogen«, wie er betont. Er verhandelte mit Motorola. 10 Milliarden US-Dollar wollten sie bezahlen. Der Deal war bereits unterschriftsreif. Doch dann trat der Motorola-CEO Chris Galvin im September 2003 überraschend zurück. Ed Zander von Sun Microsystems übernahm. Er stand zwar zu dem Deal, aber der Aufsichtsrat lehnte ihn ab. Ren hatte das Gefühl, »auf Huawei sitzen zu bleiben«.

Bereits Januar 2003 war Huawei von Cisco angeklagt worden, deren Quidway Switches und Router kopiert zu haben. Ein US-Gericht gab Cisco teilweise recht, jedoch nur im Bereich der Software. 2004 einigte man sich außergerichtlich. Huawei durfte die betreffenden Produkte nicht mehr verkaufen. Cisco feierte das als Sieg »im Kampf um den Schutz des geistigen Eigentums«. Cisco wiederum musste angeblich zusichern, dass sie Huawei nie wieder wegen eines solchen oder ähnlichen Deliktes anklagen werden. Allerdings hat bis heute keine der beiden Seiten die Streitbeilegungsvereinbarung geleakt, was darauf schließen lässt, dass es ein Kompromiss war, bei dem beide Federn lassen mussten. Die Prozesskosten trug jede Seite selbst. Cisco hatte auch nachgegeben, um mit Huawei im Geschäft zu bleiben.

Was die Manager bei Cisco unterschätzten und was selbst Ren überraschte: Huawei wurde immer stärker im Markt. Die Produkte verkauften sich überraschend gut. Auf Dauer konnte Cisco dem Wettbewerbsdruck nicht standhalten. 2005 überstieg Huaweis Umsatz im Ausland zum ersten Mal den im Inland. 2008 gründete Huawei mit dem US-Unternehmen Symantec, einem der größten Softwareentwickler der Welt, ein Joint Venture mit Sitz in Chengdu, bei dem Huawei mit 51 Prozent die Mehrheit hielt.

Das Unternehmen wurde nun immer eigenständiger. In Shenzhen designt es seine eigenen Halbleiter – in direkter Konkurrenz zu Cicso: die Kirin-Serie. Gleichzeitig forderte Huawei mit seinem Kunpeng-Prozessor die Marktmacht der kalifornischen Intel Corp. heraus, des größten Halbleiterherstellers der Welt. Für die amerikanische Politik war das nicht Ausdruck von Wettbewerb, es fühlte sich an wie ein staatlich orchestrierter Angriff auf ihre globale Machtposition.

2010 klagte Motorola gegen Huawei: Chinesische Mitarbeiter,

die mit Motorola kooperierten, hätten Betriebsgeheimnisse gestohlen und an Huawei verkauft. Für eine Verurteilung reichte es nicht, es kam nicht einmal zum Prozess. Wieder einigte man sich außergerichtlich. Doch die Vorwürfe häuften sich. Immer mehr Anschuldigungen wurden gegen Huawei erhoben. In Polen, einem treuen Alliierten der USA, wurde ein Huawei-Mitarbeiter unter dem Verdacht verhaftet, für die chinesische Regierung zu spionieren. Huawei entließ den Mann umgehend und bestritt, etwas davon gewusst zu haben. Das bestätigten auch die polnischen Sicherheitsbehörden. Doch wie das bei solchen Fällen eben so ist: Der Vorwurf wird groß vermeldet, das Dementi klein. Und es bleibt immer etwas hängen.

All diese Vorwürfe und Verdachtsmomente trugen nicht dazu bei, das Vertrauen der Welt in Huawei zu erhöhen. Auch Ren war klar: Wer erfolgreich ist, hat Neider. »Doch dass es so schlimm kommen würde, wie es dann gekommen ist, hätte ich nie gedacht.«

Erst einmal jedoch kam der nächste Erfolg: Im November 2011 übernahm Huawei das Gemeinschaftsunternehmen Symantecs komplett und bezahlte dafür 530 Millionen US-Dollar. In den kommenden Jahren sollte die Luft für die amerikanischen Platzhirsche immer dünner werden. Für Cisco wurde 2015 zum Schicksalsjahr. Der Anteil des Unternehmens am chinesischen Router-Markt halbierte sich in nur einem Jahr, während Huawei um 50 Prozent zulegte. Es war abzusehen, dass Huawei nicht nur Ericsson, sondern auch Cisco als größten Telekomausrüster der Welt überholen würde. Ein Schock für die amerikanische Hightech-Industrie.

Als die Stadtregierung von Shenzhen 2016 die Haushaltszahlen veröffentlichte, stand schwarz auf weiß zu lesen, dass Huawei mit 7 Prozent mit großem Abstand den höchsten Beitrag zum BIP leistete, in Höhe von rund 20 Milliarden US-Dollar. So viel wie die nachfolgenden zwanzig Unternehmen zusammen, einschließlich ZTE, Tencent, Foxconn und BYD. Wobei BYD immerhin der größte E-Auto-Hersteller der Welt ist. Und Foxconn, eigentlich ein taiwanesisches Unternehmen, die meisten Smartphones der Welt produziert, egal ob für Apple, Samsung oder Huawei. Tencent ist auch nicht gerade klein: Es hat mit WeChat die einzige Alternative zu Facebook und WhatsApp entwickelt, inklusive eines Bezahlsystems, einer App also, die mal eben eine Milliarde Menschen benutzen, allerdings hauptsächlich in China.

All diese namhaften Unternehmen hat Huawei so sehr in den Schatten gestellt, dass die Stadtverwaltung seitdem keine Zahlen mehr veröffentlicht. Zu peinlich für die anderen. Und auch bei Huawei wolle man solche Veröffentlichungen nicht, sagt Ren. Sonst könne man ja auf die Idee kommen, Shenzhen gehöre Huawei. Mit seinen rund 80 000 Mitarbeitern allein in Shenzhen ist das Unternehmen längst der größte Arbeitgeber der Stadt.

Donald Trump erklärt Huawei zum Staatsfeind

Je erfolgreicher Huawei wurde, desto stärker auch der Gegenwind. Dieser Gegenwind wird zu einem Sturm, als ein vermeintlicher Außenseiter die Wahlen in den USA gewinnt: Donald Trump.

Kaum ist er im Januar 2017 vereidigt, tut er alles, um den Aufstieg Huaweis zu bremsen oder gar zu stoppen. Gut möglich, dass Trump intuitiv versteht, dass Huawei genau das Feindbild ist, das er braucht. Was dann passiert, konnte sich Ren in seinen schlimmsten Träumen nicht vorstellen. Trump gelingt es, den US-Platzhirsch AT&T zu überzeugen, Huawei-Smartphones nicht länger in Kombination mit seinen Mobilfunkverträgen zu vertreiben. Genau dort wird jedoch das größte Geschäft gemacht. Dass man bei Amazon US noch immer Huawei-Geräte kaufen kann, allerdings ohne Google-Services, spielt für den Absatz kaum noch eine Rolle. Ren sieht sich am Ende.

Man kann Trump also nicht vorwerfen, er habe den Verkauf der Huawei-Smartphones dezidiert verboten. Er hat »Überzeugungsarbeit« geleistet, gegründet auf Vorwürfe, die im Raum bleiben und sich mit der Zeit verstärken. Sie lauten: Huawei würde die Amerikaner ausspionieren und Daten an die chinesische Regierung weitergeben. Einen Beleg dafür liefert Trump nicht. Und nicht einmal die CIA behauptet, dass es jemals einen solchen Fall von Datenweitergabe gegeben hat. Das Verrückte dabei: Die einzigen bekannten Sicherheitsvorfälle in Mobilfunknetzen, in die die Staaten involviert waren, gehen auf die USA selbst zurück. Nicht nur was China betrifft, sondern auch Europa. Dort gibt es den Fall »Backbone DE-CIX«. Die amerikanische National Security Agency (NSA) hat seit 2003 Teile der Datenströme, die hinter den Internetzugangsnetzen der Netzbetreiber im deutschen Internet zusammenlaufen, vom BND erhalten. Und die Amerikaner haben seit 2003 das Smartphone von Angela Merkel ausspioniert. Ganz entspannt dementieren die USA das nicht einmal, als sie von den Deutschen dabei erwischt werden. Immerhin sichert Obamas Sicherheitsberaterin Susan Rice damals in einem Gespräch mit dem Kanzleramt zu, dass die USA dies nicht mehr tun werden; gleichwohl könne man aber nicht ausschließen, dass dies in der Vergangenheit passiert sei. Obama lässt die Kanzlerin wissen, wenn er Kenntnis davon gehabt hätte, dass so etwas im Bereich des Möglichen läge, hätte er das sofort unterbunden. Als Präsident kann man ja nicht alles wissen … Auch nicht, wenn es um das Ausspionieren der wichtigsten Politikerin Europas geht? Egal, der Fall wird zu den Akten gelegt.

Unterdessen lassen die nächsten Vorwürfe gegen Huawei nicht lange auf sich warten. Anfang 2019 wird das Unternehmen beschuldigt, Robotertechnologie von T-Mobile US Inc. gestohlen zu haben. Ein Huawei-Mitarbeiter habe einen Roboterarm in einem T-Mobil-Testlabor in seine Laptoptasche gesteckt, über Nacht untersucht und am nächsten Morgen wieder zurückgebracht. T-Mobile US, die amerikanische Tochterfirma der Deutschen Telekom, ist die erste Betreibergesellschaft, die Huawei-Smartphones in den USA anbietet. Deshalb auch der Zugang für den Huawei-Mitarbeiter. Während die Telekom kein Interesse an einer Anklage hat, wird dieser Fall Teil der Anklageschrift gegen Rens Tochter Meng. Die strafrechtliche Anklage basiert allerdings auf einem Zivilprozess zwischen Huawei und T-Mobile aus dem Jahr 2012. T-Systems hatte seinerzeit auf 300 Millionen US-Dollar Schadensersatz geklagt, wegen geistigen Diebstahls. Im Prozess konnte aber lediglich eine Vertragsverletzung festgestellt werden. Deswegen wurden auch nur 4,8 Millionen US-Dollar Schadensersatz fällig. Kein gutes Geschäft für die T-Systems: Allein die Anwaltskosten betrugen über 18 Millionen US-Dollar. Dass nun strafrechtliche Anklage erhoben wird, sieben Jahre nach dem Vorfall und zwei Jahre nach dem Urteil im Zivilprozess und ohne dass es in der Sache neue Erkenntnisse geben würde, gilt unter Anwälten als sehr ungewöhnlich.

Für das FBI ist der Fall klar: Der Fall zeige »Huaweis schamloses und hartnäckiges Vorgehen, um US-Unternehmen und -Finanzinstitutionen auszunutzen und den freien und fairen Welthandel zu bedrohen«, so der Direktor der US-Bundespolizei, Christopher Wray. »Huawei und seine Topmanager haben sich wiederholt geweigert, die Gesetze der Vereinigten Staaten von Amerika und die internationalen Geschäftsstandards zu respektieren.«

»Die Belege dafür ist Wray bis heute schuldig geblieben«, sagt Ren dazu. »Und außerdem: Wer legt denn diese sogenannten internationalen Geschäftsstandards fest? Die Amerikaner?«, fragt er. Sein Ton wird ganz kurz schärfer.

Im Januar 2019 verkündet Huawei, dass man einen Chip entwickelt habe, der das ganze C-Band-Spektrum bedienen kann. Das bedeutet große Kostensenkungen für Netzbetreiber, weil mehrere nun dieselbe 5G-Station benutzen können. Ein großer Wettbewerbsvorteil, wie sich später herausstellen sollte. Ericsson brauchte zwei Jahre länger, bis Anfang 2021, um auf denselben technologischen Stand zu kommen. Bei den Amerikanern löst diese Entwicklung eine Art Sputnik-Schock aus. Im April bringt das US-Verteidigungsministerium eine Studie heraus, in der es vor dem globalen Innovationsschub warnt: »China hat durch eine Serie von aggressiven Investitionen die Führung übernommen.« Das Land könne den »globalen 5G-Markt prägen«. Die Studie fordert »agressive actions« dagegen. Im Mai 2019 lässt Trump nicht nur die Benutzung von 5G-Huawei-Netzwerktechnologie in den USA untersagen. Er verbietet auch amerikanischen und allen anderen westlichen Zulieferern, Teile und Software an Huawei zu liefern. Das amerikanische Betriebssystem Android läuft zwar weiterhin, weil es sich um eine Open-Source-Software handelt, nicht jedoch die Google-Services und der gesamte Google App-Store.

Und Ren? Im Zentrum eines globalen Machtkampfes zwischen den beiden größten Weltwirtschaftsmächten stehend kämpft er geduldig gegen den Wust an Anschuldigungen. Gebetsmühlenartig erklärt er, dass sein Unternehmen kein Staatsunternehmen sei. Dass er dem Staat keine Informationen geben müsse und in der Vergangenheit auch keine gegeben hat. Dass er für abhörsichere Telekommunikationsausrüstung sei, aber nur, wenn gleiche Regeln für alle gelten und es nicht etwa für Huawei besondere Regeln gibt, die den Wettbewerb verzerren. Er erläutert, dass Huawei dabei bereits heute am weitesten geht, und hofft, dass dieser Standard bald für alle verbindlich eingeführt wird. Denn im Unterschied zu Nokia, Ericsson und Cisco habe Huawei den Quellcode seiner Technologie längst den IT-Sicherheitsbehörden offengelegt. Ren ist sogar bereit, seine 5G-Technologie an die USA zu verkaufen. »Die Amerikaner können dann damit machen, was sie wollen«, sagt er. Und er will seinen Partnern weltweit sogar schriftlich garantieren, dass es in seiner Technologie keine Hintertüren gibt, über die es möglich ist, Daten abfließen zu lassen. Mit der Unterzeichnung einer solchen »No-backdoor-Vereinbarung« würde Huawei sich einverstanden erklären, eine hohe Strafe an den jeweiligen Staat zu zahlen, für den Fall, dass dem Konzern nachgewiesen werden sollte, dass Daten durch die Hintertür abfließen würden.

Das ist ein ziemlich weitreichendes Angebot. Denn würde ein chinesisches Unternehmen wie Huawei bei einem Verstoß erwischt, wäre es geschäftlich im Westen am Ende. Und normalerweise wäre ein solches Angebot der Beginn von Verhandlungen. Doch nicht in diesem Fall. Denn für Trump ist das Feindbild Huawei wichtig; besser, die Wut seiner Wähler konzentriert sich auf die Chinesen als auf seine Person. Die Wut gegen die Aufsteiger aus Asien allerdings ist nicht über Nacht mit Trump ins Land gekommen, sondern hat sich über Jahrzehnte langsam, aber stetig aufgebaut. Politiker jeder Couleur haben sie gezielt benutzt. In den 1980er-Jahren war es Ronald Reagan, der gegen Toshiba zu Felde zog. Toshiba hatte 1986 den ersten Laptop auf den Markt gebracht. Zwei Jahre später zertrümmerten Kongressabgeordnete Toshiba-Radios medienwirksam mit Vorschlaghämmern. Und 1989 erzürnte sich ein New Yorker Unternehmer in einer amerikanischen Primetime-Fernsehshow: »Sie haben systematisch das Blut aus Amerika herausgesaugt«, sagte er. Sein Name: Donald Trump.

Damals stand der Vorwurf im Raum, Toshiba arbeite mit den Russen zusammen. Toshiba und ein norwegisches Unternehmen hätten computergesteuerte Walzmaschinen an die Sowjetunion geliefert. Damit könne man geräuscharme U-Boot-Propeller herstellen, hieß es. Damals beschloss der US-Senat fast einstimmig ein mehrjähriges Einfuhrverbot für Toshiba-Produkte.

Eine erstaunliche Parallele zu heute. Bis hin zum Personal: Trumps US-Handelsrepräsentant und einer der wichtigsten Architekten des Handelskrieges, Robert Lighthizer, nahm bereits in den 1980er-Jahren an den Verhandlungen mit Japan teil. Toshiba überlebte, ging aber ziemlich in die Knie. In den USA gilt die Strategie seitdem als Erfolg. Der große Unterschied zwischen damals und heute, zwischen China und Japan: China hat einen großen Binnenmarkt und ist deswegen längst nicht so vom Westen abhängig.

Hätte Ren nicht wissen können, was auf ihn zukommt? Ren hält dagegen: »Wir leben inzwischen im Zeitalter der Globalisierung und der Offenheit«, sagt er. »Wir hängen alle voneinander ab.« Nicht nur China von den USA, sondern auch umgekehrt.

»Aber bedeutet diese Abhängigkeit, dass wir uns wehrlos von China unterwandern lassen müssen?«, hake ich nach.

»Wo unterwandern wir denn den Westen?«, fragt er scharf zurück. »Für Ihre Befürchtung gibt es keinen Beleg. Unterwandern das iPhone oder die Chips von Qualcomm China? Unterwandern die deutschen Autos oder die Chemiewerke von BASF China?«

Ren skizziert die Abhängigkeiten: Huawei brauche europäische Wissenschaftler, um neue, zukunftsfähige Produkte zu entwickeln. Huawei wiederum helfe Europa, die digitale Infrastruktur aufzubauen, auf der Industrien zusammen mit anderen Partnern ihre Geschäftsmodelle transformieren können. Dafür würden sie mit Wissenschaftlern auf der ganzen Welt zusammenarbeiten. Natürlich nicht nur mit europäischen. »Nur wenn wir zusammenarbeiten, kann eine immer intelligentere Welt entstehen. Unsere Produktionsausrüstung stammt aus Japan und Deutschland. Wir benutzen Software von Siemens oder Bosch, aber auch von dem französischen Unternehmen Dassault. In diese Software haben wir unsere KI-Technologie integriert. Das ist wiederum für Europa interessant. Wir haben zum Beispiel die beste 5G-Software für autonomes Fahren, während aus Europa die besten Autos der Welt kommen«, erklärt Ren.

Dennoch ändert all das im Westen nur wenig an dem Gefühl, dass das Unternehmen Huawei aus Shenzhen und China generell die Machtposition der USA und Europas schmälern und unseren Spielraum verringern, die Regeln der Weltordnung zu bestimmen und festzulegen, was richtig ist und was falsch. Hinzu kommt die Angst vor dem Verlust von Arbeitsplätzen, weil immer größere Teile der wirtschaftlichen Wertschöpfung nach Asien wandern und dort immer mehr zukunftsrelevante Technologie entwickelt wird. Auch deshalb sieht Donald Trump gute Chancen, die Reihen im Westen gegen Huawei zu schließen. »America first« heißt in diesem Fall: China darf nicht stärker werden und die Freunde der Amerikaner sollen gefälligst wieder tun, was Washington will.

Genau das will er am Beispiel Huawei durchexerzieren. Trump weist seine Diplomaten in über sechzig Ländern an, bei den jeweiligen Regierungen politisch Druck gegen Huawei zu machen. Wenn die Länder den Einsatz der kommerziellen 5G-Produkte von Huawei zulassen, werden die USA den Austausch von Geheimdienstinformationen einstellen, lässt er seine Mitarbeiter drohen. Und die Firmen der jeweiligen Länder werden Nachteile im Amerikageschäft haben.

Das wohl wichtigste Land, das es in dieser Frage auf seine Seite zu ziehen gilt, ist Deutschland. Die führende Macht in Europa. Und so gerät Deutschland in den Mittelpunkt eines Machtkampfes zwischen den USA und China, ausgetragen auf dem Rücken eines Unternehmens aus Shenzhen.

In jenen Tagen findet Ren beim Googeln das Bild einer Iljuschin II »Schturmowik«. Das einmotorige, stark gepanzerte Schlachtflugzeug wurde im Zweiten Weltkrieg von der russischen Luftwaffe eingesetzt. Das Bild zeigt die Maschine völlig durchlöchert von feindlichem Artilleriebeschuss, aber immer noch flugfähig. »Als ich das Bild sah«, erzählt er mir, »habe ich sofort gedacht, dass Huawei in einer ähnlichen Situation ist: Wir sind angeschossen, aber wir fliegen noch.«

Ren lässt das Foto mit dem Huawei-Logo und dem folgenden heroischen Slogan versehen: »Helden werden geschmiedet, nicht geboren.« Dann startet er eine umfassende Imagekampagne damit. Westliche Kommunikationsberater hätten ihm sicher davon abgeraten, denn er ignorierte dabei einfach die historischen Details. Die russische Maschine war nicht etwa von amerikanischer Artillerie beschossen worden, sondern von deutscher. Deutschland ist jedoch nicht nur für die Amerikaner wichtig, sondern auch für Huawei ist es der wichtigste Markt im Westen, zumal jetzt, nachdem der Zugang zu den USA versperrt ist. Doch so etwas stört Ren nicht. Kleinigkeiten. Er ist überzeugt, dass er so nicht nur seine Mitarbeiter motivieren, sondern auch der Welt auf einen Blick erklären kann, wie hart im Nehmen Huawei ist. »Der Druck schweißt uns zusammen.«

Ren hat noch einen Termin. Wir verabschieden uns. Aber am kommenden Tag werde ich ihn noch einmal treffen.

Aufstiegstaumel und Abstiegsschmerz

Auf dem Weg ins Hotel wird mir noch etwas klarer, in welchem Teufelskreis Ren steckt. Je erfolgreicher er ist, desto härter werden diejenigen im Westen, die sich von ihm angegriffen fühlen, daran arbeiten, ihn zu schwächen. Und desto größer wird der Druck für ihn sein, erfolgreich zu bleiben.

Vor einem guten Vierteljahrhundert trat er allein gegen eine Handvoll westlicher Unternehmen an, die zusammen über tausend Jahre Geschichte aufbieten. Übrig geblieben sind heute im Netzwerkbereich nur noch zwei Europäer: Nokia aus Finnland und Ericsson aus Schweden und – mit Einschränkungen – der US-Hersteller Cisco. Doch sie haben kaum noch eine Chance, mit Huawei mitzuhalten. Das Unternehmen kommt in diesem Bereich auf einen Weltmarktanteil von über 30 Prozent. Der größte westliche Anbieter Nokia folgt mit großem Abstand mit nur 15 Prozent. Tendenz sinkend. Nokia war einst ein Pionier bei den Smartphones, bis die Finnen vor allem durch Apples iPhone gezwungen wurden, aufzugeben. Sie haben dann die entsprechenden Sparten von Siemens und Alcatel-Lucent übernommen und sind als Netzwerkspezialist wieder auferstanden. Doch nun kommt der Wettbewerber aus Shenzhen. Und Nokia ist abermals unter Druck. Der Konzern macht seit Jahren Verluste, der Aktienkurs ist in den letzten fünf Jahren langsam, aber stetig gesunken.

Ericsson hat zwar 2005 die amerikanische General-Electric-Tochter Marconi gekauft, kommt aber trotzdem nur auf einen kleinen Marktanteil. Und dann ist da noch Cisco aus Kalifornien. Das Unternehmen ist als Internetausrüster Amerikas Nummer eins und hochprofitabel. Auch, weil es sich zusätzlich auf Firmennetze spezialisiert hat. Cisco kümmert sich um die Bürovernetzung von Behörden, Verwaltungen und Kommunen. Der Marktanteil liegt stabil bei 6 Prozent. Anders als Huawei baut Cisco allerdings keine Basisstationen für Mobilfunk, ist also kein Netzwerkausrüster für Mobilfunknetze im engeren Sinne.

In Asien spielt Samsung noch eine wichtige Rolle. Die westlichen Anbieter Nokia, Ericsson und Cisco hinken inzwischen technisch um Jahre hinterher. Obwohl Ericsson insgesamt fünf Innovationszentren in China betreibt, darunter eines, in dem es um 5G geht. Nicht in Schweden, sondern in Nanjing liegt die weltweit größte Produktions- und Logistikbasis von Ericsson. Das Unternehmen beschäftigt in China 11 000 Menschen, von denen rund 5000 im Bereich Forschung und Entwicklung tätig sind. Wie Ericsson haben auch die übrigen Ausrüster einige Kernbereiche der 5G-Technologie in China entwickeln lassen. Denn China hat schon früh neue Spektrum-Ressourcen zur Verfügung gestellt, weil die 4G-Netze gerade in den Ballungszentren der Megacitys mit ihrer enormen Bevölkerungsdichte schon früh an Kapazitätsgrenzen gestoßen waren.

Konkurrent Nokia hat in Shanghai ein Joint Venture mit

dem chinesischen Staatsunternehmen China Huaxin, in dem es allerdings nicht die Mehrheit hält: Es heißt Nokia Shanghai Bell und war bis Mai 2020 das einzige ausländisch investierte Unternehmen, das direkt dem Staatsrat untersteht, wie die Regierung in China genannt wird. Der Joint-Venture-Partner von Ericsson in China, Nanjing Panda Electronics, beschäftigt mehrere Direktoren, die auch Positionen in der KP innehaben. Nanjing Panda liefert Kommunikationsausrüstung an das chinesische Militär, berichtet das Branchen-Magazin *Telecom Tech News.* Ericsson macht immerhin rund 7 Prozent seines jährlichen Umsatzes in China, Nokia rund 9 Prozent.

Trotz der starken Chinaaktivitäten der Europäer wird der Abstand zu Huawei immer größer. Denn Huawei gibt viel mehr für Forschung und Entwicklung aus. Etwa 15 Prozent des jährlichen Umsatzes. Das ist anteilig drei Mal so viel wie Ericsson. In absoluten Zahlen vier Mal so viel, da Huawei einen höheren Umsatz macht.

Und so ist Deutschland, ist Europa in die schwierige Lage geraten, sich auf Technologie verlassen zu müssen, die aus einem Land kommt, das ein anderes Wertesystem und eine andere Vorstellung von Datenschutz hat. Man hat den Wettbewerber aus Fernost zu lange unterschätzt, aber auch die Bedeutung der Technologie insgesamt. Ohne dass ihm das selbst bewusst gewesen wäre, wurde Ren der lebende Beweis dafür, dass der »American Dream« kein Monopol der Amerikaner mehr ist. Und damit wurde er für Trump interessant – als Sündenbock. Trump ist nicht gerade für sein Einfühlungsvermögen bekannt, er hat jedoch sehr schnell und richtig erfasst, wie groß der Schmerz der Menschen in seinem Land darüber ist, dass die USA an Strahlkraft verlieren und sich damit die Spielräume der Menschen verringern. Ohne dass sich die Leute groß mit Außenpolitik beschäftigen müssten, haben sie doch das untrügliche Gefühl, dass ihr Land immer schwächer wird. Sie merken es an ihren schmelzenden Rücklagen und an Jobs, die immer schlechter bezahlt werden. Und sie sind wütend darüber, dass die Politik nichts dagegen unternimmt.

Der Abstieg der USA in der Welt und der persönliche Abstieg seiner Bürger laufen Hand in Hand. Beides äußert sich in einem Verlustschmerz, der immer heftiger wird. Trumps Kurzschlusstherapie kommt da gerade recht: »Make America Great Again«, diese Losung ist Balsam für die Seele des gekränkten Nationalstolzes und verheißt Linderung für die wirtschaftlichen Sorgen vieler Amerikaner. Trump weiß, der Schmerz ist einfacher zu ertragen, wenn es einen Sündenbock gibt. Deshalb ruft der Präsident den Amerikanern zu: China, Huawei und Ren sind schuld. Damit trifft er nicht nur die Gefühlslage vieler Amerikaner, sondern auch die vieler Europäer. Selbst diejenigen, die Trump nicht mögen, sind in dieser Frage mit ihm einer Meinung. Es sei gut, dass er China Paroli bietet.

Auch wenn es Trump nicht gelungen ist, Amerika wirtschaftlich wieder groß zu machen, hat er den Menschen in seinem Land, die sich abgehängt fühlen, den Eindruck vermittelt, dass er sich um sie kümmert. Knapp die Hälfte der Amerikaner hätte Trump 2020 gerne im Amt bestätigt gesehen. Das Land ist gepalten wie nie zuvor, auch an den Wahlurnen. Trump hat von seinem Vorgänger Barack Obama ein Handelsbilanzdefizit von 346 Milliarden US-Dollar übernommen, im Januar 2021 übergibt er seinem Nachfolger Joe Biden ein Handelsbilanzdefizit von 310 Milliarden. Viel hat sein Handelskrieg gegen China nicht gebracht, wenn man den Corona-Effekt abzieht. In seinem letzten Amtsjahr schrumpft die amerikanische Wirtschaft um über 3 Prozent, während die chinesische um 2,1 Prozent wächst. Dass er trotzdem so viele Stimmen auf sich vereinen konnte, zeigt, wie groß die Sehnsucht vieler nach der glorreichen Vergangenheit ist. Zurück zu alter Größe, das war es schließlich, was Trump versprochen hatte.

Die Amerikaner wollen wieder eine Wirtschaftsmacht sein, die bei den Innovationen den Takt angibt, so wie sie das jahrzehntelange getan hat. Erst mit Apple und Microsoft und später mit Facebook, Google und Amazon. Vor allem die 1990er-Jahre waren die Zeiten, in denen die Amerikaner die Chinesen immer wieder ermahnten, die Kraft des marktwirtschaftlichen Wettbewerbs nicht zu unterschätzen. Auch und gerade in der Hoffnung, dass der Wettbewerb der politischen Systeme China aushöhlen würde. Dass China das gleiche Schicksal treffen würde wie die Sowjetunion und die USA und mit ihr der Kapitalismus noch mächtiger sein würden. Doch es sollte anders kommen.

Als sich abzuzeichnen begann, dass die Chinesen den Gedanken des Wettbewerbs ernst nehmen und in den Kampf gegen die technologische Vorherrschaft der USA einsteigen würden, wurden die Warnungen leiser und schließlich durch Abwehrreflexe ersetzt. Aus Herablassung wurde Bissigkeit. Aus Bissigkeit Stigmatisierung. Dass die chinesischen Kommunisten jede Menge Angriffsfläche boten, weil sie viele der Freiheiten einschränkten, auf denen die USA und die westlichen Demokratien fußen, machte es nur leichter.

Dass dies in der Geschichte kein ungewöhnliches Phänomen ist, hat Norbert Elias, einer der großen deutschen Soziologen des 20. Jahrhunderts, überzeugend dargelegt. Unter anderem hat er ein Buch geschrieben mit dem Titel *Etablierte und Außenseiter*. Es erzählt davon, wie die Etablierten die Außenseiter stigmatisieren, um ihre eigene Macht zu erhalten. Denn die Neuen haben andere Maßstäbe, fordern andere Spielregeln, und vor allem wollen sie die Etablierten schwächen. Die Logik des Machtkampfes: Je stärker die Neuen, je größer die Angst vor ihnen, desto stärker deren Stigmatisierung. So verfuhren die Adligen mit den Bürgern. Die Kolonialherren mit den Kolonialisierten, die Weißen mit den Schwarzen und die Männer mit den Frauen.

Der Ausgang dieses Machtkampfes ist überall ähnlich, stellt Elias fest. Den Etablierten mag es gelingen, den Aufstiegsdrang der Neuen zu bremsen oder zeitweilig zu stoppen, verhindern können sie ihn freilich nicht. Selbst in der jüngeren deutschen Politik Deutschlands gibt es eindrückliche Beispiele dafür. Es ist nicht einmal vierzig Jahre her, als die Grünen von den etablierten Parteien als Steinewerfer, Ideologen, Radikale und von Kommunisten gesteuert verunglimpft wurden. Als Menschen, die das eigene bewährte Werte- und Normensystem in Gefahr bringen. Inzwischen gehören sie selbst zu den Etablierten.

Die Deutschen zwischen den Stühlen

Etwas Ähnliches passiert gerade im globalen Maßstab zwischen China und den USA. Das Ringen der beiden Mächte färbt auch auf Europa und Deutschland ab. Wenn deutsche Medien von Huawei als »Staatsunternehmen« (Tagesschau) oder gar »Staatskonzern in Tarnuniform« *(Die Welt)* sprechen, dann sind das Überzeichnungen der Etablierten, die sich gegen die Aufsteiger wehren. Ren ist dann ein »Ex-General« *(Wirtschaftswoche)*, der für »Chinas Militär in der Abteilung Informationstechnologie gearbeitet hat« *(Handelsblatt, Bild)* und dessen »Verbindungen zum Militär es ihm ermöglicht haben« *(Süddeutsche Zeitung)*, sich selbstständig zu machen. Er ist der »verlängerte Arm der Kommunistischen Partei« *(Die Welt)*. Und der Berliner *Tagesspiegel* stellt fest: »Wer sich ein 5G-Netz von Huawei einrichten lässt, lässt es am Ende auch von der Kommunistischen Partei Chinas einrichten.«

Dass die Belege dafür fehlen, scheint nicht weiter zu stören. Immerhin sind die Äußerungen hierzulande generell moderater als in amerikanischen Medien und vor allem als in der amerikanischen Regierung unter Donald Trump. »Es gibt keinen Unterschied zwischen der Kommunistischen Partei Chinas und Huawei«, sagte etwa der Nationale Sicherheitsberater Robert O'Brien.

Die Deutschen mögen den Aufstieg weniger stark als Angriff

auf ihren Status als Nation empfinden, sind sie doch keine Weltmacht. Aber in Deutschland kommen im Unterschied zu den USA drei andere Aspekte hinzu, die die Abwehrhaltung noch verschärfen: Die Deutschen hegen erstens ein großes Unbehagen gegen Technologiefirmen und ihren Umgang mit Daten, egal, ob sie nun aus den USA oder China kommen. Dieses Unbehagen mündet in die berechtigte Forderung, dass die Datensicherheit nicht den Geschäftsinteressen einzelner Firmen geopfert werden darf. Diese Auffassung ist überall in Europa verbreitet, aber in Deutschland besonders stark ausgeprägt. Die Sorge darüber lässt die Tatsache in den Hintergrund treten, dass Huawei im Gegensatz zu den »GAFA-Firmen« (Google, Apple, Facebook, Amazon) gar kein Geschäftsmodell hat, das auf Daten aufbaut. Das Unternehmen liefert lediglich die Verbindungen, also gewissermaßen die »Autobahnen«, auf denen Daten verbreitet werden. Bei den GAFA-Firmen ist die Furcht vor einem (kommerziellen) Missbrauch der Daten durch Unternehmen konkret. Bei Huawei besteht die Sorge vor einer staatlichen Ausbeutung unserer Daten durch China. Während es sich bei Erstem unbestritten um eine Praxis der US-Konzerne handelt, geht es bei Huawei lediglich um einen bisher nicht belegten Verdacht gegenüber China.

Zweitens streben die Deutschen danach, moralische Leitbilder sein. Nach zwei Kriegen und dem Holocaust hatte man große Schuld auf sich geladen und lag moralisch am Boden. Nun hat sich Deutschland über Jahrzehnte hinweg wieder Respekt erarbeitet, ist nicht nur eine wirtschaftliche Instanz, sondern findet auch in Fragen der Ethik und Moral weltweit durchaus Gehör. Eine politische oder gar militärische Weltmacht kann und will man auch nicht werden, das verbietet die Vergangenheit. Deshalb, so meint auch der Historiker Heinrich August Winkler, will Deutschland wenigstens eine moralische Weltmacht sein. »Manchmal hat man den Eindruck, als glaubten viele Deutsche, Deutschland könne die Weltprobleme lösen. Wir müssen aus der Vergangenheit lernen, uns verantwortlich zu verhalten. Aber wenn wir daraus folgern, anderen moralisch überlegen zu sein, dann ist die Gefahr der Anmaßung nicht fern«, so Winkler, einer der renommiertesten deutschen Historiker.

Und drittens wird der Konflikt nicht einfacher dadurch, dass das vergleichsweise kleine Deutschland als Exportnation noch viel stärker auf China angewiesen ist, als die USA mit ihrem großen Binnenmarkt das sind. Diese Abhängigkeit wird noch aufgeladen durch das Gefühl, von China ausgenutzt und unfair behandelt worden zu sein. China habe vom Technologietransfer des Westens mehr profitiert als Deutschland, hört man oft. Weil sein Markt so groß und so wichtig ist, könnte China die Spielregeln diktieren und sich so immer mehr aus der Umklammerung des Westens befreien. Das hat sich stärker im öffentlichen Bewusstsein verankert als die Tatsache, dass Deutschland sehr wohl auch von Chinas Aufschwung profitiert hat. Verkürzt könnte man die Stimmung so wiedergeben: China zieht knallhart sein Ding durch und die Deutschen waren stets offen, doch am Ende zu gutmütig, um sich zu schützen. Und nun ist es endlich an der Zeit, sich zu wehren. So wie Trump.

Das ist faktisch zwar nicht richtig, weil die Deutschen in den letzten drei Jahrzehnten ein Vielfaches dessen in China investiert haben wie die Chinesen in Deutschland. Und weil die allermeisten dieser Investitionen sehr gewinnträchtig waren und sind. 2019 war China zum vierten Mal in Folge der größte Handelspartner Deutschlands. Relativiert wird die Gleichung dadurch, dass China tendenziell mehr Waren exportiert (109,9 Milliarden Euro 2019), als wir ausführen (96 Milliarden). Grundsätzlich lässt sich aber festhalten, dass Deutschland von den Beziehungen zu China profitiert. Und auch von Huawei: Denn das Unternehmen kauft in Deutschland mehr ein, als es nach Deutschland verkauft. Huawei hat, wie viele chinesische Unternehmen, viele deutsche Zulieferer.

Dennoch lässt sich das Unbehagen gegenüber China, das eng mit dem Gefühl des Abstiegs verbunden ist, nicht wegdiskutieren. Hinzu kommt, dass die Deutschen davon überzeugt waren, China würde sich mit mehr Wohlstand liberalisieren, Schritt für Schritt dort ankommen, wo wir schon sind. Das ist bisher nicht in der Form passiert, wie wir uns das vorgestellt haben. Die Stichworte der Enttäuschung lauten: Pressefreiheit, Zivilgesellschaft, Rechtsstaatlichkeit und Demokratie. An allem mangelt es. Auf der anderen Seite war die Vorstellung des Westens, dass ein Land wie China unseren Weg eins zu eins einschlagen würde, auch etwas naiv. Auch die Demokratie Japans sieht anders aus als die Demokratien Europas. Und das, obwohl Japan von der Bevölkerungszahl und dem Entwicklungsstand her den europäischen Staaten viel mehr ähnelt als China.

All das – die berechtigten Sorgen, die Wut, die enttäuschten Hoffnungen – schwingt mit, wenn es um Huawei geht.

Sonntagabend in Deutschland

Wie wird Deutschland, von Trump unter Druck gesetzt, mit dem Unternehmen aus Shenzhen umgehen? Wie stark ist auch in Deutschland das Gefühl, die eigenen Reihen gegen China schließen zu müssen? Das sind Fragen, die ich mir stelle, als ich nach dem Gespräch mit Ren wieder zurück in mein Hotelzimmer gehe. Ich beginne zu recherchieren und stoße auf eine Talkshow mit dem Titel: »Wirtschaftsmacht und Überwachungsstaat. Kann man China vertrauen?«

2,97 Millionen Menschen haben zugeschaut, eine Quote von gut 10 Prozent. Kein schlechter Schnitt für so ein abstraktes Thema und gleichzeitig der mediale Höhepunkt in Deutschland zu Huawei und China im Jahr 2019. Gastgeberin ist Anne Will, Sonntagabend in Deutschland.

In der Talkshowwelt geht es manchmal zu wie bei modernen Gladiatorenkämpfen. Die Show lebt von der Zuspitzung, davon, dass die Affekte weniger kontrolliert werden, mehr erlaubt ist als sonst. Das bedeutet, Grundsätze wie die der Unschuldsvermutung, des Rechts auf Verteidigung des Angeklagten oder die Beweispflicht der Anklage treten in den Hintergrund – zugunsten eines Schlagabtauschs. Dass die Emotionen so hochkochen, zeigt deutlich, wie groß die Beunruhigung angesichts der Herausforderungen durch China ist.

Die Gäste: je ein Politiker der CDU, der Grünen und der FDP. Darunter Wirtschaftsminister Peter Altmaier (CDU), ein enger Vertrauter der Bundeskanzlerin. Linda Teuteberg, Generalsekretärin der FDP, und Margarete Bause, die für die bayerischen Grünen im Bundestag sitzt und Sprecherin ihrer Fraktion für Menschenrechte und humanitäre Hilfe ist. Dazu Dieter Kempf, der Präsident des Bundesverbandes der Deutschen Industrie (BDI). Er war bis 2016 Vorstandsvorsitzender von DATEV, einem der führenden europäischen IT-Dienstleister mit Sitz in Nürnberg. Und die Sinologin und Politikwissenschaftlerin Kristin Shi-Kupfer. Sie hat vor mehr als zehn Jahren eine Weile im Pekinger Büro eines *Zeit*-Korrespondenten gearbeitet und ist jetzt beim Berliner China-Thinktank Merics tätig. Ein paar Monate später wird sie Professorin in Trier. Sie ist die Einzige in der Runde von sechs Teilnehmern, die Chinaerfahrung hat. Der Journalist Georg Mascolo ist auch dabei, Chef des Investigativ-Ressorts von NDR, WDR und *Süddeutscher Zeitung*. Er ist Mitte fünfzig und war zwischen 2008 und 2013 Chefredakteur des *Spiegels*. Ein Vertreter von Huawei fehlt. Es wurde auch keiner eingeladen, wie ich später erfahre.

Der Einspielfilm gibt den Ton vor: Der chinesische Staats- und Parteichef Xi Jinping wird mit den Worten zitiert, dass niemand den Aufstieg der chinesischen Nation aufhalten könne. Ein Satz aus einer Rede, in der Xi auch sagte, dass China sich »friedlich in die Weltgemeinschaft integrieren möchte«.

Die Grüne Margarete Bause macht den Anfang: Es sei technisch nicht möglich, die Huawei-Technik sicher zu machen, deshalb müsse dies politisch entschieden werden, sagt sie. Sie fordert, Huawei vom Aufbau des deutschen 5G-Netzes auszuschließen, da das Unternehmen »in ein Unrechtsregime eingebettet« sei. Wir hätten ja Nokia und Ericsson als Alternative. »Statt auf unsere Stärken zu setzen, begeben wir uns immer mehr in die Abhängigkeit von China.«

Shi-Kupfer sieht die Sache ähnlich: Es reiche nicht aus, sich nur mit den technischen Aspekten zu beschäftigen, wenn es um ein »Unrechtsregime« wie China gehe. Es brauche eine politische Entscheidung, und die könne nur heißen: Huawei raus.

Selbst die FDP-Frau Teuteberg fordert nicht etwa gleiche Standards für alle Anbieter im freien marktwirtschaftlichen Wettbewerb oder transparente Spielregeln, die für alle gelten, sondern den Ausschluss. »Ein Gesetz muss so sein, dass Huawei letztlich ausgeschlossen wird.«

Georg Mascolo schlägt in die gleiche Kerbe, geht aber einen Schritt nach vorn: »Wir müssen nun darüber reden, wie ein Weg raus aus dieser chinesischen Technologie aussehen kann«, sagt er. Die deutsche Industrie würde auch so denken: »Jeder sucht einen Weg raus.« Entscheidend werde aber sein, betont Mascolo, »wie Europa sich als Ganzes verhält«.

Alle vier sind sich im Grunde einig: Sie fordern, wie Donald Trump, eine Art Anti-Huawei-Gesetz. Nicht etwa, weil Huawei etwas falsch gemacht oder gar geltendes Recht gebrochen hätte, sondern offensichtlich, weil Huawei aus China kommt. Sie sind gewissermaßen in guter Absicht unfair. Sie verteidigen beharrlich ihre Welt, an die sie sich eng gebunden fühlen. Die Herabsetzung der Aufsteiger erscheint ihnen als geeigneter Weg, ihre Welt zu schützen. Eine Art Notwehr gewissermaßen. Und Gründe, China zu kritisieren, gibt es genug.

Der andere Teil der Talkshowteilnehmer sieht China nicht weniger kritisch und fühlt sich ebenfalls vom Aufstieg des Landes herausgefordert. Dieser Teil glaubt aber, dass nicht

Konfrontation und Ausgrenzung, sondern Kooperation und gemeinsame, verbindliche Spielregeln besser geeignet sind, die eigene Welt zu verteidigen und den gegenwärtigen Status zu bewahren. Es ist CDU-Wirtschaftsminister Altmaier, der gleiches Recht für alle fordert. »Damals, in der NSA-Affäre, haben wir auch keinen Boykott gegen die Amerikaner verhängt«, sagt er. Das Argument überzeugt die Runde nicht.

BDI-Chef Kempf setzt auf die Widersprüche der US-Politik: »Warum ein Telekommunikationsausrüster nicht mehr ganz so gefährlich ist, wenn ich mehr Sojabohnen in sein Land liefern darf, entzieht sich mir technologisch völlig.« Eine Anspielung auf den chinesisch-amerikanischen Handelskrieg, in dem Huawei ein Faustpfand ist, um Peking zu zwingen, mehr Sojabohnen bei amerikanischen Farmern zu kaufen. Für seinen Humor gibt es immerhin Applaus.

Altmaier legt nach: »Nicht China ausgrenzen, sondern Europa stärken«, müsse die Devise sein. Es könne nicht sein, dass unsere europäischen Daten von amerikanischen oder chinesischen Anbietern gespeichert werden, fügt der Minister hinzu. Deshalb brauche Europa eine eigene Cloud: Gaia-X. »In diesem ganzen Bereich der Digitalisierung haben wir Nachholbedarf. Und die Frage ist, trauen wir uns zu, diese Lücke zu schließen, oder nicht?«, wirft er einen Köder aus. Ganz offensichtlich trauen wir uns das nicht zu.

Je länger die Diskussion dauert, desto deutlicher wird: Ein Konsens ist in dieser Sendung nicht möglich. Zwei Gruppen stehen sich unversöhnlich gegenüber. Die einen kann man als »Integrierer« bezeichnen, die anderen als die »Wehrhaften«. Beide Seiten sind sich als Etablierte zwar darüber einig, dass man die Zumutungen der Aufsteiger aus China gemeinsam abwehren muss. Doch über die Art und Weise, wie das gelingen soll, sind sie uneins.

Die Wehrhaften wollen den Aufsteiger China möglichst früh und nachhaltig schwächen. Wettbewerber aus diesem autoritären Staat wie beispielsweise Huawei sollen nicht mitspielen dürfen, weil sie nicht dem westlichen Grundwertesystem folgen. Der Vorwurf der Wehrhaften: Die Integrierer würden zu merkantil denken und die Gefahr durch China und Huawei unterschätzen.

Die Integrierer hingegen wollen China durch Dialog und Zusammenarbeit von ihren Werten überzeugen. Wandel durch Annäherung also. Ihr Vorwurf: Die Wehrhaften seien zu emotional und würden deshalb die realen Kräfteverhältnisse der neuen Weltordnung verkennen.

Beide Seiten werfen der jeweils anderen vor, die Wettbewerbsfähigkeit des eigenen Wertesystems leichtfertig zu verspielen.

»Es muss nachprüfbar sichergestellt sein, dass der chinesische Staat nicht eingreifen kann«, versucht Altmaier eine Brücke zwischen den Gruppen zu schlagen. Das gelte auch aber für europäische und amerikanische Ausrüster, »denn die lassen einen Teil ihrer Produkte in China fertigen«. Ihm ist wichtig: »Kein einzelnes Unternehmen soll ausgeschlossen werden.«

Den Wehrhaften geht das nicht weit genug. Was eigentlich Ausdruck von wirtschaftlicher Fairness wäre, wirkt für sie wie ein unbefriedigender Kompromiss, ja, mehr noch, wie ein Einknicken vor China.

Die Moderatorin der Sendung, Anne Will, versucht geschickt, die Fronten aufzuweichen, indem sie quer zu den jeweiligen Standpunkten argumentiert. Sie zitiert den Grünen-Politiker Jürgen Trittin mit den Worten: »Eines sollte die Bundesregierung nicht tun – sich in Trumps Wirtschaftskrieg gegen China zu seinem Alliierten machen.« Trumps Kampf gegen Huawei sei der Versuch, »die US-Dominanz in der Informationsindustrie zu monopolisieren«. »Sehen Sie die Gefahr auch?«, fragt Will, allerdings den BDI-Chef und leider nicht Trittins Parteikollegin.

Als Integrierer ist Kempf natürlich auch nicht daran interessiert, die USA auszugrenzen. »Wir brauchen ein europäisches

Regelwerk, nach dem ein mit Industriedaten gefüllter Wirtschaftsraum zu funktionieren hat.« Ob die Umsetzung dann von einem amerikanischen, chinesischen oder europäischen Anbieter vollzogen werde, »ist mir völlig egal, wenn er nach den gleichen Regeln spielt, die wir zu diesem Thema aufstellen und die alle Sicherheitsaspekte berücksichtigen«.

Anne Will verabschiedet sich. Die Sendung war abwechslungsreich, aber endet – wie erwartet – unversöhnlich.

Der Blick in eine Forsa-Umfrage bestätigt, dass die Sendung die Stimmung in Deutschland gut abgebildet hat. Fast die Hälfte der Deutschen ist dagegen, 5G-Technik von Huawei zu verwenden. Nur gut 30 Prozent sind dafür. Zusammen mit den Unentschlossenen, denen es offensichtlich egal ist, bilden sie nur eine knappe Mehrheit.

Die Fronten zwischen Integrierern und Wehrhaften sind inzwischen so verhärtet, dass es sogar schon politisch schwierig ist, sich einfach nur vor Ort über Huawei zu informieren. 2015 ging das noch. Da war die damalige NRW-Ministerpräsidentin Hannelore Kraft nebst Pressedelegation auf dem Huawei-Campus in Shenzhen, ohne dass es große Diskussionen gab. Im Frühsommer 2017 haben Berater Angela Merkel dann schon nahegelegt, bei ihrem Besuch in Shenzhen nicht zu Huawei zu gehen. Sie ist diesem Rat gefolgt und hat dann lieber ein Genforschungsunternehmen und Siemens besucht.

Immerhin hat sich Wirtschaftsminister Altmaier im Juni 2019 mit Ren in Shanghai getroffen. Aber nicht in dessen Forschungszentrum, sondern auf neutralem Gelände. Und der Besuch wurde vorab geheim gehalten. Wenn man den Bericht in der *Bild-Zeitung* darüber liest, weiß man, warum. Das Treffen am 21. Juni 2019 wird als »Eiertanz« bezeichnet. »Eine wirkliche Absicherung gegen Datenklau und Missbrauch gibt es nicht«, fasst der begleitende *Bild*-Reporter die Lage zusammen. »Auch wenn Zhengfei versichert, dass Spionage nicht im Interesse von Huawei sei, kann sie dennoch stattfinden, wenn die chinesischen Machthaber es wollen.« Mit Zhengfei meint er Ren, ihm ist offensichtlich durchgerutscht, dass der Nachname im Chinesischen vorn steht. Auch ein Hinweis darauf, wie wenig man eigentlich übereinander weiß.

Ein Vordenker, die Smart Factory und Industrie 4.0

Ich klappe den Computer zu, verlasse mein Shenzhener Hotelzimmer und gehe einen Block weiter in die »Mohikibar« in der Futian Center Road. Eine japanische Whiskybar in China. Die Besitzer kenne ich. Sie haben mit einer kleinen Bar in Peking angefangen und gehören inzwischen zu den zentralen Figuren der japanischen Kulturszene in China. Weil sonst nichts mehr frei ist, setze ich mich zu zwei sehr großen Chinesen an den Tisch. Es stellt sich heraus, sie sind ein Paar und beide Profitennisspieler. Sie stammen aus dem Norden Chinas, aus der Provinz Liaoning, leben aber schon länger hier in Shenzhen. Einen Moment lang denke ich darüber nach, ihnen von Ren und der Talkshow zu erzählen. Aber schnell verwerfe ich den Gedanken wieder, das ist mir jetzt doch zu anstrengend. Wir reden über die Entwicklung des Sports und darüber, wie schwierig es für einen chinesischen Tennisspieler ist, sich in der Welt durchzusetzen. Über uns blitzen die gigantischen LED-Farbspiele der Hochhäuser. Als ein Freund der beiden, ebenfalls Tennisspieler, sich zu uns gesellt, klinke ich mich aus dem Gespräch aus.

Beim Whisky denke ich noch einmal über die Sendung und mein Gespräch mit Ren nach. Die vielleicht wichtigste Frage an die Etablierten ist in der Sendung unbeantwortet geblieben: Wie konnte es überhaupt passieren, dass wir Europäer uns von Huawei haben überholen lassen? Fakt ist doch: Der Westen wird immer schwächer, China, und mit ihm ganz Asien, immer stärker. Der Deal, dass wir China Technologie geben und dafür Marktanteile abbekommen, wird so einfach nicht mehr funktionieren. Denn inzwischen setzt China Maßstäbe bei den Innovationen.

Was mir in dieser Runde auch gefehlt hat: Jemand, der sich mit dem Thema 5G gut auskennt. Da trifft es sich gut, dass ich für den nächsten Tag ein Gespräch mit einem solchen Wissenschaftler geplant habe. Ich bin mit Professor Detlev Zühlke verabredet, dem Vordenker der deutschen Industrie 4.0.

Wir treffen uns am Rande einer Konferenz in einem Besprechungsraum. Viel Zeit bleibt uns nicht, Zühlke ist nur kurz in Shenzhen, außerdem hat er gleich noch ein Abendessen. »Ich bin absolut überrascht«, sagt Zühlke, der zum ersten Mal in der Stadt ist. »Hier wird offensichtlich, wie viel wir verschlafen haben.«

Zühlke ist ein ruhiger, aber entschlossener Mann. Man merkt, dass er über das, was er sagt, schon lange nachgedacht hat. Zühlke, inzwischen siebzig, ist der Gründer der Technologie-Initiative »SmartFactory KL« in Kaiserslautern. Dort und nicht etwa in Berlin wurde unter seiner Regie die Idee von Industrie 4.0 geboren. Seit seinem Elektrotechnik- und Informatikstudium an der RWTH Aachen beschäftigt er sich mit der Schnittstelle von Maschine und Software. Über ein Vierteljahrhundert forschte und lehrte er in Kaiserslautern Produktautomatisierung. Von 2009 bis 2017 leitete er den Forschungsbereich Innovative Fabriksysteme am Deutschen Forschungszentrum für Künstliche Intelligenz (DFKI) in Kaiserslautern. Derzeit gründet er einen europäischen Forschungsverband zum Thema KI. Zühlke ist einer, der mit der Talkshowwelt von Anne Will wenig zu tun hat.

»Wird die Bedeutung von 5G für die deutsche Industrie nicht ein wenig übertrieben?«, frage ich ihn.

»Nein. Im Gegenteil«, antwortet Zühlke, ohne zu zögern. Man merkt ihm an, dass er sich Sorgen macht. Man könne die Chancen, die sich daraus speziell für die deutsche Industrie ergeben, noch gar nicht überblicken. Es zeichne sich aber schon ab, dass man damit zum Beispiel die Module einer

4.0-Produktion ohne große Kabelstränge einfach neu zusammenschieben und dann sofort weiterproduzieren könne. »Das spart Zeit und reduziert die Komplexität.«

»Einige deutsche Politiker haben die Sorge, dass Informationen über Huawei nach China abfließen könnten. Ist diese Sorge berechtigt?«, frage ich ihn.

»Warum haben wir diese Sorgen nicht schon heute?«, fragt er zurück. Dafür brauche man schließlich keine 5G-Technik. Die Informationen könnten auch heute schon abfließen. Bei Windows würden fast täglich Einfallstore entdeckt. »Es gibt Hacker, insbesondere die staatlich gelenkten, die heute schon an alles rankommen.« Sie seien viel gefährlicher, als es Huawei je werden könnte. »Viele große Länder und auch manche kleinere haben längst das notwendige Know-how dafür.«

»Aber im Fall von Huawei«, wende ich ein, »geht es um den chinesischen Staat, der über den größten Markt der Welt verfügt. Ein autoritärer Staat, ein Einparteiensystem, das nicht unseren Wertvorstellungen entspricht.«

»Ich glaube nicht, dass Huawei so etwas machen würde. Und auch nicht, dass der chinesische Staat so kurzsichtig ist, das von Huawei zu verlangen.« Wenn das rauskäme, wäre der Weltmarktführer sehr schnell weg vom Fenster. »Dafür sind sie zu schlau und zu weitsichtig.«

Das kann sein, muss aber nicht so sein. Wäre es nicht sicherer, auf Huawei zu verzichten? Es gibt schließlich noch die Technologie von Nokia und von Ericsson.

»Nein, das wäre nicht klug«, meint Zühlke. »Huawei ist der Marktführer, mit großem Abstand zu den anderen.« Die seien nicht groß genug, um den westlichen Markt ausreichend schnell bedienen zu können. »Wenn wir wettbewerbsfähig bleiben wollen, können wir gar nicht anders, als Huawei dazuzunehmen. Das kann man bedauern. Aber so ist die Lage eben. Ohne Huawei bekommen wir ein massives Problem.«

Eine ausführliche Debatte über die Sicherheit sei deshalb

umso nötiger, findet Zühlke, und er bedauert, dass stattdessen eine von »politischen Interessen geprägte« Diskussion geführt werde, »die ein Mann namens Donald Trump losgetreten hat, der sicher nicht für seine weitsichtigen Argumente bekannt ist«.

»Wäre es nicht am sinnvollsten, alle Kraft darauf zu verwenden, den Entwicklungsvorsprung von Huawei schleunigst aufzuholen?«, frage ich.

»Das schaffen wir so schnell nicht«, sagt Zühlke. Es sei eine Illusion zu glauben, ein Land, selbst eines wie Deutschland, könne heute noch alles selbst machen. Man müsse bei weltumspannenden Technologien international kooperieren. Das erhöhe die Entwicklungsgeschwindigkeit.

Aber nicht auch die Abhängigkeit?

Das sei unvermeidlich, antwortet Zühlke. Wir müssten eben dafür sorgen, dass es wechselseitige Abhängigkeiten seien. Dafür sollten wir uns mit unseren Chancen beschäftigen, »anstatt die Risiken von Technologien aus anderen Ländern zu überzeichnen«. Defizite sieht Zühlke etwa darin, dass es bei uns viel zu lange von einer Idee bis zur realen Anwendung dauern würde. Er weiß das aus eigener Erfahrung. Sein Team und er haben die SmartFactory KL in Kaiserslautern 2005 gegründet. Innerhalb von acht Jahren wollten sie eigentlich marktreife Produkte vorweisen können. »Es hat deutlich länger gedauert.«

Eines der großen Probleme sei Standardisierung. Sie laufe viel zu langsam. Der Kern von Industrie 4.0 sei jedoch die durchgängige Vernetzung aller Komponenten von den Sensoren über die Maschinen bis zur kompletten Supply Chain. Die großen Player auf dem Weltmarkt sollten sich deshalb zusammentun und sich auf einen Standard einigen. Am Ende müsse ein Roboter aus Japan mit einer deutschen Werkzeugmaschine zusammenarbeiten können, und zwar auf den Punkt in dem Moment, wo man sie zusammensteckt oder per 5G verbindet. Das müsse so selbstverständlich funktionieren, wie sich jeder

Bluetooth-Kopfhörer mit einem x-beliebigen Smartphone verbinden lasse. »Solange das nicht geht, sind die Diskussionen über die Sicherheit von Huawei-Netzwerken Luxusdebatten.«

Früher seien Deutschland und Japan die Weltmarktführer bei Automatisierungstechnik für Fabriken gewesen. Mittlerweile sei China in diesem Bereich weitaus größer als Deutschland und Japan zusammen. »Unser Glück ist einstweilen: Sie drängen noch nicht auf den Weltmarkt, weil sie zu Hause einen riesigen Binnenmarkt zu bedienen haben.« Aber das könne sich schnell ändern. Wie schnell man seinen Weltmarktführerstatus verlieren könne, zeigten die Beispiele Großbritannien und USA. »Die erste industrielle Revolution kam aus England. Schauen Sie sich England bitte heute an! Die zweite kam aus den USA. Mittlerweile haben die Amerikaner kein Know-how mehr in der Produktion.«

Deutschland werde in den nächsten Jahren ganz massiv unter Druck geraten. »Hier in China sieht man: Die Arbeiter, die heute Verbrennungsmotoren bauen, werden zukünftig nicht mehr gebraucht. Darauf müssen wir uns einstellen. Das müssen wir den Menschen eigentlich klipp und klar sagen und Alternativen aufzeigen.« Es sei jedoch offenbar »zu unbequem« für die Politik.

Auch das weiß Zühlke aus eigener Erfahrung. Nach seinem Studium hat er im Maschinenbau gearbeitet und dort – obwohl eigentlich fachfremd – eine Professur bekommen. »Mein Slogan war: Mehr Informatik in den Maschinenbau. Dafür wurde ich von meinen Kollegen ausgelacht«, erzählt er. »So etwas brauchen wir nicht, hieß es. Wir wollen mit richtigen Maschinenbaukollegen arbeiten.« Deshalb sei er ins Deutsche Forschungszentrum für Künstliche Intelligenz (DFKI) nach Kaiserslautern gegangen. »Die ersten Jahre waren schwierig. Selbst da hat man mich nicht verstanden und ich habe die Leute dort nicht verstanden. Die saßen in ihrem wissenschaftlichen Elfenbeinturm und waren den damaligen Bedürfnissen des

Maschinenbaus natürlich Lichtjahre voraus.« Als Maschinenbauer wollte Zühlke hingegen etwas, das er umgehend benutzen und auch verkaufen konnte. Inzwischen laufe die Zusammenarbeit hervorragend. Wichtig sei jetzt allerdings, so etwas auch auf europäischer Ebene auf die Beine zu stellen. »Doch ohne 5G wird das schwierig.« Aber wird das Angebot von Huawei von der Industrie überhaupt angenommen? 1000 Verträge für 5G-Campus-Netzwerke in zwanzig verschiedenen Industrien meldet Huawei Anfang 2021. Das ist viel.

Die Industrie zeigt klare Kante

Die Haltung der Telekommanager in Europa, die letztlich die Verantwortung für die Sicherheit der Daten ihrer Kunden haben, die haften und nicht etwa Huawei, sehen das ähnlich. Huawei sei »ein sehr zuverlässiger Partner, der technologische Höchstleistungen vollbringt«, sagte etwa Markus Haas, Deutschland-Chef von Telefónica, der *Welt*. Der spanische Ausrüster Telefónica, dem auch O2 gehört, versorgt ein Drittel des europäischen Marktes. In Deutschland hat das Unternehmen mit 32 Prozent einen leicht größeren Markanteil als die Deutsche Telekom.

Haas möchte nicht, dass Investitionsentscheidungen der politischen Willkür unterworfen werden. Es sei »Quatsch« zu glauben, man könne europäische Netze von China aus abschalten oder Daten absaugen. »Wir sind Herr über unser Netz.«

Die Deutsche Telekom will Huawei ebenfalls nicht ausschließen: »Wir wollen am liebsten die Technik mehrerer Netzwerkausrüster parallel einsetzen«, sagt Deutschland-Vorstand Dirk Wössner salomonisch, ohne Huawei beim Namen zu nennen. Seit Jahren schon arbeitet die Deutsche Telekom mit Huawei: »Das drückt die Preise und beschleunigt den 5G-Ausbau«, so Wössner. Dabei ist gerade die Deutsche Telekom politisch in einer sehr schwierigen Lage. T-Mobile ist der drittgrößte

Telekomkonzern in den USA mit – anders als in Europa – zweistelligen Wachstumsraten. 2019 sind die Bonner gerade dabei, mit dem kleineren Wettbewerber Sprint zu fusionieren. Da kommt es nicht gut, sich mit Donald Trump anzulegen. Das sind die Zwickmühlen, die der amerikanische Präsident liebt. Dennoch hat sich Wössner nicht ausdrücklich gegen Huawei positioniert.

Auch das britische Unternehmen Vodafone, der dritte große Spieler in Europa, singt im gleichen Chor. Die Diskussionen in der Politik rund um die Sicherheit von 5G führten dazu, »dass Europa beim 5G-Ausbau nicht vorankommt«, betont Nick Read, der Chef von Vodafone. »Wir können die Tatsache nicht ignorieren, dass Huawei 35 Prozent des gesamten europäischen Marktes bereits bedient.« Werde Huawei ausgeschlossen, »wird der Fortschritt beim Aufbau des 5G-Netzwerks verlangsamt, die Kosten werden steigen«. Ohne Huawei könne sich der 5G-Ausbau in Deutschland um bis zu fünf Jahre verzögern, warnt Read. Sicherheitsbedenken habe er nicht. Es gäbe keine Hinweise auf einen Missbrauch des Netzes durch Huawei.

Hannes Ametsreiter, Chef von Vodafone Deutschland, legt noch nach. Er fordert eine »sachliche Debatte« über die Sicherheit im Mobilfunk. Wenn ein 5G-Ausrüster Daten missbrauche, solle er verpflichtet werden, seine Erlöse der vergangenen zehn Jahre zurückzuzahlen. »Da geht es um viel Geld, üblicherweise zweistellige Milliardensummen«, so Ametsreiter gegenüber der *FAZ*. »Das ist eine Sprache, die weltweit verstanden wird.« Der Staat würde ein solches Gesetz verabschieden. Das Geld würde der Staat einkassieren. Es könnte dann zum Ausbau der Datensicherheit verwendet werden.

Diesen Vorschlag unterstützt auch der SAP-Gründer Dietmar Hopp. Er sagt im Gespräch mit der *FAZ*: »Gegenüber Huawei habe ich keine Bedenken.« SAP ist nach Microsoft und IBM das größte nichtamerikanische Software-Unternehmen der Welt und das wertvollste Unternehmen Deutschlands.

Die Telekomindustrie hält es generell für sinnvoll, dass die Ausrüster den Quellcode, also die Baupläne der Programmierung, offenlegen müssen. Verkehrte Welt: Während Huawei diesen Einblick in London schon seit einigen Jahren gewährt, wehren sich die europäischen Konkurrenten Nokia und Ericsson dagegen. Huawei hat sogar angekündigt, die Quellcodes seiner Produkte gegenüber Behörden offenzulegen. Ericsson ist dazu nicht bereit. »In künftigen Mobilfunknetzen müssen teilweise mehrmals im Monat oder sogar mehrmals in der Woche Updates aufgespielt werden. Daher wäre es nicht praktikabel, vorher Quellcodes von Behörden inspizieren zu lassen«, sagt Erik Ekudden, CTO von Ericsson, dazu. Für Huawei ist das offensichtlich kein Problem. Warum will Ericsson nicht? Weil dann sichtbar würde, wie rückständig deren Technologie bereits ist? Denkbar ist das.

Und was sagen die Sicherheitsspezialisten zu diesem Thema? Arne Schönbohm, der Präsident des Bundesamtes für Sicherheit in der Informationstechnik (BSI) und damit oberster Cyber-Sicherheitshüter des Landes, hat bisher keine Hinweise bekommen, auch nicht von seinen Partnern, dass es nachrichtendienstliche Aktivitäten im Bereich der Technik gibt. Das sagte Schönbohm gegenüber *Bild*. Ausschließen, dass das zukünftig möglich ist, kann er es aber natürlich nicht. Das Risiko ließe sich durch strenge Kontrollen allerdings erheblich minimieren. Huawei lege gegenüber dem BSI die Quellcodes offen. Seine Sicherheitslabore untersuchen die Geräte und die Software des Konzerns aus Shenzhen bereits seit November 2018. Man arbeitet auch eng mit Vodafone und der Deutschen Telekom zusammen.

Das Ergebnis in der Telekombranche ist ziemlich eindeutig. Sie sieht mehr Chancen als Risiken. An der Stimmung in der Öffentlichkeit ändert das wenig: Das Gefühl des Einflussverlustes, das Gefühl, von China unfair behandelt zu werden, das Gefühl, die eigenen Märkte seien zu offen, die chinesischen zu geschützt, dazu all die erschreckenden Menschenrechtsverletzungen, die Zensur, die Unterdrückung. Gute Gründe, warum manche Politiker den Argumenten der Industrie nicht folgen wollen.

Ihr prominentester Vertreter, der sichtbarste aufseiten der Wehrhaften, wird Heiko Maas, der SPD-Außenminister. Es ist ein Versuch, Schaden von Deutschland abzuwenden, den drohenden Verlustschmerz der Deutschen zu lindern. Dass er mit dieser Haltung seine Position und die seiner Partei gegenüber Angela Merkel und der CDU im innenpolitischen Machtkampf verbessern kann, ist ein willkommener Nebeneffekt. In dem Maße, in dem sich Merkel, Altmaier und Co. auf der Seite der Integrierer positionieren, stellt Maas sich auf die Gegenseite. Das fällt ihm nicht schwer, wenn er die Berichte seiner Botschaft in Peking liest, in denen die Politik von Xi Jinping in düsteren Farben gezeichnet wird. Die Diplomaten möchten sich unter keinen Umständen sagen lassen, sie hätten die Gefahr unterschätzt.

Huawei in den Tiefen der deutschen Innenpolitik

Zum ersten Mal in der Geschichte der Bundesrepublik entbrennt ein politisches Duell um die Technologie eines Unternehmens aus China, das nicht ganz zufällig aus der fortschrittlichsten Stadt des Landes kommt. Dabei geht es um viel. Es geht um die Position Deutschlands, Europas und des Westens in der Welt angesichts des Aufstiegs Asiens mit dem Zentrum China, nach 500 Jahren westlicher Vorherrschaft.

»Wir dürfen nicht naiv sein«, sagt Maas, »es geht nicht nur um Spionage, sondern potenziell auch um Sabotage.« Ende November 2019 gibt der Außenminister der *Zeit* zu diesem Thema ein großes Interview. Diejenigen, die sich beim Thema Huawei große Sorgen machen, sind ihm dankbar. »Die Sicherheit unserer digitalen Infrastruktur muss im Zentrum stehen.«

Es müsse eine »politische Vertrauensprüfung geben«, sagt er. Maas will die Möglichkeit haben, den Sorgen und Gefühlslagen der Bevölkerung unmittelbar Rechnung tragen zu können. Seine Forderung: Der Bundestag solle eine Entscheidung fällen. Dagegen kann niemand Einwände haben. Der innenpolitische Nebeneffekt: Eine Abstimmung im Bundestag könnte möglicherweise die Position der Kanzlerin schwächen und die der SPD stärken. »Es muss geprüft werden, ob Unternehmen gesetzlich verpflichtet sind, Informationen und Daten, die geschützt werden müssen, an den Staat zu liefern: In China bei Huawei ist das der Fall«, ist Maas sich sicher.

Diesen Punkt gilt es, bei meinem zweiten Treffen mit Ren zu besprechen. Nach ein paar Begrüßungsfloskeln komme ich gleich zur Sache. Wie hält es Ren mit der Kommunistischen Partei?

»Ich liebe mein Land«, antwortet Ren. »Ich unterstütze die Kommunistische Partei Chinas. Aber ich werde niemals irgendetwas tun, um einer anderen Nation zu schaden.« Und dann folgt ein Satz, der mich sehr erstaunt: »Ich würde eher das Unternehmen aufgeben, als dem chinesischen Staat die Daten unserer Kunden zu geben.«

Das ist ein Satz, den man nicht so einfach sagt, wenn man in China lebt. Möglich, dass dies mit der Partei abgesprochen ist, aber sehr unwahrscheinlich. Genauso würden Teile der Wehrhaften vermutlich argumentieren.

»Ich kann ausschließen, dass Daten aus Deutschland oder Europa durch Hintertüren der 5G-Komponenten und Produkte von Huawei nach China gelangen können«, fügt Ren hinzu. Um das zu verhindern, schlägt er eine globale Lösung vor: »Wenn Netzbetreiber und Netzwerkausrüster auf der ganzen Welt versprechen, keine Backdoors einzubauen, wird das Cybersicherheitsmanagement erheblich vereinfacht.« Er sei »absolut dafür, dass man das so global durchsetzt«.

So sinnvoll der Vorschlag ist – Ren weiß natürlich, dass

Trump auf dieses Angebot nicht eingehen wird und die Chance, eine einheitliche globale Lösung zu finden, gering ist. Für Trump macht es keinen Sinn, mit einem Kompromiss die Angriffsfläche gegen einen »Feind« zu verkleinern, den er innenpolitisch dringend braucht.

Nach dem *Zeit*-Interview sorgt Maas für ein entsprechendes SPD-Positionspapier, das die Gefühlslage der Wehrhaften aufnimmt. »Beim Ausbau des 5G-Netzes sollten nicht-vertrauenswürdige Hersteller – insbesondere dann, wenn nicht-rechtsstaatlich kontrollierte Einflussnahme, Manipulation oder Spionage nicht auszuschließen sind – grundsätzlich ausgeschlossen werden (sowohl im Kern- wie im peripheren Netz)«, heißt es in dem Papier, das die SPD im Dezember 2019 veröffentlicht.

China und Huawei werden nicht genannt, sind aber gemeint. Im Grunde könnten davon auch amerikanische Komponenten betroffen sein. Und selbst solche von Ericsson. Denn kurz bevor das SPD-Papier herausgegeben wurde, erklärte ein New Yorker Gericht Ericsson für schuldig, in fünf Ländern Bestechungsgelder gezahlt zu haben, um an Aufträge zu kommen, darunter in China. Die Strafe: 1,2 Milliarden US-Dollar. Auch dieses Urteil mag eine politische Komponente haben. Denn Ericsson ist ein Wettbewerber, der die technologische Position der USA in der Welt schwächen kann. In jedem Fall macht es die Lage komplizierter. Das Pikante an der Sache: Ein europäisches Unternehmen ist vor einem amerikanischen Gericht der Korruption überführt worden – und nicht etwa ein chinesisches.

Der SPD-Mann Maas bekommt einen Verbündeten in der CDU: Norbert Röttgen, den Vorsitzenden des Auswärtigen Ausschusses. Durch seine eifrige Pressearbeit und seine rhetorische Brillanz wird er bei diesem Thema schnell sichtbarer als Maas; zeitweilig erweckt Röttgen sogar den Eindruck, als stünden weite Teile der CDU hinter ihm. Da ist immer wieder von einem »Aufstand in der CDU« *(Bild)* oder von einer »Revolution« gegen eine »grottenschlechte Regierung« *(FAZ)* die Rede.

Auch Röttgen macht sich Sorgen um Deutschland, hat aber auch handfeste innenpolitische Interessen. Er will mit dem Thema einen Gegenpol zu Merkel in der Partei aufbauen. Immer wieder findet er Journalisten, denen seine Position zusagt; seine Einstellung zu China, Huawei und Merkel kommt an. Röttgen hat einen guten Grund, so emsig zu sein. Er will der nächste CDU-Parteivorsitzende werden, was wiederum Merkel verhindern möchte. Es ist eine alte Fehde: Merkel hatte Röttgen 2012 gegen seinen Willen als Umweltminister entlassen. Seitdem ist er ein Merkel-Gegner. Die Demütigung durch die Kanzlerin sitzt bei ihm sicherlich ebenso tief wie die Herabsetzung des Westens, die ihn als überzeugten Transatlantiker ebenfalls trifft. Die Machtkämpfe Westen gegen Asien und Röttgen gegen Merkel finden eine gemeinsame Schnittmenge. Und die lautet: China und Huawei.

Wie sehr ihn beides wurmt, zeigt sich daran, dass Röttgen sogar zu Notlügen bereit ist, wenn ihm die Argumente ausgehen: »Peking käme gar nicht auf die Idee, sein 5G-Netz für ausländische Anbieter zu öffnen. Dann sollte es verstehen, warum wir das umgekehrt auch nicht machen«, behauptet er im Juli 2019 in einem Interview mit dem Nachrichtenmagazin *Focus.* Ähnlich argumentiert er im November gegenüber der Schweizer *NZZ:* »Niemand in China würde es je in Erwägung ziehen, ausländische Unternehmen am Ausbau des eigenen 5G-Netzes zu beteiligen.«

Wie wir inzwischen wissen, sind Ericsson und Nokia schon lange im China-Geschäft. Die Europäer haben 2019 insgesamt über 40 Prozent der Kernnetzaufträge von China Mobile erhalten. Zum Vergleich: Der Anteil der chinesischen Anbieter im deutschen 5G-Kernnetz liegt bei 0 Prozent. Beim Kernnetz, das vom Investitionsvolumen geringer ist als das Funkzugangsnetz (RAN, englisch: Radio-Access-Network), aber sicherheitstechnisch als das sensiblere gilt, ist es also genau andersherum, als Röttgen suggeriert. In den chinesischen 5G-Funkzugangsnetzen kommt im Gegensatz zum Kernnetz nur noch Ericsson zum Zuge, weil Nokia nicht mehr wettbewerbsfähig ist. Nokia erhebt im Gegensatz zu Röttgen nicht den Vorwurf, von den chinesischen Machthabern ausgeschlossen, am Rollout gehindert oder gedeckelt worden zu sein, sondern räumt eigene Schwächen ein. Dafür kommt Ericsson bei allen drei chinesischen Netzbetreibern zum Zuge. »In diesem Frühjahr gewann Ericsson große Aufträge für einen Rollout mit China Telecom, China Mobile und China Unicom«, fasst denn auch das amerikanische *Wall Street Journal* die Entwicklung zusammen. Für die beiden europäischen Player ist China ein wichtiger Forschungs- und Produktionsstandort. Beide produzieren in Shenzhen. Bei Nokia entfielen 2018 10 Prozent der gesamten Produktionsflächen auf China, bei Ericsson waren es sogar rund 45 Prozent.

Das ficht Röttgen nicht an, in seinem Kampf um Deutschlands Position in der Welt und seine Position in Deutschland.

Ein weiterer Merkel-Gegner aus der CDU unterstützt Röttgen dabei. Wolfgang Schäuble, der ehemalige Innen- und Finanzminister im Kabinett Merkel und derzeitige Bundestagspräsident. Der 78-Jährige wäre selbst gern Kanzler geworden und hat unter Merkel gelitten. So sehr, dass Schäuble sich offen für den Merkel-Widersacher Friedrich Merz als neuen Parteivorsitzenden einsetzt. Auch Merz hat noch eine Rechnung mit der Kanzlerin offen: Sie hat ihn 2002 als Fraktionsvorsitzenden abgesetzt.

Da Schäuble sich als Bundestagspräsident nicht selbst in die Huawei-Debatte einmischen kann, schickt er Bruno Kahl vor, einen seiner engsten Vertrauten, der inzwischen BND-Chef ist. Das 5G-Netz sei die »entscheidende kritische Infrastruktur der Zukunft«, sagte Kahl in einer Anhörung des Parlamentarischen Kontrollgremiums des Bundestages. In China seien

Unternehmen gezwungen, eng mit der Regierung zusammenzuarbeiten. »Das nötige Vertrauen könne man ihnen angesichts dieser Abhängigkeit nicht entgegenbringen«, so Kahl. Ungewöhnlich, dass sich ein Geheimdienstchef öffentlich gegen Merkel stellt. Da die Amerikaner drohen, den Deutschen keine Geheimdienstinformationen mehr zu liefern, sollte Huawei zum Zuge kommen, hat er jedoch einen nachvollziehbaren Grund.

Die Stimmen der Wehrhaften haben inzwischen so viel Gewicht, dass Merkel gezwungen ist, einen Kompromiss zwischen den Wehrhaften und den Integrierern zu finden, zumal die Front eben nicht quer durch ihre Koalition verläuft, sondern auch durch Teile ihrer Partei. Vor allem aber ist die Bevölkerung in dieser Frage gespalten.

»Es ist unbestritten, dass wir hohe Sicherheitsstandards beim Ausbau von 5G brauchen«, sagt sie bereits Ende November 2019 in einer Grundsatzrede im Deutschen Bundestag. »Aber das müssen wir, nachdem wir sie für uns definieren, dann auch mit den anderen europäischen Partnern besprechen. So, wie wir eine Medikamentenzulassungsagentur in Europa haben, so müssen wir wahrscheinlich auch eine Zulassungsagentur, eine Zertifizierungsagentur haben, die sich mit der Zertifizierung von 5G-Teilen beschäftigt und mit nationalen Institutionen wie dem BSI zusammenarbeitet. Denn wenn in einem digitalen europäischen Binnenmarkt jeder seins macht und jeder anders handelt, dann werden wir nicht weit kommen.«

Auf dem CDU-Parteitag Ende November legt sie noch einmal nach. Es macht durchaus Sinn, sich den gesamten Ausschnitt ihrer Rede anzusehen: »Liebe Freunde, zwei große Entwicklungen markieren unsere heutige Zeit. Das ist auf der einen Seite die Digitalisierung und auf der anderen Seite der Klimawandel, der wie ein Brennglas aufzeigt, dass es auf dieser Welt begrenzte Ressourcen gibt. Genau da ordnet sich auch die Arbeit der Bundesregierung ein. Es geht um die Bewältigung der Digitalisierung, um die Einführung der Digitalisierung in alle Lebensbereiche, ob das die Versteigerung der 5G-Frequenzen betrifft oder die Diskussion darüber – die wir ja hier auch noch führen werden: Wie wollen wir die Sicherheit gewährleisten? Ich sage: Wir sollten technologisch offen sein, aber wir sollten die Maßstäbe setzen. Wir sollten niemanden von vornherein ausschließen. Wir sagen, was für uns sichere Netze sind. Das muss unser Zugang sein: Ob es die Mobilfunkstrategie ist, ob es die Glasfaserstrategie ist – all das müssen wir leisten. Wir sind da in Europa nicht vorn mit dabei, sondern haben Nachholbedarf. Es geht um die Frage, wie wir Künstliche Intelligenz in unser Land holen, wie wir ein Forschungsstandort sein können, der vorn mit dabei ist. Die Welt schläft nicht.«

Es gelingt ihr, die Delegierten auf dem CDU-Parteitag zu überzeugen. Der von Röttgen erhoffte Aufstand fällt aus. Der Parteitag in Leipzig verabschiedet allerdings einen Antrag, nach dem garantiert werden soll, dass kein »fremdes Land« – ob demokratisch oder undemokratisch – die Sicherheit des leistungsstarken künftigen 5G-Mobilfunknetzes gefährden dürfe. Das ist Röttgens Verdienst. Und zugleich ein Rückschlag für Donald Trump. Was man allerdings einräumen muss: Eines ist Trump bis dahin schon gelungen. Er hat die deutsche Bevölkerung und die Bundesregierung gespalten, was den Umgang mit dem innovativen Wettbewerber aus Shenzhen betrifft.

Trump macht Druck und produziert mehr Widerstand

Und der US-Präsident legt noch einmal nach und erhöht damit den Druck auf Deutschland. Er untersagt Herstellern weltweit, US-Technologie an Huawei zu verkaufen, mit denen die Chinesen Chips herstellen können. Zuvor war es nur amerikanischen Unternehmen untersagt, mit Huawei zusammenzuarbeiten. Damit konnte Huawei die Google-Services nicht mehr vorinstallieren. Netflix, WhatsApp und YouTube – Fehlanzeige. »Ein wunderschönes, leistungsstarkes Smartphone mit feinster Technik, das kaum jemand kaufen wird«, fasst die FAZ-Technikseite das neue Smartphone von Huawei zusammen. Ein »Geister-Handy aus China«, titelt die *Welt*.

Das ist ein herber Schlag. Denn wer im Westen würde ein Smartphone ohne Google-Services kaufen? Und außerdem: Wie stellt man ein Smartphone und 5G-Ausrüstung her ohne amerikanische Chipfertigungstechnologie? Die Chips als Endprodukt mögen ja von Huawei sein; aber es ist derzeit noch nicht möglich, sie ohne US-Technologie zu fertigen.

»Ist Huawei nun gezwungen, ein eigenes Betriebssystem zu entwickeln?«, frage ich Ren.

Er ist skeptisch. »Wir sind eigentlich nicht daran interessiert, dass ein neues Betriebssystem auf den Markt kommt.« Apple und Google würden den globalen Markt für Softwaresysteme bereits dominieren, außerdem sei das nicht die Kernkompetenz von Huawei. »Aber wenn die USA Google daran hindern, Android verfügbar zu halten«, resümiert Ren, »muss wohl ein drittes Betriebssystem auf den Markt. Und das könnte die globale Dominanz der Amerikaner bedrohen. Es ist durchaus möglich, dass ein Newcomer mehr Elan als der amtierende Champion hat, und wenn dieser Newcomer die Nase vorn hat, könnten die USA in eine schwierige Situation geraten.« Es wäre mutmaßlich das erste asiatische Betriebssystem.

»Trump hat uns neue Marktchancen eröffnet«, versucht Ren die Niederlage als Chance zu sehen. »Nachdem er gesagt hat, die Produkte von Huawei seien großartig und stellten eine Bedrohung für die nationale Sicherheit dar, wollten einige Länder, die nicht mit den USA verbündet sind, unsere Geräte so schnell wie möglich haben.« Das klingt auch ein wenig wie das Pfeifen im Walde.

Die Amerikaner machten jedenfalls immer weiter Druck.

Der damalige US-Außenminister Mike Pompeo drohte bei seinem Berlin-Besuch im November 2019 unverhohlener denn je, dass die US-Geheimdienste Informationen nicht länger mit den deutschen Diensten teilen würden, wenn Deutschland Huawei gewähren ließe.

Der Druck aus Washington hat allerdings nicht mehr den gewünschten Effekt. Im Gegenteil, er führt dazu, dass die Integrierer in Deutschland an Macht gewinnen. Denn die Wehrhaften wollen durchaus auch wehrhaft gegenüber den Amerikanern sein und geraten immer mehr in eine Zwickmühle. Kurz: Trumps überzogener Druck verkehrt sich ins Gegenteil. Besonders sichtbar wird das auf der 65. Sicherheitskonferenz in München im Januar 2020. Noch nie in der Geschichte der Konferenz stand die Technologie so stark im Fokus der Sicherheitspolitik wie in jenem Jahr. Und nie war es um die Technologie eines Unternehmens aus China gegangen. Doch auch hier geht es im Grunde um mehr: Um den Streit zwischen Amerikanern und Deutschen, wie man die Vorherrschaft des Westens am besten verteidigt.

Außenminister Mike Pompeo, Mark Esper, seinerzeit Verteidigungsminister, aber erstaunlicherweise auch Nancy Pelosi, die Sprecherin des Repräsentantenhauses, sind nach München gereist. Vor allem, um scharf gegen China und Huawei zu schießen. Pelosi, die den Demokraten angehört, warnt schon am ersten Konferenztag vor einer »Sinifizierung« des Netzes. »Wir sprechen hier über eine Auseinandersetzung zwischen Demokratie und Autokratie, zwischen Nationalismus und Globalismus«, sagte Pelosi. »Huaweis Technologie ist auch Ergebnis von Diebstahl geistigen Eigentums.« Das gleiche Phänomen wie bei Röttgen. Der Handlungsdruck ist so groß, dass sie mit Argumenten kommt, die sich nicht belegen lassen. Kein Gericht weltweit, auch kein amerikanisches, hat Huawei bisher für Diebstahl geistigen Eigentums verurteilt – obwohl das politische Interesse im Westen daran groß wäre.

Pelosis Worte zur 5G-Debatte sind »von einer Schärfe, die in

Europa gemeinhin nur der Trump-Regierung zugeschrieben wird«, schreibt das *Handelsblatt*. Eine neue Entwicklung und ein Beleg für den unglaublichen Druck, den die Amerikaner angesichts des Aufstieges von China verspüren. Der macht sich auch bei US-Verteidigungsminister Esper bemerkbar: Wenn Europa die Bedrohung durch Huawei nicht verstehe und nichts dagegen täte, »könnte sie letztlich das erfolgreichste Militärbündnis der Geschichte, die Nato, gefährden«. Und Außenminister Mike Pompeo hält das »Staatsunternehmen« Huawei für ein »trojanisches Pferd der chinesischen Spionage«.

Die Chinesen kontern. Pompeos Amtskollege Wang Yi entgegnet, die Angriffe der Amerikaner bestünden »nur aus Lügen«. Die USA wollten »Chinas erfolgreichen Aufstieg bremsen«. Das sei nicht fair. »China hat das Recht, sich zu entwickeln.« Auch Fu Ying, Chinas bekannteste und eloquenteste Diplomatin, hält dagegen. Die Vorsitzende des Auswärtigen Ausschusses des nationalen Volkskongresses ist nach dem Außenminister die wichtigste chinesische Politikerin, wenn es um internationale Belange geht. China habe seit dem Beginn der Öffnungspolitik »alle möglichen westlichen Technologien in China eingeführt und dennoch habe China sein politisches System behalten«. Sie hält die Vorstellung für »absurd«, dass 5G-Technik von Huawei das politische System des Westens gefährden könne. »Oder glauben Sie, das politische System der Demokratie ist so fragil, dass es von einem einzigen Hightech-Unternehmen wie Huawei erschüttert werden könnte?«

BDI-Chef Kempf, der bisher sowohl mit den Chinesen als auch mit den Amerikanern auskommen wollte, positioniert sich auf der Sicherheitskonferenz deutlicher gegen die USA. Man verfahre offenbar nach dem Motto: »Wer mein Feind ist, muss auch der Feind meines Freundes sein.« Das sei aber nicht seine Philosophie. »Es widerspricht unserer europäischen Idee eines freien, regelbasierten Welthandels.« An einer »politischen und technologischen Einhegung Chinas oder einer

Entkoppelung von China hat die deutsche Industrie kein Interesse. China, Deutschland und die EU haben ein gemeinsames Interesse an Zukunftsgestaltung«, sagt er.

Selbst CDU-Bundestagspräsident Wolfgang Schäuble mag sich nicht auf die Seite der Amerikaner schlagen, angesichts des unverhohlenen Drucks. »Vielfalt sichert die Freiheit«, betont Schäuble, »nicht Monopolbildung.« Europa müsse sich deshalb auf eigene Beine stellen und sowohl eine Alternative zu Huawei als auch zum Silicon Valley aufbauen. Einen Ausschluss von Huawei fordert er nicht.

Bundespräsident Frank-Walter Steinmeier versucht, ähnlich wie Merkel, die Wehrhaften und die Integrierer zu versöhnen. Das selbstverständliche »Wir« des Westens sei heute offenbar nicht mehr ganz so selbstverständlich. China sei bei aller Kritik für seinen »verstörenden Umgang mit Minderheiten« und seiner Politik im südchinesischen Meer inzwischen »im Zuge seines eindrucksvollen Aufstiegs auch in den internationalen Institutionen ein wichtiger Akteur geworden, unverzichtbar für den Schutz globaler öffentlicher Güter«. Die USA, der traditionell geschätzte Partner, erteile »unter der jetzigen Regierung selbst der Idee einer internationalen Gemeinschaft eine Absage. Als ob eine Haltung ›jeder ist sich selbst der Nächste‹ schon Weltpolitik sein könnte.« Die USA betreibe ihr »›great again‹ notfalls auch auf Kosten der Nachbarn und Partner. Schon vor Trump und auch nach Trump.« Dieses Denken sei schlimmer als eine Rückkehr in die Vergangenheit, »schlimmer, weil es uns unserer Zukunft in dieser eng verflochtenen Welt beraubt. Es beschädigt die Institutionen und Instrumente, die wir brauchen, um die wirklich großen Menschheitsfragen anzugehen.« Für die USA sei Europa nicht mehr so zentral wie früher. »Wir müssen uns vor der Illusion hüten, dass das schwindende Interesse der USA an Europa allein auf die gegenwärtige Administration zurückzuführen ist. Das neue Gravitationszentrum amerikanischer Interessen, oder ich sollte vielleicht sagen, amerikanischer Herausforderungen, liegt in Asien«, so Steinmeier ungewohnt deutlich auf der Sicherheitskonferenz. Und bei alldem geht es auch um dieses Unternehmen aus Shenzhen, das die Welt polarisiert.

Der deutsche Kompromiss

Noch nie seit Ende des Zweiten Weltkriegs vor rund 75 Jahren sind Europa und die USA, mehr noch: die USA und Deutschland, so weit auseinander wie in diesen Tagen. Das ist schon eine Ironie der Geschichte. Der überzogene Druck auf Deutschland in der Huawei-Frage schließt die Reihen in der deutschen Politik gegen Trump und schafft den Spielraum für Merkel, eine politische Lösung durchzusetzen, gegen die Trump kämpft: Alle Anbieter müssen sich einer strengen Überprüfung des Bundesamtes für Datensicherheit (BSI) unterziehen, nach einem Kriterienkatalog, der in einem neuen Sicherheitsgesetz festgelegt wird. Dazu wird die Behörde ausgebaut. Etwas haben die Wehrhaften allerdings schon erreichen können: Zusätzlich soll es eine politische Vertrauensprüfung durch die Bundesregierung geben, an der das Kanzleramt und die drei zuständigen Ministerien (Außen, Innen und Wirtschaft) beteiligt sind. Sie dürfen ein Veto einlegen, erstaunlicherweise noch bevor die fachlich-technische Einschätzung des BSI vorliegt.

Durch Merkels Kompromiss verlagert sich der Machtkampf um Huawei immer mehr in die Amtsstuben der Bürokratie und wird von deutschen Beamten auf zwei Begriffe herunterreduziert: »Genehmigungsvorbehalt« gegen »Untersagungsvorbehalt«. Die SPD will den Genehmigungsvorbehalt, was bedeutet, dass ein Unternehmen ausgeschlossen wird, wenn ein Ministerium keine Genehmigung erteilt. Die CDU will den Untersagungsvorbehalt. In diesem Fall müssen alle einstimmig dagegen sein, sonst kann das Unternehmen nicht ausgeschlossen werden. Die CDU setzt sich durch. »Der Aufstand gegen Huawei ist beendet«, schreibt die *Welt* bereits im Februar 2020. »Die Unionsfraktion schließt Huawei bei dem 5G-Ausbau nicht aus«, heißt es in der *Zeit*, fast gleichlautend wie in der *FAZ*. Das *Handelsblatt* hingegen titelt: »Huawei-Gegner in der Union geben nicht auf.« Das mag stimmen. Das interessiert nun aber niemanden mehr.

Wie sehr Donald Trump das als Niederlage empfindet, zeigt sich im Sommer 2020. Am 30. Juli verkündet der amerikanische Präsident überraschend, 12 000 Soldaten aus Deutschland abzuziehen. Für die betroffenen Regionen wäre das auch wirtschaftlich ein Schlag. Die Ankündigung verfehlt ihre Wirkung zwar nicht, aber das Interesse, den Amerikanern in der Huawei-Frage entgegenzukommen, sinkt weiter.

Noch vor Ende des Jahres bringt das Kabinett einen entsprechenden Gesetzesentwurf auf den Weg, der Anfang 2021 in den Fachgremien diskutiert wird. Im April soll der Bundestag darüber entscheiden. Im Januar 2021 verliert Norbert Röttgen die Bewerbung um den CDU-Parteivorsitz mit großem Abstand in der ersten Runde. In der zweiten setzt sich der Merkel-Vertraute Armin Laschet gegen Friedrich Merz durch. Das Huawei-Thema, sein wichtigster Trumpf, hat ihm am Ende nichts genutzt.

Huawei spaltet Europa und die halbe Welt

Auf europäischer Ebene brodelt der Machtkampf jedoch weiter. Die EU schließt sich zunächst der Position Merkels an. Die Entscheidung ist aber nicht bindend für die Mitgliedsländer. Frankreichs Präsident Emmanuel Macron möchte »keinen Hersteller von Telekomausrüstung und kein Land stigmatisieren«. Damals ist bereits klar, dass Huawei eine Fabrik in Frankreich bauen will. Die erste außerhalb Chinas. 200 Millionen Euro wird das Unternehmen investieren, in dem zunächst 500 Mitarbeiter Basisstationen für Mobilfunknetze produzieren sollen. Es ist das erste Unternehmen aus Shenzhen, das nun in Europa produziert. Anfang 2021 beginnen die Bauarbeiten.

Der britische Premier Boris Johnson hingegen entscheidet sich, nicht nur dem Brexit-Votum entsprechend die EU zu verlassen, sondern auch Huawei auszuschließen. Allerdings ist das bei genauerem Hinsehen ebenfalls ein Kompromiss. Ab September 2020 dürfen keine Huawei-Produkte mehr bestellt werden. Aber erst ab 2027 dürfen keine Huawei-Teile mehr verbaut sein. Sieben Jahre sind in dieser Branche eine lange Zeit. »Da sind noch zwei Wahlen dazwischen«, kommentiert ein hochrangiger Vodafone-Manager die Entscheidung. »Wir werden den Telekomkunden und Wählern rechtzeitig die Kosten mitteilen. Mal sehen, wie die Politik dann reagiert.«

Dänemark geht einen ähnlichen Weg. Auch die Belgier. Die Schweden ziehen nach. Keine Huawei-Produkte mehr, allerdings erst nach 2025. Erstaunlicherweise ist Börje Ekholm, der Vorstandsvorsitzende von Ericsson, nicht glücklich mit der Entscheidung. Nicht nur, weil China Ericssons wichtigster Wachstumsmarkt ist. Ekholm warnt zudem davor, den Vorsprung Chinas in der Kommunikationstechnologie zu unterschätzen. Das Risiko sei nun größer, dass »Europa in der Entwicklung zurückfällt«. Ericsson brauche das Wissen der chinesischen Experten vor Ort, sagt der Mann, der auch im Aufsichtsrat des chinesischen IT-Konzerns Alibaba sitzt.

Das sind auch die Gründe, warum Norwegens größter Mobilfunkprovider Telenor weiter mit Huawei zusammenarbeiten will. »Wir sind sehr zufrieden mit der Kooperation mit Huawei«, sagt Sigve Brekke, CEO der Telenor Group.

Im November 2020 dann eine Überraschung in Schweden: Das Verwaltungsgericht erklärt den Ausschluss von Huawei durch die Regulierungsbehörde einstweilen für ungültig, damit Huawei den Rechtsweg beschreiten kann. Zum ersten Mal hat ein Gericht in Europa so entschieden. Die Regulierungsbehörde muss daraufhin die Versteigerung der Nutzungsgenehmigungen für die 5G-Frequenzen absagen. Die nächste gerichtliche Instanz entscheidet jedoch, dass die Versteigerung stattfinden kann, äußert sich aber nicht dazu, ob der Ausschluss Huaweis rechtmäßig ist. Anfang 2021 sind Klagen von Huawei bei schwedischen Gerichten anhängig.

Außerhalb Europas sind es vor allem Australien, Neuseeland, die keine 5G-Technik von Huawei wollen. In Singapur ist Huawei nur eingeschränkt zugelassen. Indien ist noch in der Schwebe. Anfang 2021 sind die Weltmarktanteile bei den Telekommunikationsausrüstern wie folgt verteilt: Huawei (China) 31 Prozent, Nokia (Finnland) 15, Ericsson (Schweden) 15, ZTE (China) 9, Cisco (USA) 6, Samsung (Südkorea) 3 Prozent.

Die Weltmacht USA hat die Welt zu einer Machtprobe herausgefordert. Das Ergebnis: Die USA können ihre Interessen nur noch teilweise durchsetzen, und das, obwohl das Thema Huawei und Überwachung im Dezember 2020 noch einmal in erschreckender Weise deutlich wird: In einem Labor des Unternehmens wird Gesichtserkennungssoftware getestet, die Gesichter von Uiguren herausfiltern kann. Die Deep-Learning-Software soll am Ende in der Lage sein, mithilfe Künstlicher Intelligenz eine Art »uigurischen Alarm« auszulösen. So könnte die Software der chinesischen Regierung bei der Überwachung und Verfolgung der überwiegend muslimischen Minderheit helfen. »Wir haben keine Software entwickelt, die Uiguren (oder andere) erkennt, da wir generell keine Software im Bereich Gesichtserkennung entwickeln«, teilt uns eine Huawei-Sprecherin mit. Es handele sich um die Software eines anderen Anbieters, die bei Huawei getestet wurde. Darüber hinaus beziehe sich der entsprechende Bericht der *Washington Post* »auf einen Test, der in der kommerziellen Praxis keine Anwendung gefunden hat«.Der Fall, der außerdem drei Jahre zurückliege, werde dennoch intern untersucht. »Huawei wird alle Maßnahmen ergreifen, um Fehlverhalten zu unterbinden. Unsere Produkte und Lösungen entsprechen grundsätzlich den einschlägigen Industriestandards und den gesetzlichen Grundlagen.«

Als ich Ren auf diese Sache anspreche, antwortet er diplomatisch, man könnte auch sagen, ausweichend: »Jede Technologie hat Vor- und Nachteile.« Jedes Land habe die Souveränität, Regeln für die Technologie festzulegen. »Und wir halten uns in jedem dieser Länder an die Regeln.« Obwohl schnell fahrende Autos sehr gefährlich sein könnten, gebe es in Deutschland auf den Autobahnen kein grundsätzliches Tempolimit. Ein solches Limit festzulegen, sei »nicht die Aufgabe von Audi, BMW oder Mercedes«. Sondern die des Staates. »Das gilt auch für unsere Technologie. Die Regeln müssen in den jeweiligen Ländern geschaffen werden, das gilt auch für China.«

Dass die Dimension des Vergleichs – unterdrückte Uiguren auf der einen Seite, Tempolimit auf der anderen Seite – gelinde gesagt unangemessen ist, offenbart einmal mehr, wie leicht der Versuch, aufs neutrale Gleis der Geschäftsinteressen zu lenken, bisweilen ins Zynische rutschen kann. Wobei man allerdings sagen muss, dass sich Ren in dieser Frage eindeutig positioniert. »Huawei und auch ich persönlich lehnen den Einsatz von Technologie zum Zwecke der Diskriminierung von Minderheiten ab«, stellt er klar. Das Problembewusstsein dafür könnte in dem Unternehmen allerdings noch verbessert werden. Schließlich hat die *Washington Post* den Fall aufgedeckt und nicht etwa die Social Compliance von Huawei.

Durch dieses Ereignis noch bestärkt suchen die führenden europäischen Telekomunternehmen gemeinsam nach Wegen, wie es sich in Zukunft verhindern lässt, nicht mehr zum Spielball politischer Debatten zu werden. Anfang Januar 2021 verkünden die Deutsche Telekom, Orange, Telefónica und Vodafone, die Entwicklung einer Art 6G-Technologie zu fördern. Die Komponenten dafür sollen nicht von einem Anbieter kommen, sondern sich – einem Lego-System gleich – aus denen vieler verschiedener Anbieter beliebig zusammenbauen lassen. Dahinter steckt die Idee eines herstellerneutralen Netzes auf der Grundlage offener Schnittstellen. »Open-RAN« nennt man diesen

Ansatz, bei dem Soft- und Hardwarekomponenten voneinander getrennt werden. Bei einer Aktualisierung müsste nicht länger die Infrastruktur ausgetauscht werden, ein Software-Update würde genügen. Auch neue Anbieter von Mobilfunktechnik könnten so eine Chance erhalten, am Ausbau teilzunehmen.

Fraglich ist allerdings, ob sich dieser Ansatz durchsetzen kann. Denn Open-RAN hat zwei große Nachteile: Es bedarf erstens eines hohen Grades an internationaler Standardisierung, der in diesen Zeiten schwer zu erreichen ist. Weil jedes Unternehmen, jede Nation, jede Weltregion ihre Standards durchsetzen möchte. Und zweitens fehlen starke europäische Player in diesem Bereich. Die Gefahr, dass die Technologie maßgeblich von den alten und neuen Platzhirschen aus den USA und China kommen wird, ist groß. Auch wenn man im Kanzleramt an diesen Ansatz glaubt, ist die Wahrscheinlichkeit, dass Open-RAN 5G ersetzen kann, derzeit eher gering.

Doch von diesem Vorstoß haben ohnehin nur die Spezialisten etwas mitbekommen. Eine konstruktive Diskussion darüber, wie wir in Europa mit der neuen Technologie umgehen wollen, hat es immer noch nicht gegeben. Hier bestätigt sich, wovor der Berliner Soziologe Wolfgang Engler in seinem jüngsten Buch *Die offene Gesellschaft und ihre Grenzen* warnt. Für ihn steht bereits auf dem Spiel, was »das Wesen offener Gesellschaften ausmacht: geistige Offenheit, unbefangener Austausch, die Bereitschaft, einander zuzuhören, dem Gegenüber redliche Absichten zu attestieren. Wenn das nicht geht, schließt sich dieser Raum der Liberalität, den wir gerade heute dringend nötig haben.« Dass es in China noch viel schlimmer ist, hilft uns in Europa wenig, wenn es darum geht, uns zu erneuern. Konkret fehlt das Interesse, neue Technologie, wer immer sie auch entwickelt haben mag, zum Wohle aller einzusetzen. Statt zu versuchen, Innovation zu verhindern, wäre es sinnvoller, darüber zu diskutieren, wie man sie den eigenen Wertvorstellungen anpassen oder sogar weiterentwickeln könnte.

In einem zweiten Schritt wäre es dann sogar sinnvoll, die neuen Entwicklungsstandards wieder nach China zurückzuspielen, durchaus mit der Absicht, die Chinesen von unseren Vorstellungen zu überzeugen. Ganz im Sinne einer »best practice«, denn dazu zwingen können wir sie nicht mehr.

Das ist das Bedauerlichste an dieser Diskussion um Huawei, und es legt die großen Schwächen des Diskurses in den europäischen Gesellschaften offen. In der Balance zwischen – salopp formuliert – Verteufeln und das Beste daraus machen neigen wir Europäer zu sehr zum Verteufeln. Und daran ist nicht etwa China schuld, sondern nur wir selbst. Denn schon bei Google & Co. waren wir zu träge, uns den Datenkraken entgegenzustellen. Die ernüchternde Einsicht lautet also: Unsere offene Gesellschaft ist nicht so offen, wie sie sein müsste, um wirklich fortschrittlich zu sein.

Ren bewundert die USA

Die Spuren jedenfalls, die Trump bei Huawei hinterlassen hat, als er Anfang 2021 sein Amt abgeben muss, sind deutlich sichtbar. Wenngleich sicher nicht so tiefgreifend, wie er sich das vermutlich gewünscht hat. Trump konnte Ren zwingen, sein Billig-Smartphone-Geschäft, das unter der Marke Honor firmiert, an ein Konsortium von dreißig seiner Händler in Shenzhen abzugeben. Wegen der Sanktionen hatte Huawei nicht genügend Chips vorrätig. Honor kam auf einen Umsatz von über 10 Milliarden US-Dollar und stellte knapp ein Drittel der verkauften Smartphones von Huawei. Damit ist die Weltmarktführerschaft im Smartphone-Bereich nun außer Reichweite, die Huawei in der ersten Hälfte des Jahres 2020 kurz innehatte. Auf Platz 1 liegt Samsung mit 22 Prozent Weltmarktanteil, gefolgt von Apple mit 15 Prozent und Huawei mit 14 Prozent. Allein in Europa sind die Verkäufe von Huawei um über 20 Prozent eingebrochen. Währenddessen ist Shenzhen die erste Stadt weltweit, die mit 5G flächendeckend vernetzt ist. Die südkoreanische Hauptstadt Seoul folgt fast gleichauf. Anfang 2021 hat China bereits 150 Millionen 5G-Kunden.

Die große Frage Anfang 2021 ist: Wird Trumps Nachfolger Joe Biden das Lieferungsverbot von Chips für amerikanische Firmen aufrechterhalten? Bei Huawei ist man auf das Schlimmste eingestellt. Der Vorrat an 5G-Chips soll zwei Jahre halten, und Ende 2021 will Ren in Shanghai die erste eigene Fabrik für 20MN-Chips bauen, die man für die 5G-Technologie braucht. Sollte das so klappen, dann hätte Donald Trump der Welt einen Bärendienst erwiesen. Er hat das Shenzhener Unternehmen gezwungen, noch schneller unabhängiger vom Westen zu werden als geplant. Das haben die Chinesen mit der deutschen Autoindustrie geschickter gemacht. Sie haben sie in ihren Markt gelockt und dort so große Volumina aufbauen lassen, dass sie vom chinesischen Markt abhängig sind. Nun kann Peking die globalen Spielregeln stark beeinflussen, indem es einfach die Regeln für den chinesischen Markt festlegt.

Ren ist dennoch während unseres Gesprächs in Shenzhen sichtlich schockiert über die Entwicklung, als wir uns über sein Verhältnis zu den USA unterhalten. »Wir haben einfach nicht erwartet, dass dieser Zusammenstoß so intensiv sein und zu einem solchen Konflikt zwischen dem Staatsapparat eines Landes und einem Unternehmen führen würde. Ich konnte die Intensität dieses Zusammenstoßes nicht voraussehen.« Ein Fehler. Die Absteiger sind immer gefährlicher als die Aufsteiger, denn sie verlieren und müssen alles auf eine Karte setzen.

Bei Ren hat sich die falsche Einschätzung auch dadurch eingeschlichen, dass die USA für ihn ein Vorbild waren und in vielerlei Hinsicht noch immer sind: »Selbst heute bewundere ich die USA noch, so wie ich das als junger Mann schon getan habe.« Kaum zu glauben, was er dann erzählt: Noch während der Kulturrevolution habe eine Delegation der chinesischen Armee die legendäre amerikanische Militärakademie West Point besucht, die Kaderschmiede des US-Militärs. Wahrscheinlich, nachdem Mao und Nixon sich 1972 getroffen haben. Dennoch erstaunlich. Vor allem, dass dann auch noch groß in der *PLA Daily*, der zentralen chinesischen Armeezeitung, darüber berichtet wurde. »Ich weiß noch, dass ich unglaublich fasziniert war von dem Führungsstil in dieser Akademie«, erinnert er sich. Das habe ihn bis in die Zeiten geprägt, in denen es darum ging, in Shenzhen seine Firma aufzubauen.

»Also Befehl und Gehorsam?«, frage ich ihn.

»Nein, nein, das kann in einem Unternehmen nicht so streng sein wie in einer militärischen Organisation.« Aber die Art und Weise, wie dort das Know-how der Spezialisten so effizient wie möglich eingesetzt wurde, die habe ihn fasziniert. Und auch der unbedingte Wille, sich für eine Sache einzusetzen. Es sollte bis 1992 dauern, bis Ren selbst zum ersten Mal ins gelobte Land der Technologie reisen durfte. Es war seine erste Auslandsreise. »Bevor sich China geöffnet hat«, erzählt Ren, »dachten wir, drei Viertel der Welt müssen hungern. Wir dachten, wir müssten sie retten. Als sich China dann öffnete, stellte sich heraus: Wir sind die Armen.«

Was hat Ren am meisten beeindruckt bei seinem ersten USA-Besuch?

Er antwortet sofort: »Dieser Drang nach Innovation. Und wie diese Leidenschaft kanalisiert wurde.« Er erinnert sich noch an einen Zeitschriftenartikel mit dem Titel: »Schlaflos im Silicon Valley«. Da ging es darum, wie hart die Menschen im Valley arbeiten. Und dass sie das selbst in Garagen tun würden, wenn es sein muss. »Mir war klar: Wenn wir es von einer Firma für Billigprodukte zu einem Unternehmen mit High-End-Produkten schaffen wollen, müssen wir genauso hart arbeiten und uns ebenso konsequent um Innovationen kümmern.«

Denkt er heute auch noch so?

»Ich glaube, dass die Attacken nur vorübergehend sind«, sagt er höflich. China und Amerika würden im »Himalaya der

Technologie« weiter den höchsten Berg besteigen: »Die Chinesen steigen von der Südseite hoch und bringen Kaffee und Dosenessen mit«, und – er muss nun selbst schmunzeln über sein Bild – »die Amerikaner steigen von der Nordseite hoch und bringen Trockenfrüchte mit.« Wenn sich beide schließlich am Gipfel treffen, werden sie sich nicht bekämpfen, sondern »sich umarmen und zusammen das feiern, was wir gemeinsam in der Digitalisierung der Welt erreicht haben«.

Weltpolitik als Waldorfkindergarten. Ist das nicht ein wenig naiv?

»Ich glaube nicht, dass diese Politiker um Trump Amerika repräsentieren«, sagt er dann. »Insofern hat sich mein Bild von den USA nicht gewandelt und ich hasse diese Politiker nicht. Warum auch? Weil sie Huawei an den Pranger stellen? Sie animieren uns damit nur, noch härter zu arbeiten. Das ist alles gut für uns. Ohne diesen äußeren Druck wäre die Motivation nicht so hoch, weiterzumachen.«

Im Dezember 2020, noch bevor Biden das Präsidentenamt übernimmt, scheint auch Bewegung in den Fall Meng zu kommen. Das *Wallstreet Journal* berichtet, Huaweis Finanzchefin verhandele mit dem US-Justizministerium über ein Teilschuldeingeständnis, das ihr ermöglichen würde, nach China zurückzukehren. Bis März gibt es in dieser Frage allerdings keinen Durchbruch. Auch nach Bidens Amtsantritt ändert sich die Lage zunächst nicht.

Biden hat Huawei bisher öffentlich nicht erwähnt. Seine Handelsministerin, Gina Raimondo, allerdings sagt, sie sehe »keinen Grund dafür«, Huawei und andere chinesische Unternehmen von der Entity List zu streichen. Mitte März werden die Regelungen von der US-Regierung sogar noch leicht verschärft. Gleichzeitig deutete Raimondo die Bereitschaft an, mögliche Einwände der betroffenen Unternehmen anzuhören.

Darauf hat sich Ren schon lange vorbereitet. Sein stärkstes Argument: Die US-Politik hätte mit ihrer Entscheidung die

Interessen von amerikanischen Firmen nicht bedacht. Ren ist deshalb skeptisch, ob Washington die Strategie langfristig durchhalten kann. Auch amerikanische Firmen bräuchten neue Märkte, in denen sie ihre Produkte verkaufen können. Und: »Wenn die USA nichts mehr an China verkaufen, dann ist China gezwungen, die Produkte selbst herzustellen. Dann werden die Amerikaner an Einfluss verlieren. Es ist denkbar, dass Politiker keine große Ahnung von Technologie haben. Aber die amerikanischen Unternehmen werden schon dafür sorgen, dass sich das ändert.«

Seine Mitarbeiter würden ähnlich über den Westen denken wie er, vor allem die jungen. »Sie identifizieren sich sehr mit westlichen Methoden und Herangehensweisen. Das sind gemeinsame Werte, die von der Menschheit geteilt werden. Aber wir haben auch Werte, die man teilen kann.«

Die Angriffe Trumps hätten das Unternehmen wieder zusammengeschweißt. Davor sei Huawei »wie ein Teller mit losem Sand« gewesen. »Das Unternehmen war schon zu groß, um es zu managen, und befand sich deshalb in einem wackeligen, unsicheren Zustand. Ich möchte Trump dafür danken, dass er unserem Unternehmen neue Kraft verliehen hat«, sagt Ren und lacht. Es ist ein befreiendes, auch ein wenig freches Lachen. Doch nun muss er sich mit dem nächsten amerikanischen Präsidenten arrangieren. Kurz nach dem chinesischen Neujahrsfest wagt er einen ersten Annäherungsversuch. Im Gespräch mit Journalisten erklärt Ren, er hoffe auf einen Dialog mit Biden. Er halte es für »sehr unwahrscheinlich, aber nicht unmöglich«, dass Huawei von der Sperrliste gestrichen werde. Denn eine offene Handelspolitik könnte die Wirtschaft auf beiden Kontinenten stärken. Mir gegenüber sagt er: »Ich bin überzeugt, dass Biden mehr als Trump an US-Chip-Hersteller und andere heimische Firmen denken wird, die Milliarden von Dollar durch den Bann von Huawei verlieren.«

»Ist das Huawei-Smartphone nun ein patriotisches China-Produkt?«, frage ich Ren zum Schluss unseres Gespräches.

»Meine Kinder bevorzugen Produkte von Apple. Bedeutet das, dass sie Huawei nicht lieben? Selbstverständlich nicht.« Richard Yu, der CEO der Huawei Consumer Business Group, sei sogar sauer auf ihn gewesen, weil er die Apple-Leidenschaft seiner Kinder zu oft erwähnt habe. Dennoch: »Wir können nicht einfach sagen, dass es patriotisch ist, Huawei-Produkte zu verwenden und umgekehrt ein Mangel an Patriotismus, wenn man das nicht tut. Unsere Produkte sind letztendlich nur Waren. Die Menschen verwenden sie, wenn sie sie mögen.« Die Politik sollte man da raushalten, Huawei sei nur ein Unternehmen. »Wir haben in unserer Werbung auch noch nie darüber gesprochen, etwas zum chinesischen Nationalstolz beizutragen. Abgesehen davon kann keiner mehr allein wirklich innovativ sein in dieser eng verflochtenen Welt«, sinniert er. »Wer sich isoliert, der hat verloren. Nur gemeinsam können wir die menschliche Zivilisation voranbringen.«

Unser Gespräch ist zu Ende. Und doch verstehe ich erst beim Rausgehen vollends, wie Ren, der berühmteste Shenzhener, tickt. Wir gehen die breite Marmortreppe hinunter, vorbei an den ganzen Säulen, einer goldenen hyperbarocken Sitzgruppe, dem Waterloo-Bild und der nackten Jugendstilfrau, die mit überschlagenen Beinen in einem Sessel sitzt und einen riesigen, roten Hut trägt. Wir reden noch über sein neues Headquarter an der Grenze von Shenzhen und der Nachbarstadt Dongguan. Es ist gerade fertig geworden. Ich habe es einige Tage zuvor besichtigt. Ein japanischer Architekt hat wichtige europäische Gebäude nachbauen lassen, die zum Teil so echt wirken, dass ich mich fragte, ob ich noch ganz nüchtern bin.

Ren wollte, dass seine Mitarbeiter einen »ruhigen Ort« bekommen, jenseits der Glasfassaden-Hektik. Der Architekt muss Rens Spieltrieb entfacht haben – er fragt listig und augenzwinkernd: Bauen wir die wichtigsten europäischen Gebäude nach? Ja, machen wir. Das Heidelberger Schloss, ein bisschen Versailles, Gebäude aus Granada, Oxford, Brügge, Verona und Moldau? Gute Idee. Auf 3,2 Quadratkilometern. Passt. Und dazwischen eine Nachbildung der Friedensbrücke, die Nord- und Südkorea verbindet? Warum nicht. Das wäre aber nicht Europa. Egal, aber 25 000 Mitarbeiter müssen dort arbeiten können. Und ein Zug sollte durchfahren. So ein roter, wie in der Schweiz. Eine Modelleisenbahn im Maßstab 1 zu 1, immerhin acht Kilometer lang. Schweizerisch genau ausgeschildert: »Zone F – Paris«, steht auf einer der Bahnsteiganzeigen. Die Bahn versprühe »fast schon den Charme einer Jungfraubahn«, schwärmt selbst die nüchterne Schweizer NZZ. Die Jungfraubahn führt zum Schweizer Bergdreigestirn Eiger, Mönch und Jungfrau. Noch eine englische Gartenlandschaft dazwischen und fertig ist der sogenannte Ochsenhorn-Campus am Songshan-See, wo, nochmal die NZZ, »die chinesischen Harry Potters zur Schule gehen«.

1,45 Milliarden US-Dollar hat der Spaß gekostet. Mit dem Geld hätte man die fünfzig besten Architekten der Welt auffordern können, ihr Traumgebäude zu entwerfen, denke ich mir, und damit ein Dokument zeitgenössischer Architektur schaffen können, das die Jahrhunderte überdauert. Oder jedenfalls länger Bestand hat als dieses Disneyland auf höchstem Niveau. Aber so eine Denkweise ist wahrscheinlich typisch deutsch. Ren redet lieber über die 30 000 Appartements drum herum, für die Mitarbeiter, deren Miete weniger als die Hälfte beträgt, als sie auf dem freien Markt zahlen müssten.

»Warum ausgerechnet Europa?«, hake ich nach.

»Weil die europäischen Gebäude Ruhe und Schönheit ausstrahlen. Eine Umgebung, die ideal ist für Forschung und Entwicklung«, sagt Ren. Huawei absorbiere eben die guten und fortschrittlichen Elemente der westlichen Kultur: »Ähnelt unsere Unternehmenskultur nicht am Ende der protestantischen Ethik?«, fragt er verschmitzt, während wir die Treppenstufen heruntergehen.

Unten angekommen öffnet Ren spontan die Tür zu einem angrenzenden Saal – und ich bin sprachlos. Wir haben Griechenland und Napoleon hinter uns gelassen und stehen in einem kleinen Dorf aus der Provinz Sichuan, unter einer riesigen, gläsernen Kuppel. Ein sehr authentisches Dorf mit dicken, alten Straßenquadern, einem plätschernden Bach, einer Holzbrücke, echten alten Steinhäusern, großen Bäumen, üppigen Bananenstauden und kleinen Gemüsefeldern, in denen ein echter Bauer mit einem Strohhut Unkraut jätet. Es riecht hier sogar so, wie es in einem solchen Dorf riecht.

»Schön, nicht?«, strahlt Ren.

Unwillkürlich fällt mir Pipi Langstrumpf ein: »Ich hab ein Haus, ein kunterbuntes Haus ... Ich mach mir die Welt, widdewidde wie sie mir gefällt ... Und jeder, der uns mag, kriegt unser Einmaleins gelehrt.«

KAPITEL 6
ASSISTIEREN

Von Menschen, die Maschinen menschlich machen

»Alle Maschinen werden mit uns reden.
Und wir werden mit allen Maschinen reden.«

LIU QINGFENG, Gründer des
Spracherkennungsunternehmens iFlytek

Früh am Morgen, die Sonne ist gerade aufgegangen, fliegt das Geschwader langsam über den Shun-Xing-Platz. Die sechs Drohnen ziehen ihre Bahnen, ohne den Abstand zueinander auch nur einen Hauch zu verändern, trotz des leichten Windes. Es sind Oktokopter, sie haben also acht Rotoren. Im Hintergrund schillert grüngelb das *Diwang Dasha,* das »Erdkönig Hochhaus« mit seinen zwei großen weißen Antennen und dem roten Streifen in der Mitte. Die Szene erinnert mich an einen modernen Alfred-Hitchcock-Film. Drohnen statt Vögel.

Später erfahre ich, wie die Geräte heißen: »Agras MG-1S«. Der Name weist schon darauf hin, wofür sie eigentlich entwickelt wurden: um Felder mit Schädlingsbekämpfungsmitteln zu besprühen. Doch nun, im Frühjahr 2020, desinfizieren die Drohnen in China öffentliche Plätze, aber auch Bahnhöfe und U-Bahn-Stationen. Sie werden von Männern in weißen Schutzanzügen bedient, mit Plexiglasvisieren vor ihren Masken, deren gelbe Halterungen fast wie Heiligenscheine wirken.

Es sieht gespenstisch aus, als die sechs Drohnen vom Durchmesser eines runden Sechs-Personen-Esszimmertischs fast gleichzeitig auf dem leeren Platz landen. 15 000 US-Dollar kostet ein Exemplar in Vollausstattung. Drei Millionen Quadratmeter werden in Shenzhen allein von diesem Drohnentyp desinfiziert. 600 Millionen sind es im ganzen Land. Der Wettbewerber XAG schafft mit seinen Drohnen sogar 900 Millionen Quadratmeter.

Hier, in Shenzhen, hat das Virus auch dank der Drohnentechnologie kaum eine Chance. Die Metropole ist – wie könnte es auch anders sein – die Welthauptstadt der Drohnenhersteller. Rund 360 gibt es in Shenzhen, auch der weltgrößte Produzent hat hier seinen Sitz: Dajiang Innovations Science and Technology Co., besser bekannt unter seinem Kürzel DJI, versorgt allein über 70 Prozent des Weltmarkts mit seinen Drohnen, bei anderen unbemannten Flugobjekten beläuft sich sein Anteil auf 60 Prozent.

Szenenwechsel: China, irgendwo auf dem Land. Eine Drohne spürt eine alte Frau auf, die keine Maske trägt: »Tante, die Drohne spricht zu dir«, ist zu hören. Die Frau, mit rosa Hose und lila Strickjacke, dreht sich ungläubig um und blickt dann nach oben. »Du solltest hier nicht herumlaufen, ohne eine Maske zu tragen. Du gehst besser nach Hause.« Die Frau lacht erst unsicher und läuft dann erschrocken los. Die Drohne folgt ihr. »Und vergiss nicht, dir zu Hause die Hände zu waschen«, sagt sie. Immer wieder dreht sich die Frau um. »Wir haben den Menschen gesagt, sie sollen zu Hause bleiben, und ihr lauft noch immer hier herum.« Die Stimme aus der Drohne klingt verärgert.

Schnitt. Eine Straßenkreuzung: »Hallo, schöne junge Frau«,

ruft eine weibliche Stimme aus einer Drohne. »Ja, du. Du isst ja und hast keine Maske an. Zieh schnell deine Maske an und geh zum Essen nach Hause. Nicht stehen bleiben.«

Allein dieser Clip wird Millionen Male im Netz geteilt und sogar von staatlichen Zeitungen wie der *Global Times* verbreitet. Denn sprechende Drohnen finden selbst die Chinesen noch skurril, auch wenn sie bald zum Alltag gehören könnten. Und noch etwas sorgt für Unbehagen: dass sich nicht herausfinden lässt, wer die Drohnen gesteuert und wer gesprochen hat, ob es also eine staatliche Institution war oder ein Witzbold. Selbst im so technikfreundlichen China scheint der Umgang mit dieser neuen Technologie Grenzen zu haben.

Drohnen haben enormes Potenzial, Kritiker sehen aber vor allem die Gefahren. Drohnen können Pakete oder Passagiere von A nach B bringen, düngen und desinfizieren, aber auch beobachten und kontrollieren. Neben den Drohnen wird es in diesem Kapitel auch um andere »Assistenzsysteme« gehen, um Roboter, die uns helfen, uns mit Wichtigerem zu beschäftigen und sogar mit Unwichtigerem, weil sie uns mehr Freizeit verschaffen. Um Roboter, die für uns kochen und in Krankenhäusern Ärzten bei der Diagnostik helfen. Um chinesische Mittelständler, die großen Konzernen assistieren, mit Tochterunternehmen im Schwarzwald, die sich nun auf diesen neuen Innovationsschub einstellen müssen. Und um Maschinen, die mit uns sprechen und uns verstehen, egal, welche Sprache oder welchen Dialekt wir sprechen, die Spracherkennung und Künstliche Intelligenz so verbinden, dass wir nicht mehr wissen, ob wir mit einer Maschine oder einem Menschen reden.

Viele dieser technischen Errungenschaften, die international durchaus umstritten sind, kommen aus Shenzhen. Für die einen sind es willkommene Boten des Fortschritts, für die anderen sind es bedrohliche Zeichen des chinesischen Aufstiegs, der sich auch durch die Coronapandemie nicht bremsen ließ. Im Gegenteil. Gerade bei diesen Innovationen gab es einen ungeahnten Schub.

Im Anflug auf die Welt?

Auch die Drohnen aus China spalten den Westen. Während der amerikanische Staat sich inzwischen weigert, chinesische Drohnen zu benutzen – das Innenministerium hat seine 800 Exemplare stillgelegt –, setzt Spanien die Spraydrohnen in der Coronakrise erstmals ein. Zuerst in Cordoba, um dort Plätze zu desinfizieren. Aber auch das spanische Militär verwendet sie mittlerweile, zur Personenüberwachung. Die Spanier sind Ende März 2020 die Ersten in Europa, die Drohnen aus Shenzhen benutzen. Ihre Piloten am Boden tragen die gelben Barette der UME, der Notfalleinheit des Militärs. Franzosen und Belgier ziehen als Nächste nach. Sie setzen die Shenzhener Drohnen ebenfalls zur Personenüberwachung ein, aber auch, um Lautsprecheransagen zu machen.

Die große Nachfrage in diesem Bereich ist auch für den rasanten Aufstieg des größten Herstellers der Welt verantwortlich, der schon lange vor COVID-19 begann: das Shenzhener Unternehmen DJI, das mit dem Slogan »The Future of Possible« wirbt, machte 2017 einen Umsatz von knapp 3 Milliarden US-Dollar, eine Verdoppelung im Vergleich zu 2016. Seitdem hüllt es sich über die Umsätze in Schweigen.

Der Gründer des Unternehmens, Frank Wang, würde mit seinem Kinnbart, der schwarzen rechteckigen Brille, der französischen Schiebermütze und seinem spöttischen Lächeln in jedem Berliner Szenecafé als chinesischer Hipster durchgehen. Doch tatsächlich ist der vierzigjährige, in Hangzhou geborene Wahl-Shenzhener der Drohnenmilliardär der Welt. Seine Geschichte erzählt auch viel über Shenzhen. Schon als er auf das College der Hong Kong University of Science & Technology (HKUST) ging, fiel er einem Mathelehrer auf, als er im

Rahmen eines Schulprojekts ein ausgereiftes Helikopterflugkontrollsystem entwickelte. Für einen, der so früh eine so klare Affinität zu einem Bereich zeigt, lag es nahe, mal rüber nach Shenzhen zu gehen, ins Hardware-Paradies, und zu schauen, was man noch alles machen könnte. 2006 gründete Wang ein kleines Unternehmen. Der Rest ist Geschichte. Heute arbeiten rund 15 000 Mitarbeiter bei DJI, der geschätzte Marktwert der Firma, an der Wang immer noch 45 Prozent hält, beläuft sich laut *Handelsblatt* im Jahr 2020 auf 15 Milliarden US-Dollar.

Frank Wang führt sein Geschäft nicht wie andere Tech-Unternehmer. Unternehmenskultur interessiert ihn nicht, flache Hierarchien und Teamwork auch nicht. Er kümmert sich bis heute nur um die Produkte und überlässt alles andere seinen Mitarbeitern. Seine Fans danken es ihm. Selbst in den USA hat er einen Marktanteil von über 70 Prozent bei den Privatdrohnen. Sein stärkster Wettbewerber Intel kommt auf knapp 4 Prozent und GoPro, die einst den Markt anführten, bevor Wang aus Shenzhen auftauchte, liegt nur noch bei knapp 2 Prozent.

Schon drei Jahre nach der Unternehmensgründung waren Wangs Drohnen bereits gut genug, um den Mount Everest zu umrunden. Seinen Durchbruch schaffte er schließlich 2015 mit der inzwischen legendären »Phantom 3«, die in Shenzhen entwickelt und hergestellt wurde. Entscheidend war, dass es Wang gelang, eine Kamera in der Drohne zu installieren, die ein Livebild auf einen Bildschirm an der Steuerkonsole lieferte. Und das zu einem unschlagbaren Preis. Bis dahin waren »zivile« Drohnen eher etwas für Freaks gewesen, die bereit waren, sich ihr Hobby ziemlich viel Geld kosten zu lassen. DJI machte die Drohnen zum erschwinglichen Massenprodukt. In nur fünf Jahren hat Wang so die Welt erobert. Inzwischen bietet er Drohnen mit VR-Brille an, bei der die User die Welt aus der Vogelperspektive sehen können.

Und längst hat Wang schon einen neuen Spezialbereich für sein Unternehmen entdeckt: die Drohnenkartierung. Im

Sommer 2020 heben die Shenzhener diese Technologie auf eine neue Entwicklungsstufe. Sie bringen eine Software auf den Markt, die 400 Mal besser ist als ihre alte, und überholen sich damit quasi selbst. Die Software baut 3D-Modelle aus den Informationen, die von der Drohne bei einem Überflug gesammelt werden. Die Technologie kann zur militärischen oder zivilen Überwachung genutzt werden, aber auch von der Bauindustrie, zum Beispiel, um eine Brücke über ein Tal zu simulieren, oder in der Landwirtschaft, um Traktoren oder andere Landmaschinen nach diesen 3D-Modellen fernzusteuern. Die Software braucht nur noch 12 Gigabyte Ram, um über 22 000 Bilder in ein 3D-Modell umzuwandeln.

Es ist ein wichtiger Erfolg, den das Unternehmen gut gebrauchen kann. Denn wie einige andere erfolgreiche Shenzhener Firmen geriet auch DJI in den Machtkampf zwischen China und den USA. Im Oktober 2019 legte das US-Innenministerium seine 800 Stück zählende DJI-Drohnenflotte still. Im Sommer 2020 wurde der neue National Defense Authorisation Act erstellt, der allen staatlichen Institutionen verbietet, Drohnen mit ausländischen Teilen zu benutzen. Es könne nicht sein, »dass mit Steuergeldern Produkte gekauft werden, um ein Fast-Monopol der Kommunistischen Partei in diesem kritischen Markt zu unterstützen, die dann auch noch eine ernste Gefahr für die nationale Sicherheit darstellen«, so Mike Gallagher, ein Ex-Offizier des US-Marine Corps mit Schwerpunkt Sicherheitsfragen und inzwischen republikanischer Kongressabgeordneter. »Das Gesetz schützt amerikanische Interessen, unsere Gemeinschaft und unsere nationalen Sicherheitslieferketten.«

DJI wehrte sich: Die Kunden hätten »volle Kontrolle darüber, ob sie ihre Fotos, Videos und Flugrouten mit anderen teilen wollen. Wir unterstützen globale Sicherheitsstandards für die gesamte Drohnenindustrie, die Schutz und Vertrauen für alle Drohnennutzer schafft«, erklärte ein DJI-Unternehmenssprecher.

Wenigstens wurde die Nutzung von DJI-Drohnen für Privatleute in den USA nicht verboten. Allerdings führte ein Patentstreit mit einem amerikanischen Wettbewerber dazu, dass bestimmte Produkte nun nicht mehr verkauft werden dürfen.

Mit dem National Defense Authorisation Act folgte Präsident Trump auch beim Thema Drohnen seiner Linie: Wenn die Chinesen auf einem Gebiet technologisch besser sind als die Amerikaner, wird diese Technologie in den USA einfach verboten. Auf diese Weise wurden auch Drohnen zu einem Zankapfel in der Weltpolitik. Es wird spannend sein zu sehen, wie der neue amerikanische Präsident Joe Biden mit dem Thema umgeht. Selbst wenn es bei ihm nicht länger um »America first« gehen mag, ist ihm doch daran gelegen, die amerikanische Industrie wieder wettbewerbsfähig zu machen. Ob das bedeutet, die Industrie für Technologie ausgerechnet vom Hauptkonkurrenten China zu öffnen, bleibt abzuwarten. Noch dazu, wenn es um einen Bereich geht, in dem China seine Verfolger klar abgehängt hat. 2021 wird für Frank Wang ein entscheidendes Jahr.

In Deutschland sind Drohnen im Jahr 2020 nur ein Randphänomen, es gibt keine große Diskussion darüber. Den meisten Menschen ist gar nicht bewusst, welche Rolle Drohnen spielen können, gerade auch angesichts der Pandemie. Patrick Sensburg, Professor für Verwaltungsrecht und CDU-Bundestagsmitglied, ist einer der wenigen, die sich dazu äußern. Sensburg ist der ehemalige Vorsitzende des NSA-Untersuchungsausschusses, in dem es darum ging, das Ausmaß und die Hintergründe der Ausspähungen durch die amerikanische National Security Agency (NSA) in Deutschland zu beleuchten. Sie waren durch den Whistleblower Edward Snowden bekannt geworden. Schleicht sich nun also auch China in unsere Privatsphäre?

»Ich habe größere Sorgen, dass die Drohnen von den jeweiligen Regierungen benutzt werden, um ihre Bürger zu überwachen, als vor chinesischer Spionage durch chinesische Drohnen«, erklärt Sensburg gegenüber dem *Tagesspiegel*. Man müsse aufpassen, dass unsere Grundrechte nicht beeinträchtigt würden, wenn die Drohnen in die Privatsphäre der Menschen eindrängen. Darüber hinaus sei es »gefährlich, Drohnen auf öffentlichen Plätzen über den Köpfen von Menschen schweben zu lassen«.

Die beiden deutschen Polizeigewerkschaften hingegen begrüßen den Einsatz von Drohnen. Sie helfen ihnen, Personal zu ersetzen, das an allen Ecken und Enden fehlt. Erste Bundesländer testen die Technologie tatsächlich schon im Frühjahr 2020. In Nordrhein-Westfalen setzt die Polizei Drohnen in Dortmund und Düsseldorf ein – »auch zur Information über die Gesundheitsgefahren bei Nichteinhalten des Kontaktverbots«, wie ein Sprecher des Innenministeriums bestätigt. »Kleinere Personengruppen wurden an beliebten Treffpunkten über in den Drohnen verbaute Lautsprecher zum Verlassen der Plätze aufgefordert.« Die Einsatzerfahrung mit den Drohnen sei positiv. Bayern lässt Drohnen über die Blechlawine fliegen, die sich während des ersten Lockdowns an den Landesgrenzen zurückstaut. Selbst Berlin hat zwei Drohnen, zu Testzwecken. Aber obwohl das Bundesinnenministerium schon einen Drohnenbeirat ins Leben gerufen hat, kommt das Thema in Politik und Öffentlichkeit nur schleppend in Gang. Die Chancen, die sich mit den Drohnen gerade bei der Pandemiebekämpfung eröffnen, bleiben ungenutzt.

In Europa ist Frankreich das Land, das die meisten Erfahrungen mit Drohnen hat. »Sie ersetzen keine Polizisten, helfen uns aber, Informationen zu sammeln«, sagt Didier Lallement, Sprecher der Pariser Polizei. Die Drohnen aus Shenzhen kreisen über den Boulevards und Plätzen von Paris, Nizza und anderen Städten. Es geht vor allem darum, die Ausgangsbeschränkungen zu überwachen. »Achten Sie auf den Sicherheitsabstand!« Oder: »Verlassen Sie das Haus nur, wenn es absolut nötig ist«, dröhnen die Lautsprecherbotschaften.

Im weiteren Verlauf des Coronajahres 2020 setzen auch Großbritannien und Italien Drohnen ein. In Asien sind es zum

Beispiel Indien, Indonesien oder Malaysia. In Großbritannien wurde die Polizei von den lokalen Medien für ihren Umgang mit den Drohnen scharf kritisiert. Denn sie veröffentlichte Aufnahmen, aufgenommen von Drohnen, auf denen Spaziergänger zu sehen waren. Die Bilder waren zwar mit dem Hinweis »not essential« markiert. Für die Medien war dies dennoch ein Eingriff in die Privatsphäre. Die Menschen stünden am »Lockdown-Pranger«, wenn sie zu erkennen seien. Die britische Polizei konterte, sie müsse ihrem Auftrag nachkommen und die Lockdown-Regeln durchsetzen. Wer wiederholt bei »nicht notwendigen« Ausflügen erwischt werde, müsse bis zu 1000 Pfund Strafe zahlen, warnte sie.

Anfang Februar 2021 kommt auch die deutsche Regierung um das Thema Drohnen nicht länger herum und beschließt einen entsprechenden Gesetzentwurf. Sie tut das, weil sie EU-Vorgaben umsetzen muss, die seit Ende 2020 gelten. »Drohnen transportieren Medikamente, Zubehör oder Pakete schnell und effizient über weite Strecken«, stimmt Bundesverkehrsminister Andreas Scheuer (CSU) die Deutschen auf die Zukunft ein. Er könne sich vorstellen, dass Drohnen in Deutschland »ländliche und schwer erreichbare Gebiete versorgen, Rettungskräfte unterstützen oder im Katastrophenschutz und der Landwirtschaft eingesetzt werden«. Dafür brauche es aber Spielregeln. »Mit unserem Gesetzentwurf ermöglichen wir Innovation und neue Geschäftsfelder; gleichzeitig schaffen wir ein hohes Sicherheitsniveau für die Menschen, den Luftraum und die Natur«, so Scheuer.

Unter Wahrung eines hohen Sicherheitsniveaus soll es nun möglich sein, Drohnen regelmäßig einzusetzen, etwa zum Transport von lebenswichtigen Medikamenten. Seit dem 1. Januar 2021 muss zudem für jede Drohne über 250 Gramm Gewicht ein Führungsnachweis erbracht werden, den es in unterschiedlichen Staffelungen gibt. Droniq, ein Gemeinschaftsunternehmen der Deutschen Flugsicherung und der Deutschen Telekom, hat bereits 2020 ein Verkehrsmanagementsystem für unbemannte Flugsysteme entwickelt: das UAS Traffic Management System (UTM). Es zeigt in einem kombinierten Luftlagebild sowohl bemannten als auch unbemannten Verkehr an. Ähnliche Systeme haben die Chinesen längst. Die 5G-Vernetzung des Landes ist dabei sehr hilfreich. Aber auch hier habe erst der Ausbruch des Virus zu einem »vertieften Verständnis« der Anwendung von Drohnen geführt, erklärt Lu Zhihui, der Vorstandsvorsitzende von MicroMultiCopter Aero Technology (MMC). Die Flugobjekte der Firma sind geradezu ideal, um die Einhaltung von Quarantänemaßnahmen zu überwachen. Denn sie sind mit Wärmebildkameras ausgestattet. Die Kameras verfügen über eine vierzigfache Vergrößerung und starkes Licht.

2019 hat das Unternehmen 2000 Drohnen hergestellt. Ein Jahr später sind es schon über 5000. Jede Drohne kann pro Stunde einen Bereich von zehn Quadratkilometern städtischer Landschaft überwachen. Dazu bräuchte man normalerweise mindestens hundert Polizisten und zahlreiche Fahrzeuge. Lu bekommt glänzende Augen, wenn er den Bedarf allein seitens der Polizeibehörden hochrechnet. Und auch die Umwelt hat sein Unternehmen im Blick: MMC hat sogar eine Wasserstoff-Drohne im Programm, die viereinhalb Stunden in der Luft bleiben kann. Und dann sind da ja noch Drohnen als Freizeitspielzeug.

Roboter – resistente Helfer in der Krise

Neben den fliegenden Robotern haben die rollenden nicht weniger gute Zukunftsaussichten. Die Helden der Coronakrise in China, das waren und sind nicht nur Ärzte und Krankenschwestern, sondern auch Menschen wie Zhang Ge, ein 28-jähriger Computeringenieur aus Shenzhen. Im Konferenzraum 301 in der Wearnes Science and Technology Mansion im Distrikt Nanshan spreche ich mit ihm über die zurückliegenden Monate.

Zhang hängt das, was er in Wuhan erlebt hat, immer noch nach. Er war einer von zwanzig Ingenieuren, die Mitte Februar 2020 im Auftrag des Roboterunternehmens Pudu Technology in das von der Außenwelt abgeschottete Wuhan gereist sind. Dort, im Epizentrum des Virusausbruchs, sollten die Ingenieure Roboter aus Shenzhen für ihren Einsatz in den Krankenhäusern von Wuhan programmieren. Zhang hatte unbedingt helfen wollen, er ist in Wuhan aufs College gegangen, war dann aber doch schnell an seine Grenzen gekommen. »Es war schlimm«, erzählt er. »Ich hatte Angst. Meine Schutzkleidung ließ mich schwitzen.« Und je mehr er schwitzte, desto mehr beschlug seine Schutzbrille. »Ich konnte nichts mehr sehen und musste sie schließlich abnehmen, was meine Angst nur noch größer werden ließ.« Er brauchte vier Stunden, um einen einzigen Roboter zu programmieren. »Hier in Shenzhen geht das in einer Stunde.«

Zhang arbeitete oft bis Mitternacht. Dann gab es keine Möglichkeit mehr, zurück ins Hotel zu kommen. Er schlief einfach auf dem Boden. Nur so war es für das Start-up Pudu Technology möglich, die zahlreichen Krankenhäuser der Stadt mit Robotern auszustatten, um Coronapatienten zu versorgen. Eigentlich waren die sogenannten PuduBot-Roboter entwickelt worden, um Kellner in Restaurants zu entlasten. Sie können zum Beispiel 300 bis 400 Essenstabletts pro Tag bis auf den Zentimeter genau dorthin bringen, wo sie gebraucht werden. Zhangs Job war es nun, die Roboter so zu programmieren, dass sie sich in einem Krankenhaus zurechtfinden und selbstständig Essen oder Medikamente in die Zimmer der Kranken liefern. Auf diese Weise sollte verhindert werden, dass ein gesunder Mitarbeiter mit den infektiösen Patienten in Kontakt kam.

PuduBot ist nur ein Modell aus einer ganzen Flotte, die das gerade einmal vier Jahre alte Start-up aus Shenzhen entwickelt hat. Puductor desinfiziert mit Sprühnebel und ultravioletter Strahlung. BellaBot heißt der Streichelroboter, er dient als eine

Art Katzenersatz. HoloBot kann Dinge in Gebäuden ausliefern, HolaBot Tabletts nach dem Essen wegräumen. Die Roboter kommunizieren und koordinieren sich in einem Gebäude selbstständig. Dazu brauchen sie nicht einmal mehr einen Server. Sie können Menschen ausweichen, Gesten erkennen, sprechen und bereits hunderte einfache Sätze verstehen.

In über hundert Krankenhäusern wurden die Roboter in China während der Coronakrise eingesetzt. Das Engagement hat sich gelohnt. Im Sommer 2020 sammelt das kleine Start-up mit hundert Mitarbeitern weitere 15 Millionen US-Dollar ein. Der wichtigste Investor ist nun Sequoia Capital aus Kalifornien, einer der größten Player der Welt, der trotz der politischen Querelen zwischen den USA und China von der großen Zukunft des Unternehmens überzeugt ist.

Ein wichtiges Standbein von Pudu Technology ist nach wie vor der Bereich, für den es eigentlich gegründet worden war. So ist die amerikanische Sheraton-Gruppe einer der Kunden. In Südkorea hat der Online-Essenslieferant Woowa Brothers allein 5000 Roboter bestellt. Und auch hier reicht die globale Verflechtung bis nach Deutschland. Das Unternehmen wurde im April 2020 für 4 Milliarden US-Dollar von Delivery Hero gekauft. Von jener Firma also, die Ende August Wirecard im DAX ablöste, ohne je einen Cent Gewinn gemacht zu haben. Allerdings konnte das in vierzig Ländern aktive Berliner Start-up im vierten Quartal 2020 die Zahl der Bestellungen auf 423 Millionen fast verdoppeln. Das Unternehmen gilt als Coronagewinner.

Aufgrund dieser Geschäftsbeziehungen ist es sehr wahrscheinlich, dass die Servierroboter bald auch in Deutschland auftauchen werden: Roboter aus Shenzhen, dem Mekka der globalen Roboterindustrie, aus China, dem Land mit dem am schnellsten wachsenden Robotermarkt der Welt, mit einem Wachstum von über 20 Prozent pro Jahr. Ein Markt, der ohne die Shenzhener Innovationen kaum bespielbar wäre, zumindest wenn es um Roboter geht, die mit Menschen interagieren. Und ein Markt, der international noch massiv ausbaufähig ist. Denn aktuell entfallen rund 25 Prozent des globalen Marktanteils für Serviceroboter mit einem Volumen von rund 4 Milliarden US-Dollar auf China.

Natürlich gibt es auch andere Teile der Welt, in denen Roboter entwickelt werden. Am bekanntesten wurde während Coronazeiten ein gelber Roboter namens »Spot«, der wie ein Hund ohne Kopf aussieht und in Parks in Singapur die Menschen sprechend daran erinnerte, die Abstände einzuhalten, wenn sie sich zu nah kamen. Entwickelt hat ihn das amerikanische Unternehmen Boston Dynamics, das inzwischen an den japanischen Technologie-Investor Softbank verkauft wurde. »Spot«, der als »der schlaueste Hund, den es jemals gab« vermarktet wird, kostet stattliche 75 000 US-Dollar. Er mag ja viel können, aber eines ist er definitiv nicht: knuddelig.

Abgesehen von den USA und Japan liegt ein großes Zentrum der Robotik in Dänemark. Die selbstfahrenden Desinfektionsroboter von UVD Robots wurden sogar nach China geliefert. In 2000 Krankenhäusern kommen sie dort bereits zum Einsatz. Das Unternehmen war 2016 als Spin-out des dänischen Herstellers Blue Ocean Robotics gegründet worden. Zwei Jahre später kamen die ersten Modelle auf den Markt, die mit ultraviolettem Licht Räume desinfizieren konnten. Ein Exemplar kostet 60 000 Euro. »Unsere Roboter benutzen komplexe Algorithmen und spezielle Sensoren, um alle Oberflächen mit der richtigen Menge von viruskillendem Licht zu versorgen«, sagt Claus Risager, CEO von Blue Ocean Robotics. »Anhand der erfassten Daten kann man genau sehen, welche Räume von Bakterien und Viren befreit wurden.«

Wenigstens in diesem Bereich spielt Europa partiell vorn mit. Dank des Tochterunternehmens zählt Blue Ocean Robotics seit 2020 zu den fünfzig einflussreichsten Robotik-Unternehmen der Welt. Aber was die Entwicklungsgeschwindigkeit und die

Einsatzmöglichkeiten von Robotern betrifft, hinken wir China deutlich hinterher.

»Fragen Sie den Arzt oder Ihren Roboter«

Die Zulassungsprüfung für Ärzte in China ist hart. Tausende Studierende büffeln jedes Jahr dafür. Einer der Prüfungskandidaten des Jahres 2017 hat den Spitznamen Xiao Yi, was »Medizin kennen« bedeutet. Er hat viel gebüffelt für die Prüfung. Wahnsinnig viel. Gut fünfzig medizinische Lehrbücher hat er durchgearbeitet, zwei Millionen medizinische Aufzeichnungen gelesen und in 400 000 medizinische Studien zumindest reingeguckt. Der Aufwand hat sich gelohnt. Xiao Yi besteht den schriftlichen Test mit 456 Punkten. Das sind 96 Punkte mehr als erforderlich. Damit gehört er zu den vier besten Absolventen des Landes. Das Erstaunliche dabei: Xiao Yi ist ein Roboter.

Eigentlich ist er ja eine Sie. Xiao Yi hat die Formen einer Frau, eine kleine, nur angedeutete Stupsnase, große, petrolfarbene Augen, wie man sie aus den japanischen Mangas kennt, und einen kleinen roten Mund, dazu aber eine Glatze und in der Stirn eine Kameralinse, etwas über der Stelle, wo die Inder ihr Bindi haben und das energetische dritte Auge vermuten. Die Maschine hat Arme und Hände, die sie benutzen kann, und ihr Unterleib hat die Form eines ausladenden Kleides, unter dem sich ihre Räder verstecken. Sie sieht sympathisch aus – für einen Roboter jedenfalls. Wenn die Maschine aktiv ist, blinken die kreisrunden Ohren und ihre Augen blinzeln. Ihr Know-how hat sie mittels Künstlicher Intelligenz gewonnen. Sie soll und kann Ärzte nicht ersetzen, kann aber die Daten eines Patienten erfassen und eine erste Diagnose vorschlagen.

Bereits im Frühjahr 2018 fangen Xiao Yi und ihre »Kolleginnen« an, im Alltag zu arbeiten. Nicht nur in Shenzhen. Anfang 2020, als das COVID-19-Virus ausbricht, kann jede von ihnen bereits 1100 Krankheiten erkennen und spuckt, wenn es sein muss,

12 000 Diagnosen und Behandlungsvorschläge pro Tag aus. Die Roboterdamen sind auch auf Krebstherapien spezialisiert und helfen dabei, dass mehr Menschen schneller behandelt werden können und die wenigen Ärzte aus Fleisch und Blut mehr Zeit haben, sich um ihre Patienten zu kümmern. Inzwischen werden sie in hunderten Krankenhäusern und über 2000 anderen medizinischen Einrichtungen in China eingesetzt. Die Xiao Yis betreuen bereits drei Millionen Menschen und bilden sogar Ärzte aus. Nun müssen sie nur noch mit Daten zu Corona gefüttert werden und schon sind sie Coronaroboter – ein großer Vorteil in der Krise für Shenzhen und andere Städte in China.

Doch das Unternehmen dahinter, iFlytek, denkt schon viel weiter, getreu der Devise ihres Gründers Liu Qingfeng: »Alle Maschinen werden mit uns reden. Und wir werden mit allen Maschinen reden.« Sein großes Lebensthema ist die Spracherkennung, oder genauer gesagt, die Sprachintelligenz, also die Mischung aus Spracherkennung und KI. Die will Liu in jedem Bereich der Gesellschaft etablieren, so selbstverständlich »wie Wasser und Strom«. Ganz so wie Professor X das autonome Fahren.

Der Mann mit der hohen Stirn und der kleinen silbernen rechteckigen Brille ist ein Start-up-Unternehmer in dunklem Anzug, weißem Hemd und meist in gedeckter Krawatte. Es gibt keine anderen Fotos von ihm. Nicht im T-Shirt, nicht mit Turnschuhen – immer sehr förmlich. Das ist ungewöhnlich für die Branche und seine Generation. Dabei ist er weder arrogant, schon gar nicht überheblich, aber bescheiden ist er irgendwie auch nicht. Vielmehr strahlt er einen unersättlichen, fraglosen, raumfüllenden Stolz aus, ein unternehmerischer Pionier zu sein, ein chinesischer Pionier: »Wir schaffen eine bessere Welt – mit globaler barrierefreier Kommunikation.«

Der 46-Jährige gehört zu einer Generation von Start-up-Unternehmern, die aus der Wissenschaft kommen und es nicht länger für zwingend nötig hielten, erst einmal nach Europa oder in die USA zu gehen, um zu lernen. Mit dieser Entscheidung hat er sich keineswegs überschätzt. Liu hat es in zwanzig Jahren geschafft, mit seinem Unternehmen iFlytek im Bereich der Spracherkennung weltführend zu werden.

Die Software spricht Chinesisch

Die Spracherkennung ist eine der technologischen Innovationen, bei denen die Chinesen schon von Anfang an ganz vorn mitgespielt haben. Der erste Chinese auf diesem Gebiet war Lius Vorbild, Julian Chen. Er gehörte nach der Kulturrevolution mit immerhin schon stolzen 42 Jahren der Gruppe der ersten Studenten an, die in die USA geschickt wurden. Jahre zuvor hatte er bereits ein linguistisches Buch über Pekinger Dialekte geschrieben. Die Studien dazu machte er, als er von Maos Schergen als Intellektueller zum Ausfahren von Kohle verdonnert wurde. Das Buch wurde prompt verboten: zu intellektuell.

Der Aufenthalt in den Vereinigten Staaten tat ihm gut. Chen studierte und promovierte in Physik an der Columbia-Universität und heuerte bei IBM an. 1994 hatte IBM eines der ersten Spracherkennungssysteme entwickelt und wollte nun, da sich abzeichnete, dass China und die Welt immer enger zusammenarbeiten, das Programm auch für Chinesisch anwenden. Chen nahm die Herausforderung an. Er erkannte die ungeheuren Möglichkeiten der chinesischen Spracherkennung sehr schnell. Seine amerikanischen Kollegen, denen die Probleme, mit denen sich Chinesen beim Tippen in den Computer herumschlagen müssen, fremd waren, verkannten das enorme Potenzial. Es ist nämlich recht umständlich, auf einer westlichen Tastatur chinesisch zu schreiben. Erst muss man ein Wort in westlicher Schrift, also in Pinyin schreiben, dann bietet einem der Computer die besten chinesischen Zeichen an. Eine Spracherkennung wäre da doch viel besser.

Zwei Jahre später stellte Chen die ViaVoice-Technologie auf

einer Konferenz in China vor. Er las einen Absatz aus einer Zeitung laut vor und auf dem Bildschirm eines Computers erschien der Text wie von Geisterhand getippt. Damals wirkte das wie ein Zaubertrick. Dann gab er das Mikrofon weiter an einen Zuschauer. Auch das funktionierte. 1997 kam die erste Software, die Chinesisch verstand, auf den Markt. »Wir waren die Einzigen, die das hatten«, erinnert sich Chen.

Von dieser Software ist der damals 26-jährige Doktorand Liu Qingfeng wie elektrisiert. Er arbeitet in einem Spracherkennungslabor an der dafür national bekannten Universität in Hefei, der Hauptstadt der Ostprovinz Anhui. Eigentlich hatte er ja schon ins Ausland gewollt. Doch das Team und das Budget, das ihm die Uni zur Verfügung stellt, sind am Ende verlockender. 1999 macht er sich selbstständig. Der Staat hilft ihm dabei. Das Unternehmen nennt er iFlytek. Er trifft Kai-Fu Lee, heute eine der bekanntesten Figuren des chinesischen Internetbooms. Damals war der aus Taiwan stammende Informatiker der Chef von Microsoft Research Asia. Lee ist skeptisch. Er ist überzeugt, dass es sehr schwierig sein wird, mit den Amerikanern mitzuhalten. Lee hat selbst über Spracherkennung in den USA promoviert und dabei das erste sprecherunabhängige Spracherkennungssystem entwickelt.

Doch Liu will nicht akzeptieren, dass die Chinesen sich von Amerikanern helfen lassen müssen, um den Umgang mit ihrer Sprache effizienter zu gestalten. »Sie hätten uns an der Kehle gepackt«, formuliert Liu die chinesische Schwäche drastisch. Er versucht es auf eigene Faust. Bei Huawei in Shenzhen glaubt man an ihn. Er bekommt die ersten Aufträge und verlegt einen Teil seiner Forschung und Entwicklung nach Shenzhen und Guangzhou. Bereits 2004 erreicht er den Break-even. Im Olympiajahr 2008 geht er in Shenzhen an die Börse.

Die westliche Welt kann sich das Potenzial des Unternehmens zu dieser Zeit kaum vorstellen. Die chinesische Regierung hingegen schon. Sie versorgt Liu mit Geld. Sein größter Investor ist mit 15 Prozent die staatliche China Mobile, das Mobilfunkunternehmen mit den meisten Kunden weltweit. Das hätte aufhorchen lassen können. Doch international wird Lius Unternehmen weiterhin bestenfalls belächelt, meist jedoch einfach ignoriert. Dabei ist die Software schon ziemlich weit: »Man konnte damit Texte diktieren, egal ob in E-Mails, Suchmaschinen oder WeChat. Das war am Anfang noch etwas holprig«, erinnert sich Du Jun, der wissenschaftliche Leiter des Projektes. »Aber je mehr Menschen das Programm benutzten, desto besser wurde es.«

Lius Software gelingt es schnell, die zwanzig wichtigsten chinesischen Dialekte zu verstehen und zu übersetzen. Ein Meilenstein. Dazu muss man wissen, dass die Chinesen zwar einheitliche Schriftzeichen haben, aber Dialekte sprechen, die sich so weit voneinander unterscheiden wie Deutsch und Englisch. Wir reden hier nicht von irgendwelchen abgelegenen ländlichen Regionen, sondern von Innovationshubs wie Shanghai, wo Shanghaier Dialekt gesprochen wird, oder der Greater Bay Area mit Shenzhen, in der Kantonesisch dominiert. Beides sind schon fast eigene Sprachen. Und jemand, der Mandarin spricht, kann einen kantonesisch Sprechenden praktisch nicht verstehen.

Hinzu kommen mit der Zeit vier Fremdsprachen. Schon seit 2006 gewinnt die Software jedes Jahr die internationale »English Blizzard Challenge« für maschinelles Übersetzen.

Natürlich dösen auch die amerikanischen Wettbewerber wie Apples Siri (2011), Microsofts Cortana (2014), Amazons Alexa (2015) und Google Assistant (2017) nicht vor sich hin. Doch als iFlytek 2012 mit seinem Produkt Yudian auf den Markt kommt, zeigt sich, dass die Chinesen in eine andere Richtung forschen, die mehr den Erfordernissen des Landes entspricht: Der Übersetzung von unterschiedlichen chinesischen Dialekten in Echtzeit aus Sprache in Schrift.

Bereits im November 2017 fasst das Ministerium für Wissenschaft und Technik die Internetkonzerne Baidu, Alibaba und Tencent, aber eben auch iFlytek zum ersten nationalen Team zur

Entwicklung der KI-Technik der nächsten Generation zusammen. Baidu aus Peking ist zuständig für die Entwicklung autonomer Fahrzeuge, Alibaba aus Hangzhou für die Entwicklung von Clouds für »city brains«, Tencent aus Shenzhen kümmert sich um medizinische Anwendungen und iFlytek, das mit Abstand unbekannteste Unternehmen in der Runde, ist für Sprachintelligenz zuständig. Der Staat unterstützt die Unternehmen, verlangt jedoch, dass sie offene Plattformen bieten, die auch von anderen Firmen und Start-ups genutzt werden können.

In China immerhin hat Liu es geschafft: Er wird jetzt mit Tencent und Alibaba in einem Atemzug genannt. Ein weiterer Höhepunkt: 2018 vereinbart Liu eine fünfjährige Zusammenarbeit mit dem Computer Science and Artificial Intelligence Laboratory (CSAIL) des MIT, dem Mekka der amerikanischen KI-Forschung. Auch die westliche Welt ist also endlich auf ihn aufmerksam geworden.

Ein Jahr später sammelt Liu in einer neuen Finanzierungsrunde über 400 Millionen US-Dollar von staatlichen Investoren ein. Anfang 2020 nutzen knapp eine Millionen Entwickler die Open Platform von iFlytek, die rund 750 000 Applikationen entwickelt hat – mit rund 2,7 Milliarden End-Usern. Liu hat Software für Blinde und Taubstumme entwickelt. Und allein der iFlytek-Translator kommt inzwischen auf 500 Millionen Nutzer in 200 Ländern. Die Smart-Education-Produkte werden in 35 000 Schulen in China, Singapur und Japan genutzt. Die Homeschooling-Phase während der Coronapandemie hat diesen Produkten einen weiteren riesigen Schub gegeben.

Wenn die Grenzen fließen

Doch das ist nur die eine Seite der Medaille. Natürlich kann man alles, was die Spracherkennung aufschreibt, auch zur Kontrolle der Menschen, zur »Erhaltung der nationalen Sicherheit« benutzen. Die Software von iFlytek kann große Mengen der gesammelten Sprachdaten nach bestimmten Merkmalen durchkämmen und so auch herausfinden, in welchen Bereichen sich die Stimmung gegen die Kommunistische Partei wendet. Wobei selbst das sogar noch sinnvoll sein könnte. Eine Art Frühwarnsystem, das der Politik hilft, Probleme zu erkennen, wenn sie noch klein und damit einfacher zu lösen sind. Zum Beispiel, wenn in bestimmten Regionen Wut über zu teure Immobilien aufkommt oder ein regionaler Korruptionsskandal außer Kontrolle gerät. Aber die Software kann gleichzeitig eben auch benutzt werden, um kritische Stimmen zu identifizieren und mundtot zu machen. Denn es ist inzwischen schon möglich, Menschen nur anhand ihrer Stimme eindeutig zu identifizieren. Das ist zwar noch teuer und aufwendig. Aber technisch ist es kein Problem mehr, aus dem großen Pool der aufgezeichneten Gespräche die Stimmen herauszufiltern, die etwa Dissidenten gehören. Dafür gibt es spezielle Stimmlisten.

Die Amerikaner machen das natürlich auch, und nicht nur, um Terroristen wie Osama bin Laden aufzuspüren. Es ist in den USA bereits üblich, Stimmproben von Straftätern in Gefängnissen zu nehmen. Damit man sie leichter finden kann, wenn sie nach ihrer Entlassung wieder einer Straftat verdächtigt werden. In Sekunden können Millionen von Audiofiles durchsucht werden.

Es ist offensichtlich, dass der chinesische Staat auch an den Überwachungsmöglichkeiten interessiert ist, die diese Innovationen bieten. iFlytek generiert einen großen Teil seiner Profite aus Projekten, an denen staatliche Institutionen beteiligt sind. Dabei muss es nicht immer darum gehen, unbescholtene Bürger abzuhören und daraus Informationen zu generieren, aber dass es oft genau darum geht, ist sehr wahrscheinlich. Denn es handelt sich um Systeme, deren Einsatzmöglichkeiten fließend sind. Da gibt es zum Beispiel das »Intelligent Criminal Investigation Assistant System« der Shanghaier Regierung, mit dem man Kriminelle, aber eben auch Dissidenten aufspüren kann.

Im tibetischen Lhasa unterhält iFlytek an der Tibet University ein Forschungsprojekt zur »Erhaltung und zum besseren Verständnis der Dialekte und dem Schutz der tibetischen Kultur«. Für den einen ist das gelungene Minderheitenpolitik, für den anderen klingt es zynisch, denn es ist auch eine Methode, um zu verstehen, was die Tibeter sprechen, wenn sie glauben, keiner hört zu. Die Grenzen sind nicht transparent, wahrscheinlich ist es tatsächlich immer auch beides. Ähnliche Projekte gibt es in Kashgar bei der Minderheit der Uiguren, die Peking mit drakonischen Maßnahmen in Schach zu halten versucht, aus Angst vor Terrorismus und Abspaltungsbewegungen. Und schon im Mai 2016 hat iFlytek einen Vertrag zur strategischen Kooperation mit einer staatlichen Institution unterschrieben, die Gefängnisse sicherer machen soll. Dagegen ist ja im Grunde nichts einzuwenden. Doch wenn politische Gefangene oder Unschuldige in den Gefängnissen sitzen, ist es ein Problem.

Wie gesagt, das Schwierige dabei ist: Nie ist es nur eines von beiden. Und wo das eine anfängt und das andere aufhört, wird leider kaum diskutiert in China. Einerseits, weil der Staat das nicht möchte, andererseits, weil das Interesse dafür in der Bevölkerung nicht groß ist. Corona hat diese Grenzen noch weiter verschwimmen lassen. Hinzu kommt, dass sogar private Unternehmen die Daten nutzen. Datenhändler wie Data Tang bieten Sprechsequenzen von 100 000 Drei- bis Fünfjährigen an, mit denen man deren Vorlieben analysieren kann. Das sei ein »Traum, der sehr gut mit der Vision der Kommunistischen Partei von einem Überwachungsstaat übereinstimmt«, findet selbst das technologiefreundliche amerikanische IT-Magazin *Wire*. Liu sieht das anders. Er ist nicht nur Privatunternehmer, sondern auch ein Abgeordneter des Nationalen Volkskongresses, Chinas Parlament. Er scheut die Nähe zur Politik also nicht.

Darf man mit Firmen zusammenarbeiten, deren eigentlich sinnvolle Software auch für eine Art Überwachung benutzt werden kann, die nicht unseren Werten entspricht? Diese Frage musste sich vor allem das MIT stellen, nachdem es 2018 den Vertrag zur Zusammenarbeit mit iFlytek geschlossen hatte. »Die Sorge der Überwachung ist ja sehr real«, meint Roger Levy, der Leiter des MIT Computational Psycholinguistics Laboratory. »MIT muss das sehr ernst nehmen, denn wir leihen diesem Unternehmen unsere Vertrauenswürdigkeit, wenn wir mit ihm zusammenarbeiten.«

Die Befürworter der Kooperation sind der Meinung, die Vorteile der Technologie für die Menschen seien so groß, dass sie die Nachteile überwiegen. Die Kritiker indes durften sich von höchster Stelle bestätigt fühlen: Im Oktober 2019 lässt Donald Trump iFlytek auf die Liste der Unternehmen setzen, für die Exportrestriktionen gelten. Der moralische Aspekt dieser Entscheidung ist allerdings überschaubar. Dass hier offensichtlich mit zweierlei Maß gemessen wird – wenn amerikanische Unternehmen so etwas machen, ist es kein Problem, bei chinesischen hingegen schon –, empfindet Liu als Ritterschlag: »Ohne revolutionäre Märtyrer, die für eine Sache bluten, wäre China heute nicht so modern.« Und: »Niemand wird uns bremsen, eine schöne Welt mit künstlicher Intelligenz zu bauen.« Im Februar 2020 gibt das MIT dem Druck aus Washington nach und beendet die Zusammenarbeit.

Was sagt Liu zur Frage der Moral? Er fühlt sich schlicht nicht zuständig. Seine Wissenschaftler erfinden, was immer sie können. »Die Regierung muss Normen und Gesetze dazu machen, um sicherzustellen, dass diese Erfindungen eine gesunde Entwicklungsrichtung nehmen und ethisch akzeptabel sind.« Und das gelte für jedes Land. Es ist ein Argument, das wir bereits von Huawei-Gründer Ren Zhengfei kennen.

Gleichzeitig sollen Regierungen die Führung übernehmen, wenn es darum geht, die sozialen Anwendungen in der Gesellschaft zu etablieren. Die Rolle des Staates fasst er mit zwei Begriffen zusammen: »Führen und ausbilden.« Der Staat müsse sich auch um die sozialen Folgen des Übergangs von einer Technologieebene auf die andere kümmern. Künstliche Intelligenz werde in Zukunft viele Arbeiten erledigen, die wir nicht länger tun wollten. Viele Jobs würden überflüssig durch KI, gerade in der Übergangsphase würden viele Menschen ihre Arbeit verlieren. »Deshalb müssen wir ja das Sozialsystem ausbauen«, fordert er. Auf diese Weise hätten die Leute später den Spielraum, »menschlichere Aufgaben für sich zu finden«. In den kommenden Jahren werde KI »die größte industrielle Revolution weltweit auslösen. Sie wird zu fundamentalen Veränderungen in der Produktion, aber auch in unseren Lebensstilen führen«, prophezeit Liu. Durch die Coronakrise seien die neuen Technologien nun schneller als erwartet im Alltag angekommen. Selbst in Bereichen, auf die wir im Westen nie kommen würden.

Vier Chinesen und ein Schwarzwald

Was passiert in diesem dramatischen Umfeld eigentlich mit den klassischen chinesischen Mittelständlern? Unternehmen, die großen Konzernen assistieren, weil sie etwa Teile für die Autoindustrie zuliefern, die womöglich bald nicht mehr gebraucht werden?

Sie sind selten, aber es gibt sie in Shenzhen tatsächlich, die Mittelständler, die inzwischen unentbehrliche Zulieferer auch für die deutsche Autoindustrie sind und längst nicht mehr nur für deren Produktion in China. Ein mittelständisches Unternehmen wie PPM Solutions allerdings – gegründet und geleitet von vier chinesischen Brüdern – ist schon sehr ungewöhnlich. Und eines, das wiederum einen deutschen Hidden Champion gekauft hat, umso mehr.

Die Fahrt nach Norden, in den Longgang District, dauert etwa eine Stunde. Hier stehen noch Fabriken, auch wenn das Viertel von immer mehr futuristischen Bürogebäuden durchsetzt ist. Das Grundstück von PPM Solutions liegt gleich neben dem von Royole. Das ist die Firma, die die faltbaren Bildschirme für Smartphones und Tablets erfunden hat und inzwischen auch Bildschirme, so dünn wie etwas festeres Papier, aus dem 3D-Drucker lassen kann. Am Flughafen steht zu Werbezwecken ein ganzer Baum mit solchen Bildschirmen. Sie sind so hauchdünn wie Blätter und dennoch laufen Filme auf ihnen. Faszinierend und rätselhaft zugleich.

Angesichts der vielen Shenzhener Unternehmen, die mit spektakulären Entwicklungen aufwarten können, vergisst man leicht Firmen wie PPM Solutions. Sie stellen – ebenso pfiffig – Spezialteile her, ohne die die Autos von Daimler oder Volkswagen nicht laufen würden. Aber auch die großen Autozulieferer wie Bosch, Continental oder TRW wären schnell blank, wenn Teile von PPM nicht pünktlich geliefert würden. Es geht um hochpräzise Drehteile wie hydraulische und mechanische Ventile, aber auch um Produkte aus den Bereichen CNC-Fräsen und Kaltformen, also um Präzisionsstanz- und -frästeile. Komponenten, die für den Laien belanglos aussehen mögen, bei denen sich die Unternehmen jedoch drei Mal überlegen, von wem sie sich diese liefern lassen. Aber es sind auch Teile, die jetzt vor lauter E-Autos, KI-Spracherkennung und 5G schnell aus der Mode kommen könnten.

Ich treffe zwei der vier Zhu-Brüder. Beide tragen westliche Vornamen. Frank ist ein literarisch ambitionierter Waffenbauingenieur und mit 57 Jahren der Älteste der vier. Sein jüngerer Bruder Simon ist der Benjamin der Familie. Sein Bruder ist der Kopf des Unternehmens, Simon ist der Netzwerker und Marketingmann. Er hat Management studiert und ist nun CEO der PPM-Gruppe. Der dritte Bruder im Bunde firmiert als Vize von PPM und ist gleichzeitig zuständig für die Finanzen PPM Joint Venture. Der Zweitälteste, ein studierter Architekt, ist der CEO von PPM Shenzhen.

Ihre Geschichte klingt ein wenig wie das Grimm'sche Märchen von den vier kunstreichen Brüdern, denke ich, als ich mit einem Didi, dem chinesischen Uber, zu ihnen rausfahre. In diesem Märchen lässt ein armer Vater seine vier erwachsenen Söhne losziehen, um jeweils ein gescheites Handwerk zu erlernen. An einer Wegkreuzung trennen sie sich. Einer wird ein findiger Dieb, ein anderer Jäger, ein weiterer Schneider und der Letzte ein Sterngucker. Nach einigen Jahren zeigen sie ihrem Vater, wie gut sie – trotz der unterschiedlichen Professionen – zusammenarbeiten können. Der Sterngucker erspäht hoch oben in der Baumkrone einige Vogeleier im Nest, der Dieb klaut sie, der Jäger zerschießt sie, der Schneider flickt sie wieder zusammen und legt sie zurück ins Nest, sodass die Küken normal schlüpfen können. Der Vater ist begeistert und lobt seine Söhne über den grünen Klee. Da er aber nicht sagen kann, welcher seiner Söhne am besten war, wartet er auf die nächste Herausforderung. Die kommt, als die Tochter des Königs von einem Drachen geraubt wird. Es gelingt den Brüdern, sie zurückzuholen. Und wieder trägt jeder mit seinen Fähigkeiten dazu bei. Aber danach streiten sie, wer die Königstochter nun heiraten darf. Als der Streit nicht enden will, entscheidet der König weise. Keiner bekommt die Tochter, dafür erhalten sie zusammen ein halbes Königreich. Und sie lebten glücklich mit ihrem Vater bis ans Ende ihrer Tage …

Auch die vier Brüder aus Wuhan sind sehr verschieden. Auch ihr Vater, Zhu Muxi, ein ehemaliger Direktor des Finanzministeriums, hat dafür gesorgt, dass seine Söhne unterschiedliche Berufe erlernen. Sie haben zwar nicht die Tochter des Königs gerettet, aber Probleme von pingeligen Autokonzernen gelöst und sind dadurch mit einem Wohlstand belohnt worden, den ihre Vorfahren nicht zu erträumen gewagt hatten.

Simon holt mich am Fabriktor ab. Dunkler Anzug, weißes Hemd, Bürstenhaarschnitt, modische Hornbrille. Die neuen Lederschuhe hat er mit einem Plastikbezug überzogen, wie man ihn aus Laboren kennt. Er spricht gut Englisch.

Es ist Sonntagvormittag, eine ungewöhnliche Zeit für ein Treffen, selbst in China. Aber da sie später noch in ihr Werk in Wuhan fliegen müssen, ist der Tag ohnehin mit Arbeit belegt. Wir laufen um die Fabrik herum. Schon der Eingangsbereich zeigt, dass die Brüder sich vor allem um die Präzision ihre Teile kümmern. Die Außendarstellung ist ihnen nicht wichtig, in der Lobby steht nur das Nötigste. Ein kleiner, mintgrüner Empfangstresen, auf dem zwei rote Töpfe mit mickrigen Pflanzen stehen. Flankiert wird er von zwei stattlichen Ficus benjamina in grün-goldenen Übertöpfen. An der – ebenfalls mintgrünen – Wand hinter dem Tresen prangt das Logo, darüber in roter Schrift: »Ist der Staat reich, sind die Unternehmen stabil, ist das Volk harmonisch.« Seitlich davon hängen die Weltzeituhren: New York, Frankfurt, Peking, Tokio. Ein Muss in jeder Shenzhener Fabrik.

Wir fahren mit dem Aufzug nach oben, gehen vorbei an den typischen kleinen und heute leeren Bürobuchten. Im Meeting-Raum treffen wir Frank. Der Älteste trägt Freizeitlook: Outdoor-Hose, blauer Pullunder, ein Hemd mit hochgekrempelten Ärmeln. Die beiden Brüder sind guter Dinge. Aufgeschlossen und auch ein wenig stolz auf das, was sie erreicht haben. Ihrem Unternehmen geht es gut. Sie machen mit 1100 Mitarbeitern einen Jahresumsatz von immerhin 90 Millionen Euro und sind in Hongkong, Shenzhen und Shanghai an der Börse gelistet.

Es ist schon das zweite Unternehmen, das sie aufgebaut haben. Das erste, Pins n Things, hat Heizkomponenten hergestellt. Sie haben es 2001 für einen dreistelligen Millionenbetrag an das amerikanische Unternehmen Emerson Electric verkauft. »Danach haben wir uns gefragt, in welche Branche wir nun gehen sollen«, erzählt Frank. Es war die Zeit, als der damalige Premierminister Zhu Rongji viele neue Straßen und Autobahnen bauen ließ. Ein amerikanischer Freund brachte sie auf die Idee, in der Autoindustrie zu investieren. Er stellte den Kontakt zu Chrysler her. In Abstimmung mit den neuen Kunden ließen sie Testteile fertigen. Zwei amerikanische Ingenieure halfen ihnen dabei, später konnten sie ihre eigenen Ingenieure zum Lernen in die USA schicken. Nach ein paar Anlaufschwierigkeiten war klar: Die Kunden sind interessiert. Also machten sich die vier Brüder auf die Suche nach einem neuen Fabrikgelände.

»Wir sind dann hier durch die Gegend gefahren und haben schließlich einen Motorradfahrer angesprochen«, erzählt Frank, »und ihn gefragt, ob er uns Fabriken zeigen kann, die kürzlich pleite gegangen sind. Für umgerechnet fünf Euro hat er das gemacht. Die Investition hat sich gelohnt«, lacht er. Damals war die Gegend »jwd«. Heute ist es eine Spitzenlage.

Das Geschäft florierte, denn die großen Autohersteller wurden zunehmend vom Staat gezwungen, ihre Produktion und ihre Zulieferer zu lokalisieren. »Es war nicht einfach, die Standards der westlichen Hersteller zu erreichen«, erläutert Simon. Aber bald verstanden sie, wie das Geschäft funktioniert. Wenn sie fehlerfrei lieferten, bekamen sie langfristige Verträge. »Absolut verlässliche Qualität und pünktliche Lieferung ist das Wichtigste«, betont Frank.

Sie wurden so erfolgreich, dass etwas passierte, mit dem sie nie gerechnet hätten: »Unsere Kunden wollten plötzlich, dass wir sie nicht nur in China beliefern, sondern weltweit«, erzählt Simon. »Also haben wir 2015 im mexikanischen San Luis Potosí ein Werk aufgebaut, um von dort den amerikanischen Markt zu bedienen. Wir waren die Ersten in dieser Stadt.« Erst später seien viele andere chinesische Unternehmen hinzugekommen. »Das hat man uns dort nie vergessen«, fügt Frank stolz hinzu.

Europa war hingegen noch eine offene Flanke – bis ein Bosch-Manager sie auf ein kleines Unternehmen tief im Schwarzwald aufmerksam machte. Die Besitzer wollten verkaufen, weil es keine Nachfolger in der Familie gab. Die Brüder beschlossen, sich das Unternehmen, das unter anderem Lenkspindeln herstellte, genauer anzuschauen. Doch das war gar nicht so leicht zu finden. Es liegt in Gutach, einem Ort mit 2300 Einwohnern, einem Barfußpfad und einer Sommerrodelbahn. Gemeinsam mit zwei Nachbarorten gilt Gutach als die Heimat des Bollenhutes, der inzwischen weltweit als Symbol für den Schwarzwald bekannt ist. Die Fabrik liegt an der B33, gleich beim Schwarzwälder Freilichtmuseum Vogtsbauernhof.

Die Brüder waren begeistert. Ein gutes halbes Jahr später hatten sie die Firma Aberle gekauft. 2016 ging als das Jahr in die Geschichte ein, in dem die meisten deutschen Unternehmen von Chinesen gekauft wurden. »Es war relativ einfach, die Firma zu kaufen«, erzählt Frank, »aber was dann kam, hat uns völlig unvorbereitet getroffen.« Sie wollten dort ja eine europäische Basis aufbauen, über die sie neue Produkte entwickeln, den Vertrieb und den Kundenservice ausbauen konnten. Das Unternehmen stand finanziell zwar nicht besonders gut da, doch die Substanz war gut, was die Technologie und das Know-how betraf. »Wir waren sicher, dass wir neue Kunden in China und in den USA für die Schwarzwälder finden und dass dies eine Win-win-Situation für alle sein würde«, erinnert sich Simon. »Deshalb waren wir total perplex, als uns klar wurde, was in den Köpfen der Belegschaft, in Teilen des Managements und in der Bevölkerung vorging. Sie glaubten, wir wollten deren Know-how übernehmen, die Maschinen nach China transportieren und die Fabrik schließen. Wir mussten viel Überzeugungsarbeit leisten. Ich war ein Jahr in Deutschland«, erzählt Simon, der sich die Skepsis der Leute zunächst nicht erklären konnte. »Die Menschen hatten einfach Angst. Diese Firma in diesem Ort ist ihr Leben und China und wir waren fremd und weit weg.« Welten prallten aufeinander. Shenzhen und Gutach.

Aber bald merkten beide Seiten, dass ihre Unternehmen zu unterschiedlichen Zeiten durchaus eine ähnliche Entwicklung durchgemacht hatten. Aberle war 1928 von Karl Aberle als Dreherei gegründet worden, die Kegel- und Zylinderstifte herstellte. Anfangs hatte das Unternehmen gerade einmal drei Mitarbeiter. Im Laufe der Zeit entwickelte sich Aberle zu einem Hersteller hochwertiger Präzisionsdrehteile aus Stahl, Edelstahl, Messing und Aluminium, gestaltet nach individuellen Kundenwünschen. Hauptabnehmer waren Unternehmen aus der Automobilindustrie, aber auch der Sanitär- und Uhrenbranche. Eine Erfolgsgeschichte, die erst durch einen Wechsel möglich geworden ist. Denn angefangen hatten die Aberles 1898 in der ehemaligen Schellenmühle mit der Herstellung von Glockenschalen, Glocken, Spielwaren und sogar Telefonteilen.

»Wir konnten diese Geschichte gut nachvollziehen, denn auch wir haben ja zunächst in einem ganz anderen Bereich gearbeitet«, sagt Frank. »Ein weiterer Pluspunkt bei der Überzeugungsarbeit war, dass auch wir ein Familienunternehmen sind.« Inzwischen ist das Verhältnis zwischen den alten und den neuen Mittelständlern entspannt. »Schon zum 90. Geburtstag des Unternehmen 2018 war alles gut«, meint Simon. Und der *Schwarzwälder Bote* schrieb: »Das Aberle-Team profitiert von den chinesischen Kollegen.«

Simon hat allerdings inzwischen auch die Nachteile des Standorts Gutach kennengelernt. »Es ist nicht so einfach, hier in diesem kleinen Ort gute Fachkräfte zu bekommen.« In China sei das anderes, da gingen die Menschen für einen guten Job sonst wohin. Inzwischen haben die Brüder ein Haus in der Nähe der Fabrik. Im Coronajahr hat Simon hier zwei Monate verbracht und sich »pudelwohl« gefühlt. »Wenn ich aufwache, habe ich einen wunderschönen Blick ins Grüne«, sagt Simon, »es ist einfach herrlich.« Neben der Landschaft gefällt den Brüdern die gute Luft und das Essen: deftiges Rindfleisch, frische Forellen mit badischem Weißwein und das Wildgulasch, das man direkt vom Jäger kaufen kann. »Unsrem Vater bringen wir immer Schwarzwälder Kirschwasser mit. Er liebt diesen Schnaps, auch wenn wir in China viel Hochprozentigeres gewohnt sind«, lacht Simon. Und natürlich lieben sie deutsche Autos. In Mexiko fahren sie zwar Chrysler, aber in Deutschland fährt Simon BMW. In China teilt er sich mit seiner Frau einen

Porsche Macan. Davor hatte er einen Audi. Frank fährt eine E-Klasse.

Die Brüder kennen und schätzen inzwischen die unterschiedlichen Mentalitäten an den jeweiligen Standorten ihres Unternehmens. Sie selbst sind ein wenig zu Weltbürgern geworden, kein Wunder bei den vielen internationalen Geschäftsreisen im Jahr. Frank, der am häufigsten unterwegs ist, hat sich seine eigene Theorie über die verschiedenen Mentalitäten zurechtgelegt. »Weil die mexikanischen Manager in den USA ausgebildet werden, sind deren PowerPoint-Präsentationen besser als die Fabriken. In China ist die Fabrikanlage besser als die PPP. Und in Deutschland sind die PPP so gut wie die Fabriken«, meint er und grinst dazu. Die Welt sei jedenfalls ganz anders, als die Medien und die Politik uns weismachen wollten. »Sie schüren Ängste und Vorurteile«, wundert sich Frank. »Wenn man dann hinfährt, stellt man zwar fest, dass die Menschen kulturell anders geprägt sind, sich viele Vorurteile und Ängste aber als unbegründet erweisen.«

Das Schüren von Vorurteilen sei eine gefährliche Entwicklung. »Es sind gerade ganz schwierige Zeiten. Manchmal hat Politik ein sehr hässliches Gesicht. Vertrauen, das man in dreißig, vierzig Jahren aufgebaut hat, kann man in einer Woche verspielen. Politiker in China wollen am liebsten, dass sich unser Land ganz allein entwickelt, wie zu Zeiten der chinesischen Hochkultur. Das funktioniert natürlich nicht mehr.«

»Und genauso wenig funktioniert es, wenn Trump versucht, China zu isolieren und Europa zu zwingen, sich für die USA oder China zu entscheiden«, füge ich hinzu.

Frank nickt. »Zum Glück sind die Menschen in der Wirtschaft pragmatisch geblieben«, sagt er im beinahe kapitalistisch anmutenden Brustton der Überzeugung, dass der Markt der Politik schon die Richtung weisen werde.

Für die vier Shenzhener Brüder jedenfalls hat sich die Globalisierungsstrategie ausgezahlt, auch wenn sie sich nicht auf ihrem Erfolg ausruhen können. Der Kostendruck, unter dem die Autokonzerne stehen, sei hoch, und diesen Druck würden sie weitergeben. Dafür gäbe es nur zwei Lösungen. »Die eine lautet Automatisierung«, erläutert Frank. »In einer unserer Produktionsstraßen haben vor zehn Jahren noch über hundert Menschen gearbeitet. Jetzt sind es noch 28.« Und die andere Lösung? »Wenn wir von unseren Kunden länger laufende Verträge mit mehr Volumen bekommen, dann können wir auch bessere Preise machen.«

Sehr viel mehr Kopfzerbrechen bereitet den Brüdern aber die Tatsache, dass sie sich – wieder einmal – neu erfinden müssen. Denn die meisten Teile, die sie herstellen, werden in Verbrennungsmotoren verbaut. »Wir haben bereits eine neue Technologie zur Kühlung von Batterien entwickelt. Den Prototyp haben wir CATL kürzlich vorgestellt«, erzählt Frank. »Jetzt hoffen wir, dass sie daran interessiert sind.« Gleichzeitig suchen sie im Bereich des autonomen Fahrens nach einer Marktlücke und eventuell sogar nach einem neuen deutschen Partner. Die Aufgabenteilung dabei ist klar. »Wir haben sehr unterschiedliche Stärken«, sagt Simon. »Frank ist der beste Go-Spieler unter uns. Er ist der Stratege, er sieht das ›Big Picture‹. Ich kümmere mich dann um die Umsetzung vor Ort.«

Beide können sich vorstellen, zeitweise in Deutschland zu wohnen, wenn sie mal nicht mehr arbeiten. Oder in Tennessee, wo Frank ein Grundstück an Rande eines Nationalparks gekauft hat. Dort will er mal ein Haus bauen. Simon will mehr golfen, wenn er pensioniert ist. Frank will mehr schreiben. Auf WeChat hat er sich mit seinen Aphorismen schon einen Ruf erarbeitet, als jemand, der klug und virtuos mit der chinesischen Sprache umgehen kann. Und womöglich endet die Geschichte wie in Grimms Märchen: Sie lebten glücklich bis ans Ende ihrer Tage und gingen zum Essen gerne in Schwarzwälder Bauernstuben oder in Shenzhener Restaurants, wo Roboter alte südchinesische Gerichte kochen.

Anders als der Koch ist der Roboter nie verliebt

Schon am Eingang wird man von einer pinken Roboterfrau mit silbernen schalenförmigen Ohren begrüßt – per virusfreiem Handschlag. Ihre Hüfte ist ein schmales Gelenk, damit sie sich verbeugen kann. Sie fragt nach der Reservierung, erkennt, dass vier Personen gekommen sind, und will wissen, ob die auch alle etwas essen wollen. Dann wird einem ein Tisch zugewiesen.

Rosa und Grau sind die dominierenden Farben des Restaurants im Loft-Kantinen-Look. Eine überraschend ganz gelungene Mischung aus Techie-Design und »Hello-Kitty«-Anmutung. Die Gäste sitzen an langen weißen Tischen auf abwechselnd rosa und grauen Plastikstühlen oder rosa-schwarzen Bänken. Hinter Glas, spektakulär beleuchtet, hantieren die Kochroboter. 46 verschiedene Robotertypen arbeiten hier. Die Bedienungsroboter fahren unermüdlich durch die Gänge des Restaurants. Sie sehen aus wie eine Kreuzung aus einer Glasvitrine, einem Pinguin mit aufgemalten rosa Flügeln und dem Kopf eines Außerirdischen mit gelben Augen und niedlichen rosa Öhrchen. Um den Hals trägt der Roboter einen kleinen Bildschirm, wie eine riesige Fliege. Dort gibt man die Bestellungen ein. Über die Menü-App kann man 200 Gerichte ordern. Dann fährt der Roboter los und gibt die Bestellung an die Kochkollegen weiter.

Das 2000 Quadratmeter große »Foodom Robotic Restaurant« hat im Sommer 2020 in Foshan eröffnet, einer Nachbarstadt von Shenzhen, die als der heilige Gral der kantonesischen Küche gilt. Es ist das erste Roborestaurant in China und wohl das erste weltweit. Das Lokal schaffte es sogar auf die Website des World Economic Forum.

Hier sind alle Mitarbeiter Roboter: Fließbänder voller traditioneller kantonesischer schwarzer Tontöpfe mit Deckeln laufen durch die Küche und werden mit traditionellen Gerichten wie Schweinerippchen-Suppe – »Bak Kut Teh«, wie die Kantonesen sagen – gefüllt. Noch heute werden die Töpfe traditionell auf einem Kohleofen erhitzt. Hier erledigen das Heizstrahler. Sehr gut schmeckt auch der Pott mit zart gekochtem Hühnchen. Das Fleisch fällt schon beim Anschauen vom Knochen, dazu gibt es karamellisierte Schalotten und große, ebenfalls süß schmeckende Maronen. Alles ausschließlich gekocht von Robotern. Nicht jedermanns Sache ist Aal in einer sämigen braunen Sauce und einem kleinen Häufchen frisch geschnittenem Knoblauch obendrauf. Die Südchinesen lieben dieses Gericht. Und den Robotern ist es egal, wie ihre Gäste riechen.

Die Roboter in der Küche erinnern eher an jene, die man aus der Autoindustrie kennt. Ein sogenannter Bot-Chef brät, belegt und verpackt Hamburger am Fließband. 24 Stunden lang. Im »Foodom Robotic Restaurant« ist man nicht kleinlich und denkt auch an die Kinder. Besonders beeindruckend, wie der Roboter mit seinem dicken orangenen Arm zwei Pattys gleichzeitig wendet.

Der Nudel-Bot-Chef, ein Roboter-Komplex auf vier Quadratmetern, kann 120 Gerichte pro Stunde herstellen. Andere füllen mit langen Greifarmen die Tabletts mit entsprechenden Bestellungen. Nicht alles wird frisch gekocht, die Speisen, die vorproduziert werden können, stammen aus Dongguan, einer Stadt nördlich von Shenzhen. Eine 60 000 Quadratmeter große Food-Processing-Fabrik versorgt das Restaurant mit diesen Gerichten.

Eine Bar gibt es übrigens auch. Ein weißer Greifarm mit eleganten blauen Kabeln mischt im Shaker unermüdlich bunte Drinks und schüttet fast schon mit einer eleganten Präzision den Inhalt in eisgekühlte Cocktailgläser, die er zuvor aus dem Kühlschrank geholt hat. Schön ist auch die Bewegung, mit der der Eisroboter seinen Arm in immer engeren Kreisen schwenkt, damit das Eis sich schön auftürmt.

Die Qianxi Group – eigentlich ein Bauunternehmen, das unter dem Namen »Country Garden« Wohnkomplexe baut – betreibt neben diesem Restaurant noch fünf andere, allerdings

»nur« halbautomatisierte Lokale. Das erste wurde 2019 eröffnet. Inzwischen hat das Unternehmen 61 Roboter-Prototypen entwickelt und über 500 Patente angemeldet. Die meisten davon kommen aus Shenzhen. Das Forschungs- und Entwicklungsteam von Qianxi hat 300 Mitarbeiter. Der Konzern hat einen Trend gesetzt und will expandieren. 2020 wurden bereits 5000 Roboter produziert. Der Staat hat in Windeseile auf den Trend reagiert und bereits Ende Juni Spezifikationen für ein Roboter-Sicherheitszertifikat in der Lebemsmittelindustrie herausgegeben. Entwickelt haben es die Qianxi Group und das National Robot Testing and Accreditation Center (NRTAC).

Corona hat dafür gesorgt, dass die Ideen des Entwicklerteams weitergeführt wurden – vom halbautomatischen zum vollautomatischen Restaurantbetrieb. »Manche Kunden machen sich ja noch Sorgen, selbst wenn das Personal Masken trägt«, erklärt Xiao Ran, der stellvertretende Restaurantmanager des »Foodom«. »Da ist es schon beruhigend, wenn man weiß, dieses Gericht wurde völlig ohne menschlichen Kontakt hergestellt und serviert.« Es sei viel einfacher, einen Roboter zu desinfizieren als einen Menschen. Und der Roboter müsse nach Arbeitsende auch nicht mit der U-Bahn nach Hause fahren.

»Aber ist es nicht gerade für gute Küche wichtig, dass ein Mensch die Gerichte abschmeckt?«, will ich wissen. Das sei ja immer noch so, antwortet Xiao, das geschehe beim Programmieren der Roboter: »Für ein einfach aussehendes Gericht wie zum Beispiel Hühnerkohlbrühe musste die Abfolge in über tausend Versuchen eingeübt werden. Dafür ist die Brühe jetzt immer gleich gut.« Tatsächlich bekommt das Essen im Netz gute Kritiken. Xiao, ein freundlicher Mann, der mit seinem blaugrauen, kurzärmligen Hemd und der schwarzen Hose eher wie ein Buchhalter und nicht wie ein Kreativer aussieht, ist sichtlich stolz, Essensgeschichte zu schreiben.

Nicht alle Gerichte im »Foodom« werden von den Robotern gebracht. Manche kommen auch in einer Mischung aus

Rohrpost und Schwebebahn direkt an den Tisch. Wieder andere Speisen werden von einem Kran, dessen Essensbehälter aussieht wie ein Lampenschirm, von der Decke gelassen. Der Teller wird von drei Flügeln gehalten, die sich öffnen wie eine auf dem Kopf liegende Blüte und das Essen darunter freigeben.

Dass das Restaurant bei all der Technik nicht zu steril wirkt, dafür sorgen schon die ausgelassenen Gäste. Die Chinesen schaffen es, in fast jeder Umgebung eine laute, ungezwungene Essensatmosphäre zu schaffen. Es wird noch freundlich geschmatzt, wie in all den tausend Jahren, in denen die Chinesen beim Essen ohne Roboter ausgekommen sind. Die Kinder lieben die Roboter sowieso. Bezahlt wird natürlich bargeldlos per WeChat von Tencent. Der Roboter zwinkert freundlich, wenn die Überweisung erfolgreich war, und gibt den Tisch wieder frei, damit ihn die Roboterdame am Eingang neu vergeben kann.

Man mag den kleinen Italiener um die Ecke bevorzugen. Doch auch McDonald's hat sich durchgesetzt, einfach nur deswegen, weil man weltweit das Gleiche bekommt. Das Essen in diesem Restaurant ist auch standardisiert. Aber im Unterschied zu McDonald's ist es raffinierte chinesische Küche mit jeweils langer regionaler Tradition. Es wird sicher nicht mehr lange dauern, dann gibt es so etwas auch in Deutschland. So eine Art Roboter-Vapiano. Vielleicht wäre das der Weg aus der Krise für die Restaurantkette mit italienischer Küche, die durch COVID-19 insolvent geworden ist, saniert wurde und nun darauf hofft, wieder durchstarten zu können.

KAPITEL 7

HEILEN

Von Menschen, die sich für die Forschung auch gegen Peking stellen

»Wir können als Erste wissenschaftlich belegen, dass eine Mensch-zu-Mensch-Übertragung des Coronavirus in Krankenhäusern und Familien möglich ist.«

JASPER FUK-WOO CHAN, Forscher in einer Shenzhener Klinik am 24. Januar 2020

Als das unbekannte Virus um die Jahreswende 2020 auftaucht, machen sie es umgehend zur Chefsache. Während ihre Kollegen in Wuhan noch versuchen, die Fälle zu vertuschen, und Peking unschlüssig ist, wie man darauf reagieren soll, ziehen sie schon administrativ und technologisch alle Register, um das Virus zu bekämpfen – sowohl bei der schnellen Suche nach Infizierten als auch bei der Entschlüsselung des Virus und der Entwicklung von Tests.

»Sie«, das sind die Männer und Frauen des Shenzhen Center for Disease Control and Prevention (CDC), einer Abteilung der Stadtregierung. Dort macht man sich keine Illusionen über das, was in Wuhan, der Hauptstadt der Provinz Hubei, passiert ist. Und auch nicht darüber, was in Shenzhen passieren wird. »Wir schätzen, dass über zwei Millionen Bewohner der Stadt innerchinesische Migranten aus der Provinz Hubei sind«, heißt es in einem Bericht der Parteiführung der Stadt. Schnell wird vor allem anhand der Flug-, Zug- und Busverbindungsdaten klar, dass über eine Million Menschen in den vier Wochen vor dem Lockdown in Wuhan zwischen Shenzhen und der Provinz Hubei hin- und hergereist sind. Die Fachleute des CDC befürchten deshalb viele Infizierte auch in Shenzhen. Immerhin, man ist vorbereitet: Bereits 2003 hat die Stadt nach der SARS-Krise ein Überwachungsnetz aufgebaut, das selbst in China seinesgleichen sucht. Der Kern ist ein KI-basiertes Big-Data-Datensuchsystem, das anhand von Symptomen möglichst früh herauszufinden versucht, ob jemand an einer Lungenentzündung erkrankt ist, deren Ursache man nicht kennt.

Chinesen kürzen ihre Programme gerne ab. Dieses Frühwarnsystem ist ein Teil der sogenannten Fünf Früh, wie die Politiker die Früherkennung nennen: früh finden, früh berichten, frühe Diagnostik, früh isolieren und früh behandeln. Ergänzt wird es durch die »Vier Zentral«. Dahinter verbirgt sich die Zentralisierung der Koordination durch Experten, das zentrale Bündeln von Ressourcen, die zentrale Unterbringung der Patienten und deren zentrale Behandlung. Also ungefähr das Gegenteil dessen, was im föderalen Deutschland wenige Monate später passieren und sich auch bis 2021 nicht ändern sollte.

Durch Innovationen wie das KI-basierte Big-Data-Datensuchsystem, das in der vergangenen Dekade entwickelt wurde, ist Shenzhen technisch bestens vorbereitet, als COVID-19 über China hereinbricht. Keine andere Metropole der Welt hat die Viruskrise so gut im Griff, keine schafft es schneller, die Pandemie hinter sich zu lassen. Das Gesundheitssystem von Shenzhen leistet dabei Erstaunliches, besonders wenn man bedenkt, dass Shenzhen viel ungünstigere Ausgangsbedingungen hat als das zum Beispiel ebenfalls sehr erfolgreiche Taiwan, das allerdings eine Insel ist und zehnmal dünner besiedelt als Shenzhen.

Mitte März 2021 zählt Shenzhen insgesamt 499 Coronafälle und drei Tote – seit Ausbruch der Pandemie. Zum Vergleich: Die Nachbarstadt Hongkong verzeichnet bei knapp einem Drittel der Einwohner rund 10 900 Fälle und rund 200 Tote. Taiwan kommt auf 984 Fälle und 10 Tote. Nordrhein-Westfalen, mit 17 Millionen Einwohnern etwas kleiner als Shenzhen, kommt sogar auf über 520 000 Fälle und über 12 600 Tote. New York verzeichnet bei »nur« 8,5 Millionen Einwohnern bis März 2021 rund 1,5 Millionen Fälle und knapp 50 000 Tote. In Shenzhen hingegen gibt es nie mehr als 35 Neuinfektionen am Tag – in New York steigen die Zahlen bis auf über 11 000 Fälle täglich. Das ist beides Weltrekord.

Die Zahlen aus Shenzhen, die auf den ersten Blick zu gut um wahr zu sein wirken, wurden inzwischen von den renommiertesten internationalen wissenschaftlichen Fachzeitschriften bestätigt. Und auch wirtschaftlich segelt Shenzhen vergleichsweise gut durch die Pandemie: Es gelingt der Stadt sogar, das Jahr 2020 noch mit einem wirtschaftlichen Wachstum von 3,1 Prozent abzuschließen. Deutlich besser als China mit 2,3 Prozent, vom Westen ganz zu schweigen.

Schnell, effizient und erfolgreich – auch in der Pandemie

Als ich 1994 das erste Mal in die Stadt kam, 14 Jahre nachdem der Reformer Deng Xiaoping die dortige Sonderwirtschaftszone eröffnet hatte, war Shenzhen bereits eine der bestgemanagten Städte Chinas. Die Verwaltung ist gut aufgestellt und arbeitet sehr effizient, obwohl – oder vielleicht, gerade weil – die Stadt noch relativ jung ist. Sie wird geführt von einem Team, das Technologie gegenüber sehr aufgeschlossen ist. Wie in allen chinesischen Städten ist es ein Tandem aus Parteisekretär, und Oberbürgermeister, wobei der Parteisekretär in der Regel mächtiger ist.

In Shenzhen haben diese Positionen gegenwärtig zwei Ingenieure inne. Ein Regional- und Stadtplanungsspezialist und ein Technologieexperte: Wang Weizhong, der 58-jährige Parteisekretär ist ein Hydraulikingenieur, der sein Studium an der Pekinger Eliteuniversität Tsinghua absolviert hat. Zuvor war er nationaler Vizeminister für Wissenschaft und Technologie in Peking. Chen Rugui, der gleichaltrige Oberbürgermeister, ist ein Geophysiker, der seit Ende der 1980er-Jahre in der Provinz Guangdong, in der Shenzhen liegt, politisch tätig ist. Er kennt die Region bestens und ist der erste in der Provinz geborene und aufgewachsene Oberbürgermeister Shenzhens in 27 Jahren.

Doch zunächst muss auch den Behörden in Shenzhen überhaupt klar werden, um was es sich genau bei diesen ominösen Lungenentzündungen in Wuhan handelt. Während dort Anfang Januar 2020 schon Chaos herrscht, kann man sich in Shenzhen noch auf die Ursachen der Epidemie konzentrieren. Hier entsteht denn auch erstmals Gewissheit darüber, was dieses Virus eigentlich ist und wie gefährlich es ist. Denn die ersten Laborproben der noch unbekannten Krankheit werden unter anderem nach Shenzhen geschickt. Dort sind sie die Schnellsten, wenn es darum geht, Viren zu entschlüsseln. Ein sehr junges Unternehmen aus dem Bereich der Genom-Entschlüsselung und eines der renommiertesten und größten der Welt haben hier ihren Sitz. Allerdings dauert es eine Weile, bis sie überhaupt etwas zum Testen haben.

Seit Mitte Dezember 2019 hegen die Ärzte in Wuhan den Verdacht, dass ein neuartiges und ansteckendes Virus in Umlauf sein könnte. Eine Mehrzahl der Patienten mit dieser ominösen Lungenerkrankung war zuvor auf dem Huanan-Fisch-und-Fleisch-Großmarkt in Wuhan gewesen. Dort werden unter anderem Fledermäuse, Schlangen und Panzertiere verkauft.

Doch wissenschaftliche Belege gibt es erst einmal nicht. Nicht für einen Zusammenhang, und auch nicht für ein neues Virus. Noch ist es eine Vermutung, gestützt auf die Erfahrung der Ärzte. Erst Wei Guixian wird die Wende bringen.

Am 10. Dezember 2019 fühlt sich die 65-jährige Shrimps-Verkäuferin, die auf dem Huanan-Markt arbeitet, erstmals unwohl. Sie glaubt, sie habe eine Grippe. Es ist ja auch die Jahreszeit, in der ein kalter Wind durch die Hallen fegt. Also geht sie zum Arzt, um sich Medikamente zu holen, und danach wieder zur Arbeit. Doch sie wird immer kränker. Am 16. Dezember wird sie mit einer Infektion an beiden Lungenflügeln ins Krankenhaus eingeliefert. Die normalen Antibiotika zeigen keine Wirkung. Weil ihr Gesundheitszustand sich immer weiter verschlechtert und die Ärzte nicht genau wissen, woran sie leidet, lässt Dr. Zhao Su, der Leiter der Abteilung für Beatmungsmedizin am Central Wuhan Hospital, am 24. Dezember 2019 Proben der Lungenflüssigkeit entnehmen.

Heute weiß man: Wei Guixian ist nicht Patientin 0. Was man immer noch nicht weiß: In welchem Land dieser Patient 0 gelebt hat. Denn Anfang Dezember 2020 sollten Wissenschaftler Antikörper gegen COVID-19 in über 39 Blutproben entdecken. Blutproben, die das Rote Kreuz in den USA Spendern ein Jahr zuvor, zwischen dem 13. und 19. Dezember 2019, abgenommen hatte. Nachweisbar waren die Antikörper in Blutspenden aus Kalifornien, Oregon und Washington State. Auch in weiteren Blutspenden aus vier anderen US-Staaten, die bis zum 17. Januar 2020 abgegeben wurden, konnten Antikörper nachgewiesen werden. Und in Europa sollten Wissenschaftler frühzeitig ebenfalls Spuren des Coronavirus entdecken. Im März 2019 beispielsweise in Abwasserproben aus Barcelona.

Was man aber zumindest weiß: Wei Guixian ist die erste Person, bei der in China die Alarmglocken angehen. Wie besorgt Dr. Zhao ist, lässt sich daran erkennen, dass er die Proben der Lungenflüssigkeit seiner Patientin zur Sicherheit an neun

Labore gleichzeitig schickt. Eine der Proben geht an Vision Medicals, ein neues Labor in Huangpu, nördlich von Shenzhen. Das Unternehmen ist gerade ein Jahr alt und hat erst im September 2019 in einer Finanzierungsrunde umgerechnet 14 Millionen US-Dollar von zwei chinesischen Venture-Capital-Firmen eingesammelt. Dennoch oder womöglich gerade deswegen sind die Laborärzte von Vision Medicals mit einem neuen Testverfahren als Erste in der Lage, Ergebnisse zu liefern. Am 27. Dezember, nur drei Tage nach der Entnahme der Probe.

Die Ergebnisse sind so brisant, dass Dr. Zhao telefonisch darüber informiert wird, um nur ja keine Zeit zu verlieren: »Sie sagten uns, es sei ein neues SARS-Virus«, erinnert sich der Arzt. Ein Virus, das weitgehend mit dem alten SARS-Virus übereinstimme. Aber eben nur zu 85 Prozent. Allen Beteiligten ist die Brisanz der Ergebnisse sofort klar. Sie werden direkt aus dem Labor an die Akademie der medizinischen Wissenschaften in Peking übermittelt und Anfang Januar 2020 in einer chinesischen medizinischen Fachzeitschrift veröffentlicht – auf Englisch.

Einen Tag vor dem Telefonat mit Dr. Zhao, am 26. Dezember 2019, hatte Dr. Zhang Jixian, die Leiterin der Beatmungsabteilung des Hubei-Xinhua-Krankenhauses, eine wachsende Zahl von Patienten mit Lungenentzündung an die lokalen Behörden sowie an die Provinzbehörden gemeldet. Alle waren auf dem Fisch-und-Fleisch-Großmarkt gewesen. Nun scheint klar, dass es bereits eine ganze Reihe von Patienten gibt, die möglicherweise an diesem neuen Virus leiden. Die Wissenschaftler von Vision Medicals reisen daher in den folgenden Tagen von Shenzhen nach Wuhan, um die Situation mit den Ärzten vor Ort zu diskutieren. Allen ist klar, was drohen könnte: eine neue SARS-Epidemie. Damals, 2003, hatte es rund 350 Tote in China gegeben. 300 in Hongkong, 30 in Singapur und immerhin 40 in Kanada. Schlimmeres können sich die Experten zu diesem

Zeitpunkt nicht vorstellen. Im Gegenteil, alle hoffen, dass es gar nicht erst so weit kommt. »Wir waren überzeugt, diesmal sind wir früh dran«, sagt Dr. Zhao.

Die Krankenhausmanager, aber auch das Disease Control Center versuchen herauszufinden, wie hoch die Zahl der Fälle mit diesen Symptomen tatsächlich ist. Die Ärzte nehmen umgehend Proben von zwei neuen Patienten, die sie nach Peking in das BioCapital Med Lab schicken. Einer der beiden Patienten ist besonders interessant, weil er keinen direkten Kontakt zum Fischmarkt hatte. Durch ihn steht plötzlich eine neue große Frage im Raum: Kann dieses Virus von Mensch zu Mensch übertragen werden oder nur von Tier zu Mensch?

Am 29. Dezember 2019, also zwei Tage nach Vision Medicals, bestätigt BGI das Ergebnis, dass es sich um ein neues SARS-Virus handelt. Nun bestehen keine Zweifel mehr: Die Laborärzte des jungen Unternehmens aus Shenzhen haben sich nicht getäuscht. Denn was BGI sagt, hat Gewicht. Die Welt horcht zum ersten Mal auf. Die Fachwelt zumindest.

BGI, ebenfalls in Shenzhen ansässig, ist eines der weltweit führenden Unternehmen im Bereich Genomsequenzierung. 6000 Mitarbeiter arbeiten für BGI, das Büros und Labore unter anderem in Kopenhagen und dem kalifornischen San José unterhält. Das Headquarter befindet sich in Shenzhen. BGI allein hat ein Prozent zur Entschlüsselung des menschlichen Genoms beigetragen. Das klingt nach wenig, ist aber viel. Im Bereich der genetischen Analyse von Krankheiten, vor allem bei Leukämie oder anderen Krebsarten, hat BGI bahnbrechende Erfolge erzielt. Die Fortschritte auf diesem Feld waren in den vergangenen Jahren enorm.

Als das menschliche Genom 2001 erstmalig sequenziert wurde, dauerte dies mehr als zehn Jahre, die Kosten lagen bei 3 Milliarden US-Dollar. 2011 sank der Zeitraum für die Sequenzierung eines menschlichen Genoms auf drei Tage (Kosten:

10 000 Euro). Heute dauert die Sequenzierung mit KI nicht mehr als einen Tag, auch die magische 1000-Dollar-Grenze ist längst gefallen. In Shenzhen werden private Gentests von der Regierung finanziert.

BGI kann auf eine lange Geschichte zurückblicken, die im Westen allerdings nur von Spezialisten wahrgenommen wurde. Gegründet wurde es 1999 in Peking, als Verbund von Institutionen, die sich mit dem Erbgut von Lebewesen beschäftigen. Im April 2003 konnte BGI als erstes Labor das SARS-Virus entschlüsseln – in nur zwanzig Stunden. In knapp hundert Stunden entwickelte das Unternehmen ein Testkit, mit dem man herausfinden kann, ob ein Patient SARS-positiv ist. Auch Deutschland hat das Labor schon geholfen, als es 2012 darum ging, ein Testkit für die EHEC-Epidemie zu entwickeln, an der vor allem in Norddeutschland fast 3000 Menschen erkrankten und 53 starben.

Jetzt, Ende Dezember 2019, informiert BGI pflichtbewusst umgehend die Gesundheitskommission der Stadt Wuhan über das Ergebnis der Labortests. Der Gründer des Unternehmens, Wang Jian, kümmert sich selbst darum. Der Genspezialist, der Ende der 1980er-, Anfang der 1990er-Jahre für sechs Jahre in Texas, Iowa und Washington geforscht hat, gilt als der erfolgreichste Mediziner Chinas. Die amerikanische Zeitschrift *Forbes* schätzt sein Nettovermögen auf zwei Milliarden US-Dollar. Wang hat neben der Genetik noch eine zweite Leidenschaft. Er liebt Herausforderungen. Der Abenteurer und Sportler hat unter anderem den Mount Everest bestiegen.

Anfang Januar 2020 reist er persönlich nach Wuhan und baut mit seinen Mitarbeitern in nur fünf Tagen ein 2000 Quadratmeter großes Notfalllabor auf. Er weiß, dass die Stadtverwaltung in Shenzhen auch ohne ihn klarkommen wird. Denn bereits am 30. Dezember haben die Behörden dort eine Online-Umfrage durchgeführt, um herauszufinden, wie die Stimmung in der Bevölkerung ist. Alles im grünen Bereich, außerdem ist man ja wirklich bestens vorbereitet.

Ein toter Whistleblower und eine Maulkorbverordnung

Ebenfalls am 30. Dezember entscheidet sich Ai Fen, die Leiterin der Notaufnahme des Central Hospital in Wuhan, etwas zu tun, was später die Welt bewegen würde. Am 18. Dezember hatte sie in ihrem Krankenhaus den ersten Patienten mit dieser ungewöhnlichen Lungeninfektion gesehen: ein Lieferant des Huanan-Großmarktes. Auch sie war hellhörig geworden, als am 27. Dezember jener zweite Patient eingeliefert worden war, mit ähnlichen Symptomen, aber ohne Kontakt zum Großmarkt. Und als sie am 30. Dezember die Testergebnisse dieses zweiten Patienten liest – »SARS coronavirus, pseudomonas, 46 types of oral/respiratory colonisation bacteria« –, schlägt auch sie sofort Alarm. Zunächst schaltet sie die Krankenhausbehörden ein. »Ich habe mir sogar den Direktor unserer Beatmungsabteilung geschnappt, der gerade an meinem Büro vorbeiging, und habe ihm gesagt, dass es nun bestätigt ist, dass einer seiner Patienten mit einem SARS-artigen Virus infiziert ist.« Sie kreist das Wort SARS mit einem Stift ein, macht ein Foto davon und schickt es per WeChat, dem chinesischen WhatsApp, an einen Kollegen in einem anderen Krankenhaus in Wuhan.

Dieses Bild erreicht auch einen jungen 34-jährigen Augenarzt namens Li Wenliang, der das Bild wiederum an Studienkollegen weiterschickt. Li sollte in den folgenden Wochen auf tragische Weise als eine Art Whistleblower weltberühmt werden, obwohl er fachlich mit dem Thema gar nichts zu tun hat, sondern nur zufällig von den Ergebnissen erfährt und sie auch eher beiläufig an Kollegen weiterschickt.

Die Nachricht mit dem Bild der Werte aus Shenzhen verbreitet sich über WeChat so rasend schnell wie das Virus selbst und ist auch nicht mehr zurückzuholen. Der chinesische Überwachungsstaat versucht dennoch mit aller Macht gegenzuhalten. Die Staatssicherheit in Wuhan verhört Li und verwarnt ihn schriftlich. Er muss unterschreiben, nichts mehr zu sagen. Die

Wuhan-Gesundheitskommission gibt eine Direktive heraus, die es medizinischem Personal verbietet, irgendwelche Informationen über das Virus zu verbreiten. Die staatliche Nachrichtenagentur Xinhua zitiert die Wuhaner Behörden mit dem Satz: »Die Polizei fordert alle Internetnutzer auf, keine Gerüchte zu erfinden, keine zu verbreiten und an keine zu glauben.« Gleichzeitig werden Suchbegriffe wie »neue Lungenkrankheit« aus den sozialen Medien gelöscht. Der Huanan-Großmarkt wird am 1. Januar 2020 geschlossen, die Tiere werden vernichtet und damit auch die Möglichkeit, sie zu testen und so an wertvolle Informationen zu gelangen. Nun zeigt sich, dass es ein großer politischer Fehler der Regierung war, den Handel mit Wildtieren nach der SARS-Epidemie 2003 nicht zu verbieten.

Am 3. Januar 2020 gibt auch die National Health Commission (NHC) eine Maulkorbverordnung heraus. Proben dürfen fortan nur noch in von der Kommission genehmigte Testlabors gebracht werden oder müssen zerstört werden. Welche diese Testlabors sind, wird nicht ausgeführt.

Die massive staatliche Zensur hält in Shenzhen jedoch niemanden davon ab, seine Arbeit zu machen. Peking ist weit weg. Bereits am 31. Januar 2020 werden die zuständigen Stellen in Alarmbereitschaft versetzt, die Krankenhäuser durchforsten ihre Datenbanken nach auffälligen Symptomen. Dass die Entscheidung, sich nicht an die Order aus Peking zu halten, richtig ist, zeigt sich einen Monat später, als das Oberste Volksgericht insgesamt acht Ärzte rehabilitiert: »Es wäre gut gewesen, die Menschen hätten die ›Gerüchte‹ damals geglaubt und angefangen Masken zu tragen, andere Hygienemaßnahmen zu ergreifen und den Wildtiermarkt zu meiden.«

Für Li kommt die Rehabilitierung zu spät. Auch aufgrund der Vertuschungsmaßnahmen hat er sich bereits mit dem Virus infiziert. Er stirbt am 7. Februar und hinterlässt eine schwangere Ehefrau. 17 Millionen Menschen haben per WeChat den Livestatus seiner Krankheit verfolgt. Im April wird er offiziell zu einem Märtyrer Chinas erklärt. Das ist die höchste Auszeichnung, die ein Chinese bekommen kann, der für China sein Leben lässt. Die Staatssicherheit in Wuhan wird später von der Antikorruptionsbehörde auf den Kopf gestellt werden. Doch all das ist Anfang Januar noch nicht abzusehen. Politisch ist es durchaus riskant, den Wuhan-Maulkorb, den Peking Forschern und Ärzten übergestülpt hat, einfach zu ignorieren. Anderseits muss die Stadtverwaltung von Shenzhen die Bevölkerung schützen. Gefahr in Verzug. Also halten sie zumindest öffentlich die Klappe – und forschen weiter.

Am 9. Januar veröffentlicht der zentrale Fernsehsender CCTV die »einstweilige Einschätzung«, dass es sich bei der Krankheit um ein neues Coronavirus handelt. Zur möglichen Mensch-zu-Mensch-Übertragung sagen sie nichts. Doch genau darum geht es bereits im Krankenhaus der Universität Hongkong in Shenzhen: Dort waren Mitglieder einer sechsköpfigen Familie eingeliefert worden. Fünf von ihnen sind zwischen dem 29. Dezember und dem 4. Januar nach Wuhan gereist. Sie waren zwar nicht auf dem Großmarkt, wohl aber in einem örtlichen Krankenhaus. Vier von ihnen haben sich offenbar dort angesteckt, ein weiteres Familienmitglied erkrankt nach der Rückkehr der Reisenden. Alle zeigen Symptome und begeben sich zur weiteren Behandlung ins Krankenhaus in Shenzhen.

Am 10. Januar startet dort ein Projekt, bei dem es darum geht, die Eigenheiten des Virus zu erforschen. Die Familie spielt dabei eine entscheidende Rolle. Bereits am 24. Januar können die Forscher wichtige Ergebnisse vorlegen, die wiederum umgehend in der britischen Medizinfachzeitschrift *The Lancet* veröffentlicht werden. Wenige Tage später, am 28. Januar, hat Deutschland seinen ersten Coronafall. Das Risiko für die Bevölkerung in Bayern wird vom Landesamt für Gesundheit und Lebensmittelsicherheit (LGL) und vom Robert Koch-Institut »derzeit als gering erachtet«.

Die wichtigsten Ergebnisse, die in *The Lancet* veröffentlicht werden, lauten jedoch: Das Virus wird von Mensch zu Mensch übertragen. Und schlimmer noch: Die Infizierten können das Virus weitergeben, obwohl sie selbst keine oder noch keine Symptome zeigen. Der virale Super-GAU. Asymptomatische Infektionen sind, so stellen die Wissenschaftler fest, bei SARS nicht bekannt. Das macht das neue Virus so gefährlich. Hinzu kommt, dass die Symptome nicht einheitlich sind, wie die Wissenschaftler an der mehrköpfigen Familie feststellen konnten.

Die Shenzhener Ärzte sind die Ersten, die die Dimension des Virus für die internationale Wissenschaft erschließen, mithilfe von Technik aus aller Welt. Um das Virus nachzuweisen, benutzen sie zum Beispiel eine Testtechnik der holländischen Firma Qiagen und des Schweizer Unternehmens La Roche. Für die Genomsequenzierung kommt Technik von der britischen Firma Oxford Nanopore Technologies zum Einsatz: »Unsere Studie hat gezeigt, dass Mensch-zu-Mensch-Übertragung in Familienwohnungen oder Krankenhäusern möglich ist und die Verbreitung des Virus zwischen Städten möglich ist und deshalb wachsame Kontrollmechanismen bereits in dieser frühen Phase der Epidemie garantiert sein müssen«, fassen die Wissenschaftler die Lage in ihrem Beitrag zusammen.

Niemand in der internationalen Fachwelt zweifelt an der Seriosität der Ergebnisse. Und spätestens jetzt, nach der Veröffentlichung in *The Lancet,* könnte auch die Welt Bescheid wissen – wenn sie denn Bescheid wissen wollte: Das Virus kann von Mensch zu Mensch übertragen werden und die Virusträger müssen selbst keine oder noch keine Symptome zeigen, um andere anzustecken. Das Virus ist also viel heimtückischer als das SARS-Virus. Eine Pandemie ist denkbar. Das ist die schlichte Botschaft, die aus Shenzhen in die Welt geht.

Lockdown in Wuhan, Testen in Shenzhen

Die Veröffentlichung erfolgt nur einen Tag, nachdem Chinas Präsident Xi Jinping eine der schwierigsten Entscheidungen seines politischen Lebens getroffen hat. Am Tag vor dem chinesischen Neujahrsfest, an dem Hunderte von Millionen von Menschen bereits auf gepackten Koffern sitzen oder schon unterwegs sind, muss er entscheiden, ob es notwendig ist, das Land in einen Shutdown zu versetzen. Während die staatliche Forschungslandschaft aufklärt, vertuscht die Staatssicherheit. Doch je mehr Zeit vergeht, desto erdrückender wird die Faktenlage. Wird sich die Forschungslandschaft gegen den Überwachungsstaat durchsetzen? Mehr Überwachung und mehr Forschung – beides sind politische Leitlinien, die von Xi ausgegeben worden waren. Nun sitzt er zwischen zwei Stühlen, die er selbst aufgestellt hat.

Xi entschließt sich zu einer radikalen Lösung. Er beschließt umfassende Überwachung im Sinne der Forschung und Wissenschaft. Am 23. Januar 2020 lässt er Wuhan und die Provinz Hubei komplett schließen und kurz darauf das ganze Land in strenge Quarantäne versetzen. Bis zu diesem Tag sind nach offizieller Zählung bereits 17 Menschen an dem neuen Virus gestorben und 517 erkrankt.

BGI, der Shenzhener Genomsequenzierungskonzern, ist da bereits wieder einen Schritt weiter. Ebenfalls am 23. Januar gibt das Unternehmen bekannt, nicht nur ein »real-time fluorescent RT-PCR«-Testkit für COVID-19 entwickelt zu haben, sondern es bereits zu produzieren. Die Kits werden umgehend an Krankenhäuser ausgeliefert. Die sind damit als Erste weltweit in der Lage, innerhalb weniger Stunden zu bestätigen, ob jemand an dem Virus erkrankt ist oder nicht. Im Westen ist man dennoch skeptisch: Es wird bis Mitte März dauern, bis der Test in Europa und den USA zugelassen wird. China wird da bereits 50 000 Tests mit den BGI-Kits erfolgreich durchgeführt haben.

Die Gesundheitsbehörden selbst sind ebenfalls nicht untätig. Bereits Mitte Januar werden rund fünfzig Fieberkliniken in Shenzhen eingerichtet, Busse sterilisiert, Masken müssen getragen werden, an öffentlichen Plätzen wird Fieber gemessen, in den Kliniken wird ein strenges Infektionskontrollmanagement installiert. All das geschieht nicht im Verborgenen. Die Welt hätte davon wissen können. Doch sie interessiert sich nicht dafür, was in Shenzhen passiert. Kaum jemand in Berlin, London oder Washington kann sich in diesen Tagen auch nur vorstellen, welche Brisanz dieses Virus auch im Westen entfalten würde.

Am 23. Januar, an dem Tag, an dem Wuhan geschlossen wird und BGI mit den Testkits an die Öffentlichkeit geht, erreicht die Krise in Shenzhen bereits ihren Höhepunkt – mit 35 neuen Fällen pro Tag. An diesem Tag wird auch verkündet, dass die Behandlung von Corona von der Krankenkasse bezahlt wird. Das ist sehr ungewöhnlich und ein starkes politisches Zeichen. Ein Monitoring-System wird online gestellt. Jeder Fall ist dort ein Punkt in einer interaktiven Karte. Sie vollzieht nach, wann sich die erkrankte Person wo aufgehalten hat.

Bei der Nachverfolgung und dem Screening setzt die Stadtverwaltung jedoch nicht nur auf Technologie, sondern auch auf Menschen in der Nachbarschaft. Diese Art, Informationen zu sammeln, bewegt sich irgendwo zwischen Nachbarschaftshilfe und Blockwartsystem. Es ist nie nur das eine oder das andere. Die Idee dahinter: Wenn Nachbarn kranke Menschen in ihrer Umgebung auffallen, sollen sie sich um diese kümmern, herausfinden, was sie haben, und ihre Krankheit melden. Teams aus den Kadern der Hausverwaltungen und Wohnviertel, unterstützt von lokalem medizinischem Personal und der örtlichen Polizei, besuchen vom 2. Februar 2020 an Haus um Haus.

Sukzessive kommen unter dem Stichwort »I-Shenzhen Information Center« immer mehr Kontrolltechniken hinzu. Wohngebäude, in denen jemand positiv auf das Virus getestet wurde, werden sofort isoliert. Inzwischen erkranken in Shenzhen nur noch weniger als fünf Menschen pro Tag an dem Virus. Die Ermittlung von Kontaktpersonen dauert 2,7 Tage. Bereits Ende Februar müssen die meisten Menschen in der Stadt nicht länger von zu Hause aus arbeiten. Nach wie vor gelten »die drei Tuns« und »die drei Nicht-Tuns«. Was man nicht tun soll: Freunde treffen, sich versammeln, essen gehen. Was man tun soll: Maske tragen, Hände waschen, Räume lüften. Diese Regeln standen von Anfang an fest. Über ihren Sinn und Unsinn wurde nie diskutiert. »Die Ende Januar eingeleiteten Maßnahmen, die das öffentliche Leben weniger einschränkten als später in Europa und Nordamerika, erwiesen sich als effektiv«, schreibt das deutsche *Ärzteblatt* am 29. April 2020. Kein Politiker hält es für nötig, sich vor Ort zu informieren.

Im Fokus der Politik

Im Laufe des Jahres 2020 rückt BGI endlich auch im Westen in den Fokus. Allerdings etwas anders, als das Unternehmen gehofft haben dürfte. Zwar verkauft BGI mehr als 40 Millionen PCR-Testkits in die USA und nach Europa. Doch gleichzeitig sorgt dieser Erfolg dafür, dass BGI die politische Aufmerksamkeit in Washington auf sich zieht.

Bereits im März warnt das US National Counterintelligence and Security Center (NCSC) amerikanische Labore davor, die BGI-Tests zu verwenden. Es könne sein, dass BGI damit genetischen Daten von Ausländern sammle. »Genetische Informationen sind von enormer Bedeutung und können von ausländischen Regimen für Sicherheits- und medizinische Zwecke benutzt werden«, so Bill Evanina, der Direktor der NCSC.

Im Oktober 2020 wird im Rahmen einer Konferenz der US-Regierung unter Vorsitz des ehemaligen Google-Chefs Eric Schmidt erneut vor Chinas biotechnologischen Programmen gewarnt und deren Bedeutung für die Armee. Das Panel schlägt vor, die amerikanische Regierung solle sich »aggressiver gegen BGI positionieren«.

BGI wiederum bestreitet ausdrücklich jede Spionage, verwahrt sich auch gegen Verbindungen zur Volksbefreiungsarmee, »besonders im Zusammenhang mit unseren COVID-19 Testkits«. Auf die Idee, von BGI zu lernen, kommt Washington nicht und sollte dafür noch bitter bezahlen.

Ein Team von Reuters recherchiert aufwendig, kann aber Anfang 2021 die Vorwürfe der Trump-Regierung weder bestätigen noch ausräumen. Bei ihren Recherchen stellen die Journalisten jedoch fest, dass BGI tatsächlich eng mit dem chinesischen Militär zusammenarbeitet. Ein Projekt beispielsweise ist zusammen mit Supercomputerspezialisten der Volksbefreiungsarmee entstanden. Bei einem anderen Projekt mit einem Forschungszentrum der Armee in Xinjiang geht es um die Erforschung von Höhenkrankheit auf die Einsatzfähigkeit von Soldaten. Die Zusammenarbeit beschränke sich »auf den Bereich der Forschung«, sagt das Unternehmen. Das Pekinger Außenministerium betont zudem, das sei international durchaus üblich: »Die USA haben seit hundert Jahren militärisch-zivile Kooperationsprojekte.«

Frankensteins Monster

Dass die Stimmung in Sachen Genforschung, Biotechnologie und China so aufgeladen ist, ist allerdings nicht ganz unbegründet und hat mit dem schwarzen Schaf der Branche zu tun. Sein Name ist He Jiankui. Der Arzt forschte und lehrte an der Southern University of Science and Technology in Shenzhen und nahm mutmaßlich auf eigene Initiative hin gentechnische Eingriffe in der Keimbahn eines menschlichen Embryos vor. Diese Eingriffe wurden international, aber auch in China als unethisch abgelehnt. Dennoch verkündete He im November 2018 in einem YouTube-Video die Geburt der

Zwillingsmädchen Lulu und Nana. Beide Namen sind Pseudonyme. Der Mittdreißiger erklärte zudem, dass eine weitere Frau mit einem genetisch veränderten Kind schwanger sei. Auch dieses Kind wurde mittlerweile zur Welt gebracht. He gab an, das Erbgut der Kinder mithilfe des Crispr/Cas9-Gentechnikverfahrens – auch »Genschere« genannt – so manipuliert zu haben, dass sie vor einer Ansteckung mit HIV geschützt seien. Auch dieser Fall löste weltweit Empörung aus.

Die Zentralregierung Peking brauchte nicht lange, um klarzustellen, was sie von den Experimenten des Wissenschaftlers He Jiankui hält. Seine Versuche seien »äußerst abscheulicher Natur« und verletzten chinesische Gesetze und die wissenschaftliche Ethik, sagte der stellvertretende Wissenschaftsminister Xu Nanping. Auch die Nationale Gesundheitsbehörde und die Chinesische Gesellschaft für Wissenschaft und Technologie (CAST) distanzierten sich von He. Chinas Führung wünscht sich zwar ausdrücklich wissenschaftlichen Fortschritt und strebt in der Gentechnik, wie auch in vielen anderen Disziplinen, eine weltweite Spitzenposition an. Doch »Frankenstein-Experimente« wie das von He seien dezidiert nicht erwünscht.

Chinas Genforschung hat durch He einen schweren Imageschaden erlitten. Was jedoch bei all der internationalen Empörung über He nicht vergessen werden darf: Viele chinesische Wissenschaftler leisten in der Crispr-Forschung in Shenzhen exzellente und auch in den USA und Europa anerkannte Arbeit. Die Genschere kann nicht nur wie von He in einem Embryo genutzt werden. Viel sinnvoller ist der Einsatz in Gentherapien, mit denen etwa Krebs von bereits lebenden Patienten geheilt werden soll. Ein Eingriff in die DNA, die dann vererbt wird, findet nicht statt.

Ein Jahr nach dem Vorfall wurde He in Shenzhen zu drei Jahren Haft sowie einer Geldstrafe in Höhe von 3 Millionen Yuan, etwa 383 000 Euro, verurteilt.

»Good Doctor« und Traditionelle Chinesische Medizin

Nach Corona wird noch deutlicher, wie wichtig Früherkennung von Krankheiten ist. Und damit beschleunigt sich ein ambitioniertes Projekt, das eine Versicherung schon Jahre vorher begonnen hat. Es ist Ping An, mit rund 215 Millionen Kunden und einer Marktkapitalisierung von 230 Milliarden US-Dollar nach der Versicherungssparte der US-Holding Berkshire Hathaway (550 Milliarden) der zweitgrößte Versicherungskonzern der Welt. Die Münchner Allianz AG liegt mit rund hundert Milliarden US-Dollar auf Platz fünf. Unter diesen Versicherungen gilt Ping An als die fortschrittlichste, vor allem im Gesundheitsbereich.

Kern ihres innovativen Geschäftsmodells ist die App »Ping An Good Doctor« mit 290 Millionen Mitgliedern. Über dieses Tool kommuniziert das Unternehmen mit seinen Kunden. Die können so unkompliziert Kontakt zu tausend Ping-An-Ärzten aufnehmen, die eine erste Ferndiagnose machen und ihre Patienten bei Bedarf an Spezialisten weiterleiten. Die App kümmert sich auch darum, dass man einen Termin im Krankenhaus bekommt. Und auch Medikamente können online geordert werden. Die Vision von Ping An: Jede Familie, die bei Ping An versichert ist, soll einen Online-Familiendoktor haben, der die Familie kennt und sich um sie kümmert. So will Ping An einen großen Nachteil der App kompensieren: die Anonymität. Dieser Arzt soll zudem kostenlos sein. Denn die Versicherung glaubt, mit dieser App und ihren Doktoren Krankheiten früher erkennen und damit Behandlungskosten senken zu können. Zudem sollen die Ärzte ihre Patienten frühzeitig zu einem gesunden Lebensstil animieren. Seit Corona hat auch der letzte chinesische Politiker verstanden, wie wichtig das ist. Auch ein Thema, mit dem man sich in Europa kaum beschäftigt.

Wang Tao, Vorstandsvorsitzender und CEO von »Ping An Good Doctor« ist überzeugt, dass die App allumfassende und qualitativ hochwertige Medizin- und Gesundheitsdienste zur Verfügung stellt. Wichtig ist ihm, dass die App so einfach wie möglich zu bedienen ist und dennoch die Privatsphäre der Menschen schützt. Wang möchte nichts weniger als ein »neues Zeitalter für ein Hausarztmodell« einläuten. Durch die Coronakrise hat die App noch einmal einen großen Schub bekommen. Die in Hongkong gelistete Aktie von »Ping An Good Doctor« stieg in den drei Monaten bis April 2020 um 40 Prozent. Während der Epidemie hat sich Zahl der Klicks auf 1,11 Milliarden rund verzehnfacht.

Doch beim Thema Gesundheit geht es in Shenzhen nicht nur um Hightech, sondern auch um Tradition. Bereits 2019 wurde dort das erste Krankenhaus in China eröffnet, das nur nach Traditioneller Chinesischer Medizin (TCM) behandelt. Das kleine staatliche Haus mit 200 Betten will das verstreute Wissen über TMC bündeln und der Welt zur Verfügung stellen. »Wir wollen herausfinden, ob ein TCM-Krankenhaus ohne westliche Medizin auskommen kann«, sagt ein Vertreter der zuständigen Behörde. »Wenn das funktioniert, werden wir das auch in anderen Provinzen ausprobieren.«

Das Projekt ist durchaus umstritten und wird so auch in den Medien diskutiert. Xiao Xiangru etwa, ein prominenter TCM-Arzt, der auf Nierenkrankheiten spezialisiert ist, hat einen Artikel veröffentlicht mit dem Tenor: »Reine TCM, das ist eine unrealistische Fantasie.« Denn jede Behandlungsmethode habe Vor- und Nachteile. Deshalb sollten beide im Sinne des Patienten Hand in Hand agieren. Tao Lina wiederum, ein Experte am Center for Disease Control and Prevention in Shanghai, ist überzeugt, dass TCM und westliche Medizin nie zusammenfinden werden.

Zumindest bei den Geldgebern kommt das Projekt gut an. In nur drei Tagen haben private Investoren umgerechnet 25 Millionen US-Dollar für die TCM Development Foundation gegeben. In ihrer Entscheidung bestärkt wurden sie möglicherweise durch positive Effekte, die TCM bei der Behandlung von einigen Coronapatienten zeigte. Selbst Chinas führender Virologe Zhong Nanshan betont diese Wirkung im frühen und mittleren Stadium der Erkrankung, vor allem, wenn es darum geht, einen Zytokinsturm zu verhindern, der wiederum eine Immunreaktion blockiert.

Für das kleine TCM-Klinikum in Shenzhen ist es 2020 allerdings gar nicht so leicht, an Patienten zu kommen. Zum einen gibt es unzählige konventionelle Krankenhäuser in der Stadt, zum anderen nur wenig Coronafälle. Und alle wollen forschen. Während Deutschland Ende des Jahres 2020 unter hohen täglichen Neuinfektionszahlen leidet, wird in Shenzhen ein seltener einzelner neuer Fall groß in den staatlichen Medien gemeldet, selbst wenn er nur importiert ist. Am 1. Dezember zum Beispiel ist es ein Hongkonger Lastwagenfahrer. Stunden später kommen die 51 Personen, mit denen er Kontakt hatte, in Quarantäne. Später stellt sich heraus, keiner hat sich bei ihm angesteckt, so schnell haben die Behörden reagiert.

Kann man den Zahlen aus Shenzhen glauben? Es ist durchaus möglich, dass die Ärzte den ein oder anderen Todesfall nicht unter Corona erfasst haben, weil der Patient bereits unter schlimmen Krankheiten litt. Dass jedoch massenhaft Fälle unterschlagen wurden, ist sehr unwahrscheinlich, weil dies trotz Zensur in den sozialen Medien aufgefallen wäre. Empörung hätte sich Luft gemacht. Außerdem wäre es hochriskant gewesen, weil so die Möglichkeit bestanden hätte, dass das Virus sich unerkannt weiterverbreitet. Dieses politische Risiko will in Shenzhen und anderswo niemand eingehen. Inzwischen gilt es als politischer Selbstmord, Fälle zu verschweigen.

Zudem gibt es inzwischen einige wissenschaftliche Untersuchungen zu den Fallzahlen, die in renommierten internationalen Fachzeitschriften veröffentlicht wurden. Zum Beispiel in der britischen *QJM: An International Journal of Medicine* der Oxford University Press, wo die Autoren zu dem Ergebnis kommen, dass es seit dem 20. Februar 2020 keine lokalen Ansteckungen mehr in Shenzhen gegeben hat und sich unter dem medizinischen Personal insgesamt nur drei Menschen angesteckt haben. Eine andere Studie mit ähnlichem Inhalt erschien im Journal *BioMed Central* des deutsch-britischen Springer Nature Verlags, der zu 53 Prozent der Stuttgarter Verlagsgruppe Georg von Holtzbrinck gehört.

Einen weiteren Fingerzeig können die Zahlen aus anderen asiatischen Ländern und Regionen geben, die demokratischer verfasst sind und in denen Pressefreiheit herrscht. Ähnlich erfolgreich bei der Bewältigung der Krise waren zunächst vor allem Südkorea, Japan und Taiwan, auch wenn es zu Beginn des Jahres 2021 eine kleine neue Welle gibt.

Die Gründe dafür, dass über verschiedene politische Systeme hinweg Länder in Nordostasien die Pandemie so gut gemeistert haben, liegen eigentlich auf der Hand. Die Bevölkerung dort hat ein anderes Verständnis von Individuum und Gemeinschaft. Der Staat kann in diesen Ländern leichter und härter durchgreifen, weil die Menschen ein positiveres Verhältnis zum Staat als ordnende Kraft haben. Und weil sie eher bereit sind, zeitweilig ihre individuellen Interessen hinter die der Gemeinschaft zurückzustellen, um dann wiederum als Einzelne davon zu profitieren.

In China wurde kurz und heftig eingegriffen. In Shenzhen besonders kurz. In Deutschland ziehen sich die Eingriffe deutlich länger hin und die Folgen für Schüler, Restaurantbesitzer, Ladeninhaber, Hoteliers, Sportvereine oder Messeveranstalter sind viel tiefgreifender. Und wie es um das Vertrauen der Menschen in Deutschland in die Maßnahmen der Politik bestellt ist, darüber wird auch die Bundestagswahl Auskunft geben.

In Shenzhen jedenfalls hat die Coronakrise das Vertrauen der Bevölkerung in die Fähigkeiten ihrer Stadtregierung eher noch gesteigert. Das sieht man an den Immobilienpreisen. Immobilien sind die wichtigste Altersvorsorge in China. Wenn die Menschen Angst hätten, dass China in eine tiefe Krise gerät, würden sie ihre Immobilien noch schnell auf den Markt werfen, um zu retten, was zu retten ist. Solche Panikverkäufe kann der Staat nur sehr schwer verhindern, wenn das Vertrauen erst einmal weg ist. Doch davon keine Spur. Nach einem Dämpfer im Frühjahr 2020 lagen die Immobilienpreise bereits im Juni um 5,3 Prozent über dem Vorjahresniveau. Inzwischen sind die Preise so nach oben gegangen, in Shenzhen um sogar um 25 Prozent, dass Analysten bereits eine Blase fürchten.

Und die Moral?

Wenn man sieht, wie sich die Menschen und der Staat in Shenzhen gegen das Virus gewehrt haben, stellt sich eine große moralische Frage, die wir schon länger in Deutschland diskutieren, noch drängender: Wie viel Überwachung, wie viel Einschränkung der persönlichen Freiheiten darf es geben, um zu verhindern, dass wie viel Menschen arbeitslos werden, ihre Existenz verlieren und sogar sterben?

Das ist eine Frage, die sehr schwer zu beantworten ist. Eine Frage allerdings, die in Asien offensichtlich anders beantwortet wird als im Westen und unabhängig von den jeweiligen politischen Systemen scheint. In der EU beispielsweise gibt es einen gesellschaftlichen Konsens darüber, dass die 22 800 Verkehrstoten in den 27 Mitgliedsländern ein angemessener Preis dafür sind, dass wir Auto fahren. In Deutschland gibt es einen politischen Konsens darüber, dass die Atomkraft zu gefährlich ist. In Japan ist man trotz Fukushima zu einem anderen Ergebnis gekommen. Übrigens nicht nur in Japan, sondern auch in einigen unserer Nachbarstaaten, wie Frankreich im Westen und Polen oder Tschechien im Osten. Klar ist, dass es Themen gibt, die längst nicht mehr nur national verhandelt werden können, sondern über die wir uns international verständigen müssen. Und gerade wenn es um die Spielregeln einer neuen Weltordnung geht, kommen wir an den neuen, aufsteigenden Gesellschaften in Asien nicht länger vorbei. Das zeigen drängende Probleme wie der Klimawandel, Fragen zur Digitalisierung und anderen Zukunftstechnologien, aber auch die Bekämpfung von Pandemien wie der aktuellen. Gerade Letztere hat gezeigt, wie einige technische Innovationen – nicht nur, aber besonders aus Shenzhen – das Zeug haben, die Welt zu verändern. In China entstehen neue Roboter, Drohnen und Technologien, die auf Spracherkennung und Künstlicher Intelligenz basieren. Schon jetzt kann man für Shenzhen sagen: Das Virus hat der Innovationskraft der Stadt genutzt, auch in Bereichen, auf die man auf den ersten Blick gar nicht kommen würde. Dazu mehr im folgenden Kapitel.

KAPITEL 8
ESSEN

Von Menschen, die genießen und nachhaltig handeln

»Woran die USA und andere Länder erst seit kurzer Zeit arbeiten, das haben wir hier schon seit vielen hundert Jahren.«

ZHOU QIYU, Marketingchef von Whole Perfect Food, über pflanzliches Fleisch

Irgendwann an diesem 19. Juni 2019 müssen sie dann doch die roten Sperrbänder aufstellen. Zu lang war die Warteschlange draußen geworden, trotz der subtropischen Sommerhitze. Die Menschen warten auf einen Burger. Auf einen teuren noch dazu: 88 Yuan, umgerechnet gut 11 Euro, kostet er. Die Schlange wird dennoch immer länger, obwohl ein traditioneller Burger in Shenzhen auch schon für 50 Yuan und weniger zu haben ist. Die überwiegend jungen Kunden sind neugierig. Sie wollen den ersten fleischfreien Burger eines chinesischen Unternehmens probieren. Tofu statt Tier. Das ist nun auch in China cool. Besonders in Shenzhen.

Chinesen lieben Burger. Ob das auch für den vegetarischen

gilt, wird sich zeigen. Optisch jedenfalls ist nichts an ihm auszusetzen. Der Burger sieht saftig aus, drum herum alles, was ein Burger sonst noch so braucht, obendrauf steckt ein Zahnstocher mit einem weiß-grünen Fähnchen und der Aufschrift: »Planet Green«. So lautet der Name des bekanntesten vegetarischen Restaurants von Shenzhen.

Es befindet sich in der Coastal City Shopping Mall im Distrikt Nanshan – nur drei Kilometer nördlich der Shekou-Brücke, die hinüber nach Hongkong führt. In der fünfstöckigen Mall, entworfen von Architekten aus Seattle, ist das Restaurant allerdings nicht einfach zu finden. Also hat sich die Besitzerin zusammen mit Whole Perfect Food, einem Shenzhener Hersteller von fleischlosen Burger-Pattys, etwas Besonderes einfallen lassen. Unten auf der Straße haben sie einen Pop-up-Store eröffnet, um den neuen Burger bekannt zu machen. Schnell hat sich die Nachricht über WeChat in der Stadt verbreitet. Viele wollen den Burger testen. Sicher nicht alle aus Überzeugung, sondern vielleicht nur, weil es mal was anderes ist. Über 10 000 Stück wurden in einer Woche im Store von Planet Green schon verkauft.

Das Design des Stores, der den nicht sehr appetitanregenden Namen »Artificial Food Lab« trägt, ist erstaunlich: Der Laden besticht durch den puristischen Stil des Brutalismus, jenem Baustil der Moderne, der auf »béton brut« setzt, wie roher Beton als Werkstoff im Französischen genannt wird. Rau und ehrlich soll die Fassade sein, so wie der Burger, sagen die Designer. Oder einfach nur so ungewöhnlich, dass jeder darüber spricht und ein Foto macht. Jedenfalls ist der Stil jetzt auch in Shenzhen in, nachdem er von den 1950er-Jahren an von Europa in alle Welt getragen wurde.

»HOST BY PLANET GREEN« steht in schwarzen Lettern auf der Betonfassade, wobei das E in »Planet« spiegelverkehrt ist und die Buchstaben P und L wie aus der Zeile gerutscht wirken. Das sieht ein wenig linkisch aus, fällt aber schon von Weitem auf. In der Fassade befinden sich vier runde Löcher, darunter ein rechteckiges mit abgerundeten Ecken. Dort endet die Warteschlange. Dort bekommt man das Essen, von Verkäufern in schwarzen Shirts und schwarzen Baseballmützen. Die Shirts erinnern an Kochjacken, mit zwei Knöpfen an der rechten Schulter und einem halbseitigen Stehkragen links.

Eine Gruppe junger Frauen posiert für ein Foto: die linke Hand zum V-Zeichen geformt, in der rechten den Burger. Kurze Röcke, T-Shirts, Hotpants. Bequeme flache Schuhe. Strahlende Gesichter. Der Burger schmeckt »total echt – yummy, yummy«, schmatzt eine in ihr Smartphone, während ihre Freundin mit dem Handy einen kleinen Film von der Gruppe dreht. Ihr Mund sieht aus, wie ein Mund eben aussieht, wenn man einen Burger isst und gerade keine Serviette zur Hand hat. Später wird der Clip wohl auf TikTok zu sehen sein, das in China »Douyin« heißt. Denn genauso wichtig wie das gute Essen ist in China das Foto beziehungsweise das Video davon. Ein Essen, das nicht bei WeChat & Co. auftaucht, hat nicht geschmeckt. Und für den Burger ist es das beste Marketing, wenn er im Schneeballsystem der sozialen Medien gepostet wird. Vieles wird in China heute so bekannt. »Guerilla Marketing«, noch bevor die klassische Marketing-Strategie greift.

Anhand der Klicks zeichnet sich seit Langem ab, dass Shenzhen auch beim fleischlosen Fleisch der Trendsetter ist. Das älteste Unternehmen in diesem Bereich ist Whole Perfect Food Co., Ltd., Hersteller ebenjener Burger und inzwischen einer der Marktführer in China. Die Firma wurde bereits 1993 gegründet und im Land zunächst unter dem Namen »Qishan Foods« bekannt.

2019 wurde das bisher jüngste Unternehmen Shenzhens in diesem Bereich gegründet: Starfield Food & Science Technology Limited. Es ist das Start-up in dieser Branche in China, das bisher am meisten Venture-Capital eingesammelt hat. Über 10 Millionen US-Dollar. Das ist noch nicht viel im Vergleich zu dem, was in den USA in »new food« investiert wird. Doch wie in anderen Branchen auch dürfte sich das schnell ändern.

Amerikanische Firmen sind schon sehr weit, was die Entwicklung von pflanzlichem Fleisch betrifft, in mancher Hinsicht deutlich weiter als die Chinesen. Dennoch wird man womöglich eines Tages sogar sagen, dass hier in Shenzhen, hier an dieser Burgerbude etwas angefangen hat, das die Welt nachhaltig verändern sollte: der Schritt eines Produkts heraus aus der Ökonische hin zur Massenbewegung. Denn, darüber sind sich die meisten internationalen Fachleute einig, nicht die USA, sondern China wird entscheidend dafür sein, wie schnell es der Welt gelingen wird, den Klimawandel zu bremsen. »Der Planet verlangt danach, dass China seinen Hunger auf Fleisch zähmt«, schrieb denn auch der britische *Economist* im Oktober 2019. Und das amerikanische *Time*-Magazin titelt Anfang 2021: »Wie China die Welt verändern könnte, ohne Fleisch auf der Speisekarte.«

Schon 2018 hatte der chinesische Pflanzenfleischmarkt ein Volumen von 910 Millionen US-Dollar und ist damit knapp ein Drittel größer als der amerikanische mit 684 Millionen US-Dollar. In China rechnet man zudem mit einem Wachstum von 20 bis 25 Prozent pro Jahr. Das kommt nicht von ungefähr, der Handlungsdruck ist groß: Rund die Hälfte der Steigerungsraten des globalen Fleischkonsums geht auf das Konto der Chinesen. Fleisch ist ein Statussymbol der aufstrebenden Mittelschicht. 2020 konsumierten die Chinesen fast die Hälfte der Schweine, die weltweit großgezogen wurden. Und ein Drittel des Fleisches anderer Tiere. Obwohl sie erst das durchschnittliche Pro-Kopf-Einkommen eines Landes wie Bulgarien erreicht haben. Und obwohl sie unter den Top 10 der Fleischkonsumenten der Welt noch auf einem hinteren Platz liegen. Hinter den USA, Israel und Argentinien etwa. Würden die Chinesen pro Kopf so viel Fleisch konsumieren wie die Amerikaner, wäre das eine Katastrophe für das Klima. Denn der CO_2-Fußabdruck von Hühnchenprotein ist etwa sechs Mal höher als der von Sojaprotein, der von Rindfleischprotein sogar 73 Mal höher. Schon jetzt macht die Fleischproduktion etwa 20 Prozent des CO_2-Ausstoßes in China aus.

Anderseits kann den Chinesen den Fleischgenuss niemand verwehren. Mit welcher Begründung sollten die Amerikaner mehr Fleisch essen dürfen als die Chinesen? Als Chinese könnte man da ja argumentieren: Sollen doch die Amerikaner jetzt mal zwanzig Jahre aussetzen, damit wir die Chance haben, nachzuholen.

Indien ist mit 40 Prozent traditionell Spitzenreiter beim Anteil der Vegetarier in der Bevölkerung. Aber das ist ein traditioneller, gering industrialisierter Markt. In vielen Weltregionen nimmt die Bewegung inzwischen Fahrt auf, doch ohne China wird eine globale Trendwende nicht gelingen. Hier kommt alles zusammen: der unglaubliche Druck, etwas tun zu müssen angesichts des immens wachsenden Fleischkonsums. Ein Staat, der die Macht hat, die Dinge in die richtige Richtung zu lenken. Und ein riesiger Markt mit schon heute in absoluten Zahlen vier Mal so viel Vegetariern wie in den USA, obwohl deren Anteil an der Bevölkerung in beiden Ländern rund 4 Prozent beträgt.

Doch auch Peking kann den Konsum von fleischlosem Fleisch nicht einfach befehlen. Das macht selbst in China die Bevölkerung nicht mit. Die beste Lösung: Es muss erstrebenswert werden, kein Fleisch zu essen, es muss Teil eines coolen Lifestyles werden – zumindest für die städtischen Millennials. Deswegen ist Shenzhen als Testmarkt so wichtig. Hier ist die Offenheit am größten, weil die Menschen jung, urban geprägt und offen sind. Und hier zeigt sich, dass Chinas pflanzliche Fleischbewegung sogar das Zeug hat, zu einer globalen buddhistischen Popkultur zu werden, bei der sich Modernität und Tradition auf einmalige Art verbinden. Die buddhistische chinesische Küche ist schon seit Jahrhunderten vegetarisch, gleichzeitig sind die

Chinesen Neuem aufgeschlossen wie keine andere der großen Nationen. Bisher war die fleischlose Küche stets die einer religiösen Minderheit. Doch die Chancen stehen gut, dass sich das ändert. Denn wie keine andere Generation vor ihr denken jungen Chinesen darüber nach, was sie essen und was das für das Klima bedeutet. Und die chinesischen Millennials sind viele. 400 Millionen Menschen.

Buddhistisches Tech-Food

Wie Tradition und Moderne zusammenkommen, kann man sich in Shenzhen am besten bei Whole Perfect Food anschauen.

Ich bin zwei Mal daran vorbeigefahren und noch einmal daran vorbeigegangen, bis ich in der Shajing-Straße die Zentrale entdeckte. Ich habe sie übersehen, weil ich etwas anderes erwartet hatte. Sie besteht nämlich nur aus einer kleinen Hinterhoffabrik. Davor, zur Straße hin, eine Art Tante-Emma-Laden, gut 40 Quadratmeter groß, ein flacher Ziegelbau, kaum größer als eine Garage. Zwei normale Fenster zur Straßenfront hin, dazwischen ein gewöhnliches Plakat mit zwei Burger-Pattys und der Aufschrift »Pflanzenbasiertes Steak«. Über den Fenstern ist der Laden mit grünen Plastiklatten verziert. Darauf eine Art gelb-blaues Yin-und-Yang-Symbol, das von einem grünen Blatt durchbrochen wird. Das Logo der Firma.

Der Laden passt in die Gegend. Hier, kaum 25 Autominuten nördlich des hypermodernen Shenzhener Flughafens, sieht Shenzhen noch aus wie früher überall. Den Stadtteil prägen kleine drei- bis vierstöckige Fabriken hinter rostigen Eisenzäunen, an deren Außenwänden dampfende Rohre verlaufen, umrankt von einem Gewirr von Stromkabeln. Im Wechsel dazwischen mehrstöckige Wohnheime, in denen die Wäsche an den vergitterten Fenstern hängt. Gebläse und Turbinen lärmen, es riecht nach Öl und kaltem Essen.

Im Laden beziehungsweise der Zentrale von Whole Perfect

Food überall Regale mit fleischlosen Fleischprodukten. Die meisten in Verpackungen mit traditionellen Bildern, etwa von Hotdogs. »Pflanzliches Würstchen im München-Geschmack«, steht auf einem senfgelben Karton. »140 Gramm.« Aber auch Satay-Nieren, Kyoto-Rippchen, vegetarische Affenkopfpilze und Hummerbällchen werden hier verkauft. Alles ohne Fleisch.

So sieht es also aus, in einem der chinesischen Zentren des pflanzlichen Fleisches. Für manche ist das hier sogar das chinesische Mekka des pflanzlichen Fleisches. Denn die Familie Yu, die Besitzer des Unternehmens, verfügt über die größte Sammlung chinesischer traditioneller Rezepte für fleischloses Fleisch beziehungsweise für vegetarische Gerichte weltweit.

Ich bin mit Zhou Qiyu verabredet, dem Marketingchef des Unternehmens, das rund dreißig Jahre alt ist, bereits in über dreißig Länder liefert und immerhin umgerechnet knapp 40 Millionen Euro Umsatz im Jahr macht. Wachstum: 10 Prozent plus pro Jahr. Zhou ist ein Mann von Anfang dreißig, er trägt eine schwarze Ralph-Lauren-Jacke, ein schwarzblau gestreiftes Hemd, einen dunklen Pullover mit V-Ausschnitt. Er ist einer, der nicht auf einer Welle reitet, sondern einfach nur davon überzeugt ist, dass er das Richtige macht. Ein Manager, dem der Begriff »Purpose« schon zu modisch und zu gewollt ist. Er ist zwei Straßen weiter aufgewachsen, in einer Gegend, die typisch ist für die Shenzhener Mittelschicht. Er hat einige Jahre lang Cocktails verkauft, bevor er – mehr aus Zufall – davon hörte, dass diese Vegetarier einen Marketingmann suchen. Er konnte es erst gar nicht glauben, dass ein solches Unternehmen gleich bei ihm um die Ecke ansässig ist.

Yu Zhaode, der Gründer des Unternehmens, und Li Jun, Erbe der Rezepte in vierter Generation, sind sich schnell einig. Das Unternehmen hat viel von einem deutschen Mittelständler. Offen und vor allem zuversichtlich, aber man muss auch nicht jeden Tag die Welt aus den Angeln heben. Und auch nicht jedem Trend hinterherlaufen. »Wir vertreten keine

Ideologie. Wir stehen nicht hinter einer bestimmten Religion. Wir sind auch keine Klimaretter. Wir wollen einfach nur gutes Essen machen, für die, die es mögen«, sagt Zhou, nachdem wir einige Begrüßungsfloskeln gewechselt haben.

Ich will natürlich mehr über die Rezepte wissen. Jahrelang waren sie nur den Spezialisten bekannt. Nun sind die Rezepte ganz ungeplant zu einem Link zwischen dem alten traditionellen China und der neuen fleischlosen Gesundheitsbewegung geworden. »Plötzlich müssen wir hip sein«, lacht Zhou.

Dabei hat die Familie über mehrere Generationen nur das gemacht, wofür sie sich interessiert hat. Sie hat aus Klöstern und von Köchen zum Teil jahrhundertealte Rezeptsammlungen übernommen. Rezepte per Hand in eine Kladde geschrieben und mit ihrem roten Stempel versehen. »Es gibt sie nicht digital«, sagt Zhou. Sicher ist sicher. Ich will sie natürlich sehen.

»Normalerweise zeigen wir das niemandem«, meint er. Aber dann geht er doch zum Tresor und kommt mit drei Büchern zurück. Das eine ist ein DIN-A4-Notizbuch mit weißen Blättern. Ein weiteres zeigt Fotos von Köchen und Mönchen. Das Dritte ist aus braunem, festem Papier. In großen, fast kaligrafisch anmutenden Schriftzeichen sind die Rezepte von oben nach unten aufgeschrieben, fast wie Tang-Gedichte. Zhou legt die Kladde weg und zeigt eines der anderen Bücher. Dort sind Einschätzungen der Testesser verzeichnet. »Wir kochen die Rezepte dann nach und lassen die Tempelmönche oder Nonnen kosten«, erklärt er. Denn vieles sei über die Generationen hinweg mündlich weitergegeben worden. Auch deshalb seien die Testesser so wichtig. Noch wichtiger vielleicht: »Die Traditionen zu finden, zu sammeln und vor dem Vergessen zu schützen«, wie Zhou sagt.

Es ist zwanzig vor zwölf. »Sollen wir was kochen?«, fragt er. »Hast du Zeit?« Ich habe.

Zhou kontaktiert den Koch, gar nicht traditionell, sondern modern, über WeChat. Er ist leider noch unterwegs. »Dann koche ich eben selbst«, sagt er kurzerhand. Der Marketingchef kocht gerne. Das sei für seinen Job zwar nicht notwendig, aber schaden könne es auch nicht. »Die Küche ist aber nicht sehr aufgeräumt«, warnt er mich vor. Kein Problem. Wir gehen über den Hof. Und öffnen eine Tür. Hier muss mal eine Werkstatt gewesen sein. Doch eines schönen Tages hat ein Designer hier eine Showküche designt: drei gelbe Hängelampen. Eine hellgrüne Rückwand mit weißen westlichen und chinesischen Schriftzügen: »Vegan« und »Food« steht vor einer in hellem Holz gefassten Kochinsel. Doch es sieht so aus, als habe sich das alte Shenzhen diese Designinsel zurückerobert. Flaschen mit Öl und Sojasauce stehen herum, Marmeladengläser mit Gewürzen. Das rot-weiß gestreifte Geschirrhandtuch hängt zum Trocknen über der Mikrowelle. All das deutet darauf hin: Das ist kein Labor, hier wird gekocht und gelebt.

Zhou krempelt sich die Hemdärmel hoch, wäscht sich die Hände und los geht's. Nebenbei erzählt er über die neue Marketingstrategie: »Wir haben zusammen mit T-Mall von Alibaba Marktforschung betrieben und herausgefunden, dass die jungen Kunden zwar vegetarische Produkte cool finden und neugierig darauf sind, aber noch mehr wollen. Zum Beispiel abnehmen oder ihren Muskelapparat aufbauen«, sagt er und schneidet ein paar Whole-Perfect-Food-Würstchen in feine Scheiben. Deshalb hätten sie inzwischen kalorienarme Würstchen im Angebot, die auch noch das Hungergefühl zähmen. Und auch Produkte mit Eiweißpräparaten zum Muskelaufbau. Außerdem hätten sie ihre Verpackungen modernisiert.

Zhou holt einige Produkte in neuem Gewand aus dem Regal. Sie könnten in einem der hippen Clubs ausliegen und passen gut in ein Tech-Start-up. Himmelblau-rosa-metallic schillern sie, mit lang gezogenen Buchstaben, die fast wie Barcodes aussehen. »Es muss gut schmecken, aber auch cool aussehen. Abgefahren, ein wenig wie Astronautennahrung für ein Space Lab. Nur so erreichen wir die jungen Kunden, verstehst du?«, erläutert Zhou. Ich verstehe. Mit Ökoschick braucht man den jungen Chinesen nicht zu kommen. Ein weiterer Verpackungstyp zelebriert modernes Understatement: weiß und schwarz, matt, minimalistisch, wie eine Mischung aus Schaltkreiszeichnung und der reduzierten Benutzeroberfläche eines Smartphones.

Zhou brät das »Rindfleisch« scharf an. Es riecht tatsächlich so, als ob man richtiges Rindfleisch anbraten würde. Fast noch wichtiger als die Verpackungen, sinniert er, sei es in diesen neuen Zeiten, aus den alten Rezepten Massenprodukte zu entwickeln, ohne dass diese dabei ihren eigentlichen Charakter verlieren. Man müsse genau herausfinden, welche Zutaten in den Rezepten gemeint sind. »Dann können wir die Produkte auch weiterentwickeln, indem wir alte Rezepte kombinieren. Woran die Amerikaner und andere Länder erst seit kurzer Zeit arbeiten, das haben wir hier schon seit vielen hundert Jahren. Wir machen es nur zum ersten Mal in der Geschichte den Massen zugänglich«, erklärt Zhou und schmeißt ein paar gegarte Kartoffeln in den Wok. Obwohl er erst Ende der 1980er-Jahre in Chongqing, tief im Westen des Landes, geboren wurde, kann er sich noch daran erinnern, dass es nicht genug zu essen gab. Es sei damals nicht um gutes Essen gegangen, sondern nur darum, satt zu werden. »In der Vergangenheit waren Gerichte wie diese immer Gesundheitsnahrung für die Reichen.«

»Und die Buddhisten«, füge ich hinzu.

»Ja, aber die armen Buddhisten konnten sich viele dieser Gerichte nicht leisten«, antwortet Zhou. »Solche Speisen haben auch nur wenig mit der Religion zu tun. Die Fleischersatzgerichte sind entstanden, um die Regeln der Religion zu umgehen.« Weil man fasten oder kein Fleisch essen sollte, seien Gerichte erfunden worden, die so wie Fleisch schmeckten. »Das war aufwendig und teuer und deshalb nur etwas für Wohlhabende. Aber jetzt werden die Gerichte gewissermaßen demokratisiert. Zum Beispiel dieses …« Zhou zeigt mir ein Fertiggericht mit einem vegetarischen, weißen Fisch mit dunkler Haut. Sie haben lange gebraucht, um sein Geheimnis zu entschlüsseln. Das Gericht stammt aus der Tang-Dynastie, ist also weit über tausend Jahre alt. »Damals war Chang'An, heute Xi An, die Hauptstadt Chinas. Das ist weit weg vom Meer. Dennoch wird diese Imitation der Fischhaut aus Algen gemacht. Die Algen wurden 2000 Kilometer entfernt in Fujian hergestellt.« Der Tofu für die Fischkonsistenz komme aus Henan, das ist fast 400 Kilometer entfernt. Für den Fischgeschmack brauche man ein bestimmtes Gras aus Szechuan, 800 Kilometer weit weg. Nach der Herstellung müsse »der Fisch« in ein spezielles rundes Gefäß gegeben werden, zum Gären. »Das alles ist sehr aufwendig. Und macht deutlich: Dieser Fisch wurde am Kaiserhof gegessen, nicht von normalen Menschen.« Jetzt gibt es ihn für umgerechnet 1,90 Euro. »Die jungen Leute finden diese Traditionen cool.«

Das Rezept ist seit vier Generationen im Besitz der Familie und wird fast genauso gut gehütet wie das Rezept von Coca-Cola. Was die Tradition angeht, überliefertes Wissen, hat Whole Perfect Food einen Vorsprung gegenüber den Wettbewerbern. »Sie sind vor allem kapital- und marketinggesteuert. Sie haben nicht die Vielfalt unserer traditionellen Produkte. Es ist leichter, an Kapital zu kommen als an unsere Vielfalt. Deswegen machen wir uns um den Wettbewerb keine Sorgen. Wir konzentrieren uns ja außerdem nicht nur auf die Fleischimitation, sondern auf pflanzliche Nahrung, die gesund ist.«

Whole Perfect führt jedes Jahr bis zu fünfzig Studien zu neuen Produkten durch und hat dafür gemeinsam mit der Shenzhen University sogar ein nationales Forschungsinstitut eröffnet. Dort sollen Sojaproteine noch besser isoliert und andere pflanzenbasierte Produkte weiterentwickelt werden.

Das Essen kommt auf den Tisch. Es schmeckt erstaunlich authentisch. Eine einfache schnelle Mahlzeit. Kartoffeln mit Rindfleisch, Würstchen mit Kohl. Und große Teigtaschen, mit

Hackfleisch vom Lamm gefüllt – nicht sehr chinesisch, sondern eher westlich. Eine freundliche Geste des Kochs und vielleicht auch ein Ergebnis der Internationalisierungstendenzen. »Die neuen Wettbewerber tun uns ganz gut, weil wir jetzt gezwungen sind, von der Produktionsseite her technologisch besser zu werden«, sagt Zhou. Der Druck sei all die Jahre über nicht so groß gewesen. Es sei ja auch kein Zufall, dass ich ihn gerade jetzt besuchen komme, und nicht schon vor zehn Jahren. »Aber sind wir glücklich über die Entwicklung. Jetzt wird das eine richtige Bewegung, und wir sind dabei.«

Was ist sein Traum?

»Ein chinesischer Global Player zu werden«, antwortet er sofort. Von den »kapitalgesteuerten Start-ups« wolle er dabei lernen, viel mutiger zu sein, Risiken einzugehen und neue Wege auszuprobieren. Bisher seien sie zwar schon in vielen Ländern vertreten, auch in Deutschland, aber nur mit kleinen Mengen. Lange waren die Kunden dort im Ausland lebende Chinesen, die die Whole-Perfect-Food-Produkte in Asia-Läden kauften. Das soll sich nun ändern. »Deshalb haben wir jetzt angefangen, Münchner Würstchen anzubieten. Das allerwichtigste aber ist, dass die Produkte den Menschen gut schmecken. Ich bin kein Fan davon, Menschen zu etwas zu zwingen.«

Isst er auch mal Fleisch?

»Selten, und wenn, dann sehr gutes und gern als Delikatesse zu besonderen Gelegenheiten.« Die ursprüngliche Motivation von Whole Perfect Food sei nicht die Rettung von Tierleben gewesen. »Wir wollen in den alten Rezepten die Geheimnisse für eine gesunde Ernährung finden.«

Die Teller sind leer. Wir trinken noch einen Tee und verabschieden uns. Lange wird es diesen Ort, den Geburtsort von Whole Perfect Food, nicht mehr geben, erzählt Zhou beim Rausgehen. In ein paar Monaten kommen die Abrissbagger. Eine Shoppingmall wird an dieser Stelle gebaut. Auch hier ist der Quadratmeter schon umgerechnet 8000 Euro wert. Schade, meint Zhou, aber er freut sich auf die neuen, modernen Bürogebäude, in die sie dann ziehen werden, ganz in der Nähe. Am schlimmsten findet Zhou, dass man sich auch hier bald keine Wohnung mehr leisten kann. Am Ende der Straße stehen schon die ersten modernen Hochhäuser in schickem Cremeton.

Vielleicht ist dieser Ort bald für immer vergessen, denke ich, nachdem ich in eines der Didi-Taxis eingestiegen bin, die noch von einem Fahrer gesteuert werden. Vielleicht wird hier aber auch einmal ein Schild angebracht oder gar eine Straße nach dem Gründer Yu benannt, wenn Whole Perfect Food eine Milliarde US-Dollar an der Hongkonger Börse wert ist und die alten Gerichte aus fleischlosem Fleisch als hippe chinesische Softpower um die Welt gehen. Die großen amerikanischen Wettbewerber jedenfalls spielen bereits in genau dieser Liga.

Fleischlos nach China

Einer der neuen Player auf dem Markt ist Impossible Foods Inc. aus Kalifornien, neben Beyond Meat einer der beiden großen amerikanischen Start-ups beim fleischlosen Fleisch, mit einer Marktbewertung von fast 8 Milliarden US-Dollar. »China hat die allerhöchste Priorität bei unseren Expansionsplänen«, sagt Patrick O. Brown, der CEO von Impossible Foods. Ende 2020 kündigt er an, zwei Fleischfabriken in der Nähe von Shanghai zu bauen. Sie würden »die weltweit größten und technologisch fortschrittlichsten Fleischfabriken auf pflanzlicher Basis« in einem »überlebenswichtigen Land und Markt«. 2023 sollen sie die Produktion aufnehmen. Damit folgt Brown dem Schweizer Konzern Nestlé, der bereits im Mai 2020 verkündet hatte, über 100 Millionen US-Dollar in eine neue Veggie-Fleischfabrik in China zu investieren. »Es ist eine stille Revolution«, sagte ein Nestlé-Sprecher dazu.

Brown könnte auch CEO eines Autoherstellers sein, er ist ein Mann, dem man ansieht, dass er sich durchsetzen kann, selbst wenn er lacht. Daran ändern auch die T-Shirts und grünen Hoodies nichts, die er so gerne trägt. Die Chinesen seien weltweit die größten Fleischkonsumenten. »Das Land, in dem wir mit unserer Mission den größten Einfluss ausüben können, ist also zweifellos China«, meint er.

Den Hongkonger Tycoon Li Ka-shing, einen der reichsten Asiaten, hat er bereits überzeugt, in sein Unternehmen zu investieren. Dabei würde jeder Li mit seinen 91 Jahren zugestehen, dass er sich nicht mehr um diese Zukunftsbranche kümmert. Auch Leonardo DiCaprio, Bill Gates sowie die Twitter-Co-Gründer Biz Stone und Evan Williams gehören zu Browns Investoren. Anfang Januar 2021 kündigt Brown an, dass Impossible Foods von nun an acht chinesische Gerichte in den 18 Filialen des Pekinger 24-Stunden-Restaurants »Jin Ding Xuan« anbieten wird.

Und selbst der zweitgrößte Fleischhersteller der Welt, das US-Unternehmen Tyson Foods, investiert in Impossible Foods. »Wir wollen nicht enden wie Kodak«, so der damalige Tyson-CEO Noel White. Kodak, der Pionier der Fotografie und jahrzehntelang weltweit die Nummer eins im Fotogeschäft, ging 2012 pleite. Man hatte den Aufstieg der Digitalfotografie total unterschätzt. Whites Nachfolger, Dean Banks, verkündet allerdings noch Ende 2020 den Bau neuer, traditioneller Fabriken in China, in denen Hühner verarbeitet werden. Echte Hühner.

Impossible-Foods-CEO Brown hat bereits 2016 den »Impossible Burger« auf den Markt gebracht. Ausgerechnet in dem Jahr, in dem Donald Trump US-Präsident wurde und das Land klimapolitisch in die entgegengesetzte Richtung driften ließ. Dem Erfolg des Burgers hat das nicht geschadet. Inzwischen steht er bei »White Castle Burger«, der ältesten Hamburger-Kette der USA, auf der Speisekarte und wird immerhin schon in sechzig Filialen von Burger King angeboten – als vegetarischer Whopper. Mit McDonald's verhandelt Brown bereits. In der letzten Runde der Finanzierung hat er allein 300 Millionen

US-Dollar eingesammelt, von Investoren wie Jay-Z, Katy Perry, Serena Williams, Jaden Smith und Trevor Noah. Daran sieht man, wie sexy das Thema inzwischen ist.

Im Mai 2019 legt das Unternehmen einen fulminanten Start an der New Yorker Börse NASDAQ hin. Gleich am ersten Tag schießt die Aktie um 163 Prozent nach oben. Zwar ist sie zwischenzeitlich eingebrochen, aber Anfang 2021 mit 146 Euro noch weit mehr als doppelt so hoch bewertet wie der Ausgabekurs mit 63 Euro. Die meisten Banken sehen bei diesem Unternehmen – und entsprechend auch der Aktie – noch Luft nach oben.

Beyond Meat wiederum liegt in den USA bei fleischlosem Fleisch mit einem Marktanteil von 10 Prozent auf Platz drei, hinter zwei altgedienten Konzernen: Morningstar Farms von Kellog und Gardein, das zu Conagra Brands gehört. Aber Beyond Meat ist der Hersteller, der am stärksten wächst – mit über 130 Prozent im Jahr 2019. Deren Produkte gibt es übrigens auch schon in Deutschland, zum Beispiel bei Lidl. Bemerkenswert noch: Im November 2020 bekommt das Start-up Eat Egg aus San Francisco zum ersten Mal in China eine Lizenz, künstliches Fleisch herzustellen, nachdem auch Singapur für ihr Laborhühnchen grünes Licht gegeben hat. Es soll benutzt werden, um Chicken Nuggets herzustellen.

Pflanzliches Fleisch – die neue Venture-Capital-Welle

Auch die chinesischen Unternehmen, die an der Börse gelistet sind, profitieren von der guten Stimmung. Die Aktie von Yantai Shuangta Food zum Beispiel, ein in Shenzhen gelisteter chinesischer Hersteller von pflanzlichen Proteinen, der aber keine Endprodukte herstellt, stieg im Jahr 2019 um 150 Prozent. Im Jahr 2020 klettert sie in einer Berg-und-Tal-Fahrt an der Shenzhener Börse noch einmal von 8 auf 12 Yuan. Es herrscht Goldgräberstimmung. Anfang Januar 2021 kündigt Hey Maet, ein anderes 2020 gegründete chinesisches Start-up für pflanzliches Fleisch, eine neue Finanzierungsrunde in Höhe von mehreren Millionen US-Dollar an. Erst wenige Monate zuvor hatte das Unternehmen bereits einen Millionenbetrag erhalten. Gleichzeitig integrierte Hey Maet einen weltbekannten chinesischen Professor und dessen Expertenteam im Bereich der pflanzlichen Proteine in sein F&E-Labor. Dieses Forscherteam ist laut Unternehmensangaben das erste und derzeit einzige, das die High-Moisture-Extrusionstechnologie für Pflanzenproteine in China anwendet.

Hey Maet ist nur eines von vielen Start-ups, ob sie nun Zhenmeat oder Z-Rou heißen. Und noch viel mehr werden auftauchen. Denn der weltweite Markt für künstliches Fleisch soll bis 2025 um 80 Prozent wachsen – auf über 20 Milliarden US-Dollar, in einem Zeitraum von nur sieben Jahren. Die Wahrscheinlichkeit, dass die neuen Player aus China ihre amerikanischen Wettbewerber – so wie in anderen Branchen auch – schnell einholen werden, ist sehr hoch. Zumal man ihren Heimvorteil nicht unterschätzen sollte. Die Lage erinnert an Huawei und Apple oder Samsung vor 15 Jahren. Damals hatte Huawei sein erstes Mobiltelefon herausgebracht, es schien wie ein Kampf zwischen David und Goliath. 2020 war Huawei der größte Smartphone-Hersteller der Welt.

Während die Amerikaner auf internationale Massenprodukte setzen, konzentriert sich Whole Perfect Food (WPF) auf die Vielfalt der chinesischen Küche. Sein Angebot ist deutlich breiter aufgestellt als das von Beyond Meat und Impossible Foods zusammen. Die WPF-Produktpalette umfasst Gerichte wie die chinesische Delikatesse Abalone, Seeschnecken oder vegane Austernsauce. 2019 schafften sie es in ihrem Forschungslabor in Shenzhen, eine Proteinpaste aus Seegras herzustellen, die völlig neue Möglichkeiten eröffnete. Was Textur und Komplexität von Geschmacksrichtungen angeht, können die Amerikaner WPF schon heute nichts mehr vormachen.

Inzwischen vermarktet WPF seine Produkte über Alibaba, den nach Amazon zweitgrößten E-Commerce-Giganten der Welt. Aber auch mit dem US-Konzern Walmart, der größten Supermarktkette der Welt, ist das Unternehmen in China im Geschäft. Dort hat Walmart 400 Einkaufszentren. Es war nicht einfach, eine Zulassung für Walmart zu bekommen, obwohl WPF seine Produkte schon länger in Länder wie Portugal, Großbritannien, Neuseeland oder Australien exportiert. Im besten Fall ist das auch ein Türöffner für den lukrativen US-Markt.

WPF beliefert auch die Yonghui Superstores in Shenzhen. Von dieser Supermarktkette haben die meisten im Westen noch nie etwas gehört. Dabei sollte man diesen Player dringend im Auge behalten. Laut der US-amerikanischen Forbes-Liste gehört das Unternehmen nach Umsatz und Marktkapitalisierung zu den 1111 wichtigsten Unternehmen der Welt.

Vorsprung durch Tradition

Vergleicht man einen Hamburger von WPF mit einem von Impossible Foods, sieht das Patty der Amerikaner auf den ersten Blick etwas originaler, fleischiger aus, wenn das überhaupt der Maßstab sein soll. Es besteht aus pflanzlichen Zutaten, mit denen die typische Fleischtextur nachgeahmt wird: Wichtiger Schlüsselfaktor ist dabei Häm, ein Bestandteil des Hämoglobins. Es gibt dem Blut seine rote Farbe, ist als Protein in Muskelgewebe enthalten, findet sich aber auch in Sojawurzeln. Und statt tierischer Fette ist im Burger Kokosfett, vermischt mit Weizen- und Kartoffelproteinen, enthalten. Die leicht blutige Anmutung für medium oder gar medium rare erzielt Impossible mit Rote-Beete-Saft. Das funktioniert gut. Das chinesische Patty von Whole Perfect Food hingegen ist ein wenig blass.

Nun beiße ich rein. Erst in den amerikanischen, dann in den chinesischen. Der Geschmack des Impossible Burgers kommt dem fleischigen Original näher. Er schmeckt weniger nach Verzicht und Vernunft. Der chinesische Burger erinnert noch zu sehr an Bohnen und ist auch von der Konsistenz her etwas weicher. Das ist aber nichts, was man nicht leicht korrigieren könnte. Oder es bleibt einfach so. Vermutlich wird es am Ende Burger mit mehreren Geschmacksrichtungen geben. Chinesisch und amerikanisch, so viel ist schon mal sicher. Was noch dazukommt, wird sich zeigen. Denn der Markt steht noch ganz am Anfang der Entwicklung: Ein Drittel der chinesischen Konsumenten weiß noch gar nicht, dass es künstliches Fleisch gibt, hat das Marktforschungsunternehmen iiMedia herausgefunden. Um das zu ändern, hat man sich bei WPF eine kluge Strategie ausgedacht. Man will den Markt mit pflanzlichen Fleischsnacks erschließen und so die Kunden langsam an den neuen Geschmack gewöhnen. Außerdem soll ein 100 Quadratmeter großer Flagship-Store in Shanghai eröffnet werden und noch mehr Onlineshops. Allein 2020 sind die Onlineverkäufe von künstlichem Fleisch um über 100 Prozent gewachsen.

Der chinesische Markt hat für einheimische Anbieter allerdings einen großen Vorteil. Zhou von Whole Perfect Food weiß: »Nur die Chinesen kennen die chinesischen Essgewohnheiten und Kochtechniken. Es ist einfacher, den technologischen Vorsprung der Amerikaner aufzuholen, als sich auf die komplexen chinesischen Traditionen einzustellen.« Die Tradition mache den chinesischen Markt so komplex wie einzigartig und damit so schwer zu erschließen. Die kulinarische Welt jenseits des Hamburgers, den die Chinesen auch gerne essen, ist unfassbar vielfältig.

Und mit Tofu verfügt China über ein vegetarisches Produkt, das eine jahrhundertealte Geschichte hat. Seine Existenz ist bereits am Ende der Tang-Dynastie (618 bis 907) schriftlich belegt. Schon damals haben Mönche Tofu aus Sojabohnen hergestellt.

Einem Mythos zufolge soll Liu An, ein Prinz der West-Han-Dynastie (179 v. Chr. bis 122 v. Chr.), Tofu sogar schon 164 vor Christus erfunden haben. Aber das ist wohl tatsächlich nur ein Mythos. Eine andere Geschichte besagt, dass Tofu aus Versehen entstanden ist. Mönche hätten den Brei aus gekochten und gemahlenen Sojabohnen mit unreinem Seesalz gesalzen, was die Sojamischung zum Gerinnen gebracht habe. Das Gel, das daraus entstanden sei, sei die Basis für das Tofu gewesen.

Fakt ist, dass man in China bis zur Zeit der mongolischen Eroberung keine Milchprodukte kannte. Weil »Rufu«, gegorene mongolische Milch, so ähnlich klingt wie »Doufu«, das chinesische Wort für Tofu, glauben manche Wissenschaftler, die Chinesen hätten sich die Technik der Fermentierung von den Mongolen abgeschaut.

Wer Tofu wann und auf welchem Wege erfunden haben mag – eines ist unbestritten: In China, aber auch in Korea, Japan, Vietnam und Thailand ist Tofu neben Reis schon sehr lange ein Grundnahrungsmittel. Im Westen begann es sich erst in der zweiten Hälfte des 20. Jahrhunderts zu verbreiten. Schon an der Wende zum ersten Jahrtausend entwickelten Buddhisten täuschend echte Fleischimitate, die über Generationen hinweg perfektioniert wurden – von der Ente aus Sojaprotein bis hin zu geräuchertem Fisch aus Seitan, dem Weizengluten. »Später, in der Song-Dynastie, wurde Fisch aus Tofu gemacht und Shrimps aus der Teufelszunge, einer Pflanzenart aus der Gattung der Titanwurzel«, weiß Whole-Perfect-Food-Gründer Yu Zhaode.

Heute wird Tofu nicht viel anders hergestellt als vor tausend Jahren: Eingeweichte Sojabohnen werden mit Wasser zu einem feinen Püree vermahlen. Dieses Püree wird anschließend filtriert, wodurch die festen Faserbestandteile vom flüssigen Anteil, der Sojamilch, getrennt werden. Die Sojamilch wird durch die Zugabe von natürlichen Gerinnungsmitteln zum Stocken gebracht, wobei ausgeflocktes Sojaeiweiß und Sojamolke entstehen. Das Sojaeiweiß wird zu Blöcken gepresst, die bei der industriellen Herstellung anschließend pasteurisiert und vakuumverpackt werden. Die Amerikaner setzen auf Proteine aus Erbsen.

Die Reichweite der amerikanischen Firmen werde begrenzt sein und sich auf Burger, Hotdogs und frittierte Hähnchen beschränken, glaubt Zhang Bo, ein Wissenschaftler vom Institut für Lebensmittelwissenschaft und -technologie der Chinesischen Akademie der Agrarwissenschaften. »Chinesen sind sehr wählerisch, wenn es um das Essen geht, und die Art und Weise, wie Fleisch zubereitet wird, ist viel komplexer als im Westen«, meint er.

Von einer chemischen Seuche und deutschen Gummibärchen

Im Herbst 2018 bekam die Branche überraschend Rückenwind.

Bauer Li Zhengwen kann es nicht fassen. Er steht vor einer tiefen Grube, die ein Bagger des Veterinäramtes gegraben hat, hier am östlichen Rand von Shenzhen, wo es vereinzelt noch dörfliche Strukturen gibt. Felder, kleine Bauernhöfe, Fisch- und Shrimps-Zucht, aber auch die ein oder andere Schweinefarm. Die Grube ist drei Meter tief und zehn Meter lang und mit blau-roten Plastikbahnen ausgelegt. Langsam fährt ein Lastwagen im Rückwärtsgang auf die Grube zu. Dann kippt er die toten Tiere von der Ladefläche in die Grube. Ein Mann in einem weißen Schutzanzug und mit Mundschutz hilft mit einer Mistgabel nach. Li hat Tränen in den Augen. Die Behörde hat seinen ganzen Bestand getötet. Über 200 Tiere. Im Stall seines Nachbarn hatte es Fälle von Afrikanischer Schweinepest gegeben.

Es ist einer von elf Ausbruchsherden, die zwischen Juni und Oktober 2018 in der Provinz Guangdong registriert werden. Die Behörden haben Lis Schweine nicht einmal mehr getestet.

Sie gehen auf Nummer sicher, alle Schweine in der Umgebung werden gekeult. Li bekommt zwar eine Entschädigung von der Regierung, die ist aber lange nicht so hoch wie der Preis, den er auf dem freien Markt für das Fleisch bekommen hätte. Und fast schlimmer noch: Er weiß nicht, ob und wann es weitergeht. »Vielleicht muss ich auf Hühner umstellen«, sagt er.

Über ein Jahr lang wird es dauern, bis die Regierung das Problem in den Griff bekommt. Das Virus, das auch in gekochtem oder tiefgefrorenem Fleisch überlebt, hat sich von Nordostchina über das ganze Land ausgebreitet. 40 Prozent aller Schweine in China werden getötet. Rund 200 Millionen Tiere. Ein Verlust, der nicht zu kompensieren ist. Denn insgesamt werden 2018 nur acht Millionen Tonnen Schweinefleisch importiert; um den Bedarf zu decken, bräuchte China nach der Epidemie aber 24 Millionen Tonnen.

Die Regierung muss ihre »strategische Reserve« verringern, die sie seit 2007 in Kühlhäusern überall im Land angelegt hat. Die gibt es, weil Schweinfleisch für viele arme Menschen ein kleines Stück Wohlstand bedeutet. Wenn das Schweinefleisch teuer oder knapp wird, kann das zu sozialen Unruhen führen.

Ganz so schlimm kommt es dann doch nicht, obwohl die Inflation um über 25 Prozent ansteigt, von 3 Prozent 2018 auf 3,8 Prozent 2019. Und obwohl die Preise für Schweinefleisch in China gar um 70 Prozent anziehen. Selbst in Deutschland bleibt das nicht ohne Folgen. »Chinesen lösen Schnitzelkrise aus«, titelt im Herbst 2019 die *Bild-Zeitung*, und: »Die Chinesen kaufen unser Grillfleisch weg.« Die Preise für Rückenspeck und Schulter haben sich »in den vergangenen drei Monaten verdreifacht«, warnt Sarah Dhem vom Bundesverband der Deutschen Fleischwarenindustrie (BVDF). Die deutschen Schweinezüchter freuen sich hingegen. Ihre Exporte nach China steigen um mehr als 50 Prozent. Die deutschen Fleisch- und Wurstproduzenten sind dagegen sauer, denn sie können die gestiegenen Preise nicht eins zu eins an die Konsumenten weitergeben. Ein hartes Jahr also für Deutschlands Metzger. Ja, sogar die Gummibärchen werden wegen China teurer: Im Herbst 2019 kostet die 360-Gramm-Packung Haribo-Fruchtgummi bei Aldi und Lidl 1,19 Euro statt 1,09 Euro. Der Grund ist einfach: Gummibärchen bestehen zu einem Großteil aus Gelatine. Die wird aus Schweinegewebe hergestellt. Die Nachteile der Globalisierung werden am Supermarktregal sichtbar.

Nicht zuletzt wegen der Erfahrungen rund um die Schweinepest ist Ende des Jahres 2019 klarer denn je: Mit dem Fleischkonsum der Chinesen kann es so nicht weitergehen. Es ist eine offene politische Flanke für das Land. Bereits 2016 hatte die Regierung beschlossen, den Fleischkonsum in China bis zum Jahr 2030 zu halbieren: Von derzeit 63 Kilo im Durchschnitt auf maximal 27 Kilo pro Jahr. Eine solche Halbierung des Fleischkonsums hätte enorme Auswirkungen auf das Klima. Die CO_2-Emissionen der chinesischen Viehwirtschaft würden um eine Milliarde Tonnen pro Jahr sinken und sich damit ebenfalls halbieren. Nur, wie man da hinkommt, ist eine schwierige politische Frage. Experten sehen eher die Tendenz, dass der Hunger auf Fleisch um weitere 30 Kilo pro Kopf steigen könnte. Das wäre wiederum gut für Deutschlands Metzger. China ist 2019 das wichtigste Abnehmerland für deutsches Schweinefleisch, mit einem Importvolumen von rund 777 Millionen Euro. Das entspricht über 17 Prozent der deutschen Schweinefleischexporte. Mit gut 15 Prozent Weltmarktanteil ist Deutschland der drittgrößte Schweinefleischexporteur der Welt, fast gleichauf mit Spanien und den USA. Alle drei Länder müssten sich gewaltig umstellen, sollte sich der chinesische Markt tatsächlich hin zu einem fleischloseren wandeln.

Niemand konnte im Nachgang der Schweinepest ahnen, dass der Fleischkonsum noch viel schlimmere Folgen haben würde. Nicht nur für Tiere, sondern auch für den Menschen. Nur wenige Wochen später wird ein Fleisch- und Fischmarkt in Wuhan zum ersten Hotspot eines Virusausbruchs, der von Tieren auf den Menschen übersprang und in wenigen Monaten die ganze Welt in eine Pandemie stürzen sollte.

Die chinesischen Hersteller von pflanzlichem Fleisch sind angesichts COVID-19 hin- und hergerissen. Sie fühlen sich in ihren schlimmsten Vorahnungen bestätigt und hoffen nun, dass noch mehr Menschen auf Fleisch verzichten. Anderseits sind alle Restaurants geschlossen, auch die vegetarischen. Die Umsätze brechen ein. Doch schon nach wenigen Wochen wird klar: Die Krise ist – zumindest in China – viel schneller überwunden als befürchtet. Bereits Mitte März 2020 öffnen die Restaurants wieder, die Wirtschaft erholt sich. Und eines hat sich tatsächlich geändert: Die jungen, städtischen Konsumenten haben weniger Lust denn je, Fleisch zu essen. In einer Umfrage in China Mitte 2020 findet das britische Datenanalyse- und Beratungsunternehmen Global Data heraus, dass 85 Prozent der chinesischen Konsumenten gleich viel, mehr oder viel mehr pflanzliches Fleisch kaufen wollen.

»Die Kunden verringern ihre Abhängigkeit von Fleisch«, fasst Sumit Chopra, der Forschungsdirektor von Global Data, die Entwicklung zusammen. Matilda Ho, Gründerin und Chefin von Bits X Bits, dem ersten chinesischen Food-Tech-Venture-Capital-Unternehmen, stimmt ihm zu: »Zwar kehren die Menschen nun zu ihrer normalen Routine zurück, aber sie sind weiterhin besorgt über die Verbindung von Fleischprodukten zu diesem Virus.« Zumal ja die Befürchtung im Raum steht, dass die Gefahr von Pandemien durch Zoonosen in Zukunft noch zunehmen wird. Und die staatliche Zeitung *China Daily*, die gerne die Meinung der Partei widerspiegelt, stellt fest: »Eine bessere Gelegenheit, pflanzliches Fleisch vorzustellen, gibt es kaum. Die Konsumenten verlagern nach Corona ihre Lebensweise in Richtung von mehr Lebensmittelsicherheit und nachhaltigem Essen.«

Pflanzliches Schweinehack und Knochen aus dem 3D-Drucker

Wieder ist es Shenzhen, das die Vorreiterrolle spielt. Die Politik setzt ein klares Zeichen: Noch im April 2020 verbietet Shenzhen als erste Stadt in China nicht nur den Verzehr von Wildtieren, sondern auch den Verzehr von Hunden und Katzen. Das ist ein ziemlich deutliches Zeichen in einer Zeit, in der es das Wichtigste ist, den Konsum wieder anzukurbeln.

Und noch im April, während in den USA und Europa der Lockdown das tägliche Leben fest umklammert hält und Donald Trump, der vom »China-Virus« spricht, überlegt, wie er den lästigen Wettbewerber China vom Weltwirtschaftssystem entkoppeln kann, erkennen US-Unternehmen die Zeichen der Zeit. Noch während eine New Yorker Zeitung darüber sinniert, ob Apple seine Produktion aus China abzieht, weil China nächstes Jahr sowieso an »tausend Schnitten verbluten wird« und Amerika »das lebenswichtige Beatmungsgerät Handel schon heute abstellen sollte«, offerieren die amerikanischen Ketten Starbucks und KFC pflanzliche Fleischprodukte in ihren Cafés und Restaurants in China. Seit dem 22. April 2020 bietet Starbucks erstmals eine fleischlose Fleisch-Pesto-Pasta an, außerdem eine Lasagne und ein sauer-scharfes Wrap von Beyond Meat. Zudem gibt es einen vietnamesischen Nudelsalat mit Hackfleischersatz und eine Pilz-Getreide-Schüssel mit Schweinefleischersatz, produziert von der Hongkonger Firma Omnipork, die überhaupt erst seit Herbst 2019 ihre Produkte in China anbietet. Getestet worden waren sie – natürlich – in Shenzhen. Dazu gibt es Hafermilch-Drinks des schwedischen Unternehmens Oatly: zum Beispiel einen Beeren-Hafermilch-Schwarztee-Macchiato und einen Hafermilch-Matcha-Latte. Sojamilch ist bei Starbucks ein alter Hut, die gibt es schon seit 2007.

Starbucks ist mit seinen 4400 Läden bei den jungen Chinesen sehr populär. Allein zwischen April und Juni 2020 eröffnet die

Kette hundert neue Läden in China. Bis Ende des Jahres sind noch 400 weitere dazugekommen. Die fleischlosen Fleischgerichte erweisen sich dabei als gute Marketingstrategie. Die Kunden haben das beruhigende Gefühl, dass sich Starbucks nach Corona und der Schweinepest auf ihre Sorgen einstellt.

Nur wenige Tage später, ebenfalls im April, zieht die Fastfoodkette Kentucky Fried Chicken nach. KFC ist mit über 6500 Restaurants die größte Schnellrestaurantkette in China. Betrieben wird sie hier vom chinesischen Konzern Yum China. KFC testet in Shenzhen und zwei anderen Städten Chicken Nuggets aus Soja, Getreide und Erbsenprotein. Die Nuggets kommen vom amerikanischen Lebensmittelkonzern Cargill. Damit ist KFC der erste westliche Hersteller, der künstliches Hühnchen in China anbietet. Fünf Nuggets kosten in Shenzhen in der Micxx Mall in der Bao'an-Straße umgerechnet 30 Cent. Der Erfolg ist überwältigend. Joey Wat, der CEO von Yum China, ist erleichtert: »Dass wir nun ein pflanzenbasiertes Hühnchen an unserem wichtigsten Produkt ausprobieren, zeigt, wie wir diesen immer wichtigeren Trend auf ein neues Niveau heben.«

Derweil wartet Impossible Foods, einer der beiden führenden amerikanischen Hersteller, ungeduldig auf die Zulassung seiner Produkte in China. Mitte November dann bringt Beyond Meat erstmals eine Veggie-Variante von »gehacktem Schweinefleisch« auf den Markt. Man kann es in fünf Restaurants in Shanghai testen. Das pflanzliche Schweinehack soll den Geschmack der beliebten Füllung vieler asiatischer Gerichte wie Dumplings oder Frühlingsrollen imitieren. Es ist das erste Produkt von Beyond Meat, das speziell für den chinesischen Markt geschaffen wurde.

Es ist eine Entwicklung, die man so ähnlich schon aus anderen Branchen kennt, zum Beispiel aus der Automobil- oder Telekombranche: Ein paar chinesische Unternehmen kommen ganz ordentlich voran. Dann gibt es den Startschuss für einen Entwicklungsschub in Form einer Regierungsentscheidung oder eines Ereignisses. Die Branche wird gewissermaßen wachgeküsst. Es dauert nicht lange, dann reiten die großen internationalen Player auf den Hof. Neue chinesische Player entstehen, die alten, die sich bis dahin so durchgewurstelt haben, geraten unter Druck. Der Staat bremst die Ausländer und fördert die eigenen Unternehmen, die dann auch den Weltmarkt aufrollen, wo sie auf Widerstand stoßen, den sie aber parieren können, weil sie über einen riesigen Heimatmarkt verfügen. Die Entwicklung des Shenzhener Unternehmens Huawei ist das Paradebeispiel dafür.

Der Markt für alternative Proteine befindet sich aktuell auf der Stufe, auf der neue chinesische Player entstehen. Wie Pilze schießen die Start-ups aus dem Boden. Und Shenzhen ist die heimliche Hauptstadt des vegetarischen Booms. Es gibt in ganz China kein besseres Experimentierfeld für die neuen Produkte. Die Stadt ist nicht nur jung, nirgendwo sonst leben so viele Chinesen aus verschiedenen Regionen. Es gibt auch kaum eine andere Stadt mit einer solchen Vielfalt an Restaurants – die innerchinesischen Migranten haben ihre kulinarischen Traditionen mitgebracht. Und wenn man »素食餐厅«, also »vegetarisches Restaurant« auf dianping.com, dem chinesischen Yelp eingibt, dann findet man über 500 Ergebnisse in Schanghai und fast 500 in Peking, aber 600 im deutlich kleineren Shenzhen. Deshalb ist die Stadt der ideale Ort, um alle erdenklichen Fleischersatzprodukte zu entwickeln.

Rund ein Dutzend neuer Unternehmen mischt gerade die Branche auf. Neu dabei ist zum Beispiel das Start-up Zhenmeat, mit Sitz in Peking und Shenzhen. »Wir konzentrieren uns darauf, die beliebtesten chinesischen Gerichte technologisch zu reproduzieren«, sagt Zhenmeat-Gründer und CEO Vince Lu. Weil die Chinesen so gern Fleisch vom Knochen abnagen, experimentieren seine Forscher mit Knochen aus 3D-Druckern. Im Herbst 2020 bringen sie paniertes Schweinefilet auf den Markt und Krebsfleischgerichte aus Seegras und Cognac-Extrakten.

Noch während der Coronakrise gründen Dao Food und die amerikanische New Corp Capital (NCC) den Dao Food Incubator für die Alternativ-Protein-Industrie. Von nun an wollen sie alle sechs Monate fünf Start-up-Unternehmen fördern, bis ein Cluster von dreißig Unternehmen entsteht, die den Kern der neuen Industrie in China bilden sollen. »Talentierte Unternehmer zu unterstützen, die 400 Millionen Millennials in China von neuen, aufregenden und gut schmeckenden pflanzlichen Proteingerichten zu überzeugen, ist eine riesige Geschäftsmöglichkeit mit einem massiven sozialen Einfluss«, sagt Albert Tseng, Mitbegründer von Dao Food.

Am 12. März 2020, also einen Tag bevor in Deutschland der Lockdown verkündet wird, geben sie ihr erstes Investment bekannt, das den Kern dieses Inkubators bilden soll und der Shootingstar der Branche werden wird: Starfield Food & Science Technology Limited aus Shenzhen. Matrix Partners aus Palo Alto in Kalifornien schließen sich nur einen Monat später an. Sie haben bereits in 600 Start-ups investiert. Darunter in Ele.me, ein chinesischer Essenslieferant, der im Westen kaum bekannt ist, in China jedoch 16 Millionen Bestellungen täglich in über 2000 Städten abwickelt.

Starfield ist die erste Investition von NCC in China. Das größte Asset von Starfield ist ein Patent für die Extraktion von Glykolproteinen aus Meeresfrüchten. Überhaupt soll die Forschung bei Starfield eine zentrale Rolle spielen. Erste Projekte mit der Shenzhen University und anderen Unis landesweit laufen bereits. Ebenso wichtig ist es, die Produktionskosten zu senken. Die Maultaschen mit pflanzlichem Fleisch, das erste Produkt von Starfield, kosten im Laden fast das Gleiche wie die traditionellen chinesischen Maultaschen. Sie sind vorgekocht, müssen also nur noch in der Mikrowelle erhitzt werden. Seit Oktober sind zudem über zwanzig weitere fleischlose Produkte bei Dicos zu haben, einer chinesischen Fastfoodkette mit 2600 Filialen. Für die Kette Papa Johns (170 Restaurants) produziert Starfield die »Fleischklops-Pizza der Zukunft«, für Brut Eatery ein Lemon Grass Satay, den »Grünen Star Burger« für Nayuki's Tea (300 Filialen) und für Planet Green gebratenen Reis mit fleischlosem Fleisch.

Außerdem arbeiten die Gründer mit Hey Tea zusammen, einer Art Tee-Starbucks aus Shenzhen mit einem guten Dutzend Filialen in China und drei weiteren in Singapur. Zu ihren Partnern gehört auch das Shenzhener Start-up Gaga Café, das bereits 2016 rund 23 Millionen US-Dollar in der ersten Finanzierungsrunde eingesammelt hat und inzwischen mit seinen zwölf Filialen aus der Stadt nicht mehr wegzudenken ist: schick, grün, innovativ, alternativ. Beide Ketten verkörpern gleichermaßen den Lifestyle von Shenzhen.

Derzeit testet Starfield ebenfalls einen Burger in Shenzhen. Er kostet jetzt nicht mehr 88 Yuan wie der von Whole Perfect Food, sondern nur noch 28 Yuan. Anfang 2021 gilt Starfield als das am stärksten wachsende Food-Tech-Unternehmen Chinas. Die Gründerin ist Kiki Wu, deren Familie Planet Green gehört. Erst das Restaurant, dann der Store, nun das Start-up. Bescheiden ist Wu nicht: »Unser Ziel ist es, ein einflussreiches Food-Technology-Unternehmen zu werden, gesundes und umweltfreundliches Essen in jede Ecke der Welt zu liefern und dabei für die Entwicklung von nachhaltiger Food Technology zu werben«, sagt sie. Formulierungen wie frisch aus der Marketingschule. Es gehe ihr darum, »in Harmonie mit der Umwelt zu leben«.

»Fake Meat« oder: »Make America Healthy Again«

Der Begriff »Food Technology« klingt in Shenzhen viel mehr nach einem neuen Lebensstil als in Deutschland. Deutschland ist zwar einer der wichtigsten vegetarischen Märkte der Welt, doch eher beim Konsum als bei neuer Technologie. Die Altvorderen von Whole Perfect Food spüren den Druck: Das Institut ist das erste dieser Art in China. Auch die Entwicklung von Tofu-Würstchen zum Grillen steht auf dem Programm.

»Drei große Zentren kristallisieren sich heraus, in denen nach fleischlosen Alternativen geforscht wird. Das Silicon Valley, Israel und Shenzhen«, stellt Hendrik Haase fest. Der deutsche Blogger und Food-Aktivist mit seinem Hipsterbart und dem Zylinder, den er stets trägt, ist eine Art Joseph Beuys der Bewegung. Deutschland hingegen spiele keine große Rolle. »Wir bringen nicht die Innovationen, die der Markt braucht«, kritisiert Haase. »Stattdessen werden hier weiter Tiere zum globalen Export gemästet.«

Nun, da es richtig losgeht, wird der Kampf zwischen der aufsteigenden Weltmacht China und der absteigende Weltmacht USA bald auch auf dem Feld des pflanzlichen Fleisches ausgetragen. Ein Great Game, das um die Zutaten des neuen pflanzlichen Big Mac entbrennen wird. Immerhin geht es hier nicht um Panzer, sondern um Paste.

Tatsächlich werden Sojabohnen jetzt schon knapp. Die meisten Sojabohnen importieren die Chinesen aus Brasilien, gefolgt von den USA, Argentinien, Uruguay und Kanada. Mit Folgen auch für die Umwelt. In Südamerika holzen Farmer den Regenwald ab, um Sojabohnen anzubauen. Brasilien hat seine Anbauflächen in den vergangenen 15 Jahren verdoppelt und erzeugt nun jährlich fast 90 Millionen Tonnen Soja. Überwiegend für den Export nach China, aber auch nach Deutschland. Allerdings, so verteidigen sich die Sojafreunde, lande der weitaus größte Anteil immer noch in der industriellen Tiermast.

Klar ist: Je erfolgreicher das pflanzliche Fleisch wird, desto mehr werden sich die USA und China um die knappen Sojabohnenbestände streiten. Schon heute spielen sie im Handelsstreit zwischen China und den USA eine zentrale Rolle, die Stimmung ist zunehmend angespannter. Noch geht es darum, dass China mehr Bohnen von den Amerikanern kaufen soll, um deren Handelsdefizit mit China zu verringern. Das könnte sich ändern, wenn fleischloses Fleisch sich durchsetzt. Allein der amerikanische Markt für pflanzliches Fleisch ist zwischen 2017 und 2019 um 37 Prozent gewachsen. Hält diese Tendenz an und wächst der Markt vor allem in China weiter, dann könnten die USA und China in Drittländern um die dortigen Bestände an Sojabohnen buhlen.

Peking ist in dieser Frage weitsichtiger und baut schon jetzt Beziehungen zu alternativen Lieferanten auf, die von den Amerikanern derzeit als Wettbewerber kaum ernst genommen werden. Lieferanten wie Russland und die Ukraine beispielsweise. China könne auch jederzeit mehr Sojabohnen aus Südamerika kaufen, drohte auch Yu Xubo, damals Präsident der staatlichen Cofco, Chinas größer Lebensmittelhändler. Allerdings braucht China mit seinen 1,4 Milliarden Menschen auch sehr viel mehr Sojabohnen als die Amerikaner. Schon heute kauft China 60 Prozent der weltweit gehandelten Sojabohnen auf.

Auf wirtschaftlicher Ebene führt die neue Branche der alternativen Proteine also zu mehr internationaler Zusammenarbeit, auf politischer Ebene dürfte sie zu mehr Konfrontation führen. Dass China es ernst meint, wurde auch klar, als Präsident Xi Jinping im September 2020 vor der UN erklärte, dass China bis 2030 zwar seinen höchsten CO_2-Ausstoß erreichen wird – aber bis 2060 klimaneutral werden will. Ohne signifikante Einschränkungen beim Fleischkonsum ist das nicht möglich.

»Fleisch von Wiederkäuern ist zehn- bis hundertmal schädlicher als pflanzenbasiertes Essen«, betont Professor Pete Smith, einer der Autoren eines Reports des Intergovernmental Panel On Land Use And Climate Change. So wie wir uns von fossilen Brennstoffen verabschieden müssen, müssen wir uns auch von der Tierproduktion verabschieden. »Nur Peking ist mächtig genug, in dieser Frage die globalen Spielregeln zu ändern«, sagt selbst Bill Gates. Ob die Chinesen mit Unterstützung von Washington rechnen können, bleibt abzuwarten, auch wenn der neue Präsident Joe Biden den Ausstieg aus dem Pariser Klimaabkommen wieder rückgängig machen will.

Der alte Präsident, Donald Trump, war im Herbst 2019 von einem neunjährigen Aktivisten aus Melbourne, Florida, der sich »Vegan Evan« nennt und ganz schön altklug aussieht, zu einer ganz besonderen Challenge herausgefordert worden. Der Knirps, Präsident von Animal Hero Kids, hatte Trump vorgeschlagen, für dreißig Tage eine vegane Diät zu machen, als Teil der Kampagne »Make America Healthy Again«. Wenn Trump durchhalte, würden Investoren eine Million US-Dollar an eine Veteranenorganisation spenden. Trump war das nicht einmal einen saloppen Antwort-Tweet wert gewesen. Stattdessen postete er ein Bild mit einem Stapel kross gebratenem Schinkenspeck. Dazu den Kommentar: »Es hat 2018 nicht einen einzigen Rückruf von Schinkenspeck gegeben, aber zahlreiche Rückrufe von Gemüse.« Sinnlos zu erwähnen, dass das nicht stimmt.

Peking wird also vorangehen müssen, denn bei dem innen- und außenpolitischen Scherbenhaufen, den Biden von seinem Vorgänger übernommen hat, dürften Ernährungsfragen nicht allerhöchste Priorität haben. Dennoch ist die Schlange von Neugierigen vor dieser Betonwand in Shenzhen womöglich wie der Flügelschlag eines Schmetterlings in der Chaostheorie. Wenn ein Schmetterling seine Flügel bewegt, kann der dadurch entstehende Luftwirbel einen größeren anstoßen, welcher wieder einen noch größeren anstößt und so weiter. Aus dem Flügelschlag wird schließlich ein Tornado, der die klassischen Fleischhersteller das Fürchten lehren wird.

Das hat auch bei anderen Themen gut geklappt. Zum Beispiel bei den E-Autos, da hat China nicht nur den chinesischen Markt aufgerüttelt, sondern den europäischen gleich mit. Wie könnte das in diesem Fall aussehen? Durch Quoten wie in der Autoindustrie. Die nationalen und die internationalen Fleischhersteller werden gezwungen, einen steigenden Prozentsatz pflanzliches Fleisch herzustellen. Die neuen Proteinprodukte werden von der Regierung subventioniert. Und es ist auch denkbar, dass in den Kantinen staatlicher Firmen und Institutionen verpflichtend tageweise nur pflanzliches Fleisch angeboten wird. Das geht in China, wenn es politisch sein muss, ruckzuck. Und wenn wir nicht aufwachen in Deutschland und Europa, werden die Chinesen den Weltmarkt für alternative Proteine erobern und dabei die bisherigen Player, die vornehmlich aus den USA kommen, in den Hintergrund drängen. Das große deutsche Start-up ist bisher jedenfalls nicht in Sicht.

Ein ganzes Land auf die neuen fleischarmen Zeiten einzuschwören, ist natürlich in China einfacher als in den USA und in Europa. Nicht nur, weil der Staat härter durchgreifen kann, sondern auch, weil die Chinesen offener dafür sind. Das belegt eine neue Studie des US-amerikanischen Journals *Frontiers in Sustainable Food Systems.* Demnach gaben fast 96 Prozent der befragten Chinesen an, sie würden »Fake Meat« kaufen. In den USA waren es nur 75 Prozent.

Das Gesetz der großen Zahl macht es für die Industrie einfacher, mehr Geld in Forschung zu stecken und die Produkte billiger anbieten zu können, schlicht weil man mehr davon loswird. In China gibt es derzeit erst fünfzig Millionen Vegetarier. Im Vergleich zur Gesamtbevölkerung ist das noch relativ wenig, im internationalen Vergleich jedoch viel. In den USA sind es gut sieben Millionen.

Dass es dennoch kein Kinderspiel ist, die Mehrheit der Chinesen vom Fleisch zu entwöhnen, auch das zeigt sich in Shenzhen. In der mondänen 200 000 Quadratmeter großen MixC World Shopping Mall an der Shenzhen Bay findet man zwischen Louis Vuitton, einer Eislaufarena und einem Michelin-Sterne-Restaurant einen kleinen goldweißen Laden namens »Bonus«. Bonus ist in nur zwei Jahren zu einer »Wanghong«-Brand geworden, einer Internetmarke, die nur durch Klick-zu-Klick-Propaganda bekannt geworden ist. Der Laden in der Mall ist schon der dritte in der Stadt.

Bonus verkauft Eis. Aber nicht irgendein Eis. Entgegen dem Trend und womöglich gerade deshalb erfolgreich, bietet Bonus unter anderem »Getrocknetes-Rindfleisch-Eis« an. Dazu empfiehlt die Eisverkäuferin wegen der Balance eine vegetarische Kugel der Sorte »Duftblüte Reiswein«. Nur für die, die es nicht wissen: Die Duftblüte gehört zur Familie der Ölbaumgewächse. Auch hier Warteschlangen und WeChat-Fotos von Eissorten, die nur in einer so verrückten Stadt wie Shenzhen entstehen können. Deswegen schauen die experimentierfreudigen Shenzhener immer wieder gerne dort vorbei. Das Rindfleischeis lässt sich übrigens noch steigern. Der Mann vor mir in der Schlange bestellt eine Kugel »Salzige-alte-Enteneier-Eis«. »Etwas Sahne dazu?«, fragt die Verkäuferin lächelnd.

AUSBLICK

Was mich in Shenzhen überrascht hat: wie sehr die Menschen dort die vielfältigen Innovationen mit ihren Licht- und Schattenseiten bereits selbstverständlich in den Alltag integriert haben. Und wie normal es sein kann, von einem Roboter bedient oder von einem Auto ohne Fahrer überholt zu werden. Aber ich bin auch darüber erschrocken, wie schnell man sich an die allumfassende Überwachung dort gewöhnen kann.

Ich war erstaunt über die vielfältige Subkultur und das viele Grün, überhaupt über die nachhaltige Einstellung in dieser Stadt. Vor allem aber darüber, wie zukunftsgewandt und aufgeschlossen die Menschen sind, ohne die Schattenseiten ihres Lebens aus dem Blick zu verlieren. Mehr noch: Viele Menschen in Shenzhen vermitteln einem das Gefühl, es sei möglich, die Schattenseiten aufzuhellen. Nichts scheint in Stein gemeißelt, trotz der allumfassenden Überwachung, der Macht der Partei. Diesen Spielraum empfinden die Menschen als Freiheit. Eine trügerische Freiheit, wie sich womöglich herausstellen wird. Aber eben vielleicht auch nicht. Für uns jedenfalls eine schwer nachvollziehbare Konstellation.

Gleichzeitig zeichnet sich bereits ab, dass Städte wie Shenzhen ein Modell für ganz Asien, wahrscheinlich sogar für Afrika sind. Karatschi in Pakistan wird schon in zehn Jahren so groß sein wie Shenzhen, Kairo in Ägypten und Lagos in Nigeria ebenfalls. Shenzhen wird dann schon viel weiter sein, als wir es auf unserem Streifzug in den Jahren 2020 und 2021 erleben konnten. Der Motor des Fortschritts ist dann wohl noch der gleiche – ein Motor, der mir besonders bei meinen Streifzügen im Kapitel *Wohnen* erst richtig klar geworden ist. Es ist zwar auch die zentrale Planung, der Wille der Politik oder gar der Partei, doch es ist in einem noch viel stärkerem Maß der Wettbewerb. Genauer gesagt, der Wettbewerb um Talente. Die in der Metropole ansässigen Firmen und der Staat haben ein gemeinsames Interesse daran, dass es sich in der Stadt möglichst gut leben, arbeiten und wohnen lässt. Denn Shenzhen steht nicht nur mit anderen chinesischen Städten in Konkurrenz, sondern spürt zunehmend auch international den Druck, attraktiv für möglichst viele verschiedene Menschen zu sein. Geld allein reicht nicht mehr aus, um Spitzenleute zu Tencent, Huawei oder DJI zu locken, andere Parameter sind wichtiger geworden. Am Ende bestimmen also die Kreativen und ihre komplexen Servicenetzwerke, wie Shenzhen aussieht. Sie sind die Treiber einer neuen Lebensqualität, die von den besten Architekten und Stadtplanern der Welt umgesetzt wird, die wiederum den Freiraum dafür von der Politik bekommen. Aus diesem Grund darf, wie im Kapitel *Chillen* deutlich wird, in Shenzhen auch eine Subkultur wachsen, bei deren Exzessen hier schon eher ein Auge zugedrückt wird als in Peking, auch wenn es einmal politisch wird.

Im Kapitel *Bewegen* haben wir gesehen, dass es für die deutsche Autoindustrie, das Herzstück der deutschen Wirtschaft, nicht das Schlimmste ist, von China abhängig zu sein. Viel schlimmer: Die chinesische Autoindustrie ist so erfolgreich, dass die Chinesen die deutschen Mittelklasse-Autos nicht mehr brauchen und unser Wohlstand einbricht. Wir haben zudem erlebt, dass eine höhere Lebensqualität auch weniger Staus, weniger Unfälle, keinen Fahrstress, bessere Luft, weniger Krach, größere mobile Flexibilität bedeutet. Es geht darum, in einer Kombination von 5G, autonomem Fahren und E-Autos, die »Autonomie zu demokratisieren«, wie Professor X, der Shenzhener Guru des autonomen Fahrens, es formuliert. Es geht also darum, kostbare Zeit zu sparen, um mehr freie Zeit für uns zu haben. Doch die Autonomie hat einen Preis. Es ist kaum mehr möglich, unerkannt in der anonymen Masse zu verschwinden. Der Flaneur wird auffällig in einer Welt, in der man in einen Mobilitätsstrom eingereiht, kontrolliert, verteilt und sortiert wird. Das wollen viele der städtischen Eliten so nicht. Hier muss die Stadtverwaltung ein Gleichgewicht finden. Die Parks und Kulturfabriken weisen in diese Richtung.

Im Kapitel *Vernetzen* haben wir gesehen, wie sich anhand von Huawei und 5G die Chancen und Risiken der Vernetzung zu einem »Great Game« um Technologie zwischen China und den USA aufschaukeln. China betont viel stärker die Chancen der Vernetzung. Die USA sehr viel mehr die Risiken. Die Europäer, vor allem die Deutschen, drohen in diesem Ringen zerrieben zu werden. Die Lösung für den richtigen Umgang mit diesen neuen Technologien scheint einfach. Strenge Regeln, um die Risiken einzuschränken, Offenheit, um die Chancen nicht zu verpassen. Doch am Ende geht es bei diesem »Great Game« für China und die USA vor allem auch darum, die jeweilige Machtposition auszubauen beziehungsweise sie wenigstens zu halten. Der Kampf der Systeme, der einst in den Kalten Krieg mündete, ist nun zum Krieg um Innovation geworden, bei dem es oft nur noch um Gewinnen oder Verlieren geht. Die offene Debatte um die Vor- und Nachteile einer Technologie droht dabei aus dem Blick zu geraten. Eine gefährliche Entwicklung für die etablierten Länder des Westens. Sie scheinen so sehr mit der Verteidigung ihrer Position beschäftigt, dass sie vergessen, dass die Welt sich weiterdreht.

Im Kapitel *Überwachen* wurde deutlich, was passiert, wenn die Balance zwischen Innovation und Überwachung in Richtung innovative Überwachung ausschlägt, weil rechtsstaatliche Kontrollmechanismen fehlen oder ausgehebelt werden. Dann zeigt sich, wie nah, wie real und wie erschreckend selbstverständlich der kaltschnäuzige Big-Brother-Staat sein kann. Wir haben allerdings auch beim Social-Scoring-System gesehen, dass es für uns überraschende Schnittmengen gibt zwischen den Interessen des Staates und der Menschen. Transparenz und Sicherheit gegenüber ihren Mitmenschen und Geschäftspartnern ist ihnen einstweilen wichtiger als Datenschutz. Das ist selbst in London anders als in Berlin. Wir dürfen also nicht einfach so annehmen, dass Menschen in anderen Nationen die gleichen Bedürfnisse und Blickwinkel haben wie wir. Das bedeutet nicht, dass sich die Blickwinkel und Bedürfnisse nicht wandeln. Aber eben nicht unbedingt in die Richtung, die wir uns wünschen. Dennoch zeigt das neue Datenschutzgesetz, das fast mit europäischen Gesetzen identisch ist, dass Sicherheit und Stabilität auf Dauer nicht alles sind.

Und auch das Durchgreifen in Hongkong zeigt, dass man zwar kurzfristig dadurch Stabilität bekommt, das Vertrauen in den Staat und dessen Rechtssystem jedoch leidet. Eines zeichnet sich auch in China ab: Es ist schlicht auf Dauer nicht möglich, das Rad der Mitbestimmung zurückzudrehen. Wie die Mitbestimmung hingegen aussieht, ist noch offen.

Heilen ist womöglich das irritierendste Kapitel: Denn es zeigt deutlich, dass bei den sehr kurzen, rigiden Maßnahmen gegen Corona in Shenzhen am Ende die Freiheiten der Menschen viel weniger eingeschränkt wurden als im Westen mit seinen langwierigen und halbherzigen Lockdowns, die zu schweren wirtschaftlichen Einbrüchen führen und die vielen Toten doch nicht verhindern konnten. Natürlich ist es in China aufgrund der massiven Überwachung und der Datenerfassung leichter, Infizierte nachzuverfolgen und schneller zu isolieren. Doch gerade die Pandemie zeigt, wie groß unsere Defizite bei der Digitalisierung sind, im Gesundheitsbereich, in den Schulen, am Arbeitsplatz. Shenzhen hat uns gezeigt, wie es gehen kann ohne einen extremen Lockdown. Und Shenzhen macht deutlich, dass uns nun eine weitere Prüfung bevorsteht. Werden wir aus unseren Fehlern und den Erfolgen anderer lernen? Wir müssen den Datenschutz deswegen nicht gleich für immer aufweichen. Aber wir sollten lernen, einen vernünftigen Umgang damit zu finden, der Technologie nicht von vornherein unter Generalverdacht stellt. Das haben die asiatischen Demokratien Südkorea (51 Millionen Einwohner) und Japan (126 Millionen), aber auch die demokratisch regierte Insel Taiwan (23 Millionen) auch hinbekommen. Für sie war die Frage, welche Grundrechte für die Seuchenbekämpfung einzuschränken seien, ebenso heikel wie für uns. Sie haben sich anders entschieden als wir und die Pandemie längst hinter sich gelassen. Das sollten wir diskutieren und uns nicht hinter dem Argument verstecken, dass alle drei faktisch Inseln sind, während Deutschland weltweit zu Ländern mit den meisten Nachbarn zählt. Die ersten Versuche, das Verstörende nüchtern zu erfassen, gibt es bereits. »In Asien, wo Modernität angebetet wird wie in Deutschland einst in der Gründerzeit, konnten nicht alle, aber viele Menschen in den vergangenen Monaten ein unbeschwerteres Leben führen als wir. Europa, das seit langem mit dem technischen Fortschritt hadert, blieben nur die mittelalterliche Methode des Lockdowns und das Warten auf Impfungen. Vielleicht werden die Historiker einmal schreiben, dass die Corona-Pandemie der Beginn des asiatischen Zeitalters war«, formuliert es Niklaus Busse in der *FAZ* Anfang 2021. Wir müssen lernen, von Asien zu lernen. Eben auch von China. Ohne dem Land auf den Leim zu gehen. Eine erste Lehre: Die Gemeinschaft muss wieder wichtiger werden als das Individuum, eine Gemeinschaft, die zusammen daran arbeitet, dem Einzelnen möglichst viel Spielraum zu geben.

Im Kapitel *Assistieren* wurde klar, was eigentlich nichts Neues ist: dass Maschinen das Leben menschlicher machen, wenn man sie richtig einsetzt. Dass zum Beispiel KI-gestützte Arztroboter menschlichen Ärzten mehr Zeit für die persönliche Begegnung mit ihren Patienten verschaffen können, indem sie bei der Diagnostik und Erkennung von Krankheiten unterstützen. Ja, mehr noch, Computer können schneller und zutreffender diagnostizieren und Therapien vorschlagen, die genauer auf unsere individuelle Lage zugeschnitten sind. Der Preis für diese Unterstützung: Die Roboter sammeln und die Software verwertet unsere Krankheitsdaten. Ein Dilemma, aus dem es keinen leichten Ausweg gibt. Computergestützte Technik ist auch bei uns längst im Einsatz, die Trefferquote etwa beim Hautkrebsscreening ist höher als bei menschlichen Ärzten. Doch Shenzhen hat uns gezeigt: Das ist nur ein Bruchteil dessen, was möglich ist. Dennoch jagt uns die Vorstellung, dass sensible Daten aus Krankenakten in die falschen Hände gelangen könnten, einen kalten Schauer über den Rücken. Beruhigen kann uns, dass wir anders als in China nicht in einem System leben, das bei aller wirtschaftlichen Öffnung und Innovationsstreben auf massive und intransparente Kontrolle der Bevölkerung setzt. Dennoch wird man auch bei uns Schutzmechanismen vor Datenkraken einbauen müssen, ob diese nun staatlich oder unternehmensgesteuert sind. Europa hat hier schon einmal keine gute Figur gemacht, im Umgang mit Google, Facebook und Co. Noch mal darf das nicht passieren. Deutlich wurde allerdings auch: Wir leben in einer Welt, in der KI-Computer Dinge tun, die nicht mehr nachvollziehbar sein werden. Das mag uns Angst machen, aber es wird uns auch ermöglichen, Probleme zu lösen, die selbst eine Gruppe menschlichen Verstandes bisher nicht lösen konnte.

Im Kapitel *Essen* wurde schließlich klar: Die großen Fragen des Klimawandels können wir nur gemeinsam mit China in den Griff kriegen. Shenzhen ist zum Beispiel zu einem Testlabor geworden, wie pflanzliches Fleisch zum Massenprodukt werden kann. Dass es in der chinesischen Kultur in diesem Bereich buddhistische Traditionen gibt, macht das Umdenken einfacher. Vielleicht wird man diese Bewegung ja einmal als eine globale Softpower der Chinesen betrachten. Eine Power, die tatsächlich der Welt als Ganzes zugutekommen kann.

Die Frage, was das alles für Kiel, Dortmund oder Freiburg

bedeutet, brauchen wir uns nun nicht mehr zu stellen. Inzwischen wissen wir: eine ganze Menge. Deutsche Städte kommen wahrscheinlich ohne Megawolkenkratzer aus. Aber auch hierzulande geht es, gerade in den Metropolregionen, um die Frage, wie Urbanisierung und Lebensqualität unter einen Hut zu bringen sind. Wie nachhaltig gebaut werden kann und wie das Grün seinen Platz zurückerobern kann. Auch Deutschland kämpft mit schlechter Luft, mit Staus und Blechlawinen. Intelligente Verkehrssteuerung, Elektromobilität und Sharing-Konzepte werden auch bei uns die Zukunft bestimmen. Und ebenso ist klar, dass wir auf einen eklatanten Fachkräftemangel zusteuern, nicht nur im Gesundheitsbereich, auch in der Industrie. Schlussendlich haben auch wir Probleme mit der Landwirtschaft, mit dem Tierwohl, dem zu hohen Fleischkonsum.

Es hilft also nichts, wir müssen uns stärker mit innovativen Städten wie Shenzhen beschäftigen, mit China und Asien in all seinen unterschiedlichen Facetten. Unsere liberalen Demokratien haben nur dann eine Chance, wenn sie sich diesen neuen Entwicklungen nicht verschließen. Wenn Deutschland und Europa nicht mitziehen, werden wir wirtschaftlich weiter zurückfallen. Das bedeutet: Unser Spielraum, über die Welt von morgen mitzuentscheiden und die Entwicklungen mitzubestimmen, wird geringer. China hat diesen Fehler bereits hinter sich. Das ist womöglich auch ein Grund, warum Shenzhen heute so aussieht. Die chinesische Politik und weite Teile der Elite des Landes glaubten im 19. Jahrhundert lange, dass sie gewissermaßen außer Konkurrenz spielen. Sie ignorierten die Innovationen der industriellen Revolution in Europa und sind daran fast zerbrochen. Die Wirtschaft sackte durch, die Regierung verlor die Kontrolle über das Land. Unruhen und Aufstände folgten. Teile Chinas wurden schließlich von den neuen Wettbewerbern kolonialisiert. Dass dies geschehen konnte, war unvorstellbar für die Menschen im Reich der Mitte, deren Land Jahrhunderte lang so mächtig war, dass es sich kaum darum scheren musste, was in der Welt passierte. Die Folgen haben tiefe Narben in der Geschichte Chinas hinterlassen.

Wie sehr Shenzhen ein Produkt dieser Geschichte ist, wurde mir erst auf meinen Streifzügen durch China richtig klar. Shenzhen ist das Ergebnis zweier tiefsitzender kollektiver Ängste der Chinesen: davor, die Kontrolle zu verlieren, und davor, nicht innovativ genug zu sein. Diese negative Energie haben sie in einer enormen Anstrengung aus der Kulturrevolution heraus in eine positive Kraft umgewandelt, bei der es darum geht, aus Schaden klug zu werden. Und so ist ein weltweit einmaliges Zwittergemeinwesen entstanden. Eine hoch innovative Metropole, in der Ideen und Kreativität gedeihen können, inmitten eines autoritären und zuweilen totalitären Systems. Nur wer die jüngere Geschichte Chinas kennt, kann den Erfolgsdruck erahnen, unter dem dieser Aufbruch in die neue Zeit noch immer steht. Die Shenzhener werden noch lange nicht locker lassen. Und Shenzhen steht für China.

Für uns bedeutet das: Wir müssen uns endlich aufrappeln. Wir dürfen es nicht einem autoritären System wie China überlassen, neue Technologien nach ihren Vorstellungen zu konzipieren und nutzbar zu machen. Es reicht nicht, die Überwachung aus der Ferne zu kritisieren. Vielmehr sollte es im Geist des Wettbewerbs für uns wieder zur herausfordernden Routine werden, neuen Entwicklungen zügig eigene Vorschläge entgegenzusetzen, wie neue Technologien im Rahmen unseres Wertsystems sinnvoll eingesetzt werden können. Vorschläge, die wir in offenen und transparenten Diskussionen entwickeln. Es ist die Aufgabe der Medien, der Schulen und Universitäten, aber vor allem auch der Politik, die Räume dafür wieder zu schaffen. Räume des aufrichtigen Diskurses, Räume, die die Gestaltungsspielräume künftiger Generationen im Blick behalten.

Gleichwohl genügt es längst nicht mehr, nur auf das zu reagieren, was aus Shenzhen, China und Asien kommt. Wir müssen selbst wieder innovativer werden. Dazu sollten wir schnellstens unsere Kräfte in Europa bündeln. Wir werden überrascht sehen, wie viel wir gemeinsam dann doch hinbekommen. Schon jetzt müssen wir uns am Tempo der Chinesen orientieren, aber auch an dem der Amerikaner, das noch immer ein ganz anderes ist als das der Europäer. Wir sollten dringend die entsprechenden Innovationscluster schaffen und die Finanzierung nicht vergessen. Wenn Chinesen und Amerikaner jedes Jahr rund 100 Milliarden US-Dollar in Start-ups investieren, wir in Europa aber nur einen Bruchteil dessen, dann ist das ein großes Problem. Im Jahr 2020 kamen von zehn Tech-IPOs fünf aus China. Darunter die drei größten. Die anderen kamen aus den USA. Aus Europa kam – kein einziges. Wir brauchen neben Investitionen aber auch wieder die Offenheit und Neugier, die uns einmal ausgemacht hat, gerade in Deutschland, die aber mit den Jahren ein wenig eingerostet ist und angesichts vieler bürokratischer Hürden und des individuellen Egoismus an Schwung verloren hat.

Womöglich werden wir in diesem Zusammenhang in ein paar Jahren sogar sagen, dass ausgerechnet der amerikanische Präsident Donald Trump uns die Augen geöffnet hat. Er hat uns gezeigt, dass es nicht funktioniert, die Technologie der Aufsteiger zu stigmatisieren oder gar mit einem Bann zu belegen, selbst wenn es dafür gute Gründe zu geben scheint. Man wird nicht wettbewerbsfähiger und schon gar nicht innovativer, indem man versucht, die, die besser sind, zu fesseln und in die Besenkammer zu sperren. Der neue US-Präsident Joe Biden hat das verstanden und will seine Industrie wieder wettbewerbsfähiger machen.

Denn auch er weiß: Der Versuch, Technologien, die viele Menschen für sinnvoll halten, zu verhindern, indem man ihre Risiken überbetont, ist in der Vergangenheit nur selten gelungen. Über dreißig Jahre lang gab es in der zweiten Hälfte des 19. Jahrhunderts ein britisches Gesetz, das verlangte, vor jedem

Auto müsse ein Mensch mit einer roten Fahne laufen, um Fußgänger vor der Höllenmaschine zu warnen. Die roten Fahnen sind weg, und das Auto erlebt gerade seine nächste große Metamorphose. Es wird nun von seinem menschlichen Fahrer befreit. Das wird auch bei uns Alltag werden.

Dass wir mit Technologien, die wir nach unseren Vorstellungen und unseren Konzepten des Zusammenlebens gestalten, in Zukunft wieder Erfolge erzielen und Maßstäbe setzen können, ist gar nicht so unwahrscheinlich. Denn wie wir gesehen haben, steckt die chinesische Regierung durchaus in einem Dilemma. Sie will Freiheit für die Kreativen ermöglichen, strebt aber gleichzeitig nach möglichst viel Überwachung. Ein schwieriger Balanceakt, denn mehr vom einen bedeutet eigentlich weniger vom anderen.

Diese Balance muss ständig neu austariert werden. Und dabei spielen selbst in einem autoritären System, in einer Diktatur, die Wünsche und Bedürfnisse der Menschen, wie gesagt, eine viel größere Rolle, als viele im Westen glauben. An dieser Stelle können wir ansetzen und Einsatzmöglichkeiten von Technologien entwickeln, die erstens unseren Vorstellungen entsprechen. Und die China, zweitens, brauchen wird, wenn sich die Balance im Land verschiebt, weil die Menschen die Nachteile und Schattenseiten nicht länger hinnehmen wollen. Und deswegen ist der Satz von Friedrich Dürrenmatt, der diesem Buch vorangestellt ist, so wichtig: »Man darf nicht aufhören, sich die Welt vorzustellen, wie sie am vernünftigsten wäre.«

Meine Hoffnung bleibt, dass in China am Ende die Innovation wichtiger wird als die Überwachung. Überwachung bedeutet zwar Stabilität, Innovation aber bedeutet Fortschritt. Viel, vielleicht zu viel weist derzeit allerdings in die andere Richtung. Nicht nur in Hongkong oder beim Umgang mit Minderheiten. Aber es gibt eben auch Lichtblicke. Ohne diese überzubewerten, kann man feststellen: Es war voreilig zu glauben, dass Innovation, Marktwirtschaft und offene Grenzen unmittelbar in eine

Demokratisierung münden. Aber es ist noch zu früh festzustellen, dass dies auf keinen Fall so kommen wird. China hat erst ein Pro-Kopf-Einkommen etwa auf dem Niveau von Turkmenistan.

Die Botschaft aus Shenzhen an Deutschland ist jedenfalls deutlich: Wettbewerb ist herausfordernd und spannend. Er bringt unglaubliche Innovationen hervor. Ohne Innovationen werden wir die Herausforderungen, die vor uns liegen, nicht meistern. Nicht im Bereich des Klimawandels, nicht bei der Globalisierung und auch nicht in der Wirtschaft. Wenn die Wirtschaft den Anschluss dauerhaft verliert, wird das auch massive Auswirkungen auf die Stabilität in den Ländern Europas haben. Schon jetzt erodieren die Demokratien, erstarken die Ränder rechts und links. Spätestens die Coronapandemie sollte uns die Augen öffnen. Unsere Problemzonen sind nun sichtbarer denn je.

Innovationen können dazu beitragen, dass wir unseren Lebensstandard nicht nur halten, sondern auch verbessern. Gerade im Bereich Mobilität und Städtebau. Darüber, wie dieses bessere Leben aussehen könnte, müssen wir allerdings reden, vielleicht sogar streiten, ohne Scheuklappen und mit Respekt vor anderen Entwürfen in anderen Teilen der Welt. Denn klar ist: Wir im Westen bestimmen nicht mehr allein die globalen Spielregeln. Wir sind auch nicht mehr die Schiedsrichter der Welt. Die Amerikaner immer weniger. Wir Europäer schon gar nicht. Aber wir sind – noch – wichtige Spieler auf dem Feld einer neuen vielfältigeren Weltordnung. Und als Spieler müssen wir vor allem eines: am Ball bleiben.

DANK

So ein Buch schreibt man allein – aber eben auch nicht. Ich kann leider nicht allen danken, die zu diesem Buch beitragen haben. Ein paar der Menschen zu nennen, die mich unterstützt haben, liegt mir dennoch am Herzen.

Ohne Umschweife danke ich zuerst meiner Familie Anke, Leo & Tim sehr für ihre Geduld und Unterstützung in den vielen Stunden, die ich am Computer saß – manchmal auch am Rand des Fußballplatzes.

Natürlich danke ich wieder meinen Eltern sehr, die mir beigebracht haben, so zu sein, wie ich bin, und meinem Bruder Andreas, der mich so lässt, wie ich bin.

Ja, und Susanne Westermeier ist gewissermaßen das Herzstück dieses Buches. Die Spannweite ihrer Fähigkeiten ist groß: vom Krisencoach über den Planungschef und Ideengeber bis zum Kommakiller. Ohne sie wäre das Buch erst nächstes Jahr erschienen. Herzlichen Dank Dir. Und versprochen: Beim nächsten Buch machen wir mehr Yoga. Denn Yoga-Lehrerin ist Susanne auch noch.

Aber auch Zhang Wei will ich danken, mit dem ich nun schon seit über zwanzig Jahren zusammenarbeite. Er hat wie stets verlässlich und gelassen mit seinem Kontaktnetz geholfen, wieder die dicksten Klopse rausgefischt. Und er beherrscht die deutsche Rechtsschreibung besser als mancher Deutscher.

Bei Ming Huang möchte ich mich sehr bedanken dafür, dass sie ihr Kontaktnetz in Shenzhen für mich geöffnet und hartnäckig auf einige Gesprächspartner eingewirkt hat, bis sie bereit waren, mich zu treffen. Sie hat in den Jahren als Vertreterin

Bayerns in Shenzhen viel für die deutsch-chinesischen Beziehungen getan.

Herzlichen Dank auch an Fabian Peltsch. Ohne einen Hinweis von ihm hätte es das Kapitel 3 nicht gegeben, und auch zahlreiche andere Impulse kamen beim Gegenlesen von ihm. Er ist ohne Zweifel der deutsche Journalist, der Chinas Subkultur am besten kennt.

Natürlich ist auch Daniela Vogel wieder dabei. Sie hat wie schon in den letzten Jahren, jeden Stein im Text umgedreht und darunter geschaut. Klug hat sie mich auf zahlreiche Widersprüche aufmerksam gemacht: Trüffelschwein 2.0.

Zudem möchte ich Leo Flamm danken, für seine unbestechliche Art auf die Texte zu schauen und nicht aus Freundschaft auch nur ein Auge zuzudrücken. Seine Ratschläge haben dem ein oder anderen Kapitel den richtigen Drall gegeben. Journalisten wie Leo sterben aus. Er ist aber noch ganz munter.

Ebenfalls herzlich danken möchte auch Julia Hoffmann, Sachbuchprogrammleiterin bei den Penguin-Verlagen. Wir haben gemeinsam die Umrisse des Buches gezeichnet. Auf ihr Gespür verlasse ich mich gern. Den Austausch mit ihr schätze ich sehr.

Und last but not least danke ich herzlich Heike Gronemeier, meiner Lektorin. Wir sind inzwischen ein eingespieltes Team, was wichtig war, weil wir uns wegen Corona nicht treffen konnten. Ihr Gespür für das, was ich sagen will, begeistert mich immer wieder.

Auf zum nächsten Buch!
Frank Sieren

Über Anregungen, Reaktionen und Kommentare freue ich mich sehr. Schreiben Sie mir unter info@sieren.net.

Wenn Sie regelmäßig über Chinas Entwicklungen informiert sein wollen, schicken Sie mir Ihre E-Mail Adresse oder verlinken Sie sich einfach über LinkedIn.

Sie können auch meinen YouTube-Kanal »Sierens China« abonnieren. Ich bin gespannt auf Ihre Nachricht.

Bildnachweis